DEVELOPMENT REPORT 2015 OF SMES, ZHEJIANG PROVINCE

2015 浙江省中小企业发展报告

张金如　主编

浙江省工业经济运行监测中心
浙江省中小企业发展研究中心

图书在版编目(CIP)数据

2015浙江省中小企业发展报告 / 张金如主编. —杭州：浙江工商大学出版社，2016.1
ISBN 978-7-5178-1438-2

Ⅰ. ①2… Ⅱ. ①张… Ⅲ. ①中小企业—企业发展—研究报告—浙江省—2015 Ⅳ. ①F279.243

中国版本图书馆CIP数据核字(2015)第297891号

2015浙江省中小企业发展报告
张金如 主编

出 版 人 鲍观明
策划编辑 郑 建
责任编辑 郑 建 庞铁博 李传康
责任印制 包建辉
出版发行 浙江工商大学出版社
(杭州市教工路198号 邮政编码310012)
(E-mail:zjgsupress@163.com)
(网址:http://www.zjgsupress.com)
电话:0571-88904980,88831806(传真)
排 版 杭州朝曦图文设计有限公司
印 刷 杭州恒力通印务有限公司
开 本 787mm×1092mm 1/16
印 张 21.75
字 数 475千
版 印 次 2016年1月第1版 2016年1月第1次印刷
书 号 ISBN 978-7-5178-1438-2
定 价 78.00元

前　　言

中小企业是浙江经济发展的重要力量和活跃因子，在稳定经济、增加税收、吸纳就业、推动创新等方面发挥着举足轻重的作用。随着我国经济步入新的发展阶段，在“三期叠加”的大背景下，中小企业由于自身规模小、抗风险能力弱，发展面临着严峻考验，针对这些困难和问题，研究如何促进中小企业发展显得极为重要，需要政府、社会、企业多方的共同努力。

浙江省经信委（中小企业局）自2005年以来，每年编写出版年度《浙江省中小企业发展报告》。《2015浙江省中小企业发展报告》承袭了历年《报告》编写的主体结构与风格，同时，为加深对浙江中小企业发展现状、特点、问题的了解，增加了一些新的专题，扩大了对中小企业的研究范围。《2015浙江省中小企业发展报告》数据主要来源于省统计局浙江调查总队与省经济和信息化数据服务平台，同时重视问卷调查与实地走访，以分析问题产生的深层次原因，并借鉴国内外先进经验，积极探寻促进我省中小企业持续、健康发展的路径，努力在我省中小企业发展的总体态势、产业动向、融资模式、服务体系、转型升级、政策扶持等重要问题上提出新的观点，总结新的模式，提供新的建议。

本报告分五大主题共十二章：

其一，主要介绍浙江省中小企业发展概况。本报告第一章从经济、政治、社会和技术四个方面剖析了2014年浙江省中小企业发展面临的环境；第二章从规上中小企业数量规模分布、行业分布、地区分布情况及中小企业所有制结构等几个方面分析浙江规上工业企业发展现状与变化；第三章主要分析了规下工业小微企业运行情况与上规升级发展现状，并对规上转规下现象做了专题研究；第四章是今年新增的内容，主要研究分析了浙江服务业与农业中小企业的运行情况；第五章阐述了中小微企业对浙江经济的贡献。

其二，研究分析当前浙江小微企业的成长问题。继续与浙江工业大学中国中小企业研究院合作编制了2015年浙江小微企业成长指数与行业成长指数。数据主要来源于省经信数据服务平台小微企业库与省统计局。第六章主要研究分析小微企业成长指数，对浙江省的小微企业成长发展状况进行全面深入剖析，客观认识当前小微企业成长状况及存在的问题，探索建立促进小微企业健康持续发展的长效机制。第七章重点分析中小微企业主要行业成长指数，为及时把握浙江省中小微企业主要行业发展的新情况、新问题和新趋势提供参考和借鉴。2015年浙江经信委与省统计局合作评价认定了976家成长型中小企业，第八章主要针对这批成长型中小企业进行剖析，挖掘成长型中小企业在发展中的特点，与其他企业进行对比分析，同时对发展中的问题做了反思。

其三，专题探讨中小企业服务及其体系建设与政策扶持情况。第九章主要关注企业融资情况，重点探讨了融资担保、信用评级和融资租赁等政策的实施；第十章主要对浙江中小企业服务体系历年来的建设情况进行了梳理，分析浙江服务体系建设过程中存在的主要困难和问题，并结合浙江实际提出构建完善中小企业公共服务体系的对策建议，同时对工商登记制度改革、减负惠企政策、机器换人等政策的实施情况与成效进行调查分析。

其四，分析研究中小微企业转型升级路径。报告第十一章从省内转型升级现状与面临的挑战开始，分析了“五水共治”政策助力中小微企业转型升级效果，省内系列政策如何扶持科技型中小企业发展，以及工业企业开展网络销售实现销售模式的转型，最后以宁波为例分析中小企业转型升级路径。

其五，介绍各地促进中小微企业的探索与经验。各地在促进中小微企业发展方面蕴含了诸多智慧，第十二章分享了六个地区在产业升级、服务业与制造业融合发展等方面的经验。

以上这些问题的分析与探讨构成了《2015 浙江省中小企业发展报告》的基本框架和内容，记录了 2014 年浙江中小微企业的发展历程。

新的一年，机遇与挑战仍然并存，尽管中小企业面临生产成本居高不下、市场需求疲软、企业转型升级等一系列问题，但政府与社会都在不断为中小企业发展创造良好环境。一些新的业态、新的需求、新的模式正在涌现，大数据时代互联网商业模式已如火如荼蔓延到社会各个角落，“大众创业，万众创新”的局面正在逐步形成，全省中小企业也在不断顺应社会变革，提升自身实力，以期在未来的发展中取得更大进步。

在本报告编写过程中，编写组得到各单位与个人的大力支持，尤其是省统计局和国家统计局浙江调查总队为报告提供了大量的基础数据，浙江工业大学中国中小企业研究院是报告的主要合作单位。编写组王田绘、杨蓓蓓、邓懿萱、陈李英、刘鹏、傅广敏参与了第一章、第二章及第五章的撰写。第三章第 1 节由应云进、王国勇、王田绘撰写，第 2 节由应云进、徐伟军、陈李英撰写，第 3 节由应云进、徐伟军撰写，第 4 节由调查总队陈丽丽、邢田华撰写。第四章第 1、4 节分别由调查总队占予沸、战冬娟撰写，第 2 节由骆云伟、黄哲明、周艳利等人撰写，第 3 节由苗文斌、陈王进、胡胜蓉、任洒洒等人撰写。第六、七章由浙江工业大学池仁勇、刘道学教授等人撰写。第八章 1—5 节由应云进、王国勇、王田绘、杨蓓蓓撰写，第 6 节由嘉兴市经信委顾志刚、张建伟等人撰写。第九章第 1、4 节分别由委融资处易小翔、徐顺爱撰写，第 2 节由傅广敏撰写，第 3 节由浙江金融职业学院应宜逊教授撰写，第 5 节由赖立文、邓懿萱撰写。第十章第 1 节由劳俊华、缪存俊等人撰写，第 2 节由调查总队陈丽丽、吴威撰写，第 3 节由苏保涛、邓懿萱撰写，第 4 节由邓懿萱撰写，第 5 节由委技装处张蕴博撰写。第十一章第 1 节由调查总队储小华、倪建春撰写，第 2 节由李鸽翎、刘道学撰写，第 3 节由董晓培、应红英等人撰写，第 4 节由王田绘、刘鹏撰写，第 5 节由浙江工商职业技术学院朱亚萍撰写。第十二章第 1 节由徐良峰、卢成岩等人撰写，第 2 节由宁波经信局供稿，第 3 节由嘉善县经信局李平撰写，第 4 节由上虞区经信局杨永苗、陈琦撰写，第 5 节由景宁县经商局何盛宝、徐慧、王鑫巧撰写,第 6 节由省经信委政研室供稿。

所有稿件均由编写组成员重新根据章节编撰,由执行副主编审核、统稿,由省经信委张金如主任,杜华红、岳阳副主任审定。《2015 年浙江省中小企业发展报告》由浙江工商大学出版社正式出版。在此,我们对所有帮助过我们的单位和个人表示感谢,没有你们的支持,本报告不可能顺利完成。同时,尽管参与撰写本报告的专家、学者以及相关部门的一线工作者在撰写过程中开展了认真的调查研究,但由于受经济形势复杂多变,时间紧迫,团队合作背景和编写人员自身研究领域不同等的限制,本报告还存在诸多不足,恳请各位读者多提宝贵意见,以便我们在今后的报告中进一步完善。

编写组

2015 年 10 月

目　录

第一章
2014年浙江省中小企业发展面临的环境

2014年以来，全球经济活动弱于预期，国际货币基金组织（英简称：IMF）、世界银行等国际组织和机构不断下调世界经济增速预期。在“三期叠加”的背景下，浙江中小企业经济运行总体保持平稳，全年经济增长处在预期目标区间，但投资增长后劲不足、融资瓶颈约束明显、企业经营困难等问题仍比较突出，经济下行压力和风险依然较大。本章主要从市场、政策、社会和技术四个方面来梳理和把握2014年浙江省中小企业面临的发展环境。

第一节　市场环境复杂多变

2014年，世界经济整体复苏受挫，发达经济体消费低迷，世界贸易增长缓慢，浙江经济步入增长速度的换档期和结构调整的阵痛期，经济下行压力进一步加大。浙江中小企业发展面临的市场环境复杂多变。

一、2014年世界经济复苏艰难曲折

（一）世界工业增长放缓

2014年1—11月，世界和发达国家工业生产同比分别增长3.3%和2.2%，比上年同期加快0.6和2.2个百分点；发展中国家工业生产同比增长4.9%，比上年同期下降1个百分点。主要经济体中，美国工业生产增长加快，欧元区波动前行，日本自第二季度以来持续恶化（如图1-1所示）。

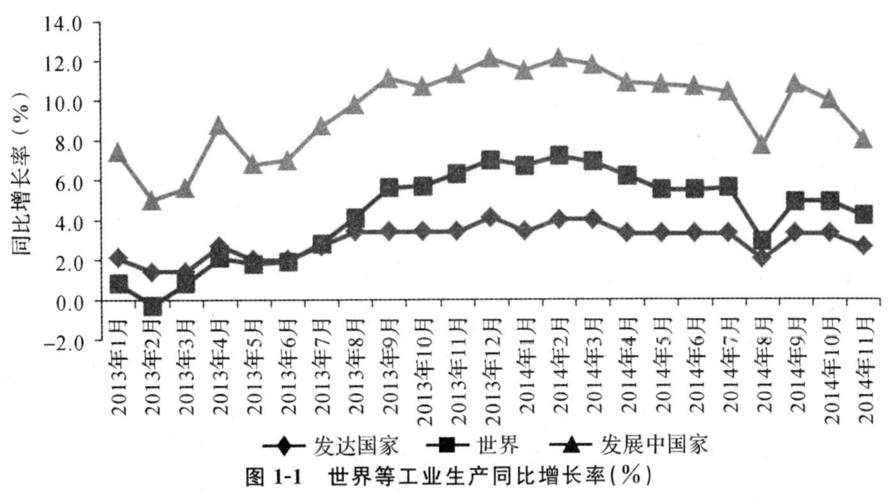

图1-1　世界等工业生产同比增长率（%）

(二)国际贸易低位运行

2014 年,世界贸易量增长 2.8%,略低于上年的 3%,大大低于国际金融危机前 7%的平均水平。波罗的海干散货运指数基本在海运平衡点(2000 点)以下波动回落,从 1 月 2 日的 2113 点降至 12 月 24 日的 782 点,累计下降 63%(如图 1-2 所示)。

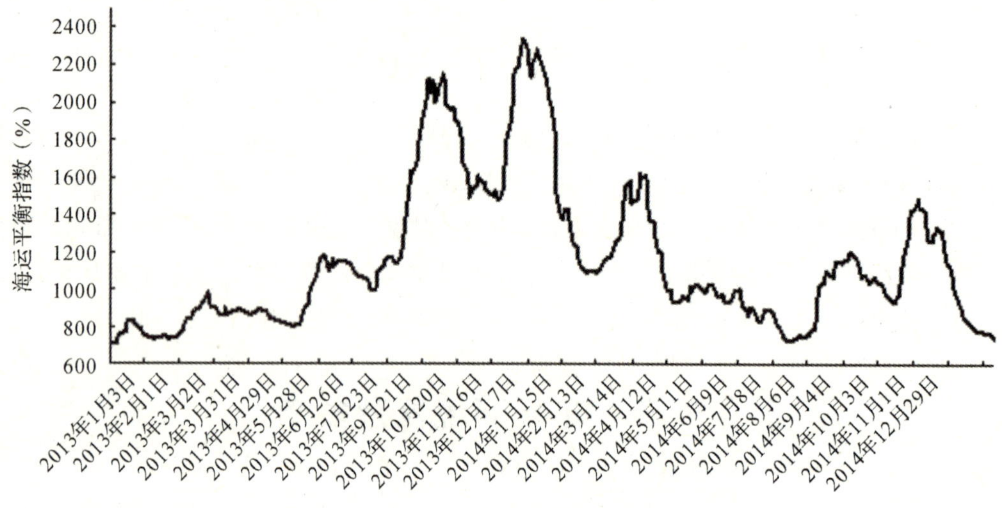

图 1-2　波罗的海干散货运指数

(三)大宗商品价格下滑

据世界银行统计,2014 年能源、非能源价格比上年分别下跌 7.2%和 4.6%,均连续三年下跌,尤其是原油价格出现暴跌。受全球原油供给增加、原油需求增长放缓、美元继续升值以及投机需求减弱等因素影响,全球原油价格出现暴跌。2014 年欧佩克一揽子原油价格为年均价 96.2 美元/桶,比上年下跌 9.2%;纽约期货市场轻质原油价格为年均价 93 美元/桶,比上年下跌 3.6%,均连续两年下跌。2015 年 1 月 12 日,欧佩克一揽子原油价格更是创下国际金融危机以来的最低点 43.55 美元/桶,比 2014 年内最高点 110.48 美元/桶暴跌 60.6%。

二、2014 年我国经济增长进入“新常态”

(一)经济增速进入温和增长区间

我国 GDP 增速基本结束了两位数的高速增长时期,进入到一个相对温和增长的区间,2014 年 GDP 增长 7.3%,比金融危机前的 2007 年下降了 6.9 个百分点。尤其是工业增长有持续回落的趋势,进入 2014 年第三季度特别是 8 月份后,主要经济指标出现整体下滑,工业增加值增速月降幅达 2.1 个百分点,创 2008 年国际金融危机以来新低。工程机械、发电量、化肥、原煤等工业产品产量负增长,汽车、集成电路、钢铁、水泥等增幅出现明显下降。在新常态下,出口增长对经济增长的贡献率明显下降。2002—2008 年间,净出口年均拉动我国 GDP 增长 1.2 个百分点,有的年份高达 2.6 个百分点,但 2009 年后,出口对经济增长的拉动多为负值,2009—2014 年间平均为－0.6 个百分点(如图 1-3 所示)。

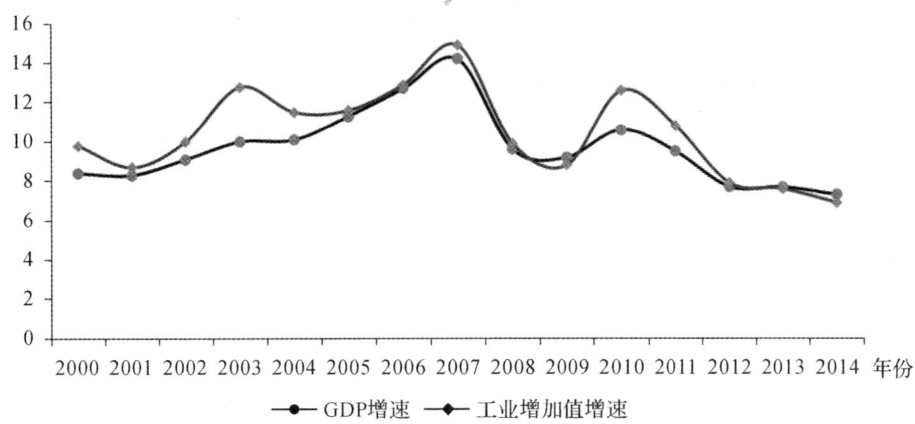

图 1-3　2000—2014 年我国 GDP 和工业增加值增速

(二)房地产出现长周期调整的"拐点"

房地产市场进入长周期"拐点",拉动投资增长加快下行,成为影响 2014 年经济下行的重要因素。根据国际经验,户均住房达到 1 套,房地产新开工面积往往达到峰值。2013 年我国城镇户均住房已达到 1 套,住房市场格局已从供不应求转向供求基本平衡和局部供给过剩。2014 年,房地产投资同比增长 10.5%,比上年同期回落 9.3 个百分点,这直接拉动投资回落 1.5 个百分点。如果从宽口径计算(指第三产业中全部房地产投资额,包括房地产开发企业的投资,保障房、棚户区改造、城镇自建房等投资),房地产投资同比增长 12.6%,比 2013 年回落 8.5 个百分点,引致投资增长回落 2.2 个百分点(贡献率为 57.9%)。房地产投资和销售的增长回落导致重化工业继续回落(如图 1-4 所示)。

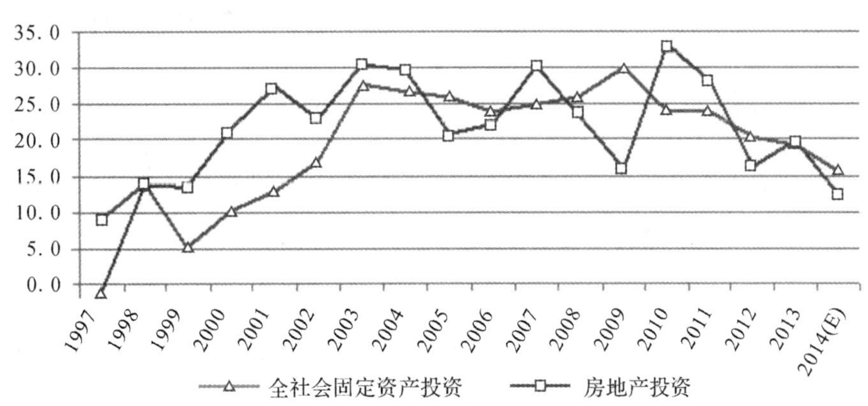

图 1-4　全社会固定资产投资和房地产投资长期增长趋势

(三)产能过剩与价格下降问题突显

长期繁荣及政策影响导致产能过剩加重,工业产成品库存被动增加,市场预期恶化,进一步降低产能利用率。2014 年工业产成品库存持续增加,到 8 月底达到 3.7 万亿元,创历史新高,同比增长 15.6%,比上年同期高 10 个百分点。严重的产能过剩压制 PPI 长期负增长,到 2014 年底 PPI 已经连续 34 个月出现负增长。长期负增长使 PPI 指数对短期需求波动的敏感度下降。PPI 作为工业部门最关键的价格信号，其作用减弱后，企业原本优先调整价格的策略改为被动调整产能，从而进一步放大供给的波动(如图 1-5 所示)。

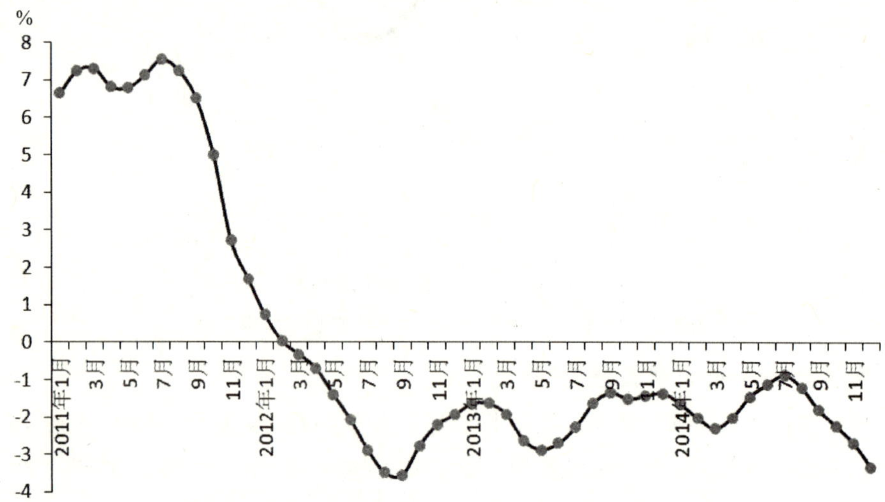

图 1-5　2011—2014 年全国 PPI 指数增长情况

三、浙江经济进入深度调整时期

(一)浙江经济经历了长期回落

自 2008 年金融危机以来，浙江 GDP 除 2010 年短暂回升外，一直持续回落，并从原来的两位数增长迈入了个位数增长区间，2014 年增长 7.6%。与广东和江苏相比，广东自 2003 年 GDP 增速超过浙江，江苏自 2004 年超过浙江，此后浙江 GDP 增速一直低于两省，尤其是江苏增速明显高于两省(如图 1-6 所示)。

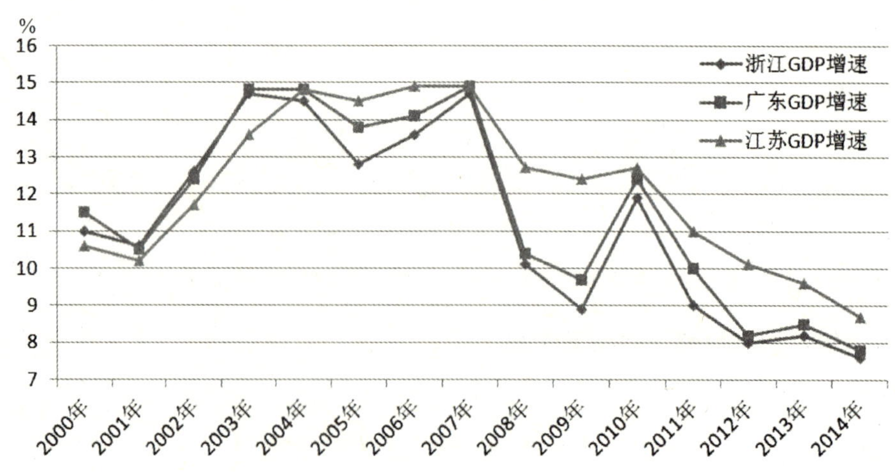

图 1-6　浙江、广东、江苏三省 GDP 增速比较

(二)产业结构调整进入深水区

2014年是全面深化改革的开局之年,浙江省政府深入实施"五水共治""三改一拆""四换三名"等重大举措,打好转型升级组合拳,积极推进淘汰落后、腾笼换鸟和行业整治工作,主动关停了一批规上"三高"企业,不断优化产业结构。据测算,2014年关停淘汰低端落后企业,影响我省工业增长1.5个百分点左右。2014年,浙江第一、二、三产业分别增长1.4%、7.1%和8.7%,三产增加值结构由上年的4.7∶47.8∶47.5调整为4.4∶47.7∶47.9,第三产业比重首次超过第二产业,产业结构正趋优化。

(三)"两链"问题带来潜在系统性风险

自2011年浙江多地出现企业资金链断裂老板跑路的报道之后,资金问题一直是困扰浙江企业的一大难题,并且这一问题呈越演越烈的趋势。2014年,企业资金链断裂引发互保企业的连锁反应,影响波及面迅速扩大,导致多地银行坏账率大幅上升,使得企业个案演变为系统风险的可能性加大。根据2014年6月的监测数据,涉互保企业比重达到63.8%,高发地区涉互保企业比重甚至超过90%。各级政府积极出台应对措施,"两链"问题的系统性风险总体上得到了控制,企业互保比例也呈逐月下降的趋势,到2014年底互保企业比重下降为49.4%,但其潜在的风险仍不可忽视。

第二节 国内外环境逐步改善

2014年,世界政治总体安稳,中国国际处境进一步改善,政策环境进一步优化。浙江中小企业发展面临的政治环境良好。

一、世界政治总体稳定,局部地区出现动荡

(一)乌克兰危机冲击大国关系

2014年乌克兰危机全面爆发。2月,亚努科维奇政府被推翻;3月,克里米亚举行公投宣布独立并申请加入俄罗斯。此后,乌克兰危机继续恶化,乌东部地区持续战乱。而以美国为首的西方国家与俄罗斯围绕乌克兰危机展开制裁与反制裁的激烈博弈。俄罗斯在西部安全环境恶化、受西方国家制裁及石油价格暴跌双重打击经济进入艰难时期的背景下,其外交政策向东看的倾向进一步加强。2014年,习近平主席与普京总统5次会晤,5月中俄共同签署了《中俄关于全面战略协作伙伴关系新阶段的联合声明》,5月21日中俄能源合作在历经多年谈判后终于取得重大进展,中俄签署了价值约为4 000亿美元、为期30年、年出口380亿立方米天然气的合同。11月,中俄又签署了西线天然气项目的备忘录和框架协议,以及包括天然气合作在内的17个文件。

(二)"伊斯兰国"恐怖组织迅速扩张

2014年,具有极端暴力恐怖主义组织性质的"伊斯兰国"在短期内攻城略地,占领了伊

拉克、叙利亚的大片领土。该组织资金充足，组织严密，武器精良，作战经验丰富，在其所占领地区实施残暴统治，引发严重人道主义危机。特别是该组织不仅得到了其他地区极端组织的支持，而且吸引了世界各地众多“圣战”追随者前去参战，而后又回流本国，对全球安全构成了极大威胁。进入 8 月以来，以美国为首的多国联盟多次对该组织发动空袭，在一定程度上遏制了“伊斯兰国”的扩张势头。但美国坚持将本该站在打击“伊斯兰国”第一线的叙利亚阿萨德政权排除在联合阵线之外，拒绝派遣地面部队赴伊拉克参战，仅靠空中打击又效果有限，要想在短期内彻底剿灭“伊斯兰国”几无可能。

(三)中国与周边国家海洋领土争端进入僵局

对于中日钓鱼岛之争，中日两国通过达成四点原则共识，朝着通过对话磋商防止局势恶化，建立危机管控机制的方向迈出了重要一步。但就在中日四点原则共识达成之后，日本外相岸田文雄就迫不及待地在记者会上宣称日本政府在钓鱼岛问题上关于“不存在领土问题”的立场没有变化。中日之间缓解领土主权争端的条件仍不具备。南海领土争端在 2014 年表现出这样几个特点：一是菲律宾不顾中国政府的反对，坚持向国际海洋法法庭仲裁庭提起的诉讼已进入仲裁启动程序；二是菲越合流联手对抗中国的倾向加强，越南跟进菲律宾谋求国际仲裁的南海策略，于 2014 年底就南海争端向国际仲裁法院提交越方立场，以确保该法院关注越南的“法律权利和利益”；三是美国公开支持菲越两国，频繁在南海问题上指责中国，向中国施压。

总体上看，2014 年世界范围内未出现大规模政治动乱，世界政治局势总体稳定，浙江中小企业的出口受世界政治局势的影响总体相对较小，部分企业在局部动荡地区的出口受到较大影响。

二、中国国际处境进一步改善

(一)中欧全面战略伙伴关系不断深化

2014 年中欧关系发展平稳，高层互访频繁。习近平主席、李克强总理出访欧洲多国，分别出席在荷兰海牙举行的第三届核安全峰会和在意大利米兰举行的第十届亚欧首脑会议。在中欧领导人的共同推动下，务实互利合作成为中欧经贸关系发展的主流，开放创新成为中欧走向更高水平合作的新起点，中欧全面战略伙伴关系不断深化。

(二)中国提出共建“一带一路”构想

2013 年 9 月和 10 月，习近平主席在出访中亚和东南亚国家期间，先后提出共建“丝绸之路经济带”和“21 世纪海上丝绸之路”的重大倡议，得到国际社会的高度关注。习近平主席、李克强总理等国家领导人先后出访 20 多个国家，出席加强互联互通伙伴关系对话会、中阿合作论坛第六届部长级会议，就双边关系和地区发展问题，多次与有关国家元首和政府首脑进行会晤，深入阐释“一带一路”的深刻内涵和积极意义，就共建“一带一路”达成广泛共识。与部分国家签署了共建“一带一路”合作备忘录，与一些毗邻国家签署了地区合作和边境合作的备忘录以及经贸合作中长期发展规划。加强与沿线有关国家的沟通磋商，在基础设施互联互通、产业投资、资源开发、经贸合作、金融合作、人文交流、生态保护、海上合作等领域，推进了一批条件成熟的重点合作项目。并积极开展亚洲公路网、泛亚铁路网规划和建设，与东北亚，中亚、南亚及东南亚国家开通公路通路 13 条，铁路 8 条。浙江处于 21 世纪海上丝绸之路经济带，属于圈定的 5 省(市)之一。

(三)筹建亚洲基础设施投资银行

2013 年 10 月 2 日，习近平主席提出筹建亚洲基础设施投资银行的建议，2014 年 10 月 24 日，包括中国、印度、新加坡等在内 21 个首批意向创始成员国的财长和授权代表在北京正式签署《筹建亚投行备忘录》，共同决定成立亚洲基础设施投资银行(AIIB)，标志着这一中国倡议设立的亚洲区域新多边开发机构的筹建工作将进入新阶段。2014 年 11 月 28 日，筹建亚洲基础设施投资银行首次谈判代表会议在云南昆明举行。

三、国内政策环境进一步优化

2014 年，中国政府抓住中小企业发展的关键领域和薄弱环节，运用改革创新的办法，精准发力，定向施策，密集出台促进中小企业发展的各类专项政策。

(一)简化行政权力

2014 年政府积极简化行政权力，尤其是行政审批制度改革，各部门取消和下放了 600 多项行政审批事项，大大提高了企业运营效率。在全国范围内推行工商登记制度改革，降低企业注册门槛，极大地调动了全社会创业兴业的积极性。浙江省级部门行政权力从 1.23 万项精减到 4236 项，其中直接行使 1973 项，省级实际执行的行政许可事项从 1266 项减少到 322 项，非行政许可审批事项全面取消，40 多个部门全部实行一站式网上审批。

(二)重视提升融资服务

2014 年 3 月，银监会印发《关于 2014 年小微企业金融服务工作的指导意见》，从拓宽金融服务覆盖面、扩大信贷资金来源、完善融资增信服务和信息服务、拓展直接融资渠道、规范银行服务收费等方面推动小微企业金融服务不断改善。2014 年浙江省也专门研究制定了《浙江省促进中小企业发展专项资金管理办法》。

(三)强化财税支持力度

2014 年财税部门出台惠企税费政策，对年应纳税所得额低于 10 万元(含 10 万元)的小型微利企业，其所得减半征收企业所得税。自 10 月 1 日起，对月销售额 2—3 万元的小微企业、个体工商户和其他个人也暂免征收增值税、营业税。

第三节　社会环境加速多元

2014 年，全球和国内社会环境更加多元，人口问题进一步恶化，国民消费习惯和结构等发生了重大改变，结构性失业依然困扰全球，自媒体快速崛起，这些变化直接或间接对浙江省中小企业的发展产生了深远影响。

一、人口问题没有得到根本缓解

(一)人口总量依然快速增长

联合国人口基金会《2014 世界人口报告》指出，2014 年全球人口达到 72 亿，创下历史新高，全球人口继续高速增长，导致了全球性的生态破坏、环境污染和资源短缺等严重问题，发展中国家问题尤其严重。中国人口出生率 2005 年以来一直保持在 2 位数，2014 年创下近 9 年来最高水平，2014 年中国人口自然增长率也达到近 8 年来最高水平(如图 1-7 所示)。

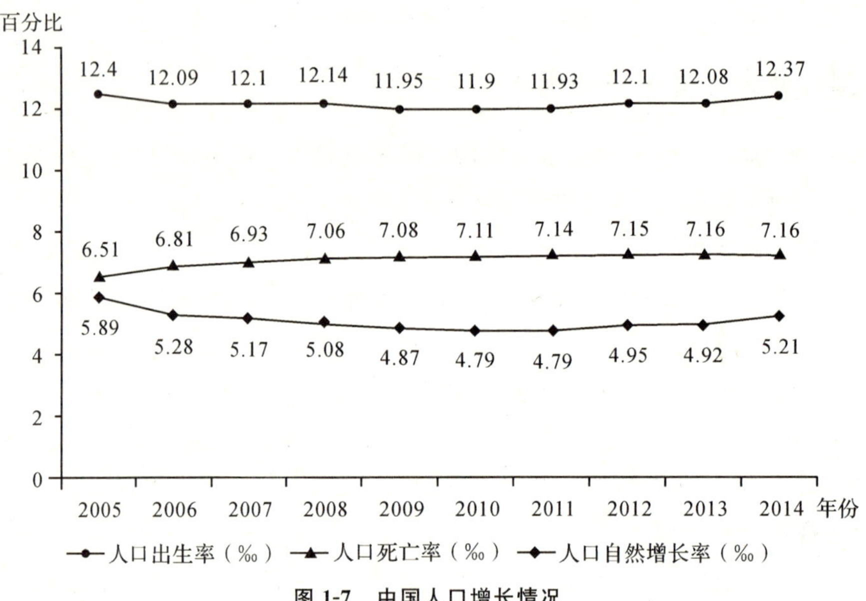

图 1-7 中国人口增长情况

(二)人口老龄化比率达到新高

2014 年，全球老年人(60 岁及 60 岁以上)占总人口的比例达到 12%。中国 16 周岁以上至 60 周岁以下(不含 60 周岁)的劳动年龄人口 91583 万人，比上年末减少 371 万人，占总人口的比重为 67.0%，60 周岁及以上人口 21242 万人，占总人口的 15.5%，65 周岁及以上人口 13755 万人，占总人口的 10.1%。浙江省 2014 年新增老年人口 47 万，截至 2014 年末，60 岁及以上老年人口达到 945.08 万人，占总人口的 19.44%，增长 5.26%，高于全国 3.94 个百分点。人口老龄化对于浙江省中小企业而言是一把双刃剑。一方面，老龄人口的快速增加带来了养老、健康等产业的高速发展，为相关行业的企业提供了市场需求；另一方面，人口老龄化将在短期内给中小企业的用工问题造成困扰，增加了企业的用工成本。

二、消费习惯和需求发生重大改变

随着互联网、移动互联网的发展以及80后、90后成为新的消费主力，消费者消费习惯和生活需求已发生变化，2014年消费习惯的改变在三个方面表现明显。

(一)网络购物首次成为年轻消费者购物主战场

2014年中国网络购物用户中年轻网民比例首次超过50%，截至2014年12月，中国网络购物用户规模达到3.61亿人，较2013年底增加5953万人，增长率为19.7%，中国网民使用网络购物的比例从48.9%提升至55.7%。从浙江情况看，2014年浙江省网民规模达到3458万人，互联网普及率为62.9%，高于全国7.2个百分点，这意味着，每100次购物活动，有65次是在网上完成的。2014年，省内居民实现网上消费3192.8亿元，同比增长约41.2%；其中杭州(899.6亿元)、宁波(488.3亿元)、温州(438.4亿元)名列前三。

(二)个性化需求愈发凸显

随着80后渐渐成为社会中坚力量，90后纷纷进入社会工作，年轻一代即将成为消费的主力军，80后、90后个性鲜明，喜欢个性化彰显的产品，年轻一代个性化需求的凸显推动了商业模式和生产方式的改变，私人订制成为一种新的消费潮流。个性化消费的崛起为浙江中小企业转型升级指明了方向，浙江中小企业积极引入互联网思维，一方面积极布局网上销售渠道，加大对电商的投入；另一方面，在移动互联网层面将生产、销售和服务打通，利用移动互联加大对消费者需求的挖掘，从产品制造商逐步成为针对消费者需求的服务商。

(三)国民对精神生活不满态度首次超过物质生活

中国社会科学院社会发展战略研究院在北京发布《中国社会发展年度报告(2014)》指出，与2012年和2013年相比，2014年中国城市居民的生活需求结构发生了重大转型，中国社会发展的阶段性特征凸显。中国城市居民对心理和精神生活的不满意度首次超过了对物质经济生活的不满意度，社会正向满足人们精神文化、心理健康等生活领域的民生需求的方向发展。居民生活需求结构的变化将进一步推动浙江文化创意产业的发展，为浙江中小企业提供广阔的市场需求。

三、结构性失业困扰全球

结构性失业，主要是由于经济结构(包括产业结构、产品结构、地区结构等)发生了变化，现有劳动力的知识、技能、观念、区域分布等不适应这种变化，与市场需求不匹配而引发的失业。由于结构性失业主要发生在知识青年身上，这将对社会安定带来巨大潜在风险。

(一)结构性高失业率成为全球面临的十大风险之一

2014年，结构性高失业率被世界经济论坛列为全球面临的十大风险之一，位列第二。事实上，结构性失业已经成为世界各国普遍面临的重大社会问题。尽管美国2014年的失业率已经从2009年的10%下降到6.2%，但是美国的适龄劳动人口(16岁以上60岁以下)已经超过了 1600 万,其中数百万人找不到工作,结构性失业率居高不下。同样,整个欧元区也面临着劳动力供需市场结构性不匹配的问题,欧元区失业中的很大部分是结构性因素造成的。

(二)中国结构性失业日益严峻

随着中国经济社会改革的深入,中国社会的结构性矛盾逐渐凸显。一方面,很多企业面临招工难、技工短缺的"用工荒"。另一方面很多高校毕业生找不到工作,导致大量结构性失业的出现。此外,化解产能过剩、推进国企改革过程当中出现的隐性失业显性化,以及部分企业困难加重可能带来的裁员和失业问题,同样造成了大量结构性失业的出现。

四、自媒体爆发性崛起

(一)自媒体导致媒体形态变革

2014 年是媒体爆发性崛起的一年,自媒体的出现颠覆了传统媒体只有媒体人才有话语权的模式,发展了只要以个体或企业为单位就能对新闻进行传播、产品推广甚至交易支付的便利渠道,实现了信息高效快速的传播。2014 年,QQ 空间、微信、微博、贴吧、人人、博客等自媒体平台使用率创下新高,尤其以微信公众号表现最为突出。以微信公众号为代表的自媒体形式极大地放大了个体的声音,一句"再小的个体也有自己的品牌"让每一个企业都纷纷建立自己的公众号平台,一个圈层或粉丝经济的时代全面到来。自媒体的崛起对传统媒体造成了强大的冲击,导致媒体形态的改变。一方面,自媒体让每一个个体或企业都拥有发出声音的平台,传统的媒体垄断局面被打破,导致媒体形态从原来注重传播渠道和形式,向注重内容转变。另一方面,传统的有影响力的媒体一般具有国营背景,而自媒体即使是一个个体也可以影响广大的群体,比如罗辑思维、吴晓波频道等,这意味着自媒体导致媒体形态由国营背景向民营化转变。

(二)自媒体促使企业营销方式发生变化

在媒体时代,每一个企业都是自己的媒体,拥有自己的粉丝圈,企业营销的目标有两个,一是扩大自己的粉丝圈,这就需要在自媒体上有好的产品、好的文章或内容可以被无限制地扩大和传播。内容即营销,这是自媒体时代的第一个特征。二是留住现有的粉丝,这需要一种公共的价值观,这种价值观是本身的并且得到粉丝认可的,而传达这种价值观最有效的载体就是企业的产品。产品即营销,这是自媒体时代的第二个特征。

第四节　技术环境日益多变

2014 年,全球新技术快速发展迭代,大数据、移动互联网技术、基因测序技术、新能源技术、物联网技术发展迅速并快速融合,这些技术对浙江中小企业的思维、生产、管理、营销和商业模式都产生了重大影响。

一、大数据技术受到热捧并广泛应用

2014年大数据在全球成为一个路人皆知的概念，人类已经进入了大数据时代，大数据技术日趋成熟和为人们所接受。

在政府大力支持下，大数据在存储技术、收集技术、分析处理技术、可视化等关键技术方面取得了重要突破。大数据技术几乎渗透了各个领域的各个行业，尤其在政务、医疗、交通、金融等领域的应用非常深入。

大数据技术的兴起为浙江省创新型、科技型中小企业提供了巨大的想象空间，也为传统中小企业带来了管理、观念、营销等各方面的挑战和冲击。从微观层面看，浙江中小企业战略思想发生了根本变化，以数据资产为核心来重新审视公司的价值和未来前景；企业的决策模式从以直觉决策为主向数据化决策转变。从宏观层面来看，大数据相关技术和产品将形成一个庞大的大数据产业，为浙江中小企业提供巨大的机会，并成为经济增长的新动力。

二、移动互联技术高速发展，应用日渐成熟

思科《2014—2019年全球移动互联网发展趋势报告》显示，2014年移动网络用户达到43亿人，网络连接速度达到1.7Mbps。引领或应用于移动互联网的技术更新应接不暇，终端技术方面，可穿戴智能设备技术不断成熟，2014年9月苹果公司发布iwatch智能手表，标志着可穿戴设备技术的成熟。人机交互技术方面，语音指令、面部识别、手势控制技术进入应用高峰，将人们全面带入“知觉时代”，不仅在智能手机、智能电视中流行，而且在智能家居中也开始渗透。此外，云计算、物联网、大数据等当前信息技术产业发展的热点和动向，与移动互联网产业紧密结合，催生了新一轮科技革命和产业变革。将移动互联网与物联网技术结合起来的“车联网”，更是远程智能互动的一个重要应用领域，移动大数据也已经在移动社交、智能交通、精准营销、电子政务、移动金融等领域得到了应用。

三、新能源汽车发展处于风口

面对能源短缺和环境挑战，新能源汽车的发展已经成为世界汽车产业发展的大趋势。2014年我国新能源汽车呈现爆发式增长，据工信部统计，2014年新能源汽车累计生产8.39万辆，同比增长近4倍。其中，纯电动商用车生产1.57万辆，同比增长近4倍，插电式混合动力商用车生产1.38万辆，同比增长2倍。因此，2014年有新能源汽车元年之说，总体产销都较往年有大幅增长，纯电动商用车成为增速最快车型。我国新能源汽车的迅速发展不仅取决于技术上的进步，更取决于国家的大力推广和扶持，使得新能源汽车行业发展站在政策的风口。

电池是新能源汽车的核心，充电桩的配置是新能源汽车发展的前提，哪个企业掌握了核心技术，就意味着抢占了未来发展的制高点。浙江省在新能源电池领域不乏拥有一流核心

技术的高新企业，大力扶持这类企业发展，对推动浙江省产业转型升级和培育新的增长点，都具有重要意义。站在新能源产业发展的风口，需要我们顺势而为，对科技含量高、发展势头猛的新能源产业链的中小企业，不遗余力地给予支持，以此推动经济提质增效。

四、基因测序等生物技术日趋成熟，商业化进程加速

自 2001 年人类基因组计划首次实现人类基因组的全测序以来，基因分析逐渐从学术界的一个小众研究领域发展为推动临床诊断技术历史性革新的关键力量和个性化药物研发的决定步骤。2014 年 1 月，Illumina 重磅推出 HiSeq X Ten 基因测序仪，使基因测序成本降到 1000 美元左右，成本骤降推动了行业快速增长。中美相继在此基础上提出精准医疗计划，引爆了全球的基因测序市场。从产前无创筛查到癌症基因诊断的个性化用药，基因测序的应用范围正逐步拓宽，作为医疗诊断与治疗的革新技术，基因测序将开启诊疗行业新时代。

基因测序行业前景广阔，先发企业群雄逐鹿。Illumina 发布的 2014 年年报超预期，展示了基因检测业务在国际市场的良好发展前景。尽管国内的技术与国际的技术水平还有差距，政策也在不断探索当中，市场仍然处于培育阶段，但随着时间的推移，基因检测技术所带来的经济效益会呈现爆发性的增长。基因测序技术的发展将会形成一个庞大的新兴产业，尤其是以基因测序技术为基础的精准医疗，在不久的将来会使传统医疗发生翻天覆地的变化。

五、技术融合助推新的商业模式蓬勃发展

2014 年大数据技术、移动互联网技术、云技术、物联网技术等深度融合，助推了许多新的商业模式，其中互联网金融和跨境电商实现了飞跃发展。

（一）互联网金融迎来发展春天

2014 年“促进互联网金融健康发展”写入政府工作报告，互联网金融获得了前所未有的发展动力。互联网企业、金融机构等在互联网金融领域开展的层出不穷的创新，据网贷天眼的统计数据，2014 年各类 P2P 平台达到 1800 多家，比上年增长 112%，其中浙江省占比达 13.02%。当年完成的网贷或投资金额突破 3000 亿元，比 2013 年的 1854 亿元增加了约 65%。P2P 行业的兴起，不仅给过去很难从银行获得贷款的小微企业提供了一种能方便、快捷地获得小额贷款的渠道，而且也满足了不少投资者的理财需求。正是看到 P2P 行业具有潜在发展前景，传统银行等金融机构也开始推出自己的 P2P 平台。互联网金融平台的大量涌现为中小企业解决融资难问题提供了新的途径。

（二）跨境电商发展迅速

随着中国电子商务的发展，跨境电商蔚然成荫。浙江省作为中国电子商务最发达的地区之一，2013 年，杭州被国家列为首批跨境电子商务贸易的试验区，2014 年，浙江省跨境电子商务发展迅速并取得突破性进展，成为浙江新的外贸出口增长点。依托良好的电商发展

环境和丰富的市场商品资源，杭州、金华和义乌等地逐渐成为全省跨境电商出口的先发优势地区。杭州跨境贸易电子商务产业园在全国五个试点城市中率先正式开园运营，金华、义乌把发展电子商务作为政府工作的一号工程来抓，全省跨境电商形成几大战略平台，地区集聚效应优势凸显。特别是拥有 47 万家网络经营主体，电子商务交易额居全国城市首位的杭州。跨境电子商务的迅速发展为浙江中小企业开拓全球市场提供了新的渠道。

第二章 浙江省规上中小企业发展情况

近几年，受国际国内复杂经济形势的影响，浙江省中小企业面临改革发展的新形势、新任务，发展也出现一些波动。本章主要从中小企业数量规模分布、行业分布、地区分布情况及中小企业所有制结构等几个方面分析浙江省中小企业近年来的发展变化。如无特殊说明，本章数据均来源于浙江省统计局和浙江省调查总队。从 2011 年起统计部门统计规模以上工业企业的标准由原来的主营业务收入 500 万元以上提升到 2000 万元以上，本章分析中微小企业的数据原则上不包括规模以下的小微企业。

第一节 浙江规上中小企业总体情况

一、规上中小企业发展概况

(一)规上中小企业数量增速大幅下滑

2014 年，浙江省规上中小企业数量达到 40243 家，比 2013 年净增 1283 家，仅增长 3.29%，远低于 2013 年的 8.51%和 2012 年的 6.48%，增速为 2011 年调整统计口径后最低。究其原因，一方面，世界经济复苏缓慢，外需持续低迷，许多以外向出口为主的浙江中小企业受到较大影响，出口收入减少。另一方面，随着中国经济进入新常态，浙江省与全国其他省市共同面临经济增速放缓提质的特殊阶段。中小企业是数量最多、活力最强的市场主体，是浙江经济转型升级的主力军，受宏观经济调控的影响，中小企业营业收入增速收窄。此外，2014 年浙江中小企业面临融资、用工、土地等多方面成本上升的压力，新规上中小企业数量受到较大影响(如表 2-1、图 2-1 所示)。

表 2-1 2008—2014 年浙江规上中小企业数量变动

单位:家,%

年 份	规上工业中小企业数量	企业数增长率
2008	58621	14.02
2009	59782	1.98
2010	64141	7.29
2011	33719	−47.43

续 表

年份	规上工业中小企业数量	企业数增长率
2012	35904	6.48
2013	38960	8.51
2014	40243	3.29

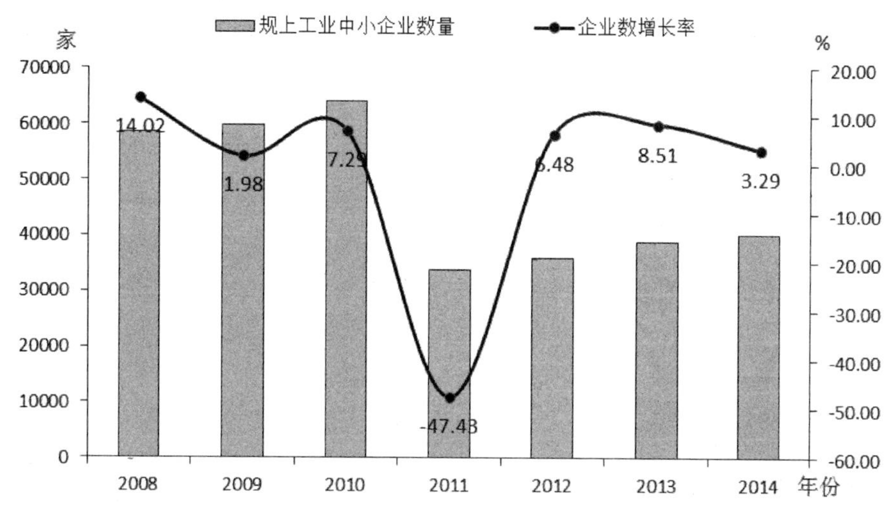

图 2-1 2008—2014 年浙江规上中小企业数量变动

注：从 2011 年起，规上工业企业的统计标准由原来的年营业收入 500 万元以上提升至 2000 万元以上。

（二）总体规模稳步增长

2011 年调整统计口径以来，浙江省中小企业总体规模逐年保持稳定增长态势。从资产指标看，2011 年规上中小企业的资产总额为 35651.40 亿元，2012 年、2013 年和 2014 年分别达到 41407.00 亿元、44598.90 亿元和 48913.60 亿元，增速分别为 16.14%、7.71%、9.67%。从主营业务收入看，2011 年规上中小企业的主营业务收入为 38354.10 亿元，2012 年、2013 年和 2014 年分别达到 41913.05 亿元、44800.03 亿元和 48858.73 亿元，增速分别为 9.28%、6.89%、9.06%。从工业总产值看，2011 年规上中小企业的工业总产值为 39316.10 亿元，2012 年、2013 年和 2014 年分别达到 43237.60 亿元、46246.33 亿元和 51018.23 亿元，增速分别为 9.97%、6.96%、10.32%。从新产品产值看，2011 年规上中小企业的新产品产值为 7195.46 亿元，2012 年、2013 年和 2014 年分别达到 8218.70 亿元、10159.07 亿元和 11961.67 亿元，增速分别为 14.22%、23.61%、17.74%（如表 2-2 所示）。

2014 年浙江省规上中小企业在资产总额、主营业务收入和工业总产值指标增速上均高于 2013 年。新产品产值增速略低于 2013 年，但高于 2012 年（如图 2-2 所示）。

表 2-2　2009—2014 年浙江规上中小企业四项指标变化情况

单位:亿元

年　份	资产总计	主营业务收入	工业总产值	新产品产值
2009	33198.27	32581.16	33686.64	5664.30
2010	39468.32	40962.94	41910.57	7742.81
2011	35651.40	38354.10	39316.10	7195.46
2012	41407.00	41913.05	43237.60	8218.70
2013	44598.90	44800.03	46246.33	10159.07
2014	48913.60	48858.73	51018.23	11961.67

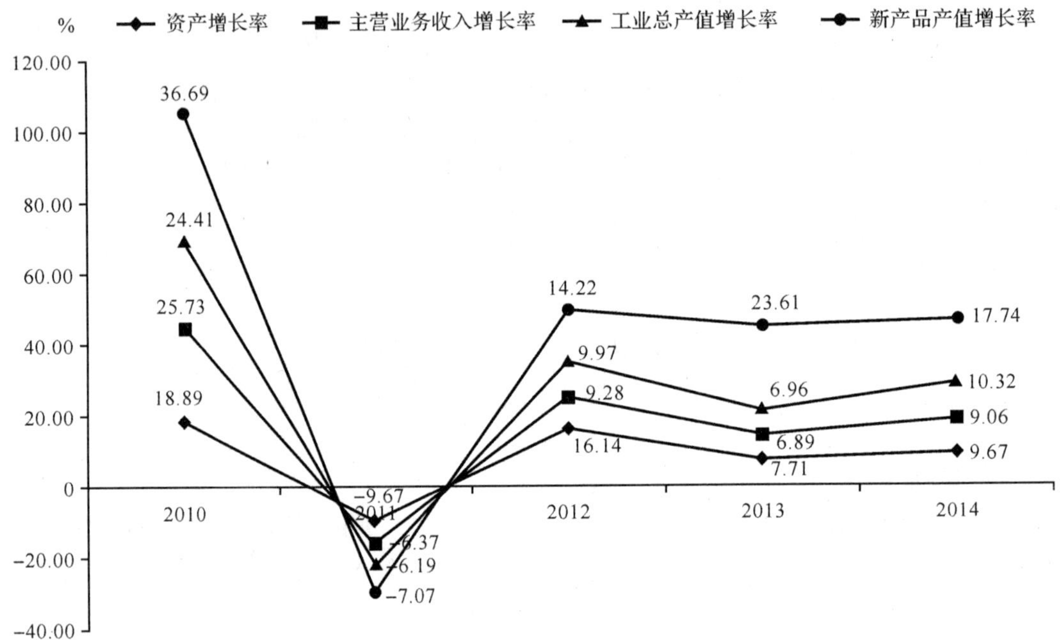

图 2-2　2010—2014 年浙江规上中小企业四项指标增速情况

注:从 2011 年起,规上工业企业的统计标准由原来的年营业收入 500 万元以上提升至 2000 万元以上。

(三)经营效益平稳提升

从利润总额看,2014 年规上中小企业实现利润总额 2582.84 亿元,同比增长 7.65%。2011 年规上企业统计口径调整以来,2012 年规上中小企业利润总额出现负增长,2013 年随即上扬,增速高达 13.95%。2014 年在国内外经济环境较差的情况下,浙江规上中小企业利润总额保持了相对平稳的增长速度。一方面表明我国经济新常态已成定势,另一方面从侧面反映了浙江中小企业经济结构调整的成果(如表 2-3、图 2-3 所示)。

表 2-3　2011—2014 年浙江规上中小企业利润总额及增速情况

单位:亿元,%

年　份	利润总额	利润总额增速
2011	2151.18	—
2012	2105.53	−2.12
2013	2399.34	13.95
2014	2582.84	7.65

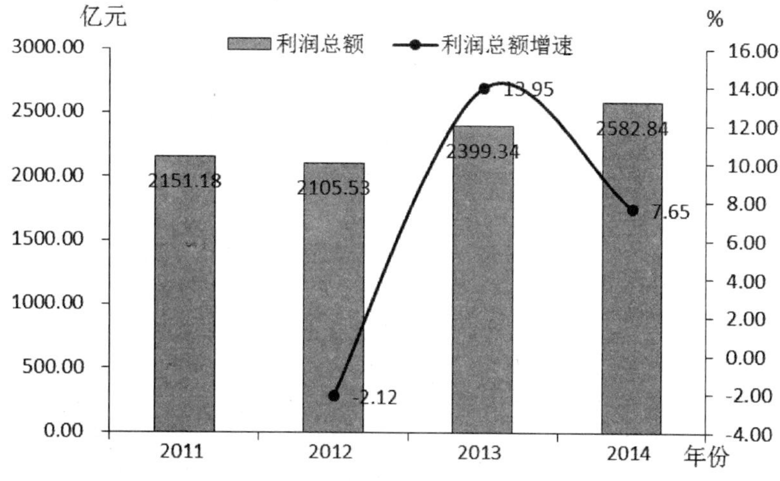

图 2-3　2011—2014 年浙江规上中小企业利润总额及增速情况

从利润率看,2014 年浙江规上中小企业的利润率为 5.29%,比上年略低 0.07 个百分点,基本持平(如图 2-4 所示)。2011 年以来,浙江中小企业融资、用工用地等成本逐年上升,但规上中小企业利润率一直维持在 5%—6%之间,波动幅度较小(如图 2-4 所示)。这一方面表明浙江中小企业具有较强的经营能力和抵抗风险能力,另一方面也凸显浙江中小企业的发展面临一定的瓶颈,需要依靠创新和转型升级进一步提高效益。

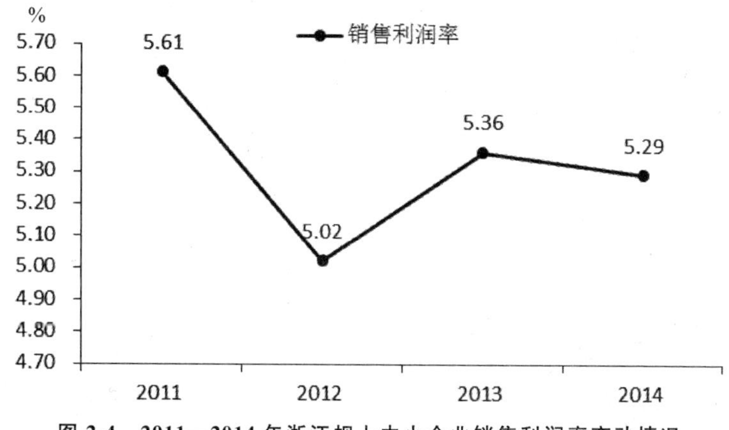

图 2-4　2011—2014 年浙江规上中小企业销售利润率变动情况

从亏损情况看，2014年，浙江规上中小企业共40243家，亏损4721家，亏损率为11.73%，比去年降低0.87个百分点。从历史数据看，浙江省规上中小企业亏损率均保持在相对较低的水平，2006—2014年这9年的平均亏损率仅为11.48%。即便在2008年、2009年世界金融危机爆发之际，规上中小企业的亏损率最高时也分别仅为15.18%、12.85%（如表2-4、图2-5所示）。这进一步表明了浙江省中小企业总体抗风险能力较强。

表2-4 2006—2014年浙江规上中小企业亏损情况

单位：家，%

年份	亏损企业数	亏损率	亏损增加率
2006	4455	9.8	5.46
2007	4918	9.58	10.38
2008	8891	15.18	80.78
2009	7673	12.85	−13.70
2010	5755	8.98	−25.00
2011	3411	10.12	−40.74
2012	4475	12.47	12.47
2013	4901	12.60	9.51
2014	4721	11.73	−3.67

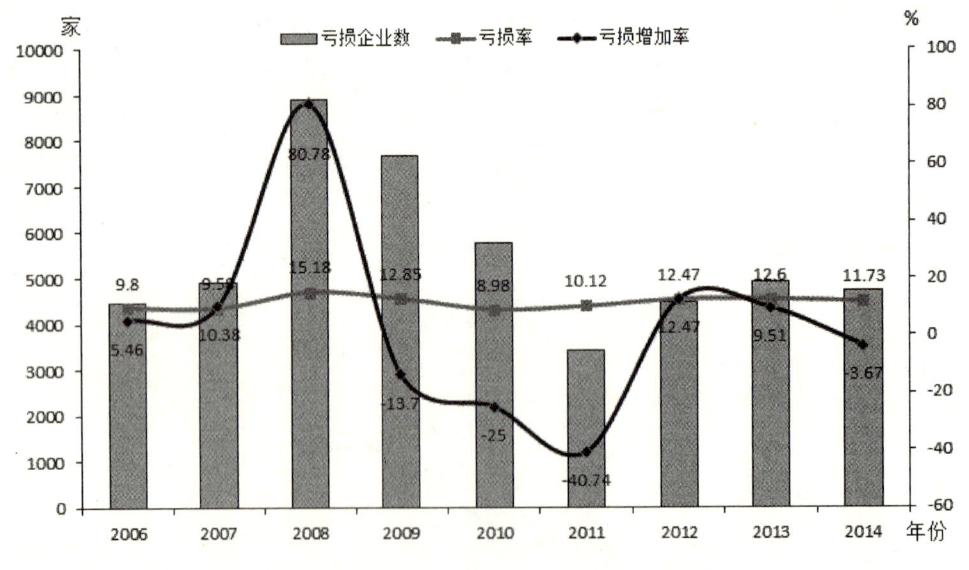

图2-5 2006—2014年浙江规上中小企业亏损情况

（四）负债水平呈下降态势

2014年，浙江省规上中小企业的资产负债率为60.75%，比2013年低1.21个百分点，从财务角度看，总体负债水平在合理范围内，发生财务风险的概率较小。从历史数据看，

2011 年调整统计口径以来，浙江省规上中小企业资产负债率在逐年降低，但仍保持在 60% 左右，一方面表明中小企业控制风险意识在增强，另一方面也表明中小企业在经营过程中积极发挥财务杠杆作用（如图 2-6 所示）。

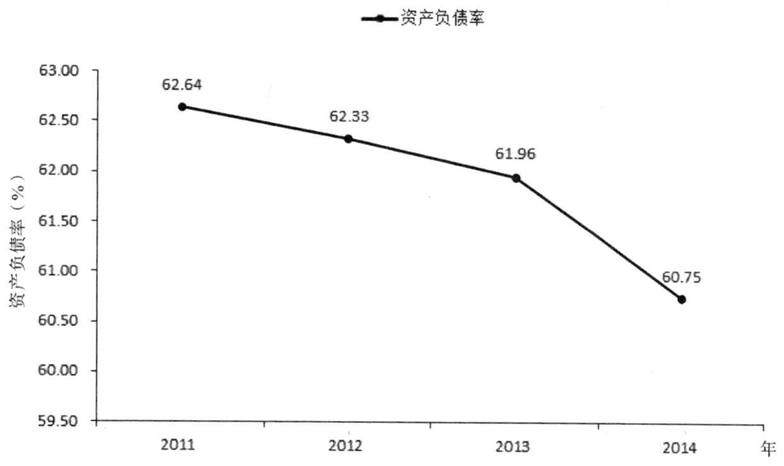

图 2-6　2011—2014 年浙江规上中小企业资产负债率变动情况

从流动比率看，2014 年规上中小企业的流动比率为 1.08%，与 2013 年持平，比 2011 年、2012 年均高 0.01 个百分点。这说明，近几年规上中小企业的偿债能力相对较强，发生财务风险的概率较小（如图 2-7 所示）。

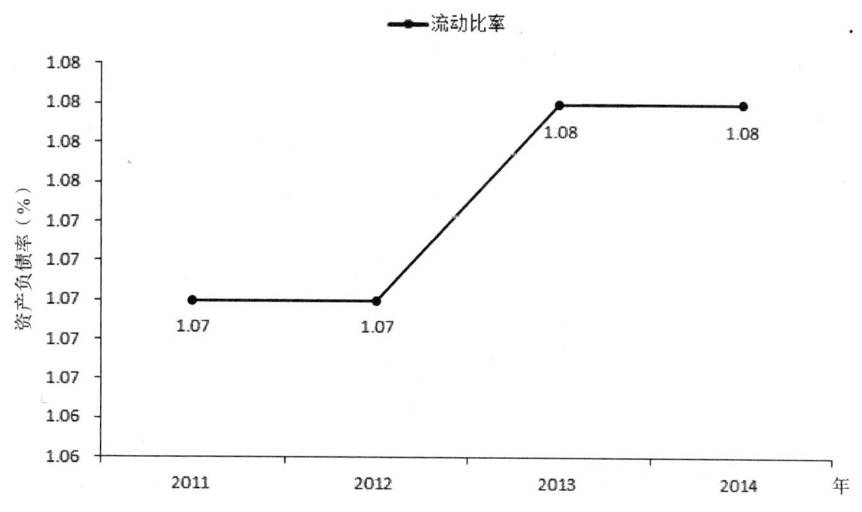

图 2-7　2011—2014 年浙江规上中小企业流动比率变化情况

（五）外贸出口总额较快增长，占比下降

2014 年，浙江规上中小企业外贸出口逆势增长，实现出口交货值 8619.18 亿元，同比增长 6.41%，增速分别比 2012 年、2013 年高 4.27 个百分点和 3.66 个百分点，为 2011 年调整统计口径以来最高增速。但从出口交货值占销售总产值比重看，2014 年占比为 17.51%，比

2013年、2012年和2011年分别低0.54个百分点、1.24个百分点和2.65个百分点(如表2-5、图2-8所示)。浙江规上中小企业外贸总额较快增长,但占比逐年下降,这是浙江经济结构调整取得进展的表现,一方面体现了浙江中小企业产品的附加值在增加,另一方面表明"电商拓市"取得实质进展,中小企业的外需依存度逐年降低。

表2-5 2011—2014年浙江规上中小企业出口情况

单元:亿元,%

年份	出口交货值	销售总产值	比重	增长率
2011	7718.18	38283.51	20.16	—
2012	7883.23	42046.03	18.75	2.14
2013	8099.87	44871.61	18.05	2.75
2014	8619.18	49238.36	17.51	6.41

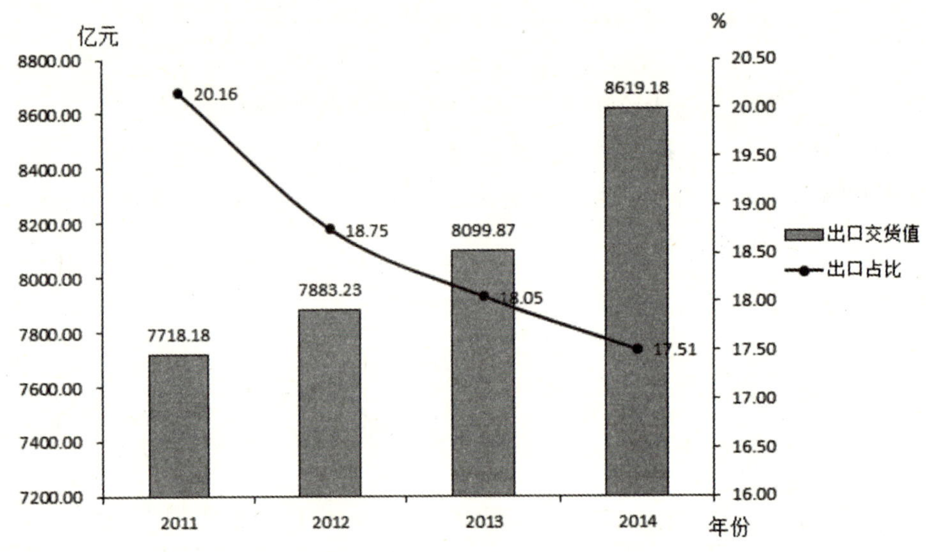

图2-8 2011—2014年浙江规上中小企业出口情况

二、2014年浙江省中小企业发展面临的挑战

(一)用工成本持续上升

2014年一季度,浙江中小企业的"节后用工难"现象依然普遍,许多附加值比较低的产业已陷入用工难的境地。浙江中小企业用工难的主要原因有:第一,全国性产业转移,劳动密集型产业向内地转移,导致大量外地务工人员回流;第二,劳动力结构发生重大改变,80后、90后已成为社会主力,这一代人对生活的追求与父辈相差很大,追求个性化和受人尊重的生活方式且流动性很强;第三,"机器换人"战略推进缓慢,受观念、资本等多方因素制约,浙江"机器换人"战略在中小企业的推进过程相对缓慢。此外,2014年8月1日起,浙江调整

最低工资标准，调整后的的最低工资标准为 1650 元、1470 元、1350 元、1220 元四档，与原最低工资标准相比，平均增长幅度达到 12.5%。

(二)融资难融资贵依然困扰企业

浙江中小企业融资难的问题依然没有从根本上得到缓解。2014 年 9 月，省经信委对浙江中小微企业融资情况进行专项调查。调查显示，9 月份反映流动资金不足的小微企业比重占到 66.1%，比重虽比 6 月下降 1.6 个百分点，但仍比 2013 年同期高 2.3 个百分点，也比上年末高 1.1 个百分点。调查发现，由于资产缩水、效益下降等原因，企业有效抵押资产减少，获得银行的授信额度也相应下降，担保难时有发生。浙江局部地区出现资金链、担保链风险后，企业间互相担保现象大幅减少，银行也倾向于由担保公司尤其是政策性担保公司提供担保，而担保行业则因风险多发，从业信心不足，业务下降较多。8 月末浙江融资性担保余额 832.65 亿元，比上年同期下降 14.1%；1—8 月新增担保余额 563.61 亿元，同比下降 19.3%。中小微企业融资成本仍然偏高。银行贷款利率普遍上浮。据统计，1—8 月浙江规模以上工业小型企业银行贷款实际利率为 7.46%，比去年同期提高 0.3 个百分点，增加企业利息支出 13.17 亿元；规模以下的小微企业贷款利率更高，据企业反映银行融资成本已接近甚至超过基准利率 2 倍。台州市抽样调查显示，全市银行贷款加权平均利率为 8.66%，民间借贷加权综合利率为 19.67%，较上年同期分别上升 23 个和 87 个基点，总体处于高位。民间借贷利息居高不下。9 月 24 日温州市民间融资综合利率指数为 20.5%，2013 年以来一直处于高位。其中：服务中心登记利率 16.06%、小贷公司利率 19.32%、民间资本管理公司融资价格 19.44%、社会直接借贷利率 15.97%、其他市场主体利率 28.16%。

(三)双重挤压下中小企业盈利空间压缩

2014 年浙江中小企业受需求不足和成本要素上升的双重挤压，利润空间增长收窄。在需求方面，国际市场需求疲软，以出口为主的浙江中小企业订单萎缩，而国内扩大内需政策效果不明显。在成本要素方面，融资成本、劳动力成本持续上升，在生产成本另一个主要构成原材料方面，虽然产能过剩的大背景下，制造业主要原材料购进价格指数一季度之前一直处于回落状态，但进入 2014 年二季度，主要原材料购进价格指数逐渐上升，已由 3 月份的 44.4 上升到 50.0，企业原材料生产成本压力逐渐增加。

(四)中小企业增长的内生动力不足

世界经济复苏缓慢，在中国经济下行进入新常态情况下，浙江中小企业的整体境遇不佳，一方面，总体产能过剩，订单下滑。另一方面，中国消费者在国外的消费额巨额增长。2014 年中国出境旅游人数连续第五年以 20%左右的速度增长，中国出境游人数由 2010 年的 5300 多万人到 2014 年的 1.17 亿人且人均境外购物消费达 632 美元，为全球最高，主要是奢侈品消费。而 2014 年中国消费者境外奢侈品消费总量为 810 亿美元(全球为 1060 亿美元)，说明大约 76%的奢侈品消费发生在境外，这个比例还在继续增长。这表明中国国内存在较强劲的消费需求，但企业无法通过创新和差异化提供有效需求。创新是浙江中小企业实现转型升级、实现持续增长的根本动力，浙江中小企业创新能力不足导致内生增长动力不足。

第二节 浙江规上中小企业规模分布

一、规上中小企业规模结构总体现状

2014 年，浙江省规模以上工业企业共有 40841 家，其中，中小企业共有 40243 家，占全部规上工业企业数量的 98.54%，工业总产值和全部职工年平均人数，分别占规模以上工业企业总数的 76.10%和 81.92%，浙江规模以上中小企业已成为推动浙江经济发展的重要支撑、优势所在和活力之源。

数据显示，2014 年浙江省全部工业中小企业有 94.20 万家，实现主营业务收入 70823.36 亿元，其中规上中小企业为 4.02 万家，仅占 4.27%；规上中小企业主营业务收入达 48858.73 亿元，占全部中小企业主营业务收入的比重达到 68.99%，较规下工业企业和个体工业户主营业务收入之和高出 37.98 个百分点（如图 2-9、图 2-10 所示）。

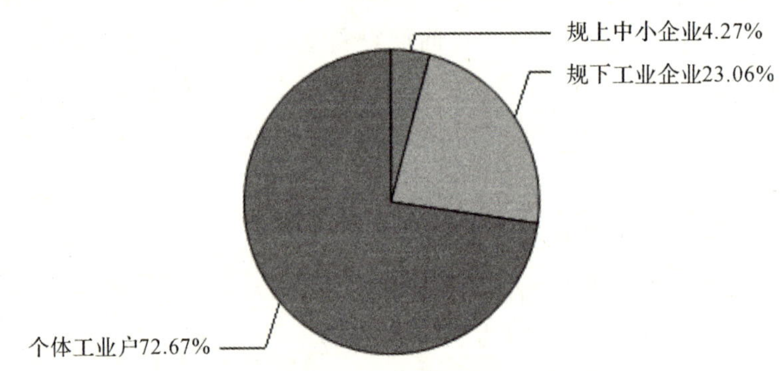

图 2-9 2014 年浙江工业中小微企业规模分布

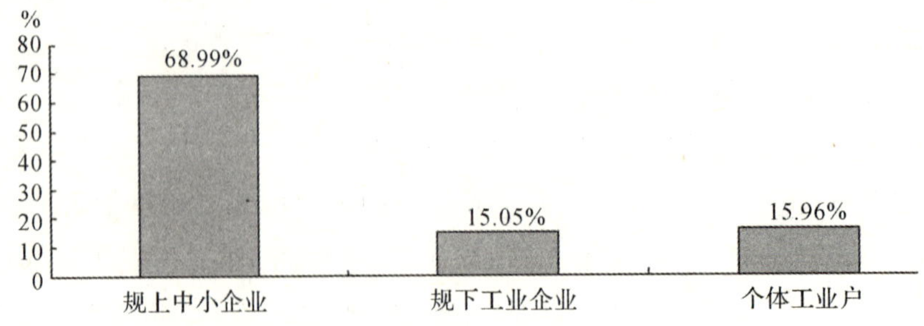

图 2-10 2014 年浙江工业中小微企业主营业务收入分布

具体来看，2014 年浙江省规模以上工业中小企业规模分布主要有以下几个特点。

(一)企业数量呈金字塔型分布

从企业数量看,在全部规上工业企业中,规上中小企业占主导地位。大型企业、中型企业和小微企业数量为 598 家、4421 家和 35822 家,分别占全部规上企业数量的 1.46%、10.82%和 87.71%。从主营业务收入规模看,2000 万元—3000 万元、3000 万元—5000 万元、5000 万元—1 亿元和 1 亿元—5 亿元的企业数量排名前列,占比分别为 27.05%、24.21%、22.76%和 22.73%。50 亿元以上规模的企业分布较少,占比仅为 0.25%(如表 2-6 所示)。从而可看出,浙江不同规模的中小企业分布格局呈典型的金字塔型,塔顶是少数的大企业,塔底是大量的小微企业,塔身是一定数量的中型企业。

表 2-6　2014 年浙江全部规上工业企业与不同规模中小工业企业单位数

单元:家,%

<table>
<tr><th colspan="2">企业规模类型</th><th>单位数</th><th>占企业总数</th></tr>
<tr><td colspan="2">全部规上</td><td>40841</td><td>100.00</td></tr>
<tr><td colspan="2">大型企业</td><td>598</td><td>1.46</td></tr>
<tr><td colspan="2">中小企业</td><td>40243</td><td>98.54</td></tr>
<tr><td colspan="2">其中:中型</td><td>4421</td><td>10.82</td></tr>
<tr><td colspan="2">　　小微</td><td>35822</td><td>87.71</td></tr>
<tr><td rowspan="8">按主营业务收入划分规上中小企业</td><td>2000 万元—3000 万元</td><td>10600</td><td>27.05</td></tr>
<tr><td>3000 万元—5000 万元</td><td>9486</td><td>24.21</td></tr>
<tr><td>5000 万元—1 亿元</td><td>8918</td><td>22.76</td></tr>
<tr><td>1 亿元—5 亿元</td><td>8907</td><td>22.73</td></tr>
<tr><td>5 亿元—10 亿元</td><td>796</td><td>2.03</td></tr>
<tr><td>10 亿元　50 亿元</td><td>447</td><td>1.14</td></tr>
<tr><td>50 亿元—100 亿元</td><td>26</td><td>0.07</td></tr>
<tr><td>100 亿元及以上</td><td>10</td><td>0.03</td></tr>
</table>

(二)小微企业贡献突出

2014 年,在 40243 家规模以上工业中小企业中,小微企业共有 35822 家,占全部规上中小企业数的 87.71%,是中型企业数量的 8.1 倍,规上小微企业实现的工业总产值 29882.57 亿元,占规上中小企业总量的 44.57%,较中型企业高出 13.04 个百分点,全部职工年平均人数达到 3664795 人,占规上中小企业总人数的 50.70%,较中型企业高出 19.48 个百分点(如表 2-7 所示)。由此看出,小微企业在经济总量和吸纳就业方面均占据过半份额。

表 2-7 2014 年浙江省规模以上工业企业主要指标规模分布

单元:亿元,人,%

企业规模类型	单位数	比重	工业总产值	比重	资产总计	比重	全部职工年平均人数	比重
全部规上	40841	100.00	67039.78	100.00	64078.22	100.00	7227790	100.00
大型企业	598	1.46	16021.55	23.90	15164.62	23.67	1306643	18.08
中小企业	40243	98.54	51018.23	76.10	48913.60	76.33	5921147	81.92
其中:中型	4421	10.82	21135.66	31.53	19912.56	31.08	2256352	31.22
小微	35822	87.71	29882.57	44.57	29001.04	45.26	3664795	50.70

(三)营收在 1 亿元—5 亿元企业各项指标保持领先

从主营业务收入规模看,1 亿元—5 亿元的企业有 8907 家,占全部规上中小企业数量的 22.73%,与 2000 万元—3000 万元、3000 万元—5000 万元和 5000 万元—1 亿元的企业数相差较少,位居前列。在所有分组中,1 亿元—5 亿元的企业工业总产值、职工年平均人数和资产总额均排名第一,其中工业总产值达到 18741.98 亿元,占全部规上中小企业的 36.87%,全部职工年平均人数为 2404624 人,占全部职工人数的 41.01%,资产为 18431.57 亿元,占资产总额的 38.01%(如图 2-11 所示)。

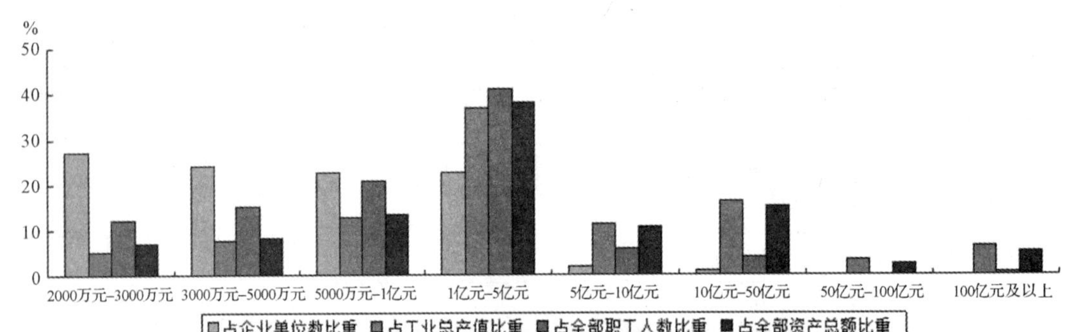

图 2-11 2014 年浙江中小微企业按主营业收入分规模分布

二、不同规模的中小企业经营效益分析

(一)经营质量分析

统计数据显示,企业的经营质量好坏与规模大小显著相关,规模越大,经营质量越好。浙江规上工业企业 40841 家中,亏损企业为 4747 家,亏损率为 11.62%,其中,规上中小企业亏损企业数量达到 4721 家,占全部亏损企业的 99.45%以上,亏损率为 11.73%。此外,在规上中小企业中,虽然中型企业与小微企业数量相差悬殊,但是亏损率相差较少,小微企业亏损率较中型企业高出 1.77 个百分点(如表 2-8 所示)。

表 2-8　2014 年浙江省规上工业企业亏损情况

单位：家，%

企业规模类型	企业单位数	亏损企业单位数	亏损率
全部规上	40841	4747	11.62
大型企业	598	26	4.35
中小企业	40243	4721	11.73
其中：中型	4421	449	10.16
小微	35822	4272	11.93

按主营业务收入分组看，100 亿元及以上企业经营质量最好，10 家企业亏损率为 0，其中，2000 万元—3000 万元、3000 万元—5000 万元、5000 万元—1 亿元和 1 亿元—5 亿元企业亏损率呈递减趋势，即企业主营业务收入越大，亏损率越低，5 亿元—10 亿元、10 亿元—50 亿元和 50 亿元—100 亿元企业亏损率呈递增趋势，即企业主营业务收入越大，亏损率越高（如图 2-12 所示）。说明一味地盲目扩张企业规模或忽视企业自身规模都可能影响企业的经营质量，保持合理的企业规模，充分发挥规模经济，是企业持续良好经营的关键。

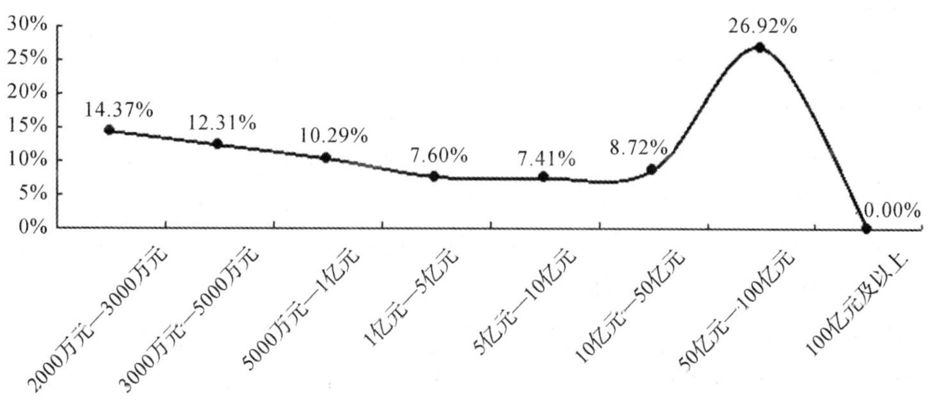

图 2-12　2014 年浙江中小微企业按主营业收入分亏损率情况

（二）销售情况分析

不同规模中小企业的销售状况存在显著差异。从主营业务收入所占比重看，在全部规上企业中，大型企业主营业务收入占比为 24.10%，中小企业占比达到 75.90%，其中，小微企业所占比重为 44.68%，较中型企业高出 13.46 个百分点。按主营业务收入分组，主营业务收入占比呈峰谷状分布特征，1 亿元—5 亿元企业主营业务收入占比最高，达到 36.41%，其次为 10 亿元—50 亿元、5000 万元—1 亿元和 5 亿元—10 亿元，占比均超过 10%，50 亿元—100 亿元和 2000 万元—3000 万元的企业主营业务收入占比较少，仅为 3.7% 和 5.21%。规上中型企业的平均主营业务收入为 4.55 亿元，是规上小微企业的 5.66 倍（如表 2-9 所示）。

表 2-9　2014 年浙江全部规上企业与中小企业销售情况

单位:万元,%

企业规模类型		主营业务收入	所占比重	平均主营业务收入
全部规上		64371.53	100.00	1.58
大型企业		15512.80	24.10	25.94
中小企业		48858.73	75.90	1.21
其中:中型		20099.54	31.22	4.55
小微		28759.19	44.68	0.80
按主营业务收入划分规上中小企业	2000 万元—3000 万元	2536.22	5.21	0.24
	3000 万元—5000 万元	3660.54	7.52	0.39
	5000 万元—1 亿元	6219.81	12.77	0.70
	1 亿元—5 亿元	17734.39	36.41	1.99
	5 亿元—10 亿元	5354.33	10.99	6.73
	10 亿元—50 亿元	8171.10	16.78	18.28
	50 亿元—100 亿元	1801.23	3.70	69.28
	100 亿元及以上	3227.47	6.63	322.75

(三)利润情况分析

从利润总额看,2014 年浙江省全部规上工业企业实现利润总额 3729.13 亿元,规上中小企业利润总额达到 2582.84 亿元,占比为 69.26%。规上中小企业中主营业务收入 5000 万元—50 亿元企业占全省规上中小企业总利润比重达 80%以上,其中,主营业务收入在 1 亿元—5 亿元规模的企业实现利润 1066.79 亿元,占利润总额比重最高,达到 41.25%。5000 万元以下的中小微企业利润占比仅为 7.37%。从利润率看,不同规模企业的利润率差异相对较小,2014 年全部规上工业企业销售利润率为 5.79%,其中,大型企业、中型企业和小微企业的销售利润率分别为 7.39%、5.58%和 5.08%。此外,数据显示,5 亿元—10 亿元规模的企业整体利润率最高,为 6.92%,2000 万元—3000 万元、3000 万元—5000 万元规模的企业销售利润率较低,都不超过 4%,说明企业规模过大或过小都会影响企业的盈利能力(如表 2-10 所示)。

表 2-10　2014 年浙江全部规上企业与中小工业企业利润情况

单位:家,万元,%

企业规模类型	企业单位数	主营业务收入	利润总额	销售利润率	平均利润额
全部规上	40841	64371.53	3729.13	5.79	0.09
大型企业	598	15512.80	1146.29	7.39	1.92
中小企业	40243	48858.73	2582.84	5.29	0.06
其中:中型	4421	20099.54	1121.74	5.58	0.25

续　表

企业规模类型		企业单位数	主营业务收入	利润总额	销售利润率	平均利润额
小微		35822	28759.19	1461.11	5.08	0.04
按主营业务收入划分规上中小企业	2000万元—3000万元	10600	2536.22	68.32	2.69	0.01
	3000万元—5000万元	9486	3660.54	122.14	3.34	0.01
	5000万元—1亿元	8918	6219.81	266.97	4.29	0.03
	1亿元—5亿元	8907	17734.39	1066.79	6.02	0.12
	5亿元—10亿元	796	5354.33	370.49	6.92	0.47
	10亿元—50亿元	447	8171.10	461.79	5.65	1.03
	50亿元—100亿元	26	1801.23	98.42	5.46	3.79
	100亿元及以上	10	3227.47	131.05	4.06	13.10

三、不同规模中小企业发展轨迹分析

(一)不同规模中小企业规模变动趋势

规上中小企业数量呈逐年平稳递增趋势,2014年企业数量达到40243家,占全部企业数量的98.54%,比2013年增加1283家,平均增长为6.07%,其中,规上中型企业规模出现波动性减少现象,2014年共有4421家,仅占全部企业数量的10.82%,平均增长率为-4.15%,而小微企业数量4年间整体呈现迅猛增长态势,2014年规上小微企业数量为35822家,较2013年增长4.29%,平均增长率为7.67%,高于全部规上企业数量增长速度(如表2-11所示)。

表2-11　2011—2014年浙江规上企业占比及增长率变动情况

单位:%

企业规模类型	2011年	2012年		2013年		2014年		平均增长率
	占企业总数比	占企业总数比	增长率	占企业总数比	增长率	占企业总数比	增长率	
全部规上	100.00	100.00	6.28	100.00	8.40	100.00	3.24	5.95
大型企业	1.81	1.62	-4.67	1.52	1.52	1.46	-0.50	-1.25
中小企业	98.19	98.38	6.48	98.48	8.51	98.54	3.29	6.07
其中:中型	14.62	12.74	-7.43	11.66	-0.77	10.82	-4.14	-4.15
小微	83.57	85.64	8.91	86.82	9.89	87.71	4.29	7.67

按主营业务收入对规上中小企业分组看,企业规模越大,企业数量越少,波动幅度越强。数据显示,4年间,2000万元—3000万元、3000万元—5000万元、5000万元—1亿元和1亿元—5亿元规模的企业占比较大,规模间所占比重差别较小,约为23%,平均增长率分别为10.41%、3.51%、3.34%和4.75%。5亿元—10亿元、10亿元—5亿元、50亿元—100亿元

和 100 亿元及以上规模的所占比重较小，企业数量基本保持稳定，变动趋势较大，平均增长率为 7.37%、10.98%、9.14%和 12.62%（如图 2-13 所示）。

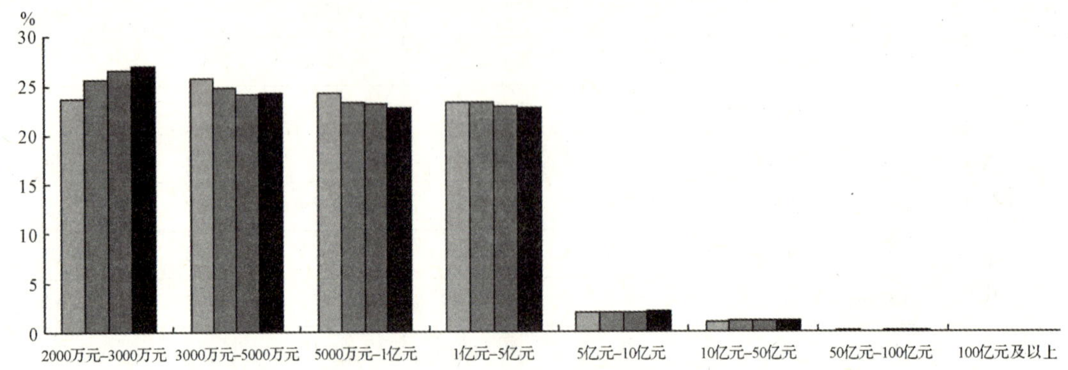

图 2-13　2011—2014 年浙江省规上中小企业占比变化趋势

从资产总额看，虽然大型企业资产规模占比较少，但平均资产规模较大。其平均资产规模约为 25 亿元，是规上中小企业平均资产规模的 21 倍左右。相对大型企业，规上中小企业资产规模扩张速度更快，2011—2014 年间资产总额平均增长率为 11.12%，其中，规上小微企业资产平均增长率为 13.01%，比规上中型企业高出约 4 个百分点，为未来持续良好发展奠定坚实的基础（如表 2-12、表 2-13 所示）。

表 2-12　2011—2014 年浙江省规上中小工业企业资产总额占比及增长率变动情况

单位：%

企业规模类型	2011 年	2012 年		2013 年		2014 年		平均增长率
	占资产总额比	占资产总额比	增长率	占资产总额比	增长率	占资产总额比	增长率	
全部规上	100.00	100.00	9.58	100.00	8.59	100.00	6.03	8.06
大型企业	29.80	25.60	−5.88	26.21	11.16	23.67	−4.25	0.06
中小企业	70.20	74.40	16.14	73.79	7.71	76.33	9.67	11.12
其中：中型	30.63	31.30	11.98	29.37	1.90	31.08	12.19	8.58
小微	39.57	43.10	19.37	44.43	11.93	45.26	8.01	13.01

表 2-13　2011—2014 年浙江全部规上与中小工业企业平均资产总额变动情况

单位：亿元

企业规模类型	2011 年	2012 年	2013 年	2014 年
全部规上	1.48	1.52	1.53	1.57
大型企业	24.38	24.07	26.35	25.36

续　表

企业规模类型		2011 年	2012 年	2013 年	2014 年
中小企业		1.06	1.15	1.14	1.22
其中:中型		3.10	3.75	3.85	4.50
小微		0.70	0.77	0.78	0.81
按主营业务收入划分规上中小企业	2000 万元—3000 万元	0.27	0.29	0.31	0.32
	3000 万元—5000 万元	0.39	0.43	0.43	0.42
	5000 万元—1 亿元	0.67	0.73	0.73	0.73
	1 亿元—5 亿元	1.97	2.05	2.07	2.07
	5 亿元—10 亿元	5.96	6.70	6.42	6.45
	10 亿元—50 亿元	12.43	13.96	14.76	16.35
	50 亿元—100 亿元	46.64	60.38	54.05	48.79
	100 亿元及以上	78.20	207.95	71.85	247.31

从企业从业人员看,从 2011—2014 年,除了小微企业之外,其他规模的企业全年职工平均人数基本呈缩减趋势。大型企业和中型企业职工人数历年减少幅度较大,其中,大型企业 2011 年员工数量为 1475825 人,到 2014 年减少了 169182 人,平均增长率为－3.98%,平均每个企业拥有的职工人数从 2377 人减少到 2185 人,减少幅度相对较大。中型企业 4 年间减少员工 390801 人,平均增长率为－5.19%,平均每个企业拥有的职工人数从 527 人减少到 510 人,企业从业人数相对保持平稳。然而,小微企业逆势而上,2011 年规上小微企业从业人员为 3220725 人,到 2014 年增加职工 444070 人,平均增长率为 4.40%,平均每个企业拥有的职工人数从 2011 年的 112 人减少到 2014 年的 102 人(如表 2-14、图 2-14、图 2-15、图 2-16 所示)。可看出,小微企业逐步成为支撑浙江经济持续良好发展的主力军,但小微企业平均规模水平有待进一步提高。

表 2-14　2011—2014 年浙江规上中小工业企业职工人数变动情况

单位:%

企业规模类型	2011 年	2012 年		2013 年		2014 年		平均增长率
	占职工总数比	占职工总数比	增长率	占职工总数比	增长率	占职工总数比	增长率	
全部规上	100	100	－2.09	100	0.06	100	0.47	－0.53
大型企业	20.10	19.12	－6.85	18.64	－2.44	18.08	－2.57	－3.98
中小企业	79.90	80.88	－0.89	81.36	0.65	81.92	1.16	0.30
其中:中型	36.05	33.50	－9.00	32.57	－2.73	31.22	－3.70	－5.19
小微	43.86	47.38	5.77	48.79	3.04	50.70	4.41	4.40

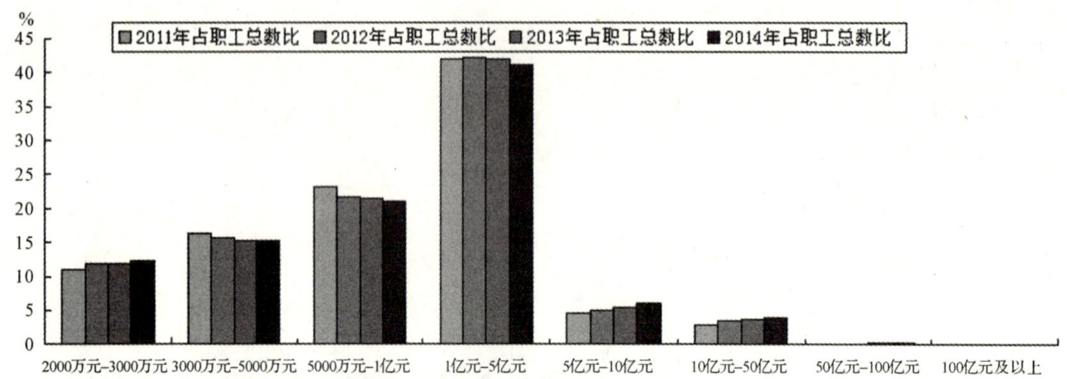

图 2-14　2011—2014 年浙江规上中小工业企业全年职工平均人数占比变化趋势

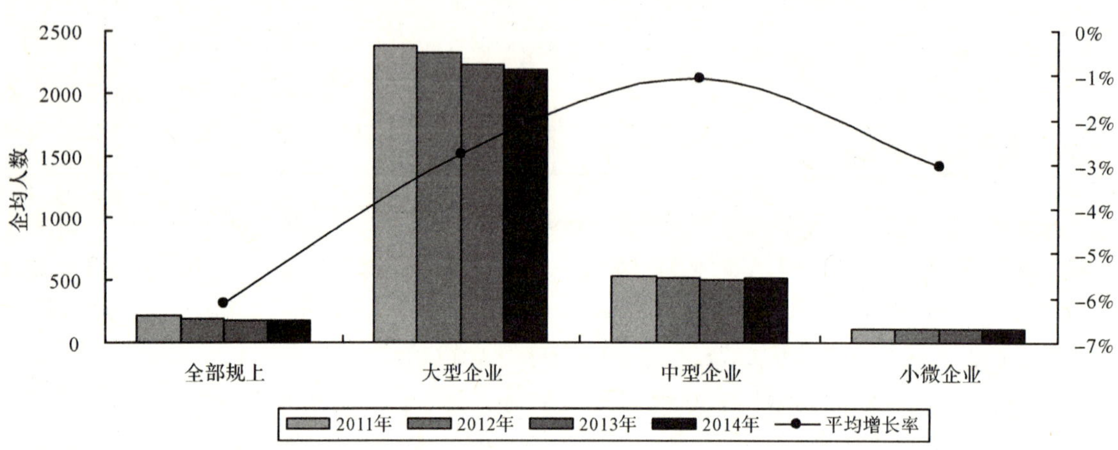

图 2-15　2011—2014 年不同规模工业企业平均职工人数变化情况

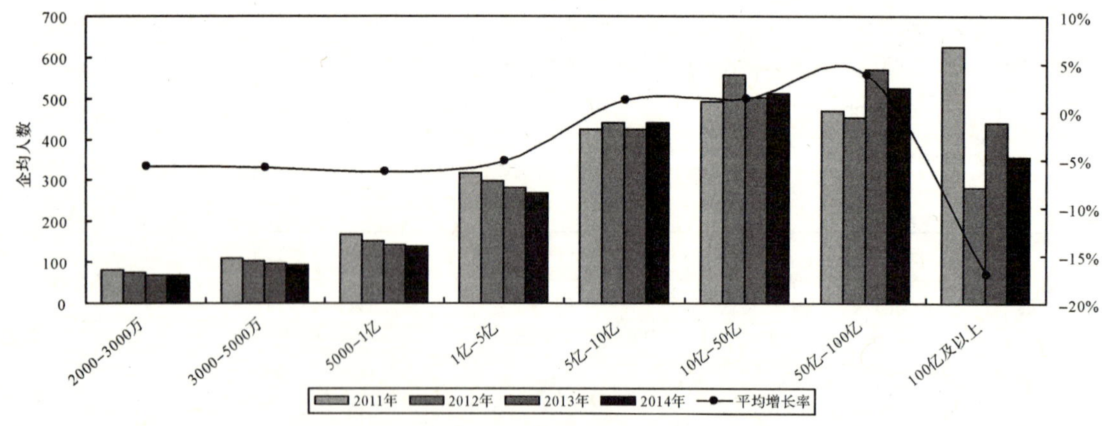

图 2-16　2011—2014 年按主营业务收入分企业平均职工人数变化情况

(二)不同规模中小企业的效益变动趋势

受国内外严峻的经济形势影响,浙江规上中小企业经营状况受到较为显著的影响,总体情况持续好转。2011—2013 年大型企业和小微企业亏损数量持续增加,到 2014 年略有缓解，比较发现，中型企业经营质量较好，应对环境变化能力更强，近 4 年亏损企业数量呈逐年下降趋势，且下降幅度加快。2014 年亏损企业增长率为－9.29%，较 2012 年下降 6.58 个百分点。从浙江不同规模企业的亏损率看，2011—2014 年不同规模的企业亏损分布基本一致，呈现规模越大亏损率越低的特点。1 亿元以下企业亏损最为严重，普遍高于 10%，其中 2000 万元—3000 万元规模的企业从 2012—2014 年保持近 15%的亏损率，5 亿元—10 亿元规模企业亏损率相对较低，在 7%左右。此外，从亏损率波动情况看，近 4 年，规模越大的企业亏损增加速度越快，50 亿元—100 亿元规模的企业亏损率增速较快，亏损率的平均增长率达到 55.66%（从 2012 年数据算起），其次为 10 亿元—50 亿元企业，增速为 18.84%，其他规模企业亏损增速均低于 7%（由于 100 亿元及以上规模企业数量较少，少量企业亏损影响较大，暂不进行对比，如表 2-15 所示）。

表 2-15　2011—2104 年浙江全部规上工业企业与中小工业企业亏损率及亏损企业增长率变动情况

单位：%

企业规模类型		2011 年	2012 年		2013 年		2014 年	
		亏损率	亏损率	增长率	亏损率	增长率	亏损率	增长率
全部规上		10.02	12.35	31.00	12.47	9.43	11.62	－3.79
大型企业		4.51	5.24	10.71	5.49	6.45	4.35	－21.21
中小企业		10.12	12.47	31.17	12.58	9.45	11.73	－3.67
其中：中型		10.28	10.80	－2.71	10.73	－1.39	10.16	－9.29
小微		10.10	12.72	37.20	12.83	10.81	11.93	－3.04
按主营业务收入划分规上中小企业	2000 万元—3000 万元	11.77	14.74	41.96	14.54	10.71	14.37	4.53
	3000 万元—5000 万元	10.81	13.13	22.49	13.74	10.06	12.31	－6.34
	5000 万元—1 亿元	9.26	11.66	26.20	11.30	4.24	10.29	－6.71
	1 亿元—5 亿元	7.82	8.95	19.31	8.13	－3.04	7.60	－3.42
	5 亿元—10 亿元	6.07	6.96	15.38	7.57	24.44	7.41	5.36
	10 亿元—50 亿元	5.20	7.12	52.94	6.62	7.69	8.72	39.29
	50 亿元—100 亿元	0	11.11	/	4.35	－50.00	26.92	600.00
	100 亿元及以上	0	0	/	0	/	0	/

从反映企业主要绩效的指标来看，近 4 年，虽然不同规模的企业数量变动显著，但是利润总额占比变动幅度较小。2011—2014 年，浙江规上大型企业、中型企业和小型企业的利润额占利润总额的比重基本保持在 32%、29%和 39%左右，大型企业利润占比呈减少趋势，小微企业则呈上升趋势，中型企业相对保持稳定。此外，近 4 年，规模较大的企业利润占比也较高，主营业务收入 1 亿元及以上规模的企业利润占浙江规上中小企业总利润 80%左右。具体来看，1 亿元—5 亿元企业的利润占利润总额比重排名首位，平均利润占

比为 42.1%，其次为 10 亿元—50 亿元、5 亿元—10 亿元和 5000 万元—1 亿元规模企业，平均利润分别为 16.4%、13.6%和 10.8%，而 5000 万元及以下规模企业平均利润占比仅为 8.1%，不足 10%(如图 2-17 所示)。

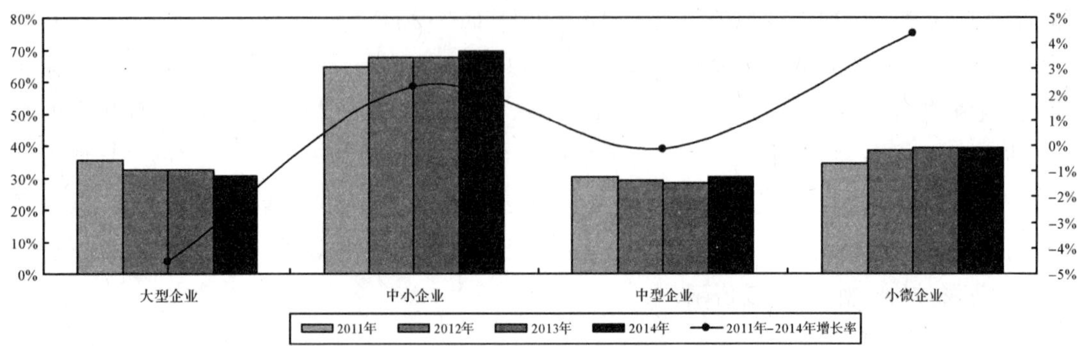

图 2-17　2011—2014 年浙江不同规模工业企业利润占比及利润占比平均增长率变化情况

此外，从人均利润变动情况看，不论企业规模大小，企业的人均利润均呈逐年增加趋势。2014 年大型企业、中型企业和小微企业人均利润分别为 8.77 万元、4.97 万元和 3.99 万元，分别较 2011 年增加了 0.8 万元、1.18 万元和 0.43 万元。按主营业务收入对企业分组看，企业规模越大人均利润越高。2011—2014 年，5 亿元—10 亿元、10 亿元—50 亿元、50 亿元—100 亿元规模企业平均人均利润为 105.43 万元、19.02 万元和 10.37 万元，而 3000 万元—5000 万元、2000 万元—3000 万元规模的企业平均人均利润为 1.32 万元和 1.00 万元，相差较大。3000 万元—5 亿元企业人均利用增速大于 10 亿元—50 亿元企业，其中 1 亿元—5 亿元、5000 万元—1 亿元、3000 万元—5000 万元规模企业人均利润平均增长率为 6.07%、5.49%和 2.08%，50 亿元—100 亿元、10 亿元—50 亿元规模企业则为－14.81%和 1.17%(如图2-18、图 2-19、表 2-16 所示)。

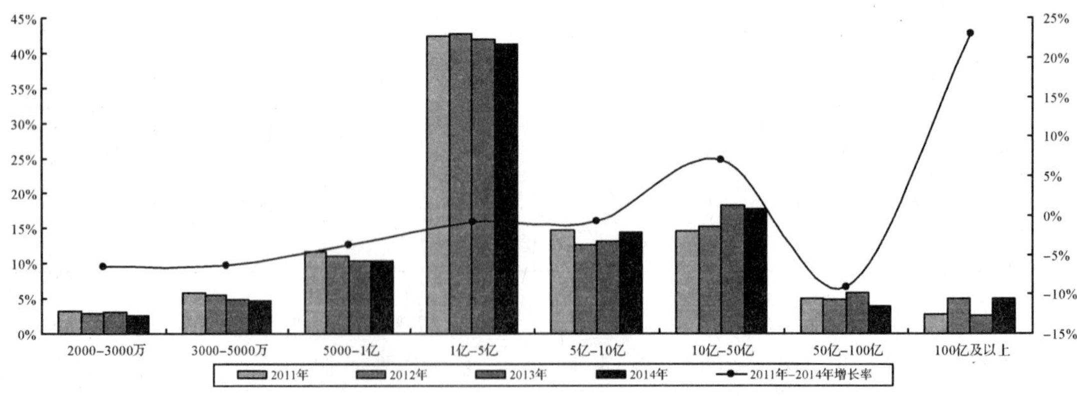

图 2-18　2011—2014 年浙江规上中小工业企业利润占比及利润占比平均增长率变化情况

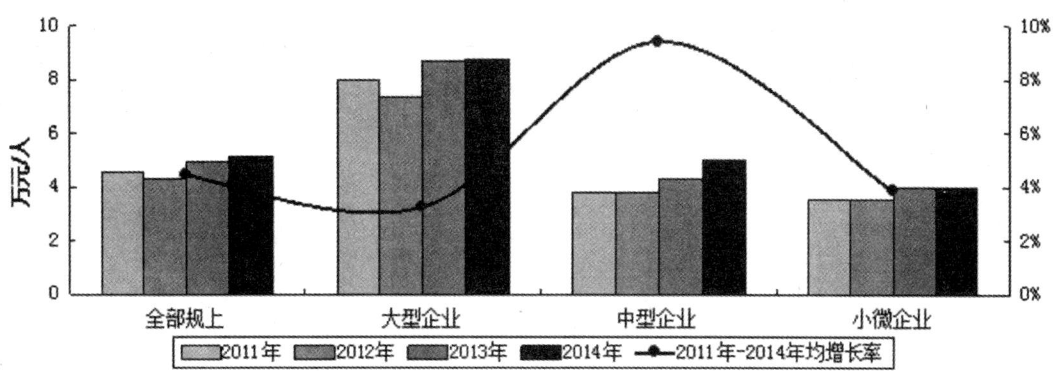

图 2-19　2011—2014 年浙江规上工业企业人均利润变动情况

表 2-16　2011—2014 年浙江省规上中小工业企业人均利润变动情况

单位：万元/人

企业规模类型	2011 年	2012 年	2013 年	2014 年
2000 万元—3000 万元	1.09	0.90	1.05	0.95
3000 万元—5000 万元	1.30	1.29	1.30	1.38
5000 万元—1 亿元	1.85	1.88	2.01	2.17
1 亿元—5 亿元	3.72	3.75	4.14	4.44
5 亿元—10 亿元	11.60	9.28	9.99	10.60
10 亿元—50 亿元	19.52	15.75	20.59	20.21
50 亿元—100 亿元	116.55	126.55	106.55	72.05
100 亿元及以上	133.86	42.06	154.52	36.59

从销售利润率看，大型企业盈利能力整体高于中小型企业。其中，大型企业销售利润率最高，2011 年销售利润率为 6.92%，到 2014 年为 7.39%，平均增长率为 2.2%，平均销售利润率达 6.92%，相比较，近几年，中型企业和小微企业盈利能力较差，销售利润率波动不大，保持在 5%左右。从不同规模的中小企业看，浙江中小企业利润率分布具有较大规模的企业盈利能力高于较小规模企业的特点。具体看，50 亿元—100 亿元、5 亿元—10 亿元和 1 亿元—5 亿元规模的企业平均销售利润率相对较高，分别为 7.53%、6.64%和 5.90%。而 2000 万元—3000 万元和 3000 万元—5000 万元规模的企业平均利润率最低，仅为 3%和 3.5%，远不及总体平均水平。说明，小微企业需进一步运用提高科技创新能力、改善成本运营等手段提升盈利能力（如表 2-17 所示）。

表 2-17　2011—2014 年浙江省不同规模工业企业销售利润率变动情况

单位：%

企业规模类型	2011 年	2012 年	2013 年	2014 年	平均销售利润率
全部规上	6.01	5.40	5.81	5.79	5.75

续 表

企业规模类型		2011年	2012年	2013年	2014年	平均销售利润率
大型企业		6.92	6.39	7.04	7.39	6.92
中小企业		5.61	5.02	5.36	5.29	5.32
其中:中型		6.05	5.05	5.49	5.58	5.53
小微		5.27	5.00	5.26	5.08	5.15
按主营业务收入划分规上中小企业	2000万元—3000万元	3.60	2.83	3.01	2.69	3.01
	3000万元—5000万元	3.76	3.46	3.28	3.34	3.45
	5000万元—1亿元	4.49	4.18	4.12	4.29	4.27
	1亿元—5亿元	6.02	5.70	5.88	6.02	5.90
	5亿元—10亿元	7.34	6.07	6.30	6.92	6.64
	10亿元—50亿元	5.50	5.00	5.69	5.65	5.45
	50亿元—100亿元	8.27	8.04	8.85	5.46	7.53
	100亿元及以上	5.69	3.79	4.44	4.06	4.44

第三节　浙江规上中小企业行业分布

一、规上中小企业行业分布概述

(一)规上中小企业在三大行业分布情况

1. 制造业。浙江省中小工业企业的主体分布在制造业。2014年,共有39581家企业,占所有工业中小企业的98.35%。按照企业数量排名,入围前10位的行业与2013年的情况一致,仅个别行业排名先后发生变化。2014年行业企业数前10位的分别是:纺织业(共有4977家,占总企业数的12.37%,占制造业的12.57%,下同),通用设备制造业(3921家,9.74%,9.91%),电气机械和器材制造业(3899,9.69%,9.85%),纺织服装、服饰业(2665,6.62%,6.73%),金属制品业(2453,6.10%,6.20%),橡胶和塑料制品业(2426,6.03%,6.13%),皮革、毛皮、羽毛及其制品和制鞋业(1838,4.57%,4.64%),汽车制造业(1706家,4.24%,4.31%),化学原料和化学制品制造业(1629家,4.05%,4.12%),专用设备制造业(1628家,4.05%,4.11%)。近年来,制造业总体与排名前10的行业企业数量上均呈增长趋势,2014年,制造业企业数量总体增幅为3.23%,排名前10行业中企业数量增长最快的是汽车行业,达到了8.11%。在排名上,通用设备制造业和汽车制造业比2013年均上升一个位次,而电气机械和器材制造业、化学原料和化学制品制造业均下降一个位次(如表2-18所示)。

表 2-18　2013 年和 2014 年制造业企业数量排名前 10 的行业

行业名称	2013 年企业数	排名	2014 年企业数	排名	增幅(%)
制造业	38343	—	39581	—	3.23
纺织业	4913	1	4977	1	1.30
通用设备制造业	3738	3	3921	2	4.90
电气机械和器材制造业	3739	2	3899	3	4.28
纺织服装、服饰业	2516	4	2665	4	5.92
金属制品业	2346	5	2453	5	4.56
橡胶和塑料制品业	2315	6	2426	6	4.79
皮革、毛皮、羽毛及其制品和制鞋业	1755	7	1838	7	4.73
汽车制造业	1578	9	1706	8	8.11
化学原料和化学制品制造业	1603	8	1629	9	1.62
专用设备制造业	1573	10	1628	10	3.50

2. 采掘业。采掘业包含煤炭开采和洗选业、黑色金属矿采选业、有色金属矿采选业、非金属矿采选业 4 个细分行业，浙江 2014 年比 2013 年增加 12 家采掘业，为 154 家，占浙江中小企业的 0.38%，比例略有上升。采掘业总体增幅为 8.45%。其中，主要以非金属矿采选业为主(129 家，0.32%，83.77%)，黑色金属矿采选业、煤炭开采和洗选业的企业数量较少，但增长速度较快，增幅达 25%和 100%，有色金属矿采选业企业数跟 2013 年保持一致(如表 2-19 所示)。

表 2-19　2013 年和 2014 年采掘业企业数变化情况

行业名称	2013 年企业数	排名	2014 年企业数	排名	增幅(%)
采掘业	142	—	154	—	8.45
非金属矿采选业	119	1	129	1	8.40
有色金属矿采选业	18	2	18	2	0.00
黑色金属矿采选业	4	3	5	3	25.00
煤炭开采和洗选业	1	4	2	4	100.00

3. 电力、燃气及水的生产和供应业。包括电力、热力生产和供应业，燃气生产和供应业，水的生产和供应业 3 个细分行业。2014 年浙江共有 508 家企业，占浙江中小企业的 1.26%。主要以电力、热力生产和供应业为主(307 家，0.76%，60.43%)。整个行业与细分行业企业数均呈增长趋势，整个行业的总体增幅为 6.95%(如表 2-20 所示)。

表 2-20 2013 年和 2014 年电力、燃气及水的生产和供应业企业数变化情况

行业名称	2013 年企业数	排名	2014 年企业数	排名	增幅(%)
电力、燃气及水的生产和供应业	475	—	508	—	6.95
电力、热力生产和供应业	286	1	307	1	7.34
水的生产和供应业	124	2	131	2	5.65
燃气生产和供应业	65	3	70	3	7.69

(二)行业发展特点

1. 三大行业总体运行稳健。从 2014 年度各主要指标看,浙江中小微企业总体表现出平稳向好的发展态势。一是三大行业企业数量与从业人员有不同程度的增加。制造业,采掘业,电力、燃气及水的生产和供应业企业数量同比增长率分别为 3.23%、8.45%、6.95%。从业人员增长最明显的是电力、燃气及水的生产和供应业,同比增长 42.51%。二是三大行业户均资产规模不断扩大。电力、燃气及水的生产和供应业户均资产同比增长最快,达到 59.91%,采掘业同比增长 13.09%,制造业也有小幅增长,达到 0.98%。三是生产效益不断提升。三大行业企业户均产值、户均主营业务收入、户均主营业务税金及附加、户均利润都显示正增长,三大行业亏损企业数同比增长-3.67%,说明工业企业亏损面在缩小。

2. 制造业户均规模小但贡献大。制造业的户均资产、户均产值、户均营业收入、户均利润均小于采掘业、电力、燃气及水的生产和供应业相应户均指标,同时,2014 年,制造业这 4 个指标的户均同比增速均小于其他两大行业。但制造业户均主营业务税金及附加同比增幅比采掘业高出 5 个百分点,低于带有垄断性质的电力、燃气及水的生产和供应业,户均出口交货值远高于另两大行业,同比增长为 3.09%,在外贸非常严峻的形势下,仍然实现正增长,而另两大行业户均出口交货值同比都为负增长,尤其是电力、燃气及水的生产和供应业同比增长为-85.40%。制造业户均新产品产值也远高于其他两大行业,同比增长分别高于另两大行业十几个百分点,说明制造业是创新主体行业并实现了较好的技术转化。

3. 装备制造业对制造业拉动作用明显。由金属制品、通用设备、专用设备、汽车制造等 8 个细分行业构成的装备制造业在 2014 年仍然表现良好的发展势头。装备制造业在企业数量、从业人员上稳步增长,占 2014 年制造业企业数的 40.42%,工业总产值、资产、主营业务收入、利润、应交增值税、出口交货值、新产品产值指标上分别占制造业的 35.01%、39.90%、34.53%、36.95%、34.15%、42.93%、45.18%。其中,汽车行业发展迅速,工业总产值、主营业务收入、主营业务税金及附加、利润总额、出口交货值同比分别增长 20.26%、18.37%、26.07%、24.96%、14.72%,增幅在其他装备制造业中相对较快。

4. 主要行业规模不同科技转化水平不同。主要行业新产品产值高于其他行业,纺织、化纤、汽车制造业、通用设备制造、电气机械和器材制造业、计算机、通信和其他电子设备制造业等行业因规模不同,导致新产品产值有所不同。纺织业、化学原料和化学制品制造业、通用设备制造业、电气机械和器材制造业几个行业的中小微企业新产品产值相对较高,分别

占2014年中小微制造业的9.92%、10.36%、9.75%、12.16%，比重高于所在行业的大型企业新产品产值占比。而汽车制造业、计算机、通信和其他电子设备制造业大型企业的新产品产值占比较对应的中小微型企业更高(如表2-21所示)。

表2-21 2014年浙江中小企业行业分布情况

单位:家,%

行业	企业单位数	占总企业数比重	占本行业比重	排名
规上工业中小企业总计	40243			
采掘业	154	0.38	100.00	
煤炭开采和洗选业	2	0.00	1.30	38(4)
黑色金属矿采选业	5	0.01	3.25	36(3)
有色金属矿采选业	18	0.04	11.69	35(2)
非金属矿采选业	129	0.32	83.77	31(1)
制造业	39581	98.35	100.00	
农副食品加工业	770	1.91	1.95	17
食品制造业	343	0.85	0.87	25
酒、饮料和精制茶制造业	207	0.51	0.52	28(27)
烟草制品业	3	0.01	0.01	37(31)
纺织业	4977	12.37	12.57	1
纺织服装、服饰业	2665	6.62	6.73	4
皮革、毛皮、羽毛及其制品和制鞋业	1838	4.57	4.64	7
木材加工和木、竹、藤、棕、草制品业	475	1.18	1.20	23
家具制造业	719	1.79	1.82	18
造纸和纸制品业	837	2.08	2.11	15
印刷和记录媒介复制业	540	1.34	1.36	22
文教、工美、体育和娱乐用品制造业	1263	3.14	3.19	12
石油加工、炼焦和核燃料加工业	49	0.12	0.12	33(29)
化学原料和化学制品制造业	1629	4.05	4.12	9
医药制造业	405	1.01	1.02	24
化学纤维制造业	565	1.40	1.43	21
橡胶和塑料制品业	2426	6.03	6.13	6
非金属矿物制品业	1581	3.93	3.99	11
黑色金属冶炼和压延加工业	974	2.42	2.46	14
有色金属冶炼和压延加工业	802	1.99	2.03	16

续 表

行　业	企业单位数	占总企业数比重	占本行业比重	排名
金属制品业	2453	6.10	6.20	5
通用设备制造业	3921	9.74	9.91	2
专用设备制造业	1628	4.05	4.11	10
汽车制造业	1706	4.24	4.31	8
铁路、船舶、航空航天和其他运输设备制造业	582	1.45	1.47	20
电气机械和器材制造业	3899	9.69	9.85	3
计算机、通信和其他电子设备制造业	1202	2.99	3.04	13
仪器仪表制造业	606	1.51	1.53	19
其他制造业	322	0.80	0.81	26
废弃资源综合利用业	150	0.37	0.38	29(28)
金属制品、机械和设备修理业	44	0.11	0.11	34(30)
电力、燃气及水的生产和供应业	508	1.26	100.00	
电力、热力生产和供应业	307	0.76	60.43	27(1)
燃气生产和供应业	70	0.17	13.78	32(3)
水的生产和供应业	131	0.33	25.79	30(2)

注：括号内的排序名次为行业大类中的名次，如水的生产和供应业在全部行业中排名第 30 位，在电力、燃气及水的生产和供应中排名第 2 位。三大类中与全行业中的排名相同的，表中只给出一个排名。

（三）三大类行业经营情况

从 2014 年浙江中小企业三大类行业的经营情况看，亏损企业制造业有 4636 家，电力、燃气及水的生产和供应业有 65 家，采掘业有 20 家，亏损率分别为 11.71%、12.80%、12.99%。其中煤炭开采和洗选业、废弃资源综合利用业、黑色金属矿采选业、水的生产和供应业亏损最为严重，亏损率分别达到 50%、41.33%、40%、32.82%；其次石油加工、炼焦和核燃料加工业，金属制品、机械和设备修理业两个行业的企业亏损率在 20%以上；有色金属矿采选业，农副食品加工业，纺织服装、服饰业等 23 个行业的亏损率在 10%以上；纺织业、汽车制造业等 8 个行业的亏损率在 10%以下；仅烟草制品业无亏损（如表 2-22 所示）。

表 2-22　2014 年浙江中小企业各行业经营亏损情况

单位：家，%

主要行业	企业单位数	亏损企业单位数	亏损率
采掘业	154	20	12.99
煤炭开采和洗选业	2	1	50.00
黑色金属矿采选业	5	2	40.00

续　表

主要行业	企业单位数	亏损企业单位数	亏损率
有色金属矿采选业	18	2	11.11
非金属矿采选业	129	15	11.63
制造业	39581	4636	11.71
农副食品加工业	770	95	12.34
食品制造业	343	52	15.16
酒、饮料和精制茶制造业	207	21	10.14
烟草制品业	3	0	0.00
纺织业	4977	467	9.38
纺织服装、服饰业	2665	415	15.57
皮革、毛皮、羽毛及其制品和制鞋业	1838	126	6.86
木材加工和木、竹、藤、棕、草制品业	475	21	4.42
家具制造业	719	107	14.88
造纸和纸制品业	837	123	14.70
印刷和记录媒介复制业	540	56	10.37
文教、工美、体育和娱乐用品制造业	1263	150	11.88
石油加工、炼焦和核燃料加工业	49	12	24.49
化学原料和化学制品制造业	1629	199	12.22
医药制造业	405	53	13.09
化学纤维制造业	565	73	12.92
橡胶和塑料制品业	2426	276	11.38
非金属矿物制品业	1581	185	11.70
黑色金属冶炼和压延加工业	974	109	11.19
有色金属冶炼和压延加工业	802	133	16.58
金属制品业	2453	283	11.54
通用设备制造业	3921	406	10.35
专用设备制造业	1628	181	11.12
汽车制造业	1706	165	9.67
铁路、船舶、航空航天和其他运输设备制	582	106	18.21
电气机械和器材制造业	3899	507	13.00
计算机、通信和其他电子设备制造业	1202	158	13.14

续 表

主要行业	企业单位数	亏损企业单位数	亏损率
仪器仪表制造业	606	56	9.24
其他制造业	322	29	9.01
废弃资源综合利用业	150	62	41.33
金属制品、机械和设备修理业	44	10	22.73
电力、燃气及水的生产和供应业	508	65	12.80
电力、热力生产和供应业	307	16	5.21
燃气生产和供应业	70	6	8.57
水的生产和供应业	131	43	32.82

二、规上中小企业不同行业经济指标比较

2014 年浙江省制造业、采掘业和电力、燃气及水的生产和供应业三大行业规上中小企业户均资产 1.22 亿元，平均主营业务收入为 1.21 亿元，平均利润 641.8 万元，平均销售利润率为 5.29%。分行业看，浙江规上中小企业的主体是制造业，企业数占浙江 98.35%，采掘业和电力、燃气及水的生产和供应业分别仅占 0.38% 和 1.26%。电力、燃气及水的生产和供应业属于国家控制的自然垄断行业，平均规模远高于其他两大行业，其中，平均资产比 2013 年增加 4.53 亿元，平均主营业务收入也有较大提高，比 2013 年增加 3.76 亿元，但平均利润仍低于采掘业，仅为 6251 万元，利润率排名有所回落，位列第二，为 6.75%，下降幅度较大。采掘业平均资产与平均主营业务收入略高于制造业，分别为 1.1 亿元和 1.18 亿元，由于是资源型经营，成本相对较低，利润率较 2013 年有所增长，达到 8.47%。由于土地、劳动力、融资等要素成本都不断上升，制造业中的中小微企业利润率较低，为 5.12%，低于平均利润率水平（如表 2-23 所示）。

表 2-23　2014 年浙江中小企业三大行业主要财务指标分析

单位：家，亿元，%

行业	企业单位数	资产总计	平均资产	主营业务收入	平均主营业务收入	利润总额	平均利润	利润率
总计	40243	48913.60	1.22	48858.73	1.21	2582.84	0.06	5.29
采掘业	154	170.00	1.10	181.97	1.18	15.41	0.10	8.47
制造业	39581	42601.41	1.08	43975.49	1.11	2249.86	0.06	5.12
电力、燃气及水的生产和供应业	508	6142.18	12.09	4701.27	9.25	317.56	0.63	6.75

（一）资产分析

2014 年浙江中小制造业企业总资产达到 42601.4 亿元，占所有规上中小企业的 87.10%，

比2013年有所下降。2014年资产前10行业与2013年的略有不同，计算机、通信和其他电子设备制造业为新进入资产前10榜单，而纺织服装、服饰业退出前10。纺织业的资产总额4505.7亿元，是制造业行业当中占比最高的行业，达到9.21%；电气机械和器材制造业、化学原料和化学制品制造业，资产总额分别为4446.1亿元和3947.3亿元。资产前10行业中平均资产最高的是化学原料和化学制品制造业，为24231.2万元；其次是计算机、通信和其他电子设备制造业，非金属制品业，电气机械和器材制造业，汽车制造业，专用设备制造业，平均资产都在1亿元以上。排名浙江前10的制造业中小企业中，金属制品业平均资产最低，为7583.3万元。

从以纺织业为基数的资产相对优势系数来看，化学原料和化学制品制造业仍然占绝对优势，优势系数达到2.68，远远超出其余排名行业；其次，计算机、通信和其他电子设备制造业，非金属矿物制品业，电气机械和器材制造业，汽车制造业，专用设备制造业，通用设备制造业的优势系数都在1以上；橡胶和塑料制品业、金属制品业的优势系数都在1以下。由此看出，浙江高新技术制造业，特别是装备制造业的资本密集度较高，传统的加工工业资本密集度较低（如表2-24所示）。

表2-24　2014年浙江中小企业制造业前10行业资产情况

行业	资产总计（亿元）	平均资产（万元）	相对优势系数	资产占比（%）
制造业	42601.4	10763.1	1.19	87.10
纺织业	4505.7	9053.0	1.00	9.21
电气机械和器材制造业	4446.1	11403.1	1.26	9.09
化学原料和化学制品制造业	3947.3	24231.2	2.68	8.07
通用设备制造业	3842.5	9799.8	1.08	7.86
非金属矿物制品业	2123.9	13434.1	1.48	4.34
橡胶和塑料制品业	1936.2	7980.9	0.88	3.96
汽车制造业	1869.2	10956.4	1.21	3.82
金属制品业	1860.2	7583.3	0.84	3.80
计算机、通信和其他电子设备制造业	1695.3	14104.1	1.56	3.47
专用设备制造业	1682.4	10334.3	1.14	3.44

注：相对优势系数均以纺织业为参考系数，下同。

（二）营收分析

2014年浙江中小制造业企业主营业务收入为43975.5亿元。其中主营业务收入最高的是纺织业，达5100亿元；其次较高的是电气机械和器材制造业、化学原料和化学制品制造业，均达到4000亿元以上；前10企业中相对最低的行业为纺织服装、服饰业，主营业务收入为1808.8亿元。从平均销售收入上看，有色金属冶炼和压延加工业、化学原料和化学制品制造业企业平均超过了 2 亿元，纺织业、电气机械和器材制造业、黑色金属冶炼和压延加工业、非金属矿物制品业均超过了 1 亿元，而纺织服装、服饰业较低，仅 6000 多万元。

从以纺织业为基数的营业收入优势系数来看，有色金属冶炼和压延加工业的优势系数最高，达到 2.6，比 2013 年度略有提高，其次是化学原料和化学制品制造业，将近 2.5，相对处于劣势地位的有纺织服装、服饰业（如表 2-25 所示）。

表 2-25　2014 年浙江中小企业制造业营业收入前 10 情况

行业	主营业务收入（亿元）	平均销售收入（万元）	优势系数
制造业	43975.5	11110.3	1.08
纺织业	5100.0	10247.1	1.00
电气机械和器材制造业	4271.1	10954.3	1.07
化学原料和化学制品制造业	4156.9	25517.8	2.49
通用设备制造业	3383.4	8628.9	0.84
有色金属冶炼和压延加工业	2139.5	26677.6	2.60
金属制品业	2032.5	8285.7	0.81
橡胶和塑料制品业	2008.8	8280.4	0.81
黑色金属冶炼和压延加工业	1899.1	19497.4	1.90
非金属矿物制品业	1893.3	11975.3	1.17
纺织服装、服饰业	1808.8	6787.3	0.66

（三）利润分析

选取制造业中营业收入前 10 的行业以及省内较为主要的行业进行分析比较。2014 年浙江中小制造企业利润总额为 2249.86 亿元。其中纺织业、通用设备制造业超过 200 亿元，化学原料和化学制品制造业、电气机械和器材制造业利润总额也相对较高；从平均利润、利润率和平均利润优势系数来看，医药制造业平均利润遥遥领先，超过 2000 万元，利润率与优势系数也最高，分别达到 12.08％和 4.22％，利润率超过制造业平均利润水平的行业还有化学纤维制造业，非金属矿物制品业，通用设备制造业，专用设备制造业，汽车制造业，计算机、通信和其他电子设备制造业，仪器仪表制造业，与此相应地，这些行业的平均利润优势系数也较高。从表现良好的行业看，主要集中在装备制造业、新兴产业，部分劳动密集型的行业仍显示有较高的利润率与盈利优势，表明这些行业的中小微企业合理管控成本、适应市场需求的努力取得了一定成效（如表 2-26 所示）。

表 2-26 2014 年浙江中小企业主要行业利润情况

行业	利润总额（亿元）	平均利润（万元）	利润率（%）	平均利润优势系数
制造业	2249.86	568.42	5.12	1.17
纺织业	241.15	484.54	4.73	1.00
纺织服装、服饰业	81.96	307.56	4.53	0.63
化学原料和化学制品制造业	197.88	1214.75	4.76	2.51
医药制造业	82.71	2042.32	12.08	4.22
化学纤维制造业	76.58	1355.46	5.39	2.80
橡胶和塑料制品业	98.26	405.01	4.89	0.84
非金属矿物制品业	126.75	801.71	6.69	1.65
黑色金属冶炼和压延加工业	64.82	665.49	3.41	1.37
有色金属冶炼和压延加工业	59.69	744.24	2.79	1.54
金属制品业	95.12	387.78	4.68	0.80
通用设备制造业	204.12	520.58	6.03	1.07
专用设备制造业	87.75	539.00	6.47	1.11
汽车制造业	108.78	637.65	6.79	1.32
铁路、船舶、航空航天和其他运输设备制造	18.61	319.75	3.00	0.66
电气机械和器材制造业	183.83	471.49	4.30	0.97
计算机、通信和其他电子设备制造业	89.78	746.93	6.43	1.54
仪器仪表制造业	43.41	716.34	8.30	1.48

三、规上中小企业主要行业指标变化趋势分析

（一）三大行业企业数量及亏损分析

2011—2014 年，浙江省各行业中小企业数量稳步增长，由 2011 年的 33719 家增加到 2014 年的 40243 家，但行业间变化趋势略有差异。采掘业在 2011—2013 年间，连续两年出现负增长，从 2011 年的 165 家减少到 2012 年的 157 家，再到 2013 年的 142 家，但 2014 年有所增加，增至 154 家，增幅相对较高；制造业企业数量一直保持正增长，前两年的增长率相对较高，2014 年增速减缓；电力、燃气及水的生产和供应业在 2012 年达到最高增幅后，到 2013 年增幅有较大下降，但仍为正增长，到 2014 年增幅又出现反弹。从各行业企业数量所占规上中小企业数量的比重来看，采掘业占比有下降趋势，制造业数量比重近十年来都持续维持在 98%以上，采掘业和电力、燃气及水的生产和供应业企业所占比重都较小。

从经营效率上看，近几年来，三大行业亏损面都大于 10%，但呈现出不同的趋势。采掘业亏损率在 12%上下小幅波动，制造业在 2011—2013 年间，亏损率有增大趋势，到 2014 年，亏损率减少至 11.71%，仍高于 2011 年水平。电力、燃气及水的生产和供应业在 2011—2014 年间，亏损率作“V”型波动（如表 2-27、表 2-28 所示）。

表 2-27　2011—2014 年浙江中小企业三大行业企业数量及亏损情况

单位：家，%

年份	行　业	企业单位数	占总企业数比重	亏损企业单位数	亏损率
2011	采掘业	165	0.49	20	12.12
	制造业	33141	98.29	3321	10.02
	电力、燃气及水的生产和供应业	413	1.22	73	17.68
2012	采掘业	157	0.44	21	13.38
	制造业	35298	98.31	4393	12.45
	电力、燃气及水的生产和供应业	449	1.25	64	14.25
2013	采掘业	142	0.36	18	12.68
	制造业	38343	98.42	4810	12.54
	电力、燃气及水的生产和供应业	475	1.22	73	15.37
2014	采掘业	154	0.38	20	12.99
	制造业	39581	98.35	4636	11.71
	电力、燃气及水的生产和供应业	508	1.26	65	12.80

表 2-28　近三年企业数与亏损企业数增长情况

单位：%

年份	行　业	企业数增长率	亏损企业数增长率
2012	采掘业	－4.85	5.00
	制造业	6.51	32.28
	电力、燃气及水的生产和供应业	8.72	－12.33
2013	采掘业	－9.55	－14.29
	制造业	8.63	9.49
	电力、燃气及水的生产和供应业	5.79	14.06
2014	采掘业	8.45	11.11
	制造业	3.23	－3.62
	电力、燃气及水的生产和供应业	6.95	－10.96

(二)三大行业主要财务指标变化趋势分析

从近几年来看,采掘业资产总额在130亿元—170亿元之间波动,平均资产逐年呈正增长,主营业务收入与平均销售收入逐年上升,利润总额与平均利润由2012年的负增长,已逐年呈正增长,且2014年的利润总额与平均利润增长率分别都大于主营业务收入与平均销售收入的增长。制造业资产总额、平均资产、营业收入也呈现逐年缓慢增长趋势,但平均销售收入、利润总额、平均利润在2012年出现负增长,之后两年盈利能力改善,连续呈正增长。具有垄断性质的电力、燃气及水的生产和供应业整体趋势上升,但在2013年,资产总额、平均资产、主营业务收入、平均销售收入出现过负增长,而利润总额和平均利润始终是正增长,但增速相对于2012年有所减缓。平均资产、平均销售收入和平均利润远高于其他两大行业(如表2-29、表2-30所示)。

表2-29　2011—2014年浙江规上中小企业三大行业主要财务指标

年份	行业	资产总计(亿元)	平均资产(万元)	主营业务收入(亿元)	平均销售收入(万元)	利润总额(亿元)	平均利润(万元)
2011	采掘业	130.41	7903.45	140.07	8488.89	17.60	1066.55
	制造业	33019.11	9963.22	36106.80	10894.90	2025.16	611.07
	电力、燃气及水的生产和供应业	2501.89	60578.34	2107.23	51022.56	108.42	2625.14
2012	采掘业	144.98	9234.23	140.87	8972.85	11.40	726.32
	制造业	36748.54	10410.94	37903.44	10738.13	1861.15	527.27
	电力、燃气及水的生产和供应业	4513.48	100522.93	3868.75	86163.59	232.98	5188.86
2013	采掘业	138.61	9761.27	148.39	10450.12	11.65	820.10
	制造业	40868.86	10658.75	42041.10	10964.48	2134.76	556.75
	电力、燃气及水的生产和供应业	3591.44	75609.27	2610.54	54958.78	252.94	5324.97
2014	采掘业	170.00	11039.02	181.97	11816.16	15.41	1000.96
	制造业	42601.41	10763.10	43975.49	11110.25	2249.86	568.42
	电力、燃气及水的生产和供应业	6142.18	120909.12	4701.27	92544.69	317.56	6251.27

表 2-30 近 3 年浙江规上中小企业三大行业主要财务指标增长情况

单位:%

年份	行 业	资产增长率	平均资产增长率	主营业务收入增长率	平均销售收入增长率	利润增长率	平均利润增长率
2012	采掘业	11.17	16.84	0.58	5.70	−35.20	−31.90
	制造业	11.29	4.49	4.98	−1.44	−8.10	−13.71
	电力、燃气及水的生产和供应业	80.40	65.94	83.59	68.87	114.89	97.66
2013	采掘业	−4.39	5.71	5.34	16.46	2.12	12.91
	制造业	11.21	2.38	10.92	2.11	14.70	5.59
	电力、燃气及水的生产和供应业	−20.43	−24.78	−32.52	−36.22	8.57	2.62
2014	采掘业	22.65	13.09	22.63	13.07	32.37	22.05
	制造业	4.24	0.98	4.60	1.33	5.39	2.10
	电力、燃气及水的生产和供应业	71.02	59.91	80.09	68.39	25.55	17.40

(三)制造业前 10 行业企业数量分布及亏损变化趋势分析

近几年,制造业企业数量前 10 行业的企业总数相对稳定,从 2009 年至今,纺织业、通用设备制造业、橡胶和塑料制品业呈现递减态势,纺织服装、服饰业、皮革、毛皮、羽毛及其制品和制鞋业,汽车制造业出现小幅增长,其他几个行业保持稳定状态。

从亏损率指标看,不同行业企业的亏损差异明显,这 10 个行业中,7 个行业 2014 年亏损率超过了两位数,亏损最严重的是纺织服装、服饰业,虽与 2013 年相比,亏损面有所减小,但从历年数据看,这一行业的亏损率排名首位,亏损率均达到两位数以上。2009 年至 2014 年,电气机械和器材制造业,亏损率明显扩大,纺织业,金属制品业,皮革、毛皮、羽毛及其制品和制鞋业亏损率有所减小,但历年波动较大(如表 2-31、图 2-20 所示)。

表 2-31 浙江规上中小企业制造业前十行业企业数量分布及亏损变化情况

单位:%

行 业	企业数量比重					亏损率				
	2009 年	2011 年	2012 年	2013 年	2014 年	2009 年	2011 年	2012 年	2013 年	2014 年
纺织业	14.58	12.63	12.69	12.61	12.37	12.92	9.91	11.70	9.79	9.38
通用设备制造业	11.39	9.34	9.58	9.59	9.74	10.50	6.80	10.84	10.57	10.35
电气机械和器材制造业	9.13	9.66	9.65	9.60	9.69	11.44	11.00	12.59	13.72	13.0
纺织服装、服饰业	5.39	6.77	6.44	6.46	6.62	16.94	12.97	17.29	18.00	15.57

续 表

行 业	企业数量比重					亏损率				
	2009年	2011年	2012年	2013年	2014年	2009年	2011年	2012年	2013年	2014年
金属制品业	6.25	6.06	6.08	6.02	6.10	12.71	9.25	11.18	12.32	11.54
橡胶和塑料制品业	7.06	5.96	5.99	5.94	6.03	10.46	9.15	10.69	12.27	11.38
皮革、毛皮、羽毛及其制品和制鞋业	3.66	4.39	4.47	4.50	4.57	9.75	6.69	8.72	8.21	6.86
汽车制造业	—	3.81	3.89	4.05	4.24	—	8.56	9.66	9.95	9.67
化学原料和化学制品制造业	3.79	4.21	4.22	4.11	4.05	13.02	10.98	14.20	11.85	12.22
专用设备制造业	3.92	3.83	3.87	4.04	4.05	11.60	8.04	11.14	11.63	11.12

注:表中未列出 2010 年有关数据。只是将国际金融危机时期(2009 年)相关数据作参照。

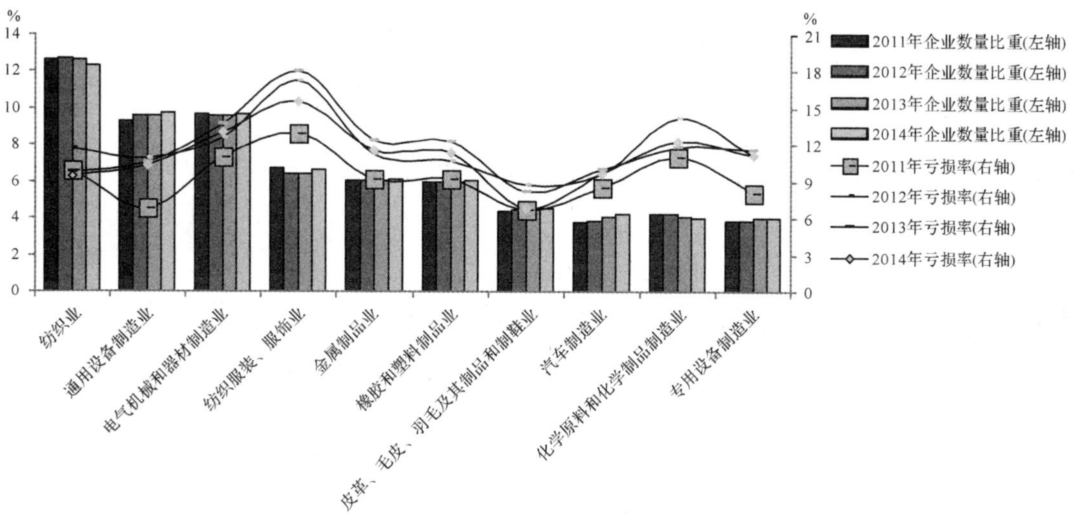

图 2-20 浙江规上中小企业主要行业企业分布及亏损变化情况

第四节 浙江规上中小企业地区分布

一、不同地区规上中小企业数量分布

(一)11 市企业数量规模情况

2014 年规模以上中小企业主要分布在宁波、杭州、嘉兴、温州、绍兴、金华、台州等地区。其中宁波市有 7267 家,占浙江全部规上中小企业总数的 18.06%;其次是杭州市,有 6045 家,占 15.02%;嘉兴市与温州市比较接近,分别有 4924 家和 4850 家。宁波市、杭州市、嘉兴市和温州市前四市的规上中小企业数量占到了浙江规上中小企业总数的 57.37%。以下依次是绍兴市 4143 家(占 10.29%,下同)、金华市 4023 家(10.00%)、台州市 3761 家(9.35%)、湖州市 2687 家(6.68%)、丽水市 1145 家(2.85%)、衢州市 1012 家(2.51%)、舟山市 385 家(0.96%)。与 2013 年浙江规上中小企业的分布趋势大体相当,总体数量增加了 3.29%,且大部分地区的规上中小企业数量都有不同程度的增加,其中温州、嘉兴两市增幅较大,但杭州市、丽水市、舟山市的规上中小企业数量较 2013 年有所减少。浙江规上中小企业数量地区分布不均,且企业数量增长速度较 2013 年有所减缓。

(二)11 市亏损分析

从亏损企业的地区分布情况来看,亏损数量最多的是宁波市,共 1154 家,占浙江亏损企业的 24.44%;其次为杭州市,亏损企业 838 家,占浙江亏损企业的 17.75%;第三是嘉兴市,共 656 家,占浙江亏损企业的 13.90%;第四为绍兴市,共 470 家,占浙江亏损企业的 9.96%;第五为金华市,共 441 家,占浙江亏损企业的 9.34%。宁波、杭州、嘉兴、绍兴和金华五市的亏损企业总量约占浙江亏损企业总量的 75%。其他地区的亏损企业数量依次为:台州市 388 家(占浙江亏损企业总量的 8.22%,下同)、温州市 288 家(6.10%)、湖州市 163 家(3.45%)、衢州市 151 家(3.20%)、舟山市 108 家(2.29%)、丽水市 64 家(1.36%)。从亏损率来看,舟山市的企业数量少但企业亏损率最高,达 28.05%;其次为宁波市,亏损率为 15.88%;亏损率最低的为丽水市,为 5.59%。2014 年浙江规上中小企业的亏损率较 2013 年下降 0.85 个百分点,浙江范围内规上中小企业亏损情况较上年有所好转(如表2-32、图 2-21 所示)。

表 2-32　2014 年浙江分地区中小工业企业经营情况

地　区	企业数量		亏损企业数量		亏损率(%)	经营优势系数
	实绩(家)	比重(%)	实绩(家)	比重(%)		
浙江省	40243	—	4721	—	11.73	—
杭州市	6045	15.02	838	17.75	13.86	0.98
宁波市	7267	18.06	1154	24.44	15.88	0.95
温州市	4850	12.05	288	6.10	5.94	1.07
嘉兴市	4924	12.24	656	13.90	13.32	0.98
湖州市	2687	6.68	163	3.45	6.07	1.06
绍兴市	4143	10.29	470	9.96	11.34	1.00
金华市	4023	10.00	441	9.34	10.96	1.01
衢州市	1012	2.51	151	3.20	14.92	0.96
舟山市	385	0.96	108	2.29	28.05	0.82
台州市	3761	9.35	388	8.22	10.32	1.02
丽水市	1145	2.85	64	1.36	5.59	1.07

注:2014 年浙江规上中小企业中有一家为省级企业,11 地市企业之和与浙江省企业数相差 1,特此说明。

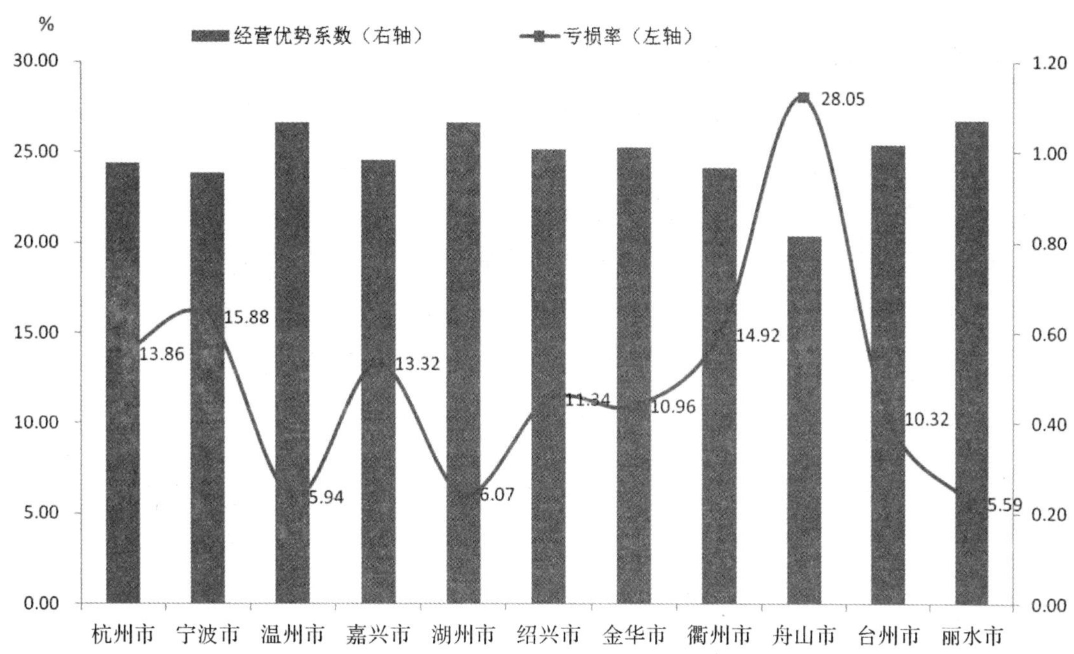

图 2-21 2014 年浙江分地区中小工业企业经营情况

(三)11 市企业比较优势评价

我们沿用《2008 年浙江省中小企业发展报告》的分析方法，采用经营优势系数指标来评价各地区中小企业的相对经营状况。经营优势系数根据当地未亏损企业占全部未亏损企业的比重除以当地中小企业占全部中小企业比重计算而得，经营系数大于 1，表示该地区中小企业的总体经营状况相对好于其他地区，在经营上具有比较发展优势。

根据表 2-32 显示，从各地区的经营状况来看，温州市、丽水市和湖州市 3 市规模以上中小企业的经营优势系数分别为 1.07、1.07 和 1.06，丽水市和湖州市的规上中小企业经营优势系数较 2013 年有所下降，温州市经营优势系数由 2013 年的第三位提升至第一位，提升幅度较大。相对于浙江省其他地区，这 3 个地区的中小企业亏损率持续相对较低，具有稳定的比较发展优势，其中温州市近几年的企业亏损率连续下降。总体上看，2014 年各地规上企业经营优势系数同 2013 年水平相差不大。温州市、丽水市、湖州市、台州市、金华市、绍兴市 6 市的经营优势系数大于等于 1，表明这 6 市的中小企业经营状况等同或优于浙江规上中小企业的一般经营状况。经营优势系数最低的 3 个市分别为衢州市 0.96(亏损率 14.92%)、宁波市 0.95(亏损率 15.88%)、舟山市 0.82(亏损率 28.05%)。杭州市 2014 年经营优势系数较上年有所提高，由第九位提升至与嘉兴并列第七位，2014 年亏损率为 13.86%，较上年下降 1.15 个百分点，表明杭州市中小企业的发展环境有所改善，企业发展情况好转。

二、不同地区规上中小企业经济指标分析

(一)11 市规上中小企业资产比较分析

从浙江规上中小企业的资产情况看,2014 年规模以上中小企业资产总额排名中杭州居于首位,其资产总额达 9760.83 亿元,占浙江规上中小企业资产总额的 19.96%;宁波市居第二位,其资产总额达到 8835.83 亿元,占浙江规上中小企业资产总额的 18.06%;处于第三位和第四位的是嘉兴市和绍兴市,其资产总额都在 5700 亿元以上,占比都超过 11%。2014 年杭州市、宁波市、绍兴市和嘉兴市 4 市规上中小企业资产合计约为浙江的 60%。与 2013 年相比,除了丽水市,其余地市的资产总额均较上年有所增加,资产规模增幅较大的地区是湖州市、嘉兴市、衢州市、舟山市、台州市等地区。

规上中小企业平均资产最高的为舟山市,平均资产达 3.2 亿元;其次为杭州市和绍兴市两市,平均资产都在 1.3 亿元以上。平均资产最低的地区为温州市,其规上中小企业的平均资产为 8032.83 万元;平均资产比较低的地区还有台州市、丽水市、金华市和湖州市。2014 年,温州市规上中小企业的平均资产为负增长,其余地区的平均资产均较上年有所增长,其中舟山市、湖州市和杭州市的平均资产与 2013 年相比增幅较大。金华市、丽水市、台州市和温州市这些地区中小企业的平均资产相对较低,与这些地区小微企业数量较大、家庭作坊企业较多、资产规模普遍较小有关(如表 2-33、图 2-22 所示)。

表 2-33 2014 年浙江分地区中小工业企业资产情况

地　区	企业数量(家)	资产总额(亿元)	比重(%)	平均资产(万元)	资产优势系数
浙江省	40243	48913.60	—	12154.56	—
杭州市	6045	9760.83	19.96	16146.95	1.33
宁波市	7267	8835.83	18.06	12158.84	1.00
温州市	4850	3895.92	7.96	8032.83	0.66
嘉兴市	4924	5782.34	11.82	11743.17	0.97
湖州市	2687	2740.34	5.60	10198.49	0.84
绍兴市	4143	5774.83	11.81	13938.77	1.15
金华市	4023	3844.31	7.86	9555.84	0.79
衢州市	1012	1123.30	2.30	11099.75	0.91
舟山市	385	1247.52	2.55	32403.11	2.67
台州市	3761	3247.53	6.64	8634.76	0.71
丽水市	1145	1003.66	2.05	8765.59	0.72

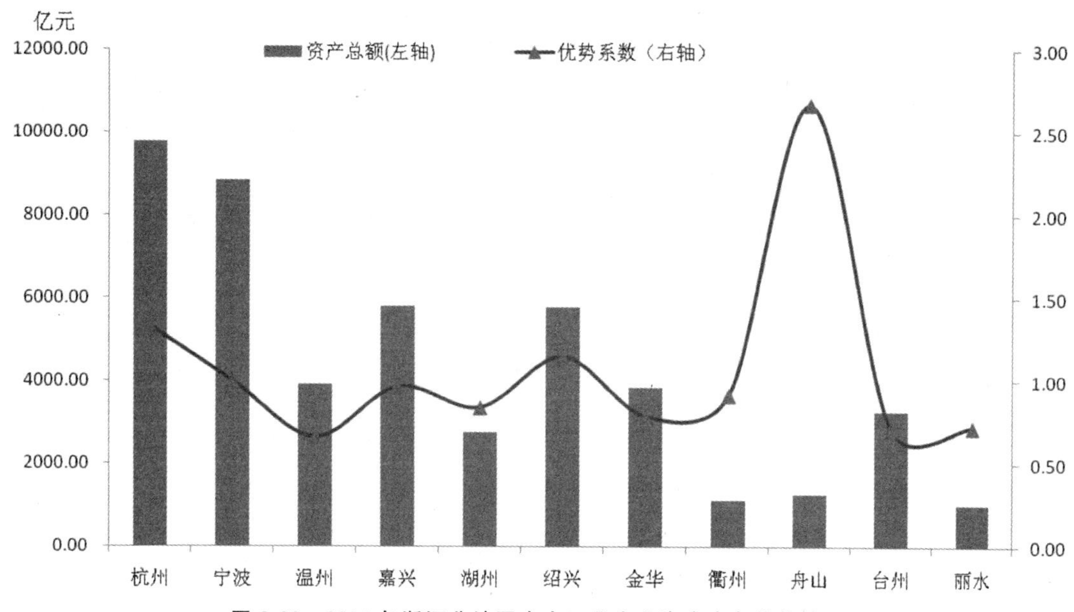

图 2-22 2014 年浙江分地区中小工业企业资产竞争优势情况

我们沿用 2008 年报告的分析方法，运用资产优势系数来衡量地区间中小企业资产规模的相对大小。资产优势系数根据当地平均资产占浙江平均资产的比率求得。资产优势系数大于 1，说明该地区的中小企业资产规模相对其他地区较大，反之表明该地区的中小企业资产规模相对其他地区较小。研究结果表明，浙江 11 市中中小企业资产优势系数大于或等于 1 的地区有 4 个，依次为舟山市(2.67)、杭州市(1.33)、绍兴市(1.15)和宁波市(1.00)，嘉兴市的资产优势系数接近 1 居第五位；资产优势系数后三位的地区为丽水市(0.72)、台州市(0.71)、温州市(0.66)。与 2013 年相比，舟山市的资产优势系数提升幅度较大，浙江舟山群岛新区深耕“蓝色国土”步伐加快，一个集临港装备、物流中转及海岛旅游等诸多业态为一体的海洋经济特区正在崛起。

(二)11 市企业主营业务收入比较分析

2014 年浙江规模中小企业主营业务收入较高的第一层次地区为杭州市和宁波市，分别为 9257.64 亿元(占浙江规上中小企业主营业务收入的 18.95%，下同)、9131.66 亿元(18.69%)；第二层次是绍兴市和嘉兴市两市，主营业务收入分别为 6151.65 亿元(12.59%)、5335.27 亿元(10.92%)。这 4 个地区规上中小企业主营业务收入占比约为 60%。第三层次为金华市、温州市、湖州市和台州市 4 市，主营业务收入分别为 3725.32 亿元(7.62%)、3675.26 亿元(7.52%)、3421.33 亿元(7.00%)、3075.95 亿元(6.30%)；主营业务收入占比较低的第四层次地区是丽水市、衢州市和舟山市 3 市，这 3 个地区的占比不到 7%。但从平均主营业务收入来看，最高的是舟山市，为 22114.52 万元。

根据地区平均主营业务收入占浙江平均主营业务收入的比率求得的销售优势系数，舟山市最高，为 1.82；其次为杭州市(优势系数为 1.26，下同)、绍兴市(1.22)、湖州市(1.05)、宁波市(1.04)。上述5个地区的销售优势系数都大于1,表明这些地区的营收状况与其他地区相比具有比较优势。优势系数相对低的3个地区为金华市(0.76)、台州市(0.67)和温州市(0.62)(如表2-34、图2-23所示)。

表 2-34　2014 年浙江分地区中小企业主营业务收入情况

地区	企业数量（家）	主营业务收入（亿元）	比重（%）	平均主营业务收入（万元）	销售优势系数
浙江省	40243	48858.73	—	12140.93	—
杭州市	6045	9257.64	18.95	15314.55	1.26
宁波市	7267	9131.66	18.69	12565.93	1.04
温州市	4850	3675.26	7.52	7577.86	0.62
嘉兴市	4924	5335.27	10.92	10835.23	0.89
湖州市	2687	3421.33	7.00	12732.90	1.05
绍兴市	4143	6151.65	12.59	14848.29	1.22
金华市	4023	3725.32	7.62	9260.06	0.76
衢州市	1012	1107.64	2.27	10945.06	0.90
舟山市	385	851.41	1.74	22114.52	1.82
台州市	3761	3075.95	6.30	8178.54	0.67
丽水市	1145	1367.22	2.80	11940.77	0.98

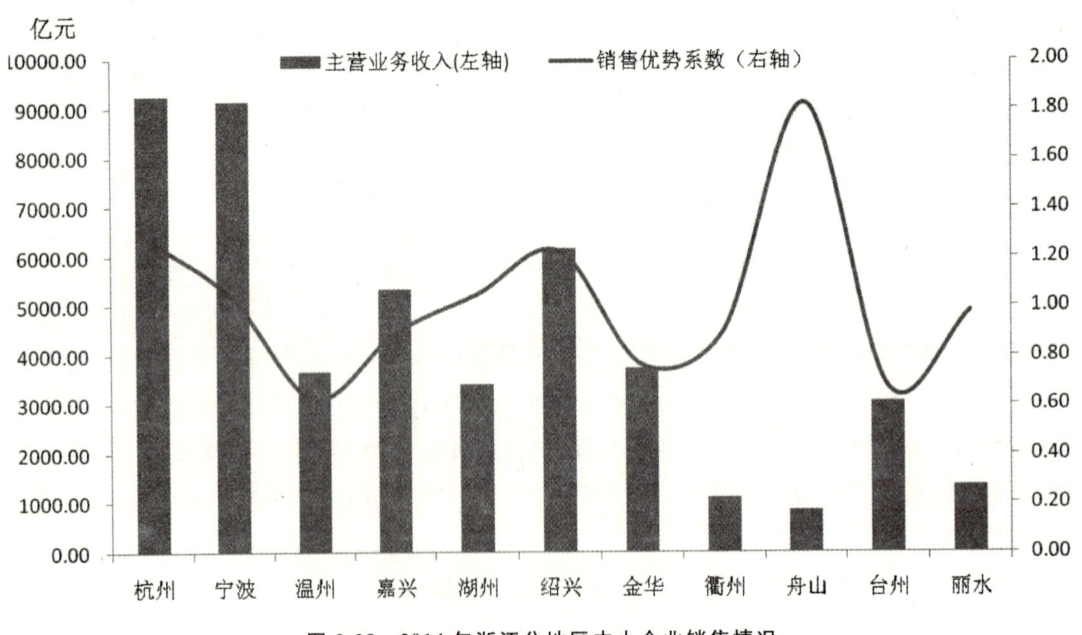

图 2-23　2014 年浙江分地区中小企业销售情况

（三）11市规上中小企业利润比较分析

从2014年浙江省规上中小企业的利润情况来看，与上述销售收入的地区分布特征大体相同。其中，杭州市利润总额在浙江最高，为590.82亿元（占浙江规上中小企业利润总额的22.87%，下同）；其次为宁波市，利润额为395.95亿元（15.33%）；再次是绍兴市和嘉兴市，利润额分别为330.43亿元（12.79%）、259.07亿元（10.03%），这4个地区规上中小企业创造的利润相当于浙江中小企业总利润的60%以上。利润相对低的地区为主营业务收入较少的丽水市、衢州市和舟山市3市，利润额分别为114.54亿元（4.43%）、71.84亿元（2.78%）和15.27亿元（0.59%）。从各地区规模以上中小企业的平均利润来看，丽水市为平均利润最高的地区，达1000.36万元（相应的利润优势系数为1.56，下同）；其次为杭州市，其平均利润为977.37万元（1.52）；绍兴市、湖州市和衢州市的平均利润也较高，分别为797.56万元（1.24）、741.05万元（1.15）和709.85万元（1.11）。平均利润和利润优势系数相对低的3个地区分别为：台州市412.44万元（0.64）、温州市404.25万元（0.63）和舟山市396.63万元（0.62）。

从各地区中小企业的利润率指标来看，第一层次为丽水市，利润率达到8.38%，为浙江11个地区最高水平；第二层次包括衢州市（6.49%）、杭州市（6.38%）、湖州市（5.82%）、金华市（5.70%）、绍兴市（5.37%）和温州市（5.33%）这6个地区的利润率高于浙江平均水平（5.29%）；第三层次为台州市（5.04%）、嘉兴市（4.86%）和宁波市（4.34%），这3个地区的利润率略低于浙江平均水平；第四层次为舟山市（1.79%），其利润率远远低于浙江平均水平（如表2-35、图2-24所示）。由此可见，当前浙江省规上中小企业的利润率地区分布极不均衡的状况仍然存在，表明各地区中小企业的经营成本及营销能力仍然有较大差距。

表2-35　2014年浙江分地区中小企业利润情况

地区	企业数量（家）	利润额（亿元）	比重（%）	平均利润（万元）	优势系数	利润率（%）
浙江省	40243	2582.84	—	641.81	—	5.29
杭州市	6045	590.82	22.87	977.37	1.52	6.38
宁波市	7267	395.95	15.33	544.86	0.85	4.34
温州市	4850	196.06	7.59	404.25	0.63	5.33
嘉兴市	4924	259.07	10.03	526.13	0.82	4.86
湖州市	2687	199.12	7.71	741.05	1.15	5.82
绍兴市	4143	330.43	12.79	797.56	1.24	5.37
金华市	4023	212.52	8.23	528.25	0.82	5.70
衢州市	1012	71.84	2.78	709.85	1.11	6.49
舟山市	385	15.27	0.59	396.63	0.62	1.79
台州市	3761	155.12	6.01	412.44	0.64	5.04
丽水市	1145	114.54	4.43	1000.36	1.56	8.38

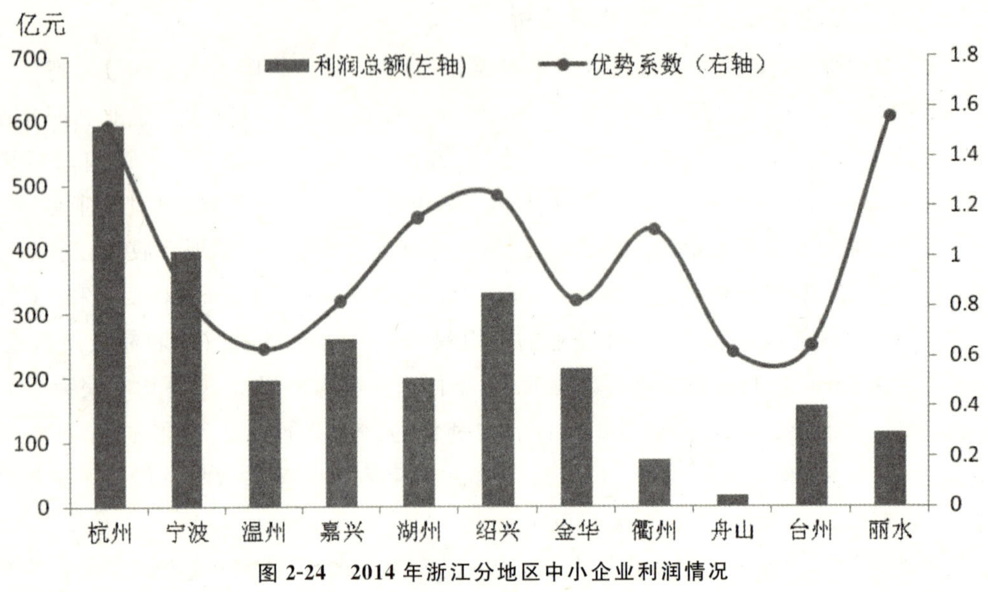

图 2-24　2014 年浙江分地区中小企业利润情况

三、不同地区规上中小企业发展趋势分析

(一)11 市规上中小企业数量变动趋势

从 2010—2014 年浙江省规上中小企业数量增长情况来看，剔除 2011 年由于国家统计局对于规上企业统计口径的调整变化带来的中小企业数量出现极端减幅(－47.4%)之外，浙江省规上中小企业的数量规模由 2010 年同比增长 7.29%，到 2012 年同比增长 6.48%，到 2013 年同比增长 8.51%，再到 2014 年同比增长 3.29%，总体呈现增速由减缓到加快再到减缓的增长态势，浙江规上中小企业数量增速在 2014 年下降幅度较大。其中，2014 年温州市的中小企业数量增长最快，从 2013 年的 4479 家增长到 2014 年的 4850 家，同比增长 8.28%；其次为嘉兴市，从 2013 年的 4630 家增长到 2014 年的 4924 家，增长率为 6.35%；其他增长较快的还有湖州市(同比增长 5.41%，下同)、金华市(5.18%)、绍兴市(3.96%)，这些地区 2014 年的同比增长率都高于浙江省的同比平均增速。与 2013 年相比中小企业数量负增长的地区为杭州市、丽水市和舟山市(如表 2-36、图 2-25 所示)。

表 2-36　2010—2014 年浙江分地区中小企业数量增长趋势

单位：家，%

地区	2010 年		2011 年	2012 年		2013 年		2014 年	
	企业数量	增长率	企业数量	企业数量	增长率	企业数量	增长率	企业数量	增长率
浙江省	64139	7.29	33719	35904	6.48	38960	8.51	40243	3.29
杭州市	10324	3.32	5737	5793	0.98	6161	6.35	6045	－1.88
宁波市	12456	3.54	6507	6697	2.92	7058	5.39	7267	2.96

续　表

地区	2010 年		2011 年	2012 年		2013 年		2014 年	
	企业数量	增长率	企业数量	企业数量	增长率	企业数量	增长率	企业数量	增长率
温州市	8077	5.96	3945	4247	7.66	4479	5.46	4850	8.28
嘉兴市	7282	7.17	3907	4253	8.86	4630	8.86	4924	6.35
湖州市	3552	5.59	2287	2402	5.03	2549	6.12	2687	5.41
绍兴市	5506	5.30	3323	3586	7.91	3985	11.13	4143	3.96
金华市	5947	12.27	2922	3203	9.62	3825	19.42	4023	5.18
衢州市	1408	14.94	850	929	9.29	993	6.89	1012	1.91
舟山市	654	10.85	350	376	7.43	405	7.71	385	−4.94
台州市	7284	17.65	2987	3330	11.48	3686	10.69	3761	2.03
丽水市	1649	14.12	904	1087	20.24	1189	9.38	1145	−3.70

注：从 2011 年起规模以上工业企业的统计标准由原来的年营业收入 500 万元以上提升到 2000 万元以上。

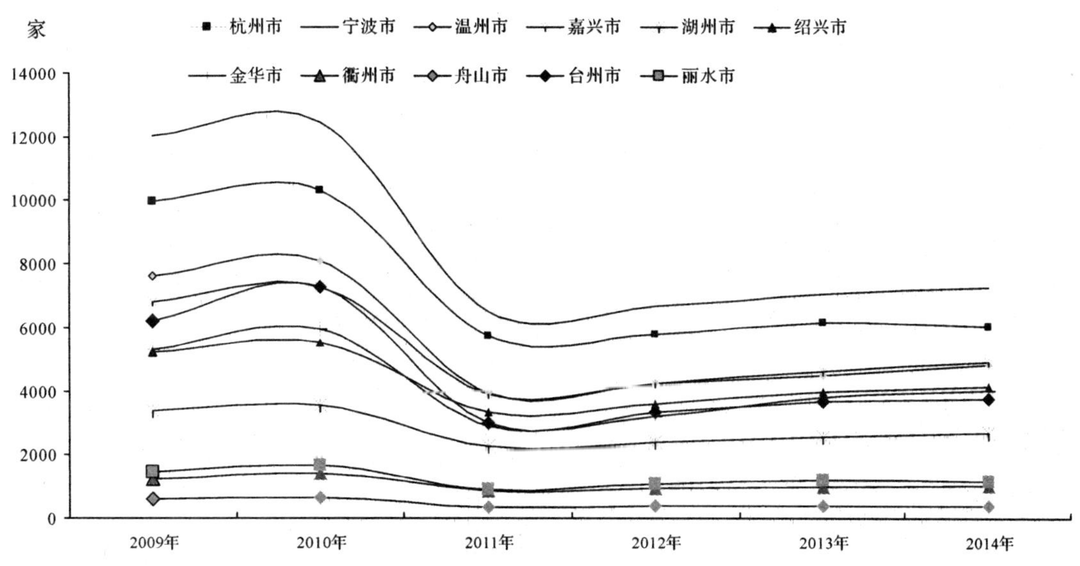

图 2-25　2009—2014 年浙江分地区中小企业数量增长趋势

从各地区企业所占比重的变化来看，近 6 年来浙江规上中小企业的地区分布结构发生了一些变化。宁波市和杭州市的规上中小企业占比始终位于浙江第一和第二位，2014 年的占比分别为 18.06%和 15.02%，嘉兴市这几年规上中小企业占比不断提高，前 3 年其占比低于温州市，到后面连续 3 年占比超过了温州市。近年来金华市、绍兴市中小企业数量的比重逐年有所提升，但丽水市、衢州市和舟山市 3 市的规上中小企业占比还是较低，3 市之和不到浙江的 7%，占比较去年也均有所下降（如表 2-37 所示）。

表 2-37　2009—2014 年浙江分地区中小企业数量比重变化趋势

单位：%

地区＼比重	2009 年	2010 年	2011 年	2012 年	2013 年	2014 年
杭州市	16.71	16.10	17.01	16.14	15.81	15.02
宁波市	20.12	19.42	19.3	18.65	18.12	18.06
温州市	12.75	12.59	11.70	11.83	11.50	12.05
嘉兴市	11.37	11.35	11.59	11.85	11.88	12.24
湖州市	5.63	5.54	6.78	6.69	6.54	6.68
绍兴市	8.75	8.58	9.85	9.99	10.23	10.29
金华市	8.86	9.27	8.67	8.92	9.82	10.00
衢州市	2.05	2.2	2.52	2.59	2.55	2.51
舟山市	0.99	1.02	1.04	1.05	1.04	0.96
台州市	10.36	11.36	8.86	9.27	9.46	9.35
丽水市	2.42	2.57	2.68	3.03	3.05	2.85

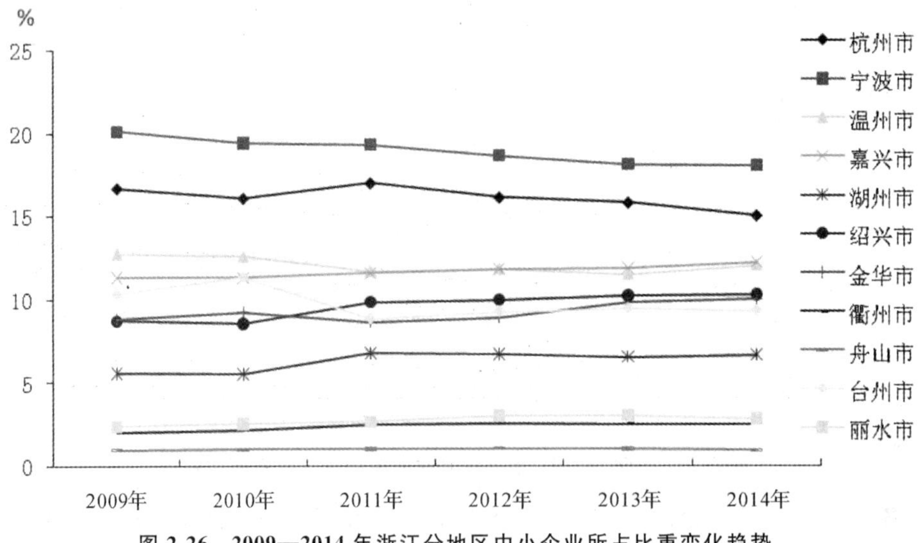

图 2-26　2009—2014 年浙江分地区中小企业所占比重变化趋势

(二)11 市规上中小企业亏损状况变化趋势

从 2010—2014 年浙江各地区规模以上中小企业亏损变化情况来看，舟山市、嘉兴市、宁波市、杭州市、金华市、衢州市和绍兴市等地区波动起伏较大，亏损率总体较高，温州市、湖州市和台州市等地区的亏损波动情况相对比较缓和。

就最近两年的具体情况来看，2014 年浙江规上中小企业亏损 4721 家(亏损率为 11.73%，下同)，与 2013 年相比亏损减少 180 家。分地区来看，除了衢州市和丽水市的中小企业亏损率有所增加，分别比 2013 年增加了 1.53 和 0.54 个百分点；其他地市的中小企业亏损率有不同程度的下降。亏损企业数同比下降幅度最多的地区是温州市（同比降幅为 17.71%，下同）、舟山市（10%）、杭州市（9.41%）和宁波市（－5.64%）。2014 年，中小企业亏损率各地区相差很大，其中亏损率最高的为舟山市（28.05%），最低的为丽水市（5.59%），两者相差约 5 倍（如表 2-38、图 2-27 所示）。

2014 年浙江省规上中小企业的亏损率较 2013 年下降，说明企业的风险规避能力有所提升，经营能力有所提高，中小企业主对企业的管理和经营越来越成熟。

表 2-38 2010—2014 年浙江分地区企业亏损状况变化趋势

单位：家，%

地区	2010 年		2011 年		2012 年		2013 年		2014 年	
	亏损企业数量	亏损率	亏损企业数量	亏损率	亏损企业数量	亏损率	亏损企业数量	亏损率	亏损企业数量	亏损率
浙江省	5761	8.98	3414	10.12	4478	12.47	4901	12.58	4721	11.73
杭州市	1104	10.69	743	12.95	896	15.47	925	15.01	838	13.86
宁波市	1376	11.05	818	12.57	1026	15.32	1223	17.33	1154	15.88
温州市	338	4.18	216	5.48	352	8.29	350	7.81	288	5.94
嘉兴市	733	10.07	509	13.03	715	16.81	662	14.30	656	13.32
湖州市	269	7.57	165	7.21	172	7.16	163	6.39	163	6.07
绍兴市	445	8.08	284	8.55	405	11.29	459	11.52	470	11.34
金华市	623	10.48	238	8.15	318	9.93	425	11.11	441	10.96
衢州市	147	10.44	68	8.00	106	11.41	133	13.39	151	14.92
舟山市	121	18.50	66	18.86	94	25.00	120	29.63	108	28.05
台州市	489	6.71	278	9.31	347	10.42	381	10.42	388	10.32
丽水市	116	7.03	29	3.21	47	4.32	60	5.05	64	5.59

（三）11 市企业固定资产变动趋势

近 3 年，浙江省规模以上中小企业固定资产增长率呈“V”型，由 2012 年同比增长 16.09%，到 2013 年的 1.64%，2014 年增长幅度再度反弹为 18.91%。

分地区看，2014 年固定资产同比增长最快的地区为嘉兴市、湖州市和舟山市，同比增长分别为 16.93%、15.71%和 13.63%；同比增长最低的地区为绍兴市、丽水市和杭州市，同比增长分别为 1.84%、2.58%和 3.57%。与 2013 年相比，固定资产增长率提升的地区为嘉兴市、湖州市、宁波市和温州市，较 2013 年分别增加了 14.03、8.65、4.26 和 8.18 个百分点，实现了较大幅度的提升；固定资产增长率下降的地区为绍兴市、杭州市、舟山市、金华市、衢州

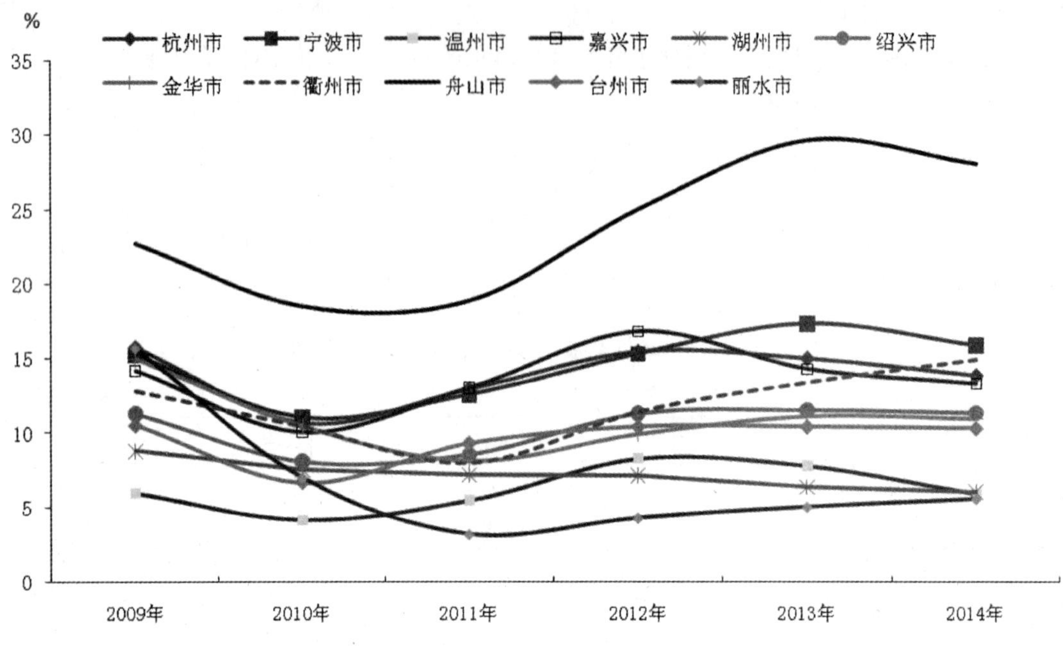

图 2-27　2009—2014 年浙江分地区中小企业亏损率变化趋势

市、台州市和丽水市，较 2013 年分别减少了 10.40、9.30、6.91、6.66、3.27、2.57 和 2.32 个百分点，其中绍兴市和杭州市的降幅最大（如表 2-39、图 2-28 所示）。

表 2-39　2011—2014 年浙江分地区中小企业固定资产变动趋势

单位：亿元，%

地区 \ 固定资产 \ 年	2011 年	2012 年	2013 年	2014 年	2012 年增长率	2013 年增长率	2014 年增长率
浙江省	10017.55	11629.10	11820.28	14055.11	16.09	1.64	18.91
杭州市	1767.30	1862.16	2101.76	2176.70	5.37	12.87	3.57
宁波市	2096.68	2065.15	2171.63	2376.39	−1.50	5.16	9.43
温州市	823.95	824.02	830.66	905.30	0.01	0.81	8.99
嘉兴市	1253.45	1746.19	1796.91	2101.06	39.31	2.90	16.93
湖州市	588.16	653.24	699.38	809.28	11.06	7.06	15.71
绍兴市	1128.87	1217.64	1366.70	1391.79	7.86	12.24	1.84
金华市	742.20	847.28	939.01	978.14	14.16	10.83	4.17
衢州市	314.11	320.45	346.69	363.76	2.02	8.19	4.92
舟山市	285.88	336.44	405.54	460.81	17.69	20.54	13.63
台州市	733.28	764.78	826.02	870.94	4.30	8.01	5.44
丽水市	283.66	320.30	336.00	344.67	12.92	4.90	2.58

注：从 2011 年起规模以上工业企业的统计标准由原来的年营业收入 500 万元以上提升到 2000 万元以上。

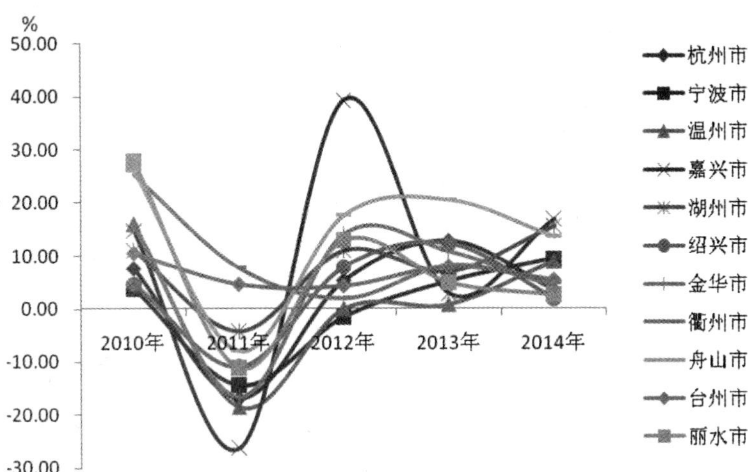

图 2-28 2010—2014 年浙江分地区中小企业资产增长率变动趋势

(四)11 市规上中上企业主营业务收入增长趋势

如表 2-40 所示的计算数据,2010—2014 年浙江省规模以上中小企业主营业务收入同比增长率上下波动较大。2010 年浙江规模以上中小企业主营业务收入同比增长 25.73%,2012 年主营业务收入同比增长 9.28%,2013 年同比增长率下滑至 6.89%,到了 2014 年同比增长率达到 9.06%。

从 11 市的具体情况来看,2014 年,丽水市规上中小企业主营业务收入首次出现了负增长,增长率为−4.59%,较 2013 年下降 24.60 个百分点,下降幅度较大,且丽水市是唯一负增长的地市。2014 年规上中小企业主营业务收入增长最快的为湖州市,其主营业务收入为 3421.33 亿元,同比增长 9.52%,高于浙江同比增长率。其次,增长较快的为嘉兴市、金华市、宁波市、衢州市和温州市 5 市,其主营业务收入分别为 5335.27 亿元(同比增长 7.93%,下同)、3725.32 亿元(7.31%)、9131.66 亿元(6.66%)、1107.64 亿元(6.14%)和 3675.26 亿元(5.22%)。2014 年,从浙江规上中小企业主营业务收入来看增速要高于 2013 年,但从分市来看,增速比 2013 年高的仅为湖州市和温州市,其余地市的增速较 2013 年都有所下滑(如表 2-40、图 2-29 所示)。说明 2014 年规上中小企业经营压力较大,企业的发展速度较为缓慢。

表 2-40 2010—2014 年浙江分地区中小企业主营业务收入增长趋势

单位:亿元,%

地区	2010 年	2011 年	2012 年	2013 年	2014 年	2012 年增长率	2013 年增长率	2014 年增长率
浙江省	40962.94	38354.10	41913.05	44800.03	48858.73	9.28	6.89	9.06
杭州市	8485.72	7634.66	8019.43	9015.96	9257.64	5.04	12.43	2.68
宁波市	8237.45	8033.66	7909.31	8561.38	9131.66	−1.55	8.24	6.66
温州市	3930.50	3416.86	3357.35	3492.90	3675.26	−1.74	4.04	5.22

续 表

地区	2010年	2011年	2012年	2013年	2014年	2012年增长率	2013年增长率	2014年增长率
嘉兴市	4164.29	3894.11	4311.57	4943.20	5335.27	10.72	14.65	7.93
湖州市	2491.59	2588.32	2963.44	3124.04	3421.33	14.49	5.42	9.52
绍兴市	5073.98	4756.37	5110.64	5950.98	6151.65	7.45	16.44	3.37
金华市	2970.19	2773.62	3039.24	3471.56	3725.32	9.58	14.22	7.31
衢州市	854.32	926.87	959.72	1043.61	1107.64	3.54	8.74	6.14
舟山市	728.34	725.05	766.83	829.75	851.41	5.76	8.21	2.61
台州市	3079.72	2617.11	2700.07	2933.74	3075.95	3.17	8.65	4.85
丽水市	946.85	987.46	1193.96	1432.92	1367.22	20.91	20.01	-4.59

注:从2011年起规模以上工业企业的统计标准由原来的年营业收入500万元以上提升到2000万元以上。

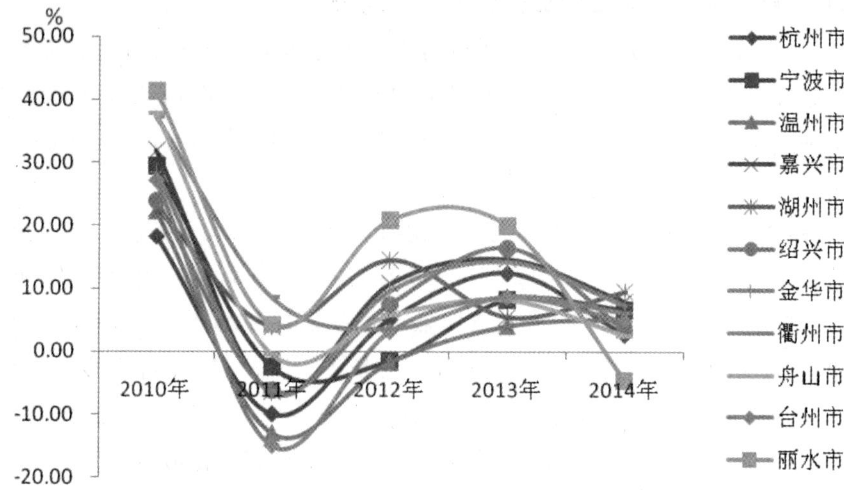

图2-29 2010—2014年浙江分地区中小企业主营业务收入增长率变化趋势

(五)11市规上中小企业盈利状况变化趋势

2010—2014年浙江省规上中小企业利润额年均增长率起伏较大,2010年实现了50%以上的增幅,但2012年回落至-2.12%,而2013年又呈现增长态势,浙江规上中小企业利润增长率增至13.95%,到了2014年增长速度有所减缓,增长率为7.65%。总体显示了近年来浙江中小企业盈利难的状况持续改善(如表2-41所示)。

从11市的具体情况来看,利润额同比增长最快的地区还是舟山市,2014年其规上中小企业实现利润15.27亿元,同比增长54.25%,舟山市已连续2年利润额同比增长最快;其次实现同比较大正增长的地区还有温州市、湖州市和金华市3市,2014年利润总额分别为196.06亿元(同比增长17.36%,下同)、199.12亿元(12.45%)和212.52亿元(10.47%),增速均达到了10%以上;利润总额同比增长较慢的地区为丽水市、嘉兴市、衢州市和宁波市4

市，2014 年利润总额分别为 114.54 亿元(同比增长−6.71%，下同)、259.07 亿元(0.64%)、71.84 亿元(1.18%)和 395.95 亿元(1.33%)。与 2013 年相比，2014 年利润总额增长率只有金华市、温州市和衢州市 3 市高于 2013 年，其余地区 2014 年的增长率都低于 2013 年。2014 年浙江省规上中小企业盈利水平的增速放缓。

表 2-41 2010—2014 年浙江分地区中小企业利润增长变化趋势

单位：亿元，%

地区	2010 年	2011 年	2012 年	2013 年	2014 年	2012 年增长率	2013 年增长率	2014 年增长率
浙江	2542.76	2151.18	2105.53	2399.34	2582.84	−2.12	13.95	7.65
杭州	576.36	439.25	472.34	564.27	590.82	7.53	19.46	4.71
宁波	530.91	432.71	337.48	390.74	395.95	−22.01	15.78	1.33
温州	234.95	156.31	143.60	167.06	196.06	−8.13	16.34	17.36
嘉兴	254.87	181.89	215.52	257.42	259.07	18.49	19.44	0.64
湖州	133.68	148.62	141.26	177.07	199.12	−4.96	25.35	12.45
绍兴	288.75	272.16	250.27	302.82	330.43	−8.04	21.00	9.12
金华	173.20	191.27	193.52	192.38	212.52	1.18	−0.59	10.47
衢州	67.69	91.95	70.25	71.00	71.84	−23.60	1.07	1.18
舟山	40.12	21.06	1.47	9.90	15.27	−93.00	573.47	54.25
台州	157.50	121.97	128.79	143.90	155.12	5.59	11.13	7.80
丽水	84.72	93.98	104.40	122.78	114.54	11.09	17.61	−6.71

注：从 2011 年起规模以上工业企业的统计标准由原来的年营业收入 500 万元以上提升到 2000 万元以上。

从利润率的变化情况来看，2009—2014 年浙江省规上中小企业利润率均为 5% 以上，2013 年利润率为 5.36%，到了 2014 年中小企业利润率略有下降，为 5.29%。其中，2014 年与 2013 年相比，利润率提高的地区有舟山市、温州市、绍兴市、金华市、湖州市、台州市和杭州市，较 2013 年分别提高了 0.60、0.55、0.28、0.16、0.15、0.13 和 0.12 个百分点(如表 2-42、图 2-30 所示)。

表 2-42 2009—2014 年浙江分地区中小企业利润率变化趋势

单位：%

地区	2009 年	2010 年	2011 年	2012 年	2013 年	2014 年
浙江省	5.18	6.21	5.61	5.02	5.36	5.29
杭州市	5.17	6.79	5.75	5.89	6.26	6.38
宁波市	5.82	6.45	5.39	4.27	4.56	4.34
温州市	5.03	5.98	4.57	4.28	4.78	5.33

续 表

地区	2009 年	2010 年	2011 年	2012 年	2013 年	2014 年
嘉兴市	5.56	6.12	4.67	5.00	5.21	4.86
湖州市	4.91	5.37	5.74	4.77	5.67	5.82
绍兴市	5.02	5.69	5.72	4.90	5.09	5.37
金华市	4.71	5.83	6.90	6.37	5.54	5.70
衢州市	5.92	7.92	9.92	7.32	6.80	6.49
舟山市	4.30	5.51	2.90	0.19	1.19	1.79
台州市	4.51	5.11	4.66	4.77	4.91	5.04
丽水市	4.03	8.95	9.52	8.74	8.57	8.38

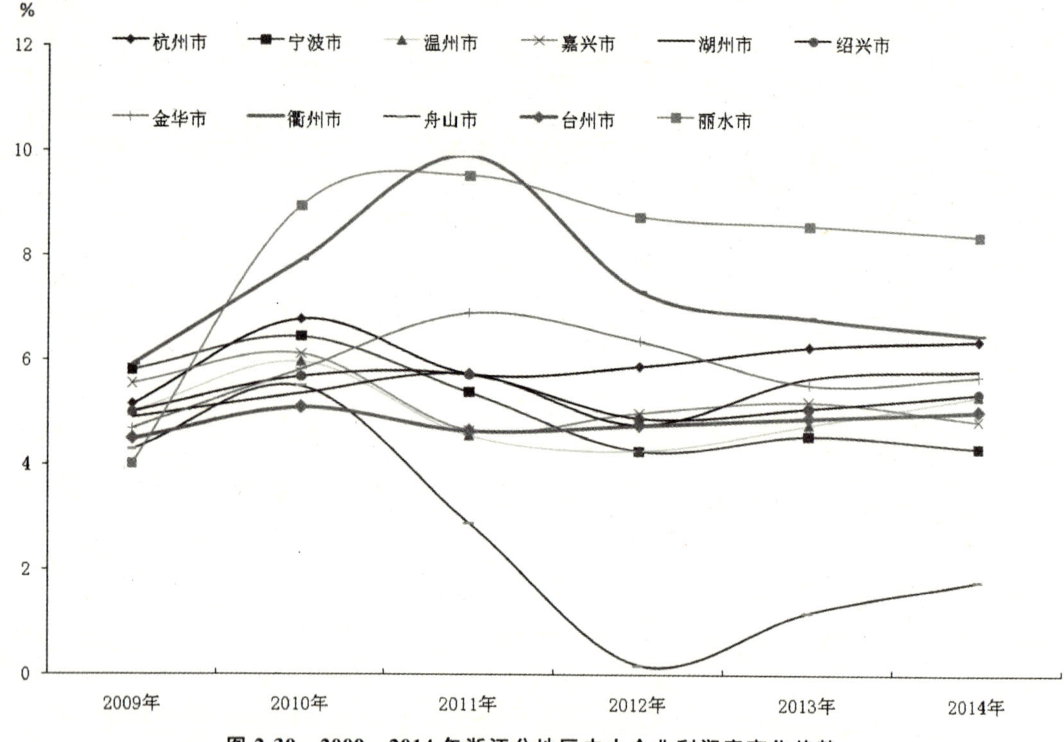

图 2-30 2009—2014 年浙江分地区中小企业利润率变化趋势

第五节 浙江规上中小企业所有制结构

一、规上中小企业登记注册类型分布

(一)规上中小企业所有制类型分布

按登记注册类型分组，2014 年浙江规上中小企业中，内资企业 34220 家，占 85.03%，是浙江省中小企业生产经营的主力；港、澳、台商投资企业共有3060家，占7.60%；外商投资企业2963家，占7.36%(如图2-31所示)。由此看出，港、澳、台商投资企业和外商投资企业是浙江省中小企业实施“走出去”战略的重要发展平台。

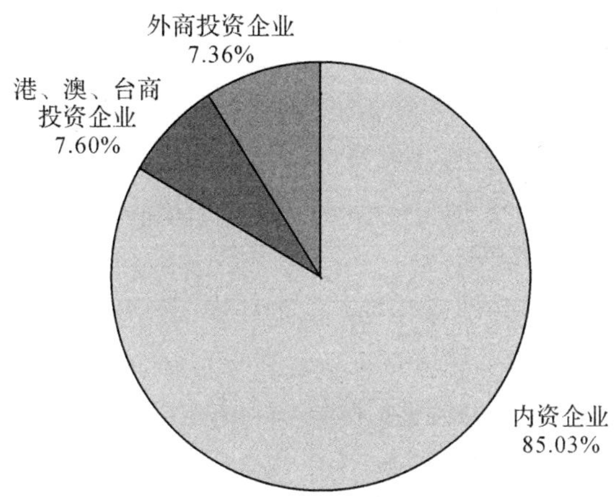

图2-31 2014年浙江中小企业按所有制类型分布

2014年浙江规模以上中小企业的内资企业中，私营企业共有27415家，占全部内资企业的80.11%，占浙江全部规上中小企业的68.12%；其次是有限责任公司，共有5663家，占全部内资企业的16.55%，占浙江省全部规上中小企业的14.07%；再次为股份有限公司，共有621家，占全部内资企业的1.81%，占浙江省全部规上中小企业的1.54%。国有企业与集体企业总数仅占规上中小企业的0.43%，可看出，私营企业是浙江经济的主体。

(二)规上中小企业所有制类型经营优势比较

从2014年不同所有制中小企业的亏损情况来看，内资企业经营情况要好于港、澳、台商投资企业和外商投资企业。2014年浙江内资中小企业亏损3501家，占全部亏损企业的74.16%，亏损率为10.23%；港、澳、台商投资企业和外商投资企业亏损621家和599家，分别占全部亏损企业的13.15%和12.69%，因企业数量基数相对较小，亏损率高于内资企业，分别为20.29%和20.22%(如表2-43、图2-32所示)。

表2-43 2014年浙江不同所有制中小工业企业数量及亏损情况

企业所有制类型	企业数量(家)	比重(%)	亏损企业数量(家)	比重(%)	经营优势系数	亏损率(%)
内资企业	34220	85.03	3501	74.16	1.02	10.23
国有企业	103	0.26	3	0.06	1.10	2.91
集体企业	69	0.17	5	0.11	1.05	7.25
股份合作企业	335	0.83	18	0.38	1.07	5.37
联营企业	1	0.00	0	0	1.13	0.00

续 表

企业所有制类型	企业数量（家）	比重(%)	亏损企业数量(家)	比重(%)	经营优势系数	亏损率(%)
有限责任公司	5663	14.07	703	14.89	0.99	12.41
股份有限公司	621	1.54	75	1.59	1.00	12.08
私营企业	27415	68.12	2695	57.09	1.02	9.83
其他企业	13	0.03	2	0.04	0.96	15.38
港、澳、台商投资企业	3060	7.60	621	13.15	0.90	20.29
外商投资企业	2963	7.36	599	12.69	0.90	20.22

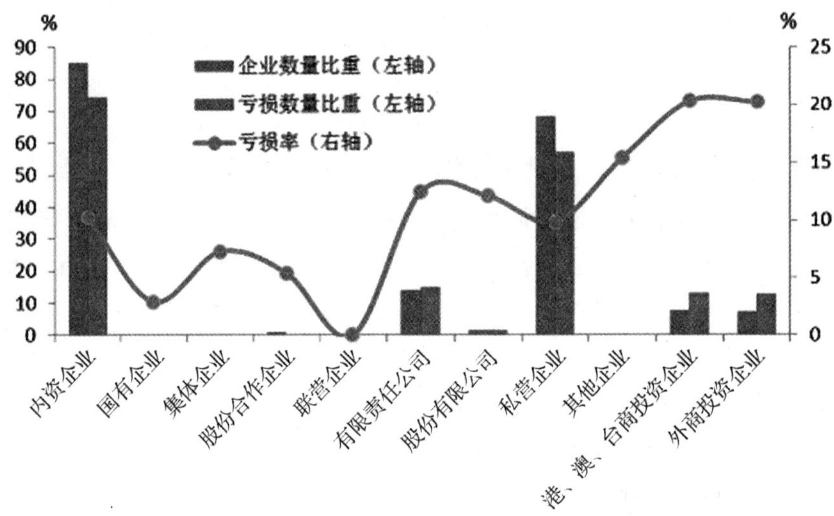

图 2-32　2014年浙江不同所有制中小工业企业数量及亏损情况

根据特定所有制类型未亏损企业数量占全部类型未亏损企业数量的比重除以该类型企业数量占全部类型中小企业数量的比值可得到特定所有制类型的经营优势系数。该系数大于1,表示该类型中小企业的总体经营状况相对来说要优于省内其他所有制类型企业。计算结果显示,2014年浙江省规上中小企业中内资企业的经营优势系数为1.02,港、澳、台商投资企业和外商投资企业的经营系数均为0.90,可见规上中小企业中内资企业具有相对发展优势。

在内资企业中,不考虑企业数量较少的联营企业等,2014年经营情况相对较好的所有制类型依次为国有企业、股份合作企业、集体企业、私营企业和股份有限公司。其中,国有企业103家,亏损3家(亏损率为2.91%,下同);股份合作制企业335家,亏损18家(5.37%);集体企业69家,亏损5家(7.25%);私营企业27415家,亏损2695家(9.83%),占所有亏损企业的57.09%,经营优势系数为1.02;股份有限公司621家,亏损75家(12.08%),占所有亏损企业的1.59%,经营优势系数为1.00。亏损较大的为有限责任公司,亏损703家

(12.41%),其与股份有限公司的经营优势系数均不大于1,表明相对于其他所有制类型缺乏发展优势。

二、不同所有制规上中小企业经济指标比较

(一)资产分析

从企业资产情况看,2014年浙江内资企业的资产总额达38029.48亿元(占浙江规上中小企业资产的77.75%,下同),平均资产约为1亿元;外商投资企业资产总额为4999.49亿元(10.22%),平均资产为1.69亿元;港、澳、台商投资企业的资产总额为5884.63亿元(12.03%),平均资产达1.92亿元,在三种所有制类型中小企业中资产优势系数(分类型平均资产与浙江各类型企业平均资产之比)最高,为1.58。

在浙江内资企业中,2014年私营企业的资产总额最高,达20791.17亿元(42.51%);其次为有限责任公司,资产总额为11132.09亿元(22.76%);再次为股份有限公司,资产总额为3154.71亿元(6.45%)。但从平均资产指标来看,最高的是国有企业,其平均资产达23.67亿元(资产优势系数为19.47,下同);其次是股份有限公司,其平均资产为5.08亿元(4.18);再次是有限责任公司,平均资产为1.97亿元(1.62);股份合作企业的平均资产也较高,超过1.3亿元(1.14),上述类型的中小企业资产优势系数都大于1,表明其在经营资产方面具有相对优势;资产优势系数小于1的是私营企业(0.62)、集体企业(0.50)和联营企业(0.13),这些企业的平均资产较低,大多在7000万元左右,与其他类型企业相比,缺乏资产优势,从而影响到企业的投资及盈利能力(如表2-44、图2-33、图2-34所示)。

表2-44　2014年浙江不同所有制中小工业企业资产情况

企业所有制类型	企业数量(家)	资产总额(亿元)	比重(%)	平均资产(万元)	资产优势系数
内资企业	34220	38029.48	77.75	11113.23	0.91
国有企业	103	2438.03	4.98	236701.50	19.47
集体企业	69	41.55	0.08	6021.96	0.50
股份合作企业	335	465.17	0.95	13885.70	1.14
联营企业	1	0.16	0.00	1612.70	0.13
有限责任公司	5663	11132.09	22.76	19657.58	1.62
股份有限公司	621	3154.71	6.45	50800.53	4.18
私营企业	27415	20791.17	42.51	7583.87	0.62
其他企业	13	6.60	0.01	5076.28	0.42
港、澳、台商投资企业	3060	5884.63	12.03	19230.81	1.58
外商投资企业	2963	4999.49	10.22	16873.06	1.39

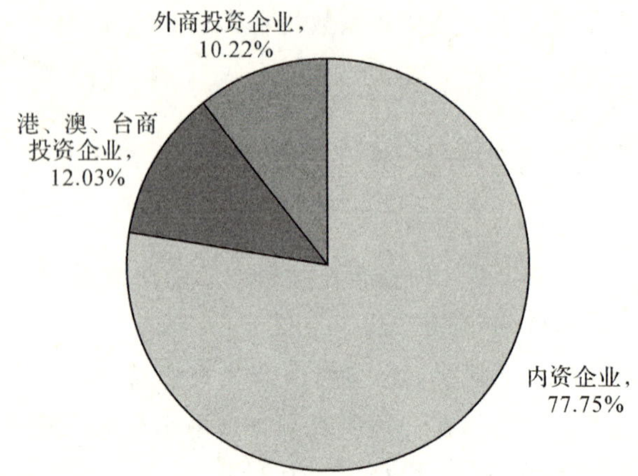

图 2-33　2014 年浙江不同所有制中小工业企业资产分布

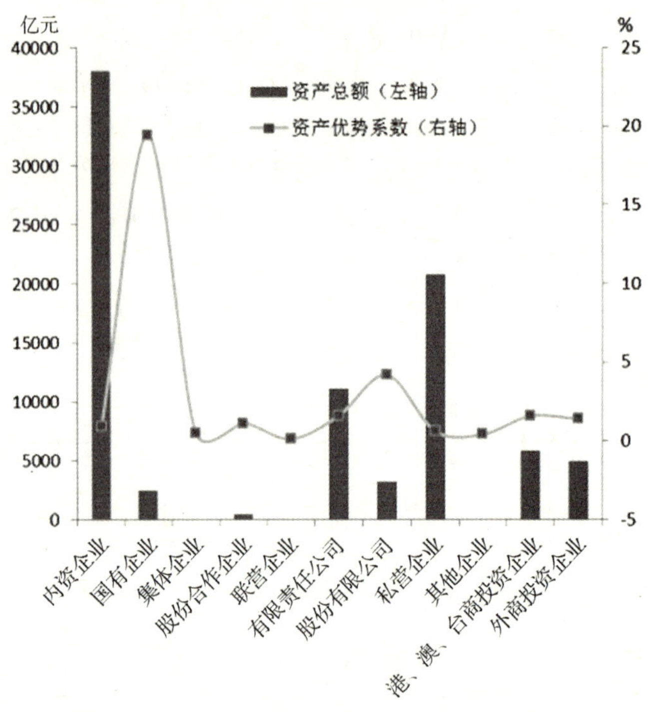

图 2-34　2014 年浙江不同所有制中小工业企业资产情况

(二)营业收入分析

从企业销售情况看，2014 年浙江省内资企业主营业务收入达到了 38299.53 亿元（占浙江规上中小企业总主营收入的 78.39%，下同）；港、澳、台商投资企业的主营收入为 5700.86 亿元（11.67%）；外商投资企业的主营收入为 4858.34 亿元（9.94%）。可见，与上述资产分析的分布特征相同，浙江中小企业的销售收入主要依靠的是内资企业（如图 2-35 所示）。

但从平均销售规模看，2014 年港、澳、台商投资企业和外商投资企业的平均营业收入水平普遍要好于内资企业。2014 年内资企业的平均主营业务收入为 1.12 亿元（销售优势系数

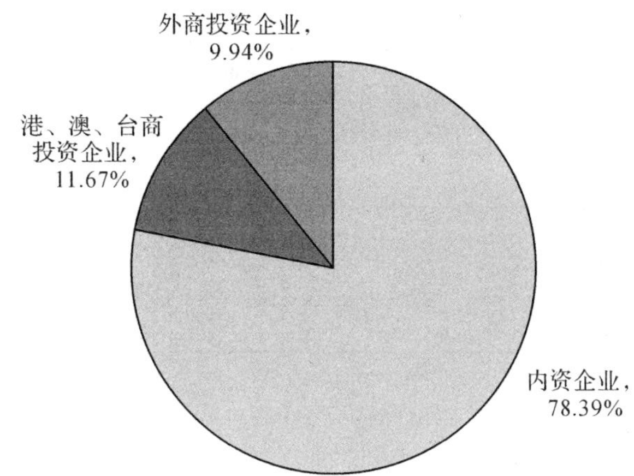

图 2-35　2014 年浙江不同所有制中小工业企业主营业务收入分布

为 0.92，下同），而外商投资企业的平均主营业务收入为 1.64 亿元（1.35），港、澳、台商投资企业的同期平均主营收入高达 1.86 亿元（1.53）。由此可见，内资企业由于数量多，平均营业收入规模相对较小，因此在销售方面缺乏比较优势。

内资企业中不同类型中小企业的营收分布状况也与上述资产分布特征大体一致。2014 年私营企业的主营业务收入占比最高，合计金额达 23247.75 亿元（占浙江浙江规上中小企业主营业务收入的 47.58%，下同）；其次为有限责任公司，其主营收入为 9447.39 亿元（19.34%）；再次为国有企业，其主营收入为 3109.67 亿元（6.36%）；股份有限公司的主营收入也较高，为 2259.37 亿元（4.62%）。

从内资企业中各类型的平均主营收入指标看，国有企业最高，达 30.19 亿元（销售优势系数为 24.87，下同）；其次为股份有限公司和有限责任公司，其平均主营收入分别为 3.64 亿元（3.00）、1.67 亿元（1.37）。这 3 个类型的销售优势系数都大于 1，表明其在营收方面与其他类型相比具有相对优势。受企业数量锐减的影响，销售优势系数最低的经济类型为联营企业，其平均销售收入不足 5000 万元（0.41），表明联营企业逐渐退出市场（如表 2-45、图 2-36 所示）。

表 2-45　2014 年浙江不同所有制中小工业企业主营业务收入情况

企业所有制类型	企业数量（家）	主营收入（亿元）	比重（%）	平均主营收入（万元）	销售优势系数
内资企业	34220	38299.53	78.39	11192.15	0.92
国有企业	103	3109.67	6.36	301910.10	24.87
集体企业	69	55.50	0.11	8043.98	0.66
股份合作企业	335	171.19	0.35	5110.04	0.42
联营企业	1	0.50	0.00	4972.20	0.41
有限责任公司	5663	9447.39	19.34	16682.66	1.37
股份有限公司	621	2259.37	4.62	36382.75	3.00

续 表

企业所有制类型	企业数量(家)	主营收入(亿元)	比重(%)	平均主营收入(万元)	销售优势系数
私营企业	27415	23247.75	47.58	8479.94	0.70
其他企业	13	8.16	0.02	6280.41	0.52
港、澳、台商投资企业	3060	5700.86	11.67	18630.25	1.53
外商投资企业	2963	4858.34	9.94	16396.71	1.35

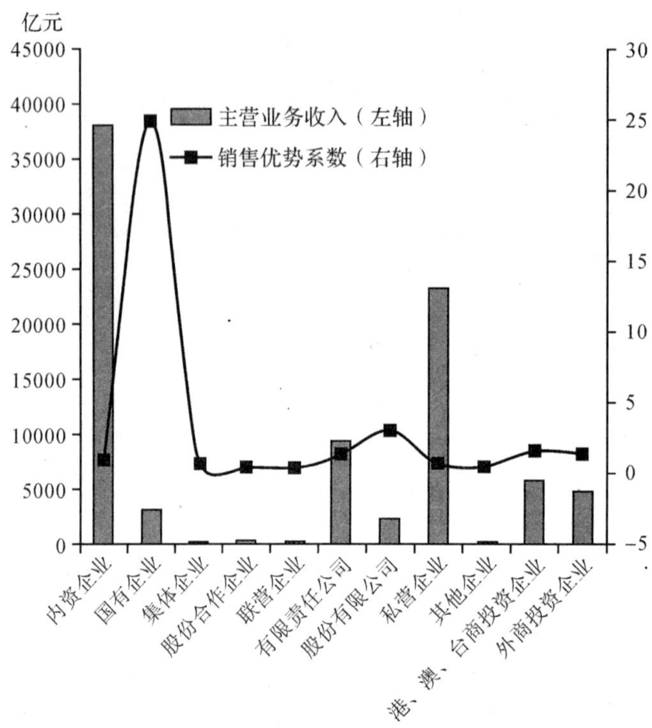

图 2-36　2014年浙江不同所有制中小企业主营业务收入情况

(三)利润分析

从不同所有制类型中小企业的经营情况看,2014年浙江中小微内资企业的总利润额为2008.37亿元(占浙江规上中小企业总利润额的77.76%,下同);港、澳、台商投资企业和外商投资企业的利润额分别为257.56亿元(9.97%)、316.91亿元(12.27%),可见内资企业是盈利的主体。

从平均利润指标看,2014年内资企业只有586.90万元,利润率为5.29%,利润优势系数为0.91;而港、澳、台商投资企业和外商投资企业平均利润分别为841.68万元和1069.57万元,利润率分别为4.52%、6.52%,利润优势系数分别为1.31和1.67。可见,浙江中小微内资企业在盈利能力方面与港、澳、台和外商投资企业相比尚存在较大差距,故而继续实施招商引资有利于其资产规模的扩大和盈利能力的提升(如图2-37、表2-46所示)。

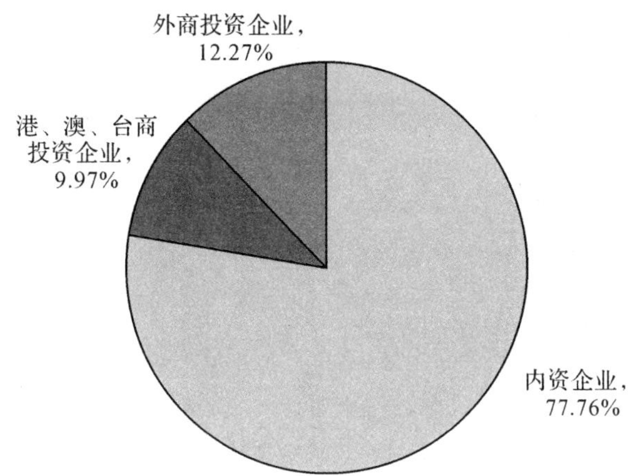

图 2-37　2014 年浙江不同所有制中小企业利润额分布

表 2-46　2014 年浙江不同所有制中小工业企业利润情况

企业所有制类型	企业数量（家）	利润额（亿元）	比重（%）	平均利润额（万元）	利润率（%）	利润优势系数
内资企业	34220	2008.37	77.76	586.90	5.24	0.91
国有企业	103	78.68	3.05	7638.93	2.53	11.90
集体企业	69	3.61	0.14	522.47	6.50	0.81
股份合作企业	335	9.10	0.35	271.52	5.31	0.42
联营企业	1	0.002	0.00	19.40	0.39	0.03
有限责任公司	5663	590.96	22.88	1043.54	6.26	1.63
股份有限公司	621	203.45	7.88	3276.11	9.00	5.10
私营企业	27415	1122.48	43.46	409.44	4.83	0.64
其他企业	13	0.10	0.00	78.31	1.25	0.12
港、澳、台商投资企业	3060	257.56	9.97	841.68	4.52	1.31
外商投资企业	2963	316.91	12.27	1069.57	6.52	1.67

在内资企业中，利润额最高的为私营企业，2014 年其实现利润额 1122.48 亿元（占浙江省全部规上中小企业利润额的 43.46%，下同）；其次为有限责任公司，其利润额为 590.96 亿元（22.88%）；再次为股份有限公司，其利润额为 203.45 亿元（7.88%）；国有企业的利润额也较高，2014 年为 78.68 亿元（3.05%）。

从内资企业中不同类型中小企业的平均利润情况来看，2014 年国有企业最高，其平均利润为 7638.93 万元，利润优势系数达 11.90；其次为股份有限公司，其平均利润为 3276.11 万元，利润优势系数为 5.10；再次为有限责任公司，其平均利润为 1043.54 万元，利润优势系数为 1.63。私营企业和集体企业的平均利润较低，分别为 409.44 万元和 522.47 万元，利润优势系数在 0.7 附近。2014 年股份合作企业平均利润只有 271.52 万元，优势系数为 0.42；

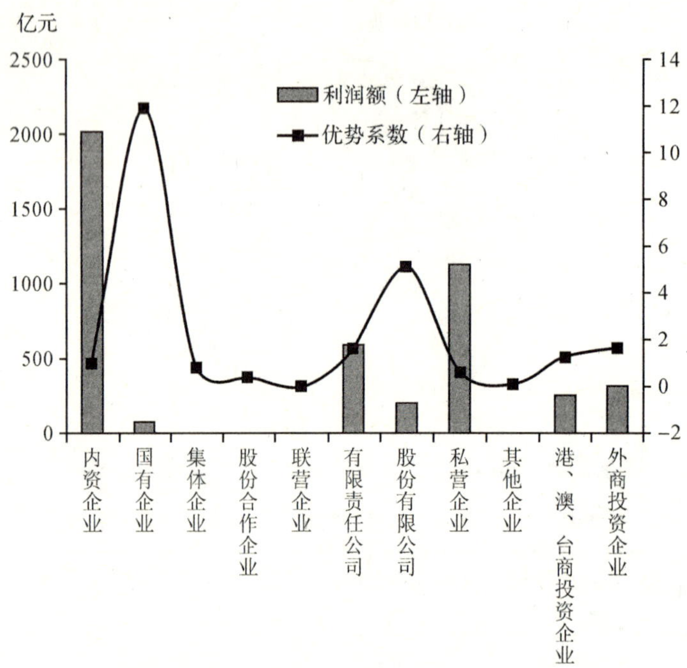

图 2-38 2014 年浙江不同所有制中小企业利润情况

联营企业的平均利润额最低，不足 20 万元，利润优势系数为 0.03，远远低于其他各类企业（如表 2-46、图 2-38 所示）。

三、不同所有制类型规上中小企业发展趋势分析

（一）企业数量变动趋势

2011 年统计口径变化，将规模以上的企业的统计标准提升到年营业收入 2000 万元及以上，这样 2000 万元以下的规下中小微企业未纳入统计范畴，致使 2011 年当年各类型中小微企业数量平均减少 35％以上。2012 年，浙江不同所有制类型的中小企业数量总体恢复增长，平均增长率近 15％；2013 年总体增速减缓，平均增长率降至 8.51％；2014 年总体增速继续放缓，平均增长率为 3.29％。其中，内资企业数量 2014 年增加 1568 家，同比增长 4.86％，总量达到 34220 家（占浙江规上中小企业总数的 85.03％，下同）；港、澳、台商投资企业减少 146 家，同比下降 4.55％，总量减少为 3060 家（7.60％）；外商投资企业减少了 157 家，同比下降了 5.03％，总量减少到 2963 家（7.36％）。同时，外资企业也是近 6 年来企业数量连续减少最多的类型，2009—2014 年平均减少了 9.19％，减幅高于同期内资企业和港、澳、台商投资企业。

内资企业中，2014 年企业数量增长最快的经济类型为私营企业，增加了 1344 家，同比增长 5.16％，总数为 27415 家（68.12％）；其次为股份有限公司和有限责任公司，共增加 258 家，两者合计同比平均增长 4.28％，数量合计为 6284 家（15.62％）；而国有企业、集体企业、股份合作企业和联营企业的数量有所减少，2014 年分别减少 9 家、6 家、1 家和 1 家，同比分

别降低 8.04%、8.00%、0.30%和 50%，总数分别为 103 家(0.26%)、69 家(0.17%)、335 家(0.83%)和 1 家(0.00%)。其中，集体企业连续 6 年递减，国有企业减幅较大，联营企业由 2013 年的 2 家减少为 2014 年的 1 家。总体上看，近年来私营企业数量最多，且近 2 年来所占比重有回升趋势；有限责任公司以及股份有限公司两种内资型企业的比重也有上升趋势(如表 2-47、表 2-48、图 2-39 所示)。

表 2-47　2009—2014 年浙江不同所有制中小工业企业数量变动趋势

单位：家

企业所有制类型	2009 年	2010 年	2011 年	2012 年	2013 年	2014 年
内资企业	50740	55097	27258	29466	32634	34220
国有企业	298	302	196	212	112	103
集体企业	379	333	126	111	75	69
股份合作企业	1304	946	284	327	336	335
联营企业	22	22	11	13	2	1
有限责任公司	6144	6261	4050	4467	5435	5663
股份有限公司	543	574	415	499	591	621
私营企业	41921	46647	22159	23805	26071	27415
其他企业	129	12	17	32	12	13
港、澳、台商投资公司	4242	4299	3200	3239	3206	3060
外商投资企业公司	4799	4743	3261	3199	3120	2963

表 2-48　2009—2014 年浙江不同所有制中小工业企业占比变化趋势

单位：%

企业所有制类型	2009 年	2010 年	2011 年	2012 年	2013 年	2014 年
内资企业	84.88	85.90	80.84	82.07	83.76	85.03
国有企业	0.50	0.47	0.58	0.59	0.29	0.26
集体企业	0.63	0.52	0.37	0.31	0.19	0.17
股份合作企业	2.18	1.47	0.84	0.91	0.86	0.83
联营企业	0.04	0.03	0.03	0.04	0.01	0.00
有限责任公司	10.28	9.76	12.01	12.44	13.95	14.07
股份有限公司	0.91	0.89	1.23	1.39	1.52	1.54
私营企业	70.12	72.73	65.72	66.30	66.92	68.12
其他企业	0.22	0.02	0.05	0.09	0.03	0.03
港、澳、台商投资公司	7.10	6.70	9.49	9.02	8.23	7.60
外商投资企业公司	8.03	7.39	9.67	8.91	8.01	7.36

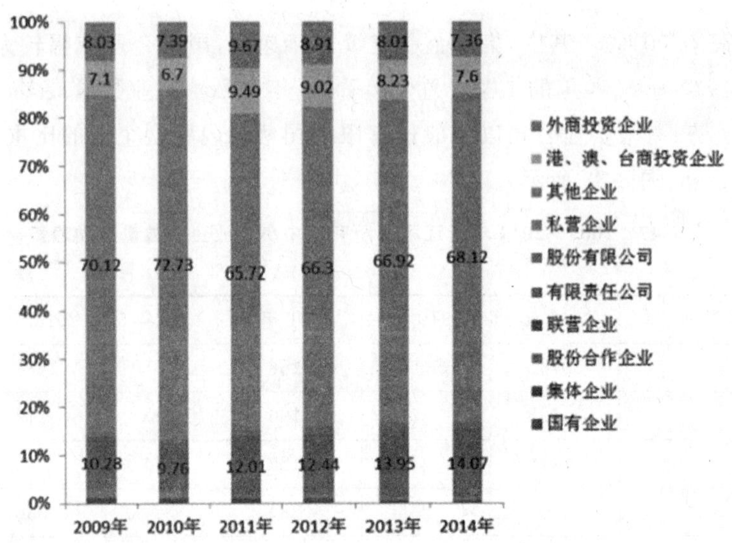

图 2-39　2009—2014 年浙江不同所有制中小工业企业占比变化趋势

(二)企业亏损变动趋势

从 2009—2014 年浙江不同所有制类型中小企业亏损情况来看,总体亏损企业数量和亏损率从 2009—2010 年呈下降趋势,2010—2013 年出现回升,2014 年又呈现下降趋势。三大所有制类型中,近 6 年内资企业平均每年亏损 3700 家(不考虑口径变化的影响),平均亏损率为 9.80%;港、澳、台商投资企业和外商投资企业分别平均每年亏损 685 家、762 家,平均亏损率分别为 19.41%、20.64%。可见,内资企业的亏损数量最多,外商投资企业的平均亏损率最高。

内资企业中,2009—2014 年亏损企业数量最多的所有制类型是私营企业,6 年间平均每年亏损企业达 2898 家,平均亏损率为 9.34%;其次是有限责任公司,平均每年亏损 655 家,平均亏损率为 12.30%;再次是股份合作企业和股份有限公司,平均每年亏损 97 家,平均亏损率为 8.62%;亏损企业数量较少的是国有企业、集体企业和联营企业,每年平均亏损 58 家,但由于企业数量基数较小,平均亏损率达 14.62%。总体看来,近几年来在浙江中小微企业中,私营企业的亏损企业数量最多,国有企业、有限责任公司、股份有限公司及联营企业的单体平均亏损率都较高(如表 2-49、表 2-50、图 2-40 所示)。

表 2-49　2009—2014 年浙江不同所有制中小企业亏损变化趋势

单位:家

企业所有制类型	2009 年	2010 年	2011 年	2012 年	2013 年	2014 年
内资企业	5645	4161	2328	3124	3514	3501
国有企业	102	64	30	33	8	3
集体企业	42	28	13	11	3	5

续　表

企业所有制类型	2009 年	2010 年	2011 年	2012 年	2013 年	2014 年
股份合作企业	99	43	19	24	24	18
联营企业	5	1	1	0	0	0
有限责任公司	821	626	467	589	724	703
股份有限公司	57	55	43	56	71	75
私营企业	4501	3342	1755	2410	2684	2695
其他企业	18	2	0	1	0	2
港、澳、台商投资公司	881	737	545	660	668	621
外商投资企业公司	1155	863	541	694	719	599

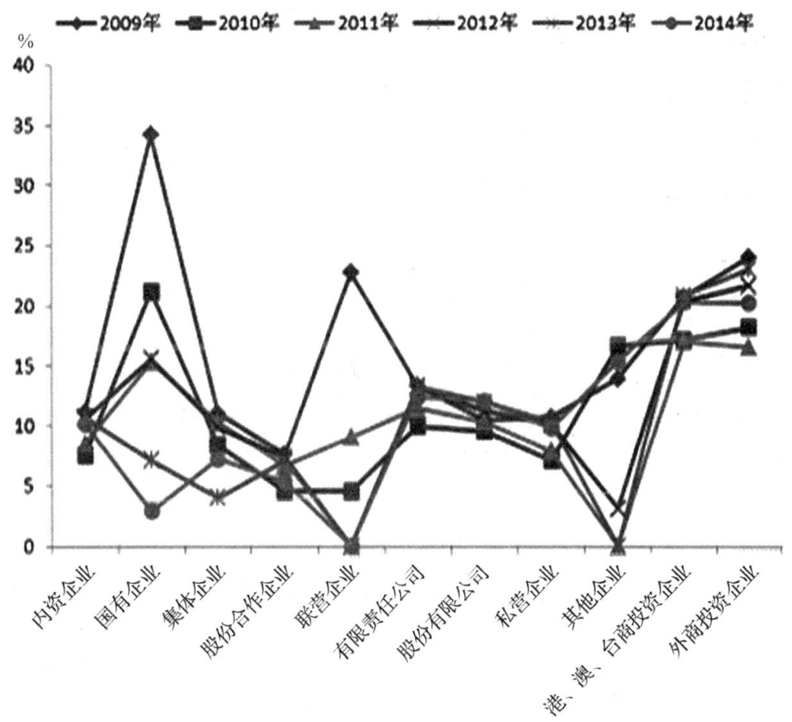

图 2-40　2009—2014 年浙江不同所有制中小工业企业亏损率变化趋势

表 2-50　2009—2014 年浙江不同所有制中小工业企业亏损率变化趋势

单位：%

企业所有制类型	2009 年	2010 年	2011 年	2012 年	2013 年	2014 年	2009—2014 年平均亏损率
内资企业	11.13	7.55	8.54	10.60	10.77	10.23	9.80
国有企业	34.23	21.19	15.31	15.57	7.14	2.91	16.06

续 表

企业所有制类型	2009年	2010年	2011年	2012年	2013年	2014年	2009—2014年平均亏损率
集体企业	11.08	8.41	10.32	9.91	4.00	7.25	8.50
股份合作企业	7.59	4.55	6.69	7.34	7.14	5.37	6.45
联营企业	22.73	4.55	9.09	0.00	0.00	0.00	6.06
有限责任公司	13.36	10.00	11.53	13.19	13.32	12.41	12.30
股份有限公司	10.50	9.58	10.36	11.22	12.01	12.08	10.96
私营企业	10.74	7.16	7.92	10.12	10.29	9.83	9.34
其他企业	13.95	16.67	0.00	3.13	0	15.38	8.19
港、澳、台商投资公司	20.77	17.14	17.03	20.38	20.84	20.29	19.41
外商投资企业公司	24.07	18.20	16.59	21.69	23.04	20.22	20.64

(三)企业资产变动趋势

从2009—2014年浙江省不同所有制类型中小企业的资产变动趋势来看,尽管由于统计口径的变化造成资产总额的波动,但总体上近6年来的资产总额仍为增加趋势。其中,内资企业的资产总额由2009年的24143.94亿元递增到2010年的29147.02亿元,2011年减少为25674.15亿元,2012年至2014年逐年递增至38029.48亿元且增幅逐渐上升,近6年的平均增速为9.51%(不考虑统计口径变化因素,下同),2010年增长率为20.72%,2014年增长率为12.78%,低于2012年的20.43%,高于2013年的9.05%,可见2014年内资企业资产总额的增长率有加快的趋势;港、澳、台商投资企业的资产总额由2009年的4411.68亿元递增到2014年的5884.63亿元,6年间的平均增速为5.93%;外商投资企业的资产总额由2009年的4642.65亿元增加到2010年的5233.38亿元,2011年减少为4877.89亿元,2012年增至5053.66亿元后,2013年继续增长至5112.9亿元,但2014年回落至4999.49亿元,近6年的平均增速为1.49%(如表2-51所示)。可见,内资企业资产总额的平均增速要高于港、澳、台商投资企业和外商投资企业。

表2-51 2009—2014年浙江不同所有制中小工业企业资产变化趋势

单位:亿元

企业所有制类型	2009年	2010年	2011年	2012年	2013年	2014年
内资企业	24143.94	29147.02	25674.15	30919.48	33718.99	38029.48
国有企业	1305.15	1470.15	1020.87	2518.48	546.89	2438.03
集体企业	112.81	110.37	75.70	68.44	39.38	41.55
股份合作企业	265.54	188.83	123.63	150.32	450.07	465.17
联营企业	19.23	20.32	9.27	31.57	0.58	0.16

续　表

企业所有制类型	2009 年	2010 年	2011 年	2012 年	2013 年	2014 年
有限责任公司	6394.70	7271.79	6372.73	7909.09	10210.36	11132.09
股份有限公司	1837.31	2403.28	1722.37	2180.97	2622.55	3154.71
私营企业	14120.55	17680.32	16335.95	18030.10	19844.87	20791.17
其他企业	88.65	1.95	13.64	30.50	4.31	6.60
港、澳、台商投资公司	4411.68	5087.92	5099.26	5433.86	5767.06	5884.63
外商投资企业公司	4642.65	5233.38	4877.99	5053.66	5112.85	4999.49

内资企业中，2009—2014 年资产总额增长显著的所有制类型是国有企业，近 5 年平均增长率为 13.31%；其次资产总额增长较快的是股份合作企业、有限责任公司、股份有限公司，6 年间平均增长率分别为 11.87%、11.73%、11.42%，其中国有企业 2014 年的同比增幅较大；平均减幅较大的是集体企业和联营企业，6 年间的资产总额平均每年减少了 18.11%和 61.63%，联营企业 2013 年同比降幅最大(如图 2-41 所示)。

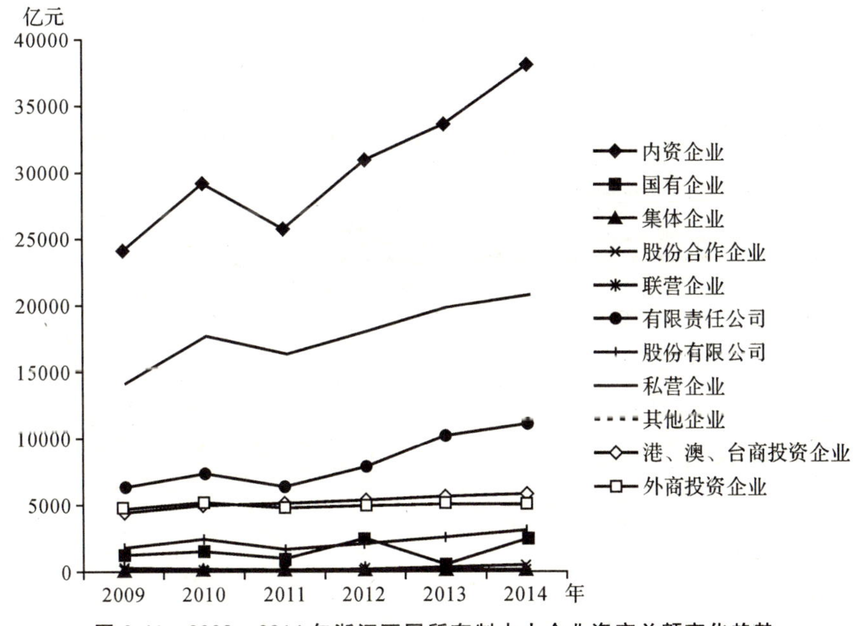

图 2-41　2009—2014 年浙江不同所有制中小企业资产总额变化趋势

(四)企业营业收入变动趋势

从 2009—2014 年浙江省不同所有制中小企业的主营业务收入变动趋势来看，尽管 2009 年和 2011 年因国际金融危机和企业数量的减少带来了营业收入方面的较大下滑，但近 6 年来的主营业务收入仍呈增加趋势。其中，内资企业近 5 年的平均增速为 9.78%；港、澳、台商投资企业和外商投资企业近 5 年的平均增速分别为 6.82%和 1.71%。可见，内资企业主营业务收入增长速度稍高于港、澳、台商投资企业，外商投资企业的平均增长率相对较低(如表

2-52 所示)。

内资企业中,2009—2014 年主营业务收入增长较快的是国有企业、有限责任公司和私营企业,平均增长率分别为 18.46%、12.75%和 8.53%;减幅较大的是联营企业、集体企业和股份合作企业,平均每年减少了 48.96%、14.48%和 10.89%,其中集体企业大部分年限为负增长,与 2013 年相比,联营企业,港、澳、台商投资企业和外商投资企业主营业务收入随企业数量的变化出现下降趋势(如图 2-42 所示)。

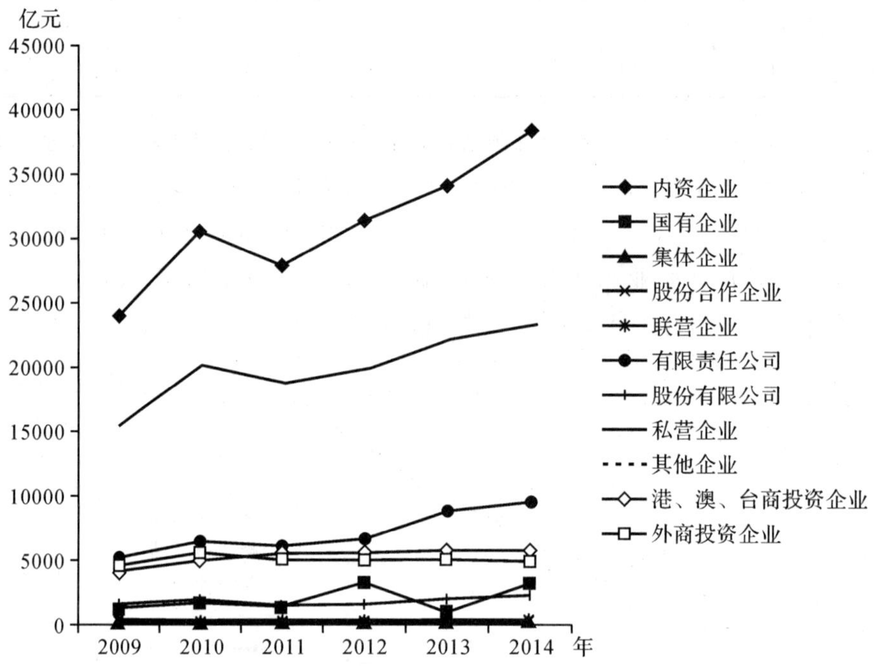

图 2-42 2009—2014 年浙江不同所有制中小工业企业主营业务收入变化趋势

表 2-52 2009—2014 年浙江不同所有制中小工业企业主营业务收入的变化趋势

单位:亿元,%

企业所有制类型	2009 年	2010 年	2011 年	2012 年	2013 年	2014 年	2010 年增长率	2012 年增长率	2013 年增长率	2014 年增长率
内资企业	24019.57	30436.63	27852.84	31389.33	34077.28	38299.53	26.72	12.70	8.56	12.39
国有企业	1333.22	1649.72	1419.62	3134.87	1020.87	3109.67	23.74	120.82	−67.44	204.61
集体企业	121.36	121.45	99.43	94.10	51.86	55.50	0.08	−5.36	−44.89	7.02
股份合作企业	304.63	218.65	149.00	158.34	166.52	171.19	−28.23	6.27	5.17	2.80
联营企业	14.44	17.94	10.44	13.69	0.76	0.50	24.31	31.18	−94.45	−34.21
有限责任公司	5185.41	6411.50	6064.72	6627.09	8788.66	9447.39	23.64	9.27	32.62	7.50
股份有限公司	1538.38	1936.34	1380.69	1540.33	1951.07	2259.37	25.87	11.56	26.67	15.80

续　表

企业所有制类型	2009年	2010年	2011年	2012年	2013年	2014年	2010年增长率	2012年增长率	2013年增长率	2014年增长率
私营企业	15442.77	20078.69	18715.62	19787.34	22091.26	23247.75	30.02	5.73	11.64	5.24
其他企业	79.37	2.34	13.33	33.57	6.27	8.16	−97.05	151.82	−81.32	30.14
港、澳、台商投资公司	4098.07	5023.96	5463.62	5552.45	5708.67	5700.86	22.59	1.63	2.81	−0.14
外商投资企业公司	4463.52	5502.35	5037.64	4971.28	5014.08	4858.34	23.27	−1.32	0.86	−3.11

注:从2011年起规模以上工业企业的统计标准由原来的年营业收入500万元以上提升到2000万元以上。

(五)企业利润变动趋势

从2009—2014年浙江省不同所有制中小企业的利润指标变动趋势来看,2011年因统计口径变化使得企业数量减少,各项指标下滑,但纵观近6年来的利润总额情况仍呈增加趋势。

其中,内资企业的利润总额由2009年的1163.75亿元递增到2010年的1768.31亿元,2011年减少为1539.98亿元,随后经过3年的连续增长,2014年的利润总额为2008.37亿元,近6年的平均增速为11.53%(不考虑统计口径变化因素,下同);外商投资企业的利润总额由2009年的292.36亿元递增到2010年的435.10亿元,2012年递减至274.04亿元,2014年又增加至316.91亿元,近6年的平均增速为1.63%;港、澳、台商投资企业的利润总额由2009年的231.77亿元递增到2010年的339.34亿元,2012年递减至219.11亿元,2014年增加至257.56亿元,近6年的平均增速为2.13%。可见,近6年来内资企业利润总额的平均增速超过了港、澳、台商投资企业和外商投资企业,表明内资企业的盈利能力在逐步提高。

内资企业中,2009—2014年利润总额增长显著的是有限责任公司,平均增长率达14.95%;其次利润总额增长较快的是私营企业和股份有限公司,利润总额平均增长率分别为11.21%和8.99%;平均增速减幅最大的是联营企业,年平均增长为−63.76%,平均增速减幅较大的是集体企业,为−13.07%,平均增速减幅较小的是股份合作企业,不考虑统计口径的变化,年平均增长率为−5.82%。

表2-53　2009—2014年浙江不同所有制中小工业企业利润指标变化趋势

单位:亿元,%

企业所有制类型	2009年利润	2009年利润率	2010年利润	2010年利润率	2011年利润	2011年利润率	2012年利润	2012年利润率	2013年利润	2013年利润率	2014年利润	2014年利润率
内资企业	1163.75	4.85	1768.31	5.81	1539.98	5.53	1612.38	5.14	1819.27	5.34	2008.37	5.24
国有企业	52.84	3.96	104.53	6.34	52.02	3.66	118.84	3.79	21.56	2.11	78.68	2.53
集体企业	7.27	5.99	8.34	6.86	7.23	7.27	6.53	6.94	3.052	5.89	3.61	6.50

续 表

企业所有制类型	2009年利润	2009年利润率	2010年利润	2010年利润率	2011年利润	2011年利润率	2012年利润	2012年利润率	2013年利润	2013年利润率	2014年利润	2014年利润率
股份合作企业	12.28	4.03	9.85	4.50	6.00	4.03	6.22	3.93	11.96	7.18	9.10	5.31
联营企业	0.32	2.20	1.29	7.20	0.19	1.80	0.92	6.69	0.003	0.40	0.002	0.39
有限责任公司	294.49	5.68	398.25	6.21	358.81	5.92	380.96	5.75	532.25	6.06	590.96	6.26
股份有限公司	132.28	8.60	184.94	9.55	126.85	9.19	140.73	9.14	168.97	8.66	203.45	9.00
私营企业	660.02	4.27	1061.16	5.29	987.22	5.27	956.29	4.83	1081.31	4.89	1122.48	4.83
其他企业	4.25	5.36	−0.04	−1.88	1.66	12.47	1.92	5.72	0.16	2.59	0.10	1.25
港、澳、台商投资公司	231.77	5.66	339.34	6.75	294.77	5.40	219.11	3.95	265.16	4.64	257.56	4.52
外商投资企业公司	292.36	6.55	435.10	7.91	316.42	6.28	274.04	5.51	314.91	6.28	316.91	6.52

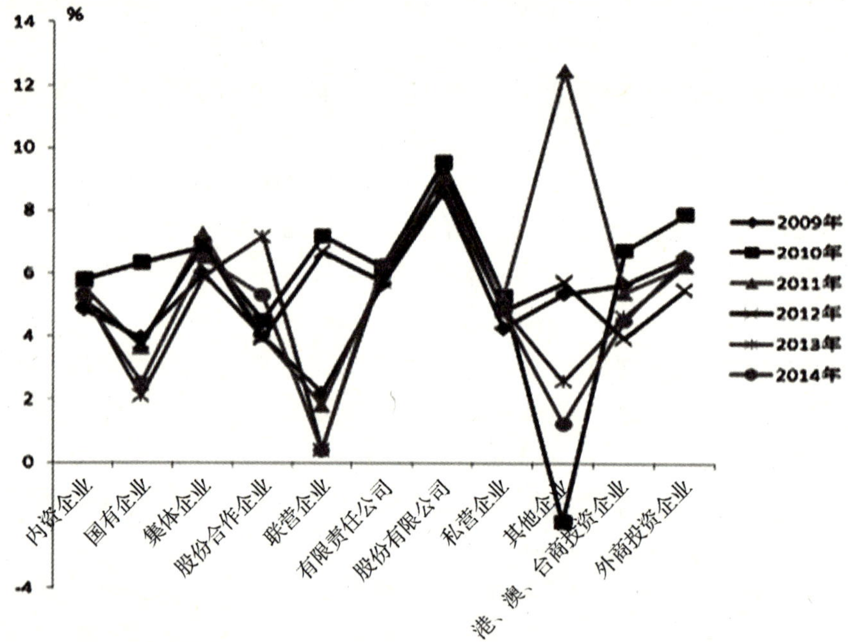

图 2-43　2009—2014 年浙江不同所有制中小工业企业利润率变化趋势

进一步考察利润率指标，结果显示，2009—2014 年浙江省不同所有制中小企业 2009—2010 年利润率几乎都有明显上升，2011—2012 年利润率有所下滑，2013 年以后开始回升。其中，内资企业的利润率由 2009 年的 4.85％递增至 2010 年的 5.81％，2012 年递减至 5.14％，2014 年则又增至 5.24％；外商投资企业的利润率由 2009 年的 6.55％递增到 2010 年的 7.91％，2012 年递减至 5.51％，2014 年增至 6.52％；港、澳、台商投资企业的利润率由 2009 年的 5.66％递增到 2010 年的 6.75％，2012 年递减至 3.95％，2014 年增至 4.52％(如表 2-53、图 2-43 所示)。可见，从利润率来看，近 6 年来内资企业的平均利润率低于外商投资企业，略高于港、澳、台商投资企业。

内资企业中，2009—2014年利润率最高的是股份有限公司（平均利润率为9.02%，下同）；其次较高的为集体企业（6.58%）、有限责任公司（5.98%）、股份合作企业（4.83%）、私营企业（4.09%）和国有企业（3.73%）；平均利润率最低的是联营企业（3.11%）。从总体上看，浙江内资企业在成本控制及盈利能力方面都有进一步提升的空间。

第三章
浙江省规下小微企业上规升级与发展情况

浙江省中小企业量大面广，占全省企业的99%以上，提供了主要的就业岗位，创造了大部分生产总值，是经济社会发展的关键支撑、优势所在和活力之源。截止2014年底，全省工业中小微企业共有25.74万家，占全部工业企业的99.77%。其中，规上工业中小微企业40243家，占全部工业企业的15.6%，规下工业企业21.72万家，占全部工业企业的84.17%。小微企业是建设工业强省、推动企业转型升级的关键所在，也是难点所在，加强“小升规”工作，即推动规下小微企业转型升级为规上企业，是深入贯彻科学发展观的内在要求，是进一步落实国发〔2012〕14号文件的重要举措，对于推动市场主体转型升级、发展规模经济、推动浙江省经济持续健康发展具有十分重要的意义。

第一节　2013年“小升规”企业发展情况

近年来，浙江省委、省政府做出了“个转企、小升规、规改股、股上市”重要决策部署。为此，省经信委扎实推进“小升规”工作，并取得了阶段性成效。2013年和2014年分别实现“小升规”企业4588家和4451家，2年累计9039家，完成3年万家目标任务的90.4%。从2013年“小升规”企业2014年运行情况来看，“小升规”企业已经成为推动浙江省经济稳增长、调结构、促转型的生力军和新动力。主要体现在以下几个方面。

一、2013年度“小升规”企业2014年度运行发展情况

根据省统计局对2013年度“小升规”企业在2014年度运行发展的统计数据分析，“小升规”企业在2014年度产值指标、效益指标、创新指标和社会贡献指标等方面均大幅高于全部规上企业平均水平，“小升规”企业总体发展迅猛，增长动力强劲，呈现出又好又快的良好发展态势。

(一)“小升规”企业生产销售快速增长

2013年“小升规”企业在升规第一年(2014年)实现工业总产值3092.1亿元，同比增长34.01%，较全部规上企业高27.59个百分点；实现出口交货值500.4亿元，同比增长35.42%，较全部规上企业高30.21个百分点(如表3-1所示)。

表 3-1 “小升规”企业与全部规上企业 2014 年产值指标比较

产值指标	全部规上企业		“小升规”企业		
	实绩(亿元)	同比增幅(%)	实绩(亿元)	同比增幅(%)	增幅之比(倍)
工业总产值	66501.33	6.42	3092.1	34.03	5.3
工业销售产值	64391.83	5.92	2995.7	32.61	5.5
出口交货值	12084.53	5.21	500.4	35.43	6.8

(二)“小升规”企业效益增长显著

2014 年“小升规”企业资产总额达到 3041.48 亿元,同比增长 19.86%;主营业务收入达到 2967.96 亿元,同比增长 31.15%;实现利税总额 200.82 万元,同比增长 43.28%;实现利润总额 122.41 亿元,同比增长 49.83%。而同期全部规上企业资产总额、主营业务收入、利税总额和利润总额的增幅仅为 4.27%、4.30%、5.19%和 5.07%,“小升规”企业 2014 年度在资产总额、主营业务收入、利税总额和利润总额 4 个指标的增幅大大高于全部规上企业,分别是全部规上企业增幅的 4.7 倍、7.2 倍、8.3 倍和 9.8 倍,效益指标增长显著,经济效益表现良好(如表 3-2 所示)。

表 3-2 “小升规”企业与全部规上企业 2014 年效益指标比较

效益指标	全部规上企业		“小升规”企业		
	实绩(亿元)	同比增幅(%)	实绩(亿元)	同比增幅(%)	增幅之比(倍)
资产总额	63198.59	4.27	3041.48	19.86	4.7
主营业务收入	63237.01	4.30	2967.96	31.15	7.2
利税总额	5968.90	5.19	200.82	43.28	8.3
利润总额	3543.72	5.07	122.41	49.83	9.8

(三)“小升规”企业科技创新和社会贡献突出

2014 年“小升规”企业实现新产品产值 921.4 亿元,同比增长 70.5%;科技活动经费支出总额达 38 亿元,同比增长 42.43%。而同期全部规上企业新产品产值、科技活动经费支出的增幅仅为 21.56%、7.62%,“小升规”企业 2014 年度的新产品产值、科技活动经费支出增幅是全部规上企业的 3.3 倍和 5.6 倍,反映出“小升规”企业重视科技创新活动,富有创新活力,可持续增长能力强。2014 年“小升规”企业吸纳就业人数 43.34 万人,同比增长 9.46%,而同期全部规上企业吸纳就业人数却减少,增幅为－2.3%,“小升规”企业吸纳就业人数的增幅比全部规上企业高出 11.76 个百分点(如表 3-3 所示)。

表 3-3 “小升规”企业与全部规上企业 2014 年科技创新和社会贡献指标比较

	全部规上企业		“小升规”企业		
	实绩(亿元)	同比增幅(%)	实绩(亿元)	同比增幅(%)	增幅之比(倍)
新产品产值	19415.35	21.56	921.4	70.50	3.3
科技活动经费支出	839.31	7.62	38.0	42.43	5.6
吸纳就业人数	695.85	−2.3	43.34	9.46	—

(四)“小升规”企业产业结构调整优化明显

2014 年“小升规”企业覆盖了常规统计 38 个行业类别的 34 个,从大类来看制造业企业共有 4549 家,占 99.1%。从制造业内部细分行业看,“小升规”企业集中分布在纺织业、通用设备制造业、电气机械和器材制造业、金属制品业、汽车制造业、专用设备制造业等十大优势制造行业,共有 3252 家,占 70.89%,其新产品产值的增长率均超过 100%。其中装备制造业企业共 1840 家,占 40.1%,比全部规上企业中装备制造业的比重高 0.8 个百分点。值得一提的是,从产值指标和效益指标增长率综合排名看,废弃资源综合利用业实现快速发展,增幅超过了 400%,显示出环保产业正呈现爆发性增长势头。此外,“小升规”企业中一大批科技型、创新型和成长型企业,主营业务收入增长达 100%,甚至 150%以上,利润率达 20%,甚至 25%以上,发展速度快、经济效益好,发展势头强劲。

(五)“小升规”企业所有制结构更趋优化

“小升规”企业中私营企业最多,为 3392 家,占 73.9%,这符合浙江省草根经济、民营经济发达的省情。但是,相比于现有规模以上工业企业,“小升规”企业所有制结构有所改善,有限制责任公司和股份有限公司的比重有所提高。“小升规”企业中有限责任公司为 696 家,占 15.1%;股份有限公司 41 家,占 0.9%;两者合计占比为 16.0%,比升规当年全部规模以上企业中有限责任公司和股份有限公司的比重高 1.9 个百分点,其中有限制责任公司比重比全部规模以上企业高 2.6 个百分点。

二、下阶段工作思路和建议

(一)进一步推进“小升规”政策的贯彻落实

根据国务院关于税收等优惠政策相关事项的通知(国发〔2015〕25 号)要求和精神,各地要继续贯彻落实《浙江省人民政府办公厅关于促进小微企业转型升级为规模以上企业的意见》(浙政办发〔2013〕118 号)以及各地已经出台的“小升规”扶持政策,抓紧兑现税费优惠、社保减免、财政扶持等方面的政策措施,让“小升规”企业实实在在得到实惠,吸引更多规下小微企业积极主动升规。各地要按照资金使用办法,用好已下拨的省级中小企业专项资金。

(二)建立“小升规”企业连续跟踪服务机制

要以全省小微企业培育库为载体,各市、县(市、区)建立以 2013—2015 年“小升规”为主体的小微企业培育库，进一步优化升级培育监测系统功能，特别是拓展对企业的培育和服务功能，把培育监测平台逐步打造成集数据库、培育库、信用库、融资库和项目库等“五库”合一的多功能的小微企业综合服务平台。经验表明，“升规”前后三五年是小微企业成长的黄金阶段，对2013年、2014年、2015年“小升规”企业，连续3年跟踪服务，切实做到扶上马，送一程，促进创业成长。

（三）工作重心从抓“升规”转到“抓升级”上来

“升规”是“小升规”工作和企业发展的阶段性目标，而“升级”才是“小升规”工作最根本目的和企业发展的长期性目标。把“小升规”工作重心从抓“升规”转到“抓升级”上来，即求量的扩大转到求质的提升上来。结合浙江省实际，注重研究探索小微企业转型升级的主要路径及细分行业的具体化路径，树立典型示范，组织编写案例，召开观摩和现场交流会，开展媒体宣传，让企业可学习、可借鉴、可推广。

（四）加强“小升规”工作督促检查和指导服务

2015年是“小升规”3年万家的收官之年，完成3年总任务应该没有问题，但要完成今年3000家的目标任务难度加大。市县普遍反映，由于前2年工作力度较大，该升规的基本都升规了，该“抓”的也基本都“抓”上来了，挖潜余地缩小，完成目标任务难度加大。要发挥省促进中小企业发展工作领导小组办公室的作用，对“小升规”政策文件贯彻落实和工作开展情况进行督查，深入掌握各地“小升规”工作进度，切实推动全省“小升规”工作。

（五）制订2015—2017年“小升规”行动计划

贯彻落实《浙江省人民政府办公厅关于印发浙江省“小微企业三年成长计划”（2015—2017年）的通知》（浙政办发〔2015〕62号），研究制订新一轮“小升规”3年行动计划，明确目标任务和工作举措，实施一系列专项服务行动，探索建立“小升规”工作长效机制，加快小微企业转型升级。

（六）开展“小升规”3年工作总结奖励

建议省政府对市、县（市、区）开展3年“小升规”工作总体开展情况进行考核，评选一批工作优秀的市、县（市、区）和先进个人。并建议省政府参照“个转企”奖励，对“小升规”优秀市、县（市、区）进行财政奖励。评选5个优秀市，每个奖励800万元—1000万元；评选15—20个优秀县（市、区），每个奖励300万元—500万元。

第二节 2014年“小升规”企业发展情况

按照省委、省政府的统一部署，省经信委深入贯彻落实《浙江省人民政府办公厅关于促进小微企业转型升级为规模以上企业的意见》（浙政办发〔2013〕118号），扎实有效推进“小升规”工作。根据省统计部门提供的相关数据，结合省经信委小微企业培育监测平台的调查问卷，对2014年新升规企业分析显示，2015上半年2014年新升规企业发展势头良好、增长动力强劲，发展态势喜人，成为推动浙江省经济稳增长、调结构、促转型的一支重要新生力量。

一、2014年新升规企业构成概况

从注册类型看，2014年新升规企业以私营企业为主，占比为79.3%，有限责任公司，外商投资企业和港、澳、台商投资企业的占比分别达到11.6%、3.6%和3.5%，而国有企业、集体企业、股份合作企业、股份有限公司的占比较少，均未超过1%。从企业规模来看，2014年新升规企业均为小型企业。从地区分布来看，企业主要分布在温州市、宁波市、嘉兴市、杭州市、绍兴市5个市，占比分别为20.8%、18.5%、12.6%、10.7%和10%，占总数的72.6%。从行业分布来看，这批新升规企业以电气机械和器材制造业（11.1%）、纺织业（10.1%）、通用设备制造业（9.7%）3个行业为主，约占总数的1/3。

二、生产形势良好，企业产值快速增长

2015年上半年，2014年新升规企业实现工业总产值918.12亿元，同比增长52.6%；实现工业销售产值887.19亿元，同比增长51.4%；实现出口交货值151.26亿元，同比增长46.4%。而全部规上企业工业总产值、销售产值和出口交货值的增幅分别仅为2.0%、1.5%和−1.8%。2014年新升规企业工业总产值、销售产值和出口交货值这3项指标的增速均远高于全部规模以上工业企业，分别高出50.6、49.9和48.2个百分点（如表3-4所示）。

表3-4 2014年新升规企业与全部规上企业产值指标比较

产值指标	工业总产值		工业销售产值		出口交货值	
	实绩（亿元）	同比增幅（%）	实绩（亿元）	同比增幅（%）	实绩（亿元）	同比增幅（%）
全部规上企业	31254.22	2.0	30091.82	1.5	5567.22	−1.8
2014年新升规企业	918.12	52.6	887.19	51.4	151.26	46.4
增幅之差（百分点）	50.6		49.9		48.2	

据省经信委小微企业培育监测平台调查监测显示，2014年新升规企业认为当前生产经营总体发展情况比之前好的企业占比为14.7%，较全部调查企业高4.4个百分点；认为生产经营总体发展情况比之前坏的企业占比为12.7%，较全部调查企业低2.0个百分点。从订单情况看，2014年新升规企业国内订单较上月增加的占比为11.2%，比全部调查企业高2.3个百分点。从产品产量变化情况看，2014年新升规企业生产量增加的企业占比为11.2%，比全部调查企业高2.8个百分点。

三、产品附加值提高，企业效益实现高速增长

上半年，2014年新升规企业实现主营业务收入、利税总额和利润总额分别为870.82亿

元、37.33 亿元和 11.62 亿元，同比分别增长 44.6%、111.8%和 520.4%。而全部规上企业主营业务收入、利税总额和利润总额的增幅仅为 0.2%、10.0%和 7.9%。2014 年新升规企业主营业务收入、利税总额和利润总额的增幅要远远高于全部规上企业，分别高出 44.4、101.8 和 512.5 个百分点。省经信委委小微企业培育监测平台调查监测显示，2014 年新升规企业净利润同比增加的企业占比为 15.7%，较全部调查企业高 4.6 个百分点。由此可看出，2014 年新升规企业 2015 年上半年综合经济效益指标增长显著，产品附加值得到显著提高，企业盈利能力大大增强（如表 3-5 所示）。

表 3-5 2014 年新升规企业与全部规上企业效益指标比较

效益指标	主营业务收入		利税总额		利润总额	
	实绩（亿元）	同比增幅（%）	实绩（亿元）	同比增幅（%）	实绩（亿元）	同比增幅（%）
全部规上企业	29297.04	0.2	2883.85	10.0	1664.99	7.9
2014 年新上规企业	870.82	44.6	37.33	111.8	11.62	520.4
增幅之差（百分点）	44.4		101.8		512.5	

四、科技创新较为突出，可持续发展能力增强

2014 年上半年新升规企业实现新产品产值达 194.32 亿元，同比增加 113.4%；科技活动经费支出达 5.25 亿元，同比增加 86.3%。而全部规上企业的新产品产值和科技活动经费支出增幅为 15.0%和 5.9%。2014 年度新升规企业新产品产值和科技活动经费支出的增幅要远高于全部规上企业，分别高出 98.4 和 80.4 个百分点。由此看出，2014 年新升规企业是浙江省工业企业科技投入和科技创新的重要组成部分。分地区来看，新产品产值增长速度最快的为舟山市、温州市、湖州市，增速分别为 500%、219%和 191.2%（如表 3-6 所示）。

表 3-6 2014 年新升规企业与全部规上企业科技创新指标比较

科创指标	新产品产值		科技活动经费支出	
	实绩（亿元）	同比增幅（%）	实绩（亿元）	同比增幅（%）
全部规上企业	9217.15	15.0	348.23	5.9
2014 年新上规企业	194.32	113.4	5.25	86.3
增幅之差（百分点）	98.4		80.4	

五、总体看好发展趋势，企业发展信心更足

省经信委小微企业培育监测平台调查监测显示，2014 年新升规企业对下阶段企业发展

的总体预测，包括宏观环境变化情况、行业发展前景、本企业发展前景等方面看好的企业占比为23.8%，较全部调查企业高出7.5个百分点；不看好的企业占比为9.3%，比全部调查企业低4.4个百分点。由此看出，2014年新升规企业对下阶段形势的判断比其他企业更乐观，总体看好发展趋势，发展信心更足。

第三节 工业企业规上转规下现象探析

一、2013 年全省工业企业规上转规下总体情况

(一)2013 年全省规上企业数量变动情况

2013年“小升规”企业4588家，同时从规上转规下企业2121家，净增升规企业2467家(不含当年新投产企业，下同)。从11个市看，净增升规企业200家以上的有金华市(570家)、绍兴市(348家)、宁波市(331家)、台州市(314家)、嘉兴市(288家)和杭州市(270家)等6个市。从县(市、区)看，净增升规企业100家以上有诸暨市(172家)、永康市(139家)、温岭市(123家)、桐乡市(119家)、义乌市(113家)、萧山区(103家)、余杭区(101家)等7个县市区，净增升规企业50—99家之间的有11个县市区(如表3-7、表3-8所示)。

表 3-7 2013 年全省 11 市规上企业变动情况表

	新升规数(家)	规转下数(家)	净增数(家)	退出系数
合计	4588	2121	2467	0.46
杭州市	661	391	270	0.59
宁波市	703	372	331	0.53
温州市	537	352	185	0.66
嘉兴市	496	208	288	0.42
湖州市	229	149	80	0.65
绍兴市	583	235	348	0.40
金华市	674	104	570	0.15
衢州市	80	60	20	0.75
舟山市	31	9	22	0.29
台州市	485	171	314	0.35
丽水市	109	70	39	0.64

注：1. 数据来源于省经济普查中心目录库。
2. 规上企业退出系数是规转下企业数量除以新上规企业数量。

表 3-8　2013 年县(市、区)净增规上企业 50 家以上情况表

县名	新上规数(家)	规转下数(家)	净增数(家)
诸暨市	213	41	172
永康市	155	16	139
温岭市	162	39	123
桐乡市	140	21	119
义乌市	140	27	113
萧山区	227	124	103
余杭区	176	75	101
慈溪市	169	70	99
瓯海区	112	25	87
余姚市	120	38	82
东阳市	80	13	77
玉环县	112	42	70
浦江县	65	1	64
鄞州区	153	89	64
兰溪市	78	15	63
嵊州市	75	14	61
婺城区	65	10	55
海宁市	128	77	51

(二)规上转规下企业地区分布情况

分地市看，下规企业绝对数量超过 200 家的有杭州市(391)、宁波市(372)、温州市(352)、绍兴市(235)、嘉兴市(288)共 5 个市，其中杭州市、宁波市、温州市超过 300 家。规上企业退出系数高于全省平均系数(0.46)的有衢州市(0.75)、温州市(0.66)、湖州市(0.65)、丽水市(0.64)、杭州市(0.59)和宁波市(0.53)共 6 个市，金华市(0.15)、舟山市(0.29)、台州市(0.35)、绍兴市(0.40)、嘉兴市(0.42)5 个市低于平均系数(如表 3-7 所示)。从县(市、区)看，有 19 个县(市、区)下规企业数量超过 20 家，其中萧山区下规企业最多，为 124 家；鄞州区、柯桥区、海宁市、余杭区、乐清市、慈溪市下规企业超过 70 家。有 40 个县(市、区)规上企业退出系数低于全省平均系数，有 50 个县市区高于全省平均系数，其中 3 个县规上企业零增长，松阳县、瑞安市等 9 个县(市、区)下规企业多于新上规企业，出现负增长(如表 3-9、3-10所示)。

表3-9　2013年县(市、区)净增规上20家以上分布情况表

县(市、区)	新上规数(家)	规转下数(家)	净增数(家)	退出系数
诸暨市	213	41	172	0.19
永康市	155	16	139	0.10
温岭市	162	39	123	0.24
桐乡市	140	21	119	0.15
义乌市	140	27	113	0.19
萧山区	227	124	103	0.54
余杭区	176	75	101	0.43
慈溪市	169	70	99	0.41
瓯海区	112	25	87	0.22
余姚市	120	38	82	0.32
玉环县	112	42	70	0.38
东阳市	80	13	67	0.16
浦江县	65	1	64	0.02
鄞州区	153	89	64	0.58
兰溪市	78	15	63	0.19
嵊州市	75	14	61	0.19
婺城区	65	10	55	0.15
海宁市	128	77	51	0.60
乐清市	119	71	48	0.60
柯桥区	129	84	45	0.65
武义县	54	11	43	0.20
黄岩区	57	15	42	0.26
上虞区	73	33	40	0.45
南湖区	45	7	38	0.16
苍南县	42	5	37	0.12
吴兴区	43	5	37	0.12
秀洲区	53	17	36	0.32
镇海区	58	32	26	0.55
路桥区	46	11	35	0.24

续 表

县(市、区)	新上规数(家)	规转下数(家)	净增数(家)	退出系数
象山县	47	22	25	0.47
鹿城区	49	27	22	0.55
临安市	47	25	22	0.53

表 3-10 2013 年县(市、区)净增规上企业 20 家以下分布情况表

县(市、区)	新上规数(家)	规转下数(家)	净增数(家)	退出系数
越城区	54	35	19	0.65
仙居县	20	1	19	0.05
江北区	25	6	19	0.24
金东区	25	6	19	0.24
北仑区	50	32	18	0.64
定海区	20	2	18	0.11
缙云县	30	12	18	0.40
江干区	33	16	17	0.48
嘉善县	54	37	17	0.69
德清县	57	41	16	0.72
平湖市	42	26	16	0.62
青田县	26	10	16	0.38
海盐县	38	23	15	0.61
安吉县	39	26	13	0.67
新昌县	39	26	13	0.67
龙泉市	15	2	13	0.13
富阳区	66	53	13	0.80
临海市	31	19	12	0.62
滨江区	15	3	12	0.20
宁海县	36	25	11	0.69
龙游县	18	9	9	0.50
云和县	9	0	9	0.00
南浔区	38	30	8	0.79
柯城区	12	3	8	0.25
椒江区	34	27	7	0.79

续　表

县(市、区)	新上规数(家)	规转下数(家)	净增数(家)	退出系数
磐安县	12	5	7	0.42
庆元县	8	1	7	0.13
龙湾区	77	70	7	0.91
江山市	18	12	6	0.67
平阳县	40	34	6	0.85
下城区	6	0	6	0.00
长兴县	52	47	5	0.90
桐庐县	32	27	5	0.84
三门县	19	11	4	0.58
洞头县	4	0	4	0.00
普陀区	7	4	3	0.57
常山县	11	8	3	0.73
天台县	9	6	3	0.67
淳安县	9	7	2	0.78
泰顺县	2	0	2	0.00
西湖区	19	18	1	0.95
莲都区	16	15	1	0.94
拱墅区	14	13	1	0.93
嵊泗县	1	0	1	0.00
上城区	1	0	1	0.00
岱山县	4	3	1	0.75
景宁县	1	1	0	1.00
开化县	7	7	0	1.00
永嘉县	43	43	0	1.00
奉化市	43	46	−3	1.07
遂昌县	2	5	−3	2.50
江东区	4	9	−5	2.25
衢江区	15	21	−6	1.40
建德市	16	30	−14	1.88
瑞安市	52	73	−21	1.40
松阳县	2	24	−22	12.00

续　表

县(市、区)	新上规数(家)	规转下数(家)	净增数(家)	退出系数
文成县	1	4	-3	4.00
海曙区	0	3	-3	

(三)规上转规下企业的行业分布情况

2013 年新升规和下规企业主要分布在 16 个行业,除造纸和纸制品业净增长为负之外,其他行业均为正增长。从规上企业退出系数看,汽车制造业、专用设备制造业等 10 个行业低于平均系数,而造纸和纸制品业,黑色金属冶炼和压延加工业,有色金属冶炼和压延加工业,纺织服装、服饰业,化学原料和化学制品制造业,皮革、毛皮、羽毛及其制品和制鞋业共 6 个行业高于平均系数,规上转规下企业主要集中在这些行业(如表 3-11 所示)。

表 3-11　2013 年全省新上规与规转下企业主要行业分布

序号	行业大类名称	新上规数(家)	规转下数(家)	净增数(家)	退出系数
1	纺织业	605	243	362	0.40
2	纺织服装、服饰业	357	204	153	0.57
3	通用设备制造业	476	195	281	0.40
4	电气机械和器材制造业	428	184	244	0.43
5	皮革、毛皮、羽毛及其制品和制鞋业	289	137	152	0.47
6	橡胶和塑料制品业	316	120	196	0.38
7	金属制品业	312	112	200	0.36
8	造纸和纸制品业	84	89	-5	1.06
9	化学原料和化学制品制造业	150	83	67	0.55
10	黑色金属冶炼和压延加工业	79	72	7	0.91
11	非金属矿物制品业	167	69	98	0.41
12	专用设备制造业	218	69	149	0.32
13	文教、工美、体育和娱乐用品制造业	188	66	122	0.35
14	计算机、通信和其他电子设备制造业	147	62	85	0.42
15	有色金属冶炼和压延加工业	93	54	39	0.58
16	汽车制造业	209	53	156	0.25
	合计	4588	2121	2611	0.45

此外,规上转规下的企业基本上是已经升规多年的"老"企业,2013 年"小升规"企业如果出现下规,一般不会在 2014 年体现出来,要等到 2015 年一季度国家统计局在企业年报数据审核后才能确认。

二、工业规上企业转规下主要原因分析

(一)产业政策性退出

近年来,全省上下深入实施"三改一拆""五水共治",积极推进淘汰落后、"腾笼换鸟"和行业整治工作,特别是对高耗能、高污染、高排放的一大批企业进行了关停并转,其中有一批是规上企业。比如长兴县铅酸蓄电池行业整治,从 2005 年整治前的 175 家企业,整治减少到目前的 16 家,减少了 159 家,其中规上企业整治关停并转了 60 家。德清县 2013 年有 24 家规上企业因行业整治而关停,占全部下规企业的 61.5%。温岭市 2013 年因"三改一拆"、环保及消防整治下规企业 10 家,占全部下规企业的 25.6%。富阳市对造纸行业实行专项整治,2013 年淘汰关停规上 28 家,占其下规企业的 52.8%。

(二)兼并重组性退出

一些规上小企业被行业龙头企业收购兼并,延长了行业龙头企业的产业链,提高了价值链。比如长兴县 2013 年有 11 家规上企业因行业整治兼并重组而下规,占其下规企业的 23%。南浔区 2013 年有 6 家规上企业被转让兼并而下规,占其下规企业的 20%。

(三)资金断裂性退出

国内货币政策从 2008 年、2009 年的宽松到近 2 年实际趋紧,银行从原来的上门送贷款到近期的上门收贷款。加上房地产市场持续低迷,厂房、设备等抵押物价值严重缩水,企业融资难、融资贵问题更为突出,资金链、担保链风险加剧。总体上看,"两链"问题越突出的地方和行业,下规企业越多。玉环县 2013 年因两链问题下规 7 家,占 16.7%;平阳县 12 家,占 35.2%;富阳区 15 家,占 28.3%;瑞安市 22 家,占 30.1%;建德市 19 家,占 63.3%。

(四)市场调整性退出

近几年来市场不景气,需求萎缩,订单减少,许多企业产量产值下降而下规。市场调整性退出约占 60%,这是当期造成企业下规的主要原因,这在产能过剩行业尤为突出。另外,工业原材料大宗商品价格近几年来大起大落,以及市场需求结构的新变化,广大中小企业生产经营状况也随之变化,时好时坏,许多企业在竞争中遭到淘汰而退出。

(五)转型转产性退出

近年来资源要素制约加剧,加上政府出台政策鼓励引导企业转型升级,很多原有规上企业转型转产,导致退库下规。比如瑞安市 2013 年有 24 家企业由于转型转产退库企业,占其退库企业的 19%,其中 7 家厂房改建扩建转产。长兴县粉体产业"腾笼换鸟"企业 31 家,进入机械制造、新材料、通用设备等领域。此外,企业转行,转到贸易、设计、售后等服务业,从规上工业库退出,进入限上服务业统计库。

(六)产业转移性退出

近几年来我国东部沿海地区第一次兴起产业转移的高潮,珠三角和长三角尤其突出。由于受土地、劳动力、资源环境等要素制约日益加剧,浙江省一些劳动密集型企业外迁。

2013年温州市有30家工业企业因“外迁”而退出规上，约占退出企业的5%。如瑞安市2013年有5家企业由于受外地税收、土地优惠政策影响，迁往外地，占72家退库企业的6.9%。此外，城市化深入推进，“退二进三”加快导致企业外迁。比如，龙湾区瑶溪街道部分规上企业已陆续停产或外迁。

(七)故意规避性退出

目前政府对企业的相关监管、执法主要针对规上企业。规上企业和规下企业表面上看税率、经营发展环境是一样的，而实际上规上企业税负、负担要比规下企业重得多。许多企业不愿上规，即使上规了也通过少报产值、现金交易不开发票、重新注册公司等手段故意下规退库，以减少政府的监管，从而获得躲在规下的隐形好处。

此外，企业家自身素质偏低导致企业经营不善而下规也是一个原因。

三、企业规上转规下现象的基本判断和需要引起关注的问题

从上面分析可以看出，企业规上转规下有许多原因，政府主导推动的行业整治、淘汰落后、“腾笼换鸟”和企业自身为做强做大主动推进的兼并重组、转型升级等因素要远远大于外部的市场调整、企业投资失误、资金链断裂、故意规避等因素，一些企业下规实际上不但没有影响经济总量，反而还增加了产值，提高了效益，推动了整个行业的提升。比如长兴县蓄电池产业由整治前的175家，减少到整治后的16家规上企业(企业减少159家，其中规上企业减少60家)，包括2家超百亿龙头企业。整治后，蓄电池产值提高11.7倍，销售收入提高14倍以上，增加值提高16倍以上；利润提高5.7倍，其中人均利润提高10.7倍；税收提高7.8倍，其中人均税收提高14.4倍；全员劳动生产率提高了29倍，亩均产出提高21.6倍，单位能耗工业增加值提高4倍多。可见，不能从企业规上转规下数量的多少来简单判断对经济发展影响是好是坏，要深入分析和研究企业下规这一现象背后深层次原因，理性看待企业下规这一现象的内在逻辑，从而更好地指导和加快推动企业转型升级。

我们认为只要不是大面积大范围内的企业倒闭破产，企业下规是企业在市场经济条件下生存发展的一种正常现象。优胜劣汰是市场经济的内在机制，生生死死是企业的正常现象，起起落落是企业的基本常态，生生不息是创业的动力源泉。企业上规下规，是市场机制发挥作用的充分体现，属于正常的经济现象。在经济景气年份，企业上规的多下规的少，两者抵消后净增长更多一些；在经济不太景气年份，企业上规的多下规的也多，净增长数量往往少一些。近几年来浙江省经济发展提前进入新常态阶段，企业上规的多下规的也多，并且这一现象也将持续，这是市场发挥大浪淘沙筛选机制作用推动经济转型升级过程中的一个客观伴生现象，正是我们实施兼并重组、推进结构调整的极好时机。

当然对企业下规的异常情况要引起关注和重视，趋利避害，尽量减少企业下规对经济发展带来的负面影响。

一是“两链”问题突出区域下规偏多。“两链”问题突出的地区和行业，企业规上转规下的偏多。瑞安市、平阳县、富阳区、建德市等县(区)市下规偏多主要受“两链”问题影响。比

如瑞安市2013年新增信贷风险企业167家，其中规上企业60家，占35.7%，监测风险企业累计达406家，涉及银行贷款186亿元，直接关联担保企业872家，担保金额124亿元，对外担保企业782家，担保金额120亿元。其中规上企业135家，融资亿元以上企业40家。如果贷款企业出险并任由扩大，会影响到一个行业甚至一个地区的区域经济安全，需要引起高度重视，防范于未然，一旦发生要采取措施果断切断互保链，把风险控制在互保链的核心圈内，把损失降低到最低。

二是一些企业故意规避而下规的问题。基层和企业反映：有账查到死，没账死也不查；规上企业过得痛苦，规下企业过得幸福。企业不愿上规，甚至是上了规还要想办法下规，存在“劣币驱逐良币”现象，对规上企业形成“逆淘汰”，不利于做大而是利于做小，这一现象的实质是规下与规上实际发展环境严重不公平，不利于产业结构调整和企业转型升级。

四、促进工业企业健康发展的思路和对策建议

（一）建立企业基础信息平台，及时掌握企业发展情况

建立统一的企业基础信息平台，加强企业数据和信息共享、分析和应用。以县市（区）为单位，建立企业用电在线智能监测系统。用智能电表改装现有企业电表，做到一企一表，运用现代信息和网络技术，细分行业逐步形成电产比、电税比的科学计算方法，客观真实了解企业发展情况，让规下企业，特别是“假规下”企业无利可图，躲不起、藏不住。

（二）加强政策引导激励，建立公平的市场发展环境

对规上企业加强政策扶持，在用地、用电、用工、融资、市场拓展等方面加强指导和扶持，帮助企业做强做大；对规下企业，尤其是对故意规避下规和“假规下”企业，加强监控，实施“亩产论英雄”“腾笼换鸟”等措施倒逼这些企业上规发展。建立统一、公平的政策环境，让规上和规下企业平等竞争，防止出现“逆淘汰”现象。

（三）破解“两链”问题，确保区域经济稳定发展

各地要排摸“两链”风险企业，建立监测预警机制。及时妥善处置出险企业，对生产经营正常的担保企业，银行在未处置风险企业资产时，不得直接起诉担保企业要求代偿，让正常企业生产经营。发挥应急转贷专项资金的作用，发展政府支持的担保机构，健全担保和再担保体系，切断担保链风险。政府积极协调银行机构对区域信贷规模不缩减、企业不压贷抽贷、抵押物评估值不压低，分类施策，帮扶企业渡过难关，避免因抽贷而“猝死”。

（四）实施分类指导，开展精准化指导和服务

深入调研，了解掌握企业下规原因，并开展有针对性的精准化指导和服务。对因市场波动等原因下规的企业，帮助企业开拓市场，提高产品质量和市场竞争力；对投资新项目和新产品开发失败导致下规的企业，要加强投资咨询和技术对接服务；对产业转移企业，尽量引导在省内转移，并在转移过程中实现升级。对“腾笼换鸟”、淘汰落后的企业，要引导兼并重组或再创业。

(五)加大“小升规”工作力度,不断壮大规上企业梯队

深入推进“小升规”工作,把工作重心从“升规”这个阶段性目标转到“升级”这个长期目标上来,加快培育一批成长性好的小微企业转型升级为规上企业,特别是创新型、科技型、成长型和新兴产业的小微企业,填补规上转规下企业数量的缺口,壮大规上企业梯队,促进企业结构和产业结构的调整优化。

第四节　规下小微企业发展情况

近几年,受国内外复杂环境影响,浙江规模以下工业增势趋缓,但省委、省政府对小微企业的关心与扶持力度不断增强,多次出台“降利息、降税收、降管理费”等减负惠企政策,着力稳增长、促转型,竭力呵护小微企业健康发展。全年规模以下工业呈现调整中向好发展的势头,生产和效益稳中有升。当前经济发展进入新常态,但“用工贵、融资难、需求弱”等老大难问题依然存在,企业在努力寻求自我突破的同时,期待政府继续推进减负惠企政策,加快破解发展难题,努力实现大众创业、万众创新的新局面。

一、规模以下工业经济运行的主要特点

(一)生产在调整中向好发展

2014 年,浙江规模以下工业实现工业总产值 22184.18 亿元(增加值 5352.5 亿元),比上年同期增长 7.0%,扣除价格因素,实际增长 7.8%。从各季情况看,一季度、上半年、前三季度的生产增速分别为 6.8%、6.5%、7.6%,数据表明上半年 6.5%的增速为全年最低,此后逐季走高(如图 3-1 所示)。分企业和个体看,2014 年浙江规模以下工业企业和个体分别实现工业总产值 10766.31 亿元和 11417.87 亿元,分别比上年同期增长 8.7%和 5.2%,扣除价格因素,实际分别增长 9.5%和 6.0%。

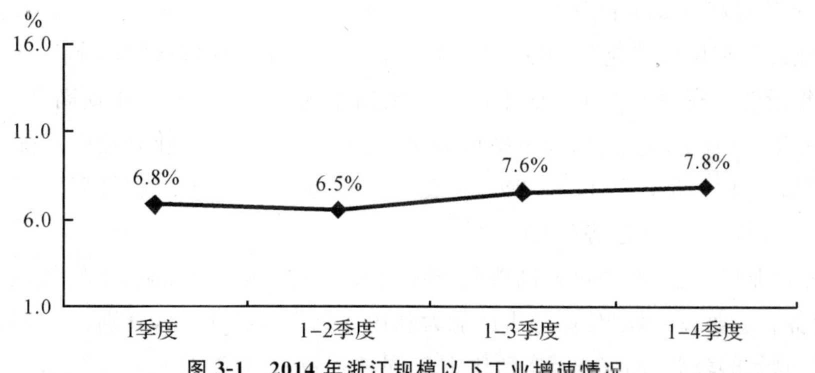

图 3-1　2014 年浙江规模以下工业增速情况

1. 多数行业实现增长,前 10 大行业中,机械类行业增长较快,纺织、服装等行业增速低于平均水平。

分行业看,2014 年浙江规模以下工业企业生产涉及 37 个行业,有 30 个行业实现不同程

度增长，占 81.1%，前 10 大行业中的通用设备制造业、电气机械和器材制造业、汽车制造业等机械行业生产增速相对较快，同比分别增长 10.2%、18.1%、9.4%，高于全省平均水平；纺织业、橡胶和塑料制品业、纺织服装和服饰业、金属制品业等行业增速相对较慢，同比分别增长 7.4%、6.0%、2.7%、4.7%，低于全省 8.7%的平均增速（如表 3-12 所示）。

表 3-12　2014 年浙江规模以下工业企业前 10 大行业增速情况

行　业	主营业务收入（亿元）	同比增长（%）
通用设备制造业	1238.30	10.2
纺织业	1196.55	7.4
橡胶和塑料制品业	834.34	6.0
电气机械和器材制造业	827.61	18.1
纺织服装、服饰业	711.25	2.7
专用设备制造业	659.19	8.7
金属制品业	631.70	4.7
文教、工美、体育和娱乐用品制造业	466.18	11.7
皮革、毛皮、羽毛及其制品和制鞋业	434.53	15.6
汽车制造业	427.85	9.4

2. 私营企业占据主导地位，发挥主力军作用。

浙江规模以下工业企业经济类型在呈现多元化格局的同时，私营企业蓬勃发展，对于发展生产、搞活经济、扩大就业、增加收入起到了重要作用。2014 年各种经济类型工业企业中，私营企业单位数达 19.26 万家，占全部规模以下工业企业的 88.7%，比上年提高 0.4 个百分点；期末从业人数达到 274.66 万人，占到全部规模以下工业企业从业人员的 83.9%，比上年下降 0.2 个百分点；实现主营业务收入 9172.84 亿元，占全部规模以下工业企业的 86.1%，比上年提高 0.5 个百分点。

3. 企业设备利用不够充分，但利用情况逐季好转，产能利用率逐季提高。

2014 年浙江规模以下工业企业生产能力利用率为 81.2%，比上年提高 2.0 个百分点。分季度情况看，一季度、上半年、前三季度和全年浙江规模以下工业企业生产能力利用率分别为 76.3%、78.9%、80.3%和 81.2%，呈逐季上升趋势，表明浙江省规模以下工业企业生产经营状况出现逐季向好趋势（如图 3-2 所示）。

从主要行业情况看，通用设备制造业、纺织业、橡胶和塑料制品业、电气机械和器材制造业、专用设备制造业、金属制品业等生产能力利用率均在 80%以上，分别为 80.7%、83.3%、82.5%、81.3%、81.8%、81.5%，分别比上年同期提高 1.3、2.4、1.4、2.1、3.3 和 2.4 个百分点。

（二）政策红利持续释放，企业提质增效明显，亏损面下降

2014 年，浙江规模以下工业企业实现营业利润 481.0 亿元，同比增长 12.5%，高于规模

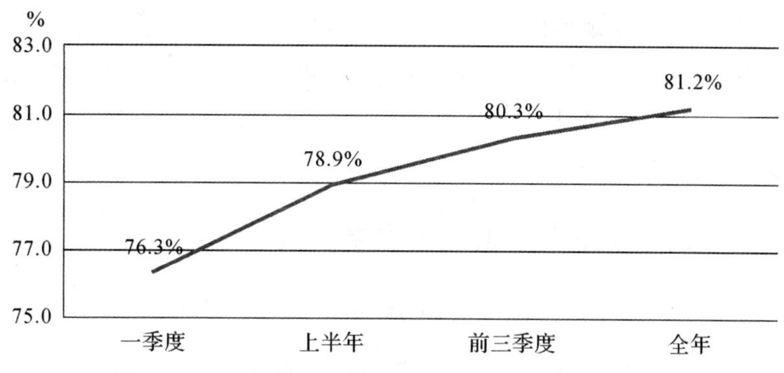

图 3-2 2014 年浙江规模以下工业企业产能利用率情况

以上工业企业 7.4 个百分点，营业利润率为 4.5%，比上年提高了 0.14 个百分点。分析原因：一是企业融资成本下降。2014 年浙江规模以下工业企业利息支出下降，全年利息支出 129.77 亿元，比上年下降 12.9%，平均每家调查企业的银行年利息及费用率为 7.64%，略低于上年 0.25 个百分点；民间借款利息支出 8.22 亿元，比上年下降 9.3%。二是企业税收负担减轻。随着新的减半征收企业所得税优惠政策出台，纳税标准由 6 万元提高到 10 万元，减轻了部分小微企业税费负担。2014 年浙江规模以下工业企业共缴纳税金 443.11 亿元，比上年增长 7.1%，增速低于主营业务收入 1.6 个百分点；每百元主营业务收入缴纳税金 4.16 元，比上年下降 1.5%。三是机器换人效果显现，企业用工人数下降，相应节省职工薪酬支出。2014 年浙江规模以下工业企业期末从业人数为 327.47 万人，比上年下降 0.8%；应付职工薪酬为 1047.22 亿元，比上年增长 7.8%，但增速低于主营业务收入 0.7 个百分点。

(三)企业出口保持增长，但增速出现回落态势

随着人民币汇率形成机制改革不断推进，人民币汇率双向波动、升贬值阶段性交替出现的特征日益明显，人民币单边升值状况不再，尤其是近期人民币大幅贬值有利于企业外贸出口增长。但受世界经济复苏缓慢影响，市场需求尚未回升，企业出口增速出现回落态势。据调查，2014 年浙江规模以下工业企业实现出口产品销售收入 1065.52 亿元，比上年增长 8.3%，增速回落 3.4 个百分点。

(四)应收帐款逐步回收，负债下降，资金紧张状况有所缓解

为解决小微企业融资难、融资贵等结构性问题，国务院陆续出台多项措施缓解困难，以期形成金融与实体经济良性互动。随着支持小微企业发展的各项金融政策的实施，以及企业应收帐款逐步回收等因素，今年以来浙江规模以下工业企业资金紧张状况出现一定程度缓解。特别是临近年底，企业加强风险控制，应收账款回笼情况改善明显。截至 2014 年 12 月底，规模以下工业企业应收账款共计 1936.09 亿元，比上年增长 7.3%，虽然增速高于上年同期，但相比三季度的 11.4%已有较大幅度回落。同时，企业负债减少，2014 年，规模以下工业企业负债合计为 4594.66 亿元，比上年下降 2.0%，降幅达 4.7 个百分点，其中纺织业，纺织服装、服饰业，橡胶和塑料制品业，金属制品业等主要行业负债

下降明显。另据对9055家规模以下工业企业问卷调查显示,当前面临的突出问题中,资金紧张的认可率为19.9%,低于用工成本上升快、招工难、市场需求不足、原材料成本上升快等认同率;有74.5%的企业认为当前流动资金基本正常或者宽裕,总体上看企业短期资金处于安全可控的范围。

二、当前规模以下工业企业面临的主要问题

(一)企业难以化解用工成本和原材料价格高的压力

小微企业以代加工和配套生产为主,技术含量低,产品附加值低,但企业用工成本和原材料成本却不低,多年来高成本低利润的经营模式困扰企业发展。据调查,2014年浙江规模以下工业企业主营业务成本8760.33亿元,同比增长9.8%,增速高于主营业务收入1.1个百分点。当前浙江规模以下工业企业面临的主要困难中,用工成本上升快认同率最高,有68.5%的企业反映存在用工成本高问题。主要原因是求职者对薪酬期望过高。浙江属外来人员输入大省,企业外来务工人员比率高,且呈年轻化趋势,20至30岁年轻人成为劳动力主流,思想多、想法活,普遍存在“薪酬就高”心理,随意流动大,以老乡为纽带的抱团跳槽时有发生,增加了管理难度,也增加了企业用工成本。另外,部分原材料成本依然存在上升压力。虽然国际大宗商品整体价格向下,但由于受国内环保整治影响,不符合环保要求的企业关闭,原先的供货渠道断了,原材料供应不足导致价格上升。如台州市多家医药行业反映上游出现供应链断裂;也有企业主表示,原材料价格下降时往往订单不足,而一旦需求增加、订单增多,原材料价格往往开始上涨。由于小微企业资金规模小,无法在原材料价格较低时进行囤积,因此小微企业较少在原材料价格下行时获益,在价格上涨时又面临成本提高的压力,利润空间被挤压,经营风险加大。

(二)企业难以化解融资难、融资贵、融资繁的压力

尽管小微企业“融资难、融资贵”的问题在各方努力下有所缓解,但不可忽视融资问题仍是当前困扰小微工业企业发展的突出问题,部分企业流动资金紧张等结构性问题依然存在。金融机构放贷意愿较低,贷款手续繁琐,贷款利率偏高,企业抵押物不足等现实困难依然存在。据对9055家规模以下工业企业调查,2014年规模以下工业企业中分别有14.4%和19.9%的企业认为融资难和资金紧张是目前最主要的困难;有34.8%的企业向银行申请贷款,这些企业中,仅有26.2%的企业全部借到了所需借款,有18.1%的企业未能得到任何银行借款,还有18.5%的企业只借到了少部分所需借款。

(三)企业难以化解市场需求不足、产能过剩的压力

2014年宏观经济环境依然复杂,浙江工业整体增势趋缓,企业市场需求不足、产能过剩问题仍然严重。据对9055家规模以下工业企业调查显示,2014年各季度,在当前面临的突出问题中企业对“市场需求不足”的认同率均高于40%,4季度达到45.7%,为全年最高值,比年初上升了5.3个百分点,比上年同期上升了3.3个百分点。同时期末剩余订单增长乏

力，2014 年浙江规模以下工业企业期末剩余订单额 472.71 亿元，比上年增长 2.6%，增幅回落 4.0 个百分点。由于市场需求不足，2014 年浙江规下工业企业生产能力（设备）利用率为 81.2%，显示产能发挥不够充分。

另从工业品价格走势看，从 2013 年 1 月以来，浙江工业品生产价格指数连续同比下降，表明工业品需求依然较弱，市场供大于求、产能过剩问题依然存在，企业需要做好较长时期应对调整的压力。

三、促进规模以下工业发展的几点建议

（一）加大扶持力度，减轻企业负担，做好长期规划，保持政策稳定有效

降低扶持门槛，降低企业税费，惠及多数企业，减轻企业负担是小微企业对政府政策的最大期盼。政府应根据当前企业实际情况出台细化政策，加大扶持力度，对小微企业进行差别化对待，按行业、企业规模不同，分类规定税率，把优惠政策落到实处，避免出现雷声大雨点小的现象。另据调研反映，有些在原破产企业上新成立的企业，希望政府能够在企业的资产过户手续、费用等项目上给予优惠政策，帮助企业渡过难关。也有企业反映政府规划缺乏长期性，影响企业正常生产。该企业成立十余年，企业发展良好，生产日臻成熟，产能效益处在最高的阶段，但因城市规划面临搬迁压力，严重影响企业生产经营，造成社会资源的浪费。希望政府在制订规划时能够更加注重政策的长期性，而不是简单的“头痛医头脚痛医脚”，给予企业以长期稳定的经营信心。

（二）优化产品结构，树立质量理念，加快转型升级，提供技术支持

小微工业企业产品核心竞争力弱，在原材料、劳动力等成本不断上升，生产要素优势不再的情况下，调整和优化产品结构尤其重要。在调整过程中，企业必须树立质量取胜理念，走创新之路，做精、做细产品，努力提高产品附加值，走“人无我有、人有我优、人优我新”的产品之路，实现发展方式由资源消耗型向创新主导型转变，增强企业内在竞争力。随着省委省政府“五水共治”不断推进，从浦阳江畔的“小水晶加工”到瓯江沿岸的“电镀基地”，不少曾经为地方经济发展做出贡献的行业，由于环境压力必须转型升级。企业希望政府对符合浙江发展的产业、产品在政策、技术、资金等方面给予更大力度支持，加快发展环保的配套措施，解决固废处理能力不足、治污技术不够等限制性条件，提供技术培训服务，提供技术咨询途径，促进技术交流与应用。

（三）提升企业内在资质，改善金融服务方式，发挥民间融资作用，破解融资难题

小微企业生产经营不稳定，难以取信金融机构放心放贷，在理解银行不放心不安心放贷的同时，必须加强企业自身管理，提高企业内在资质，努力推动企业做大做强，从问银行要钱向银行问你要不要钱转变。要改善金融服务方式，要引导金融机构对小微企业的金融支持，设立专项扶持资金和引导资金。向国有商业银行争取下放信贷审批权限，鼓励基层银行根据地方经济发展的实际，适时创新业务品种，简化操作手续，促成金融机构发放小微企业、个

体工商户创业贷款,“政府扶上马、金融送一程”,为“草根”创业提供信贷支持。同时发挥民间融资对小微工业融资的补充作用,明确民间金融的合法性,加强民间融资的规范性建设,改善民间融资环境,充分发挥民间融资的正面作用。

(四)加强市场调研,开拓市场渠道,推广电商换市,打开产品销售之门

当前市场需求不足问题成为影响企业发展的主要因素,上半年、前三季度、全年的期末剩余订单增速分别为 7.7%、6.7%、2.6%,出现持续下降趋势。另根据调研,今年以来大多数企业目前手持订单在 1—3 个月以内,属于维持经营的状况,因此如何打开销路是企业面临的迫切问题。一要加强市场调研,把握市场脉搏,生产适销对路产品,满足市场需求;二要加大宣传推销力度,多渠道开拓市场,收集反馈信息,建立网络销售平台,通过网络销售开拓新市场,推广电商换市;三要完善产销对接机制,减少中间环节,降低经营成本。

第四章
浙江省服务业与农业中小企业发展情况

服务业企业作为国民经济的重要组成部分，其发展水平不仅是衡量生产社会化程度和市场经济发展的重要标志，也是检验城市功能、经济结构水平和城市科学发展的标准之一。本章主要对2014年服务业小微企业发展情况、浙江省创新设计产业发展情况、浙江省制造业与生产性服务业融合发展探索、浙江农业中小企业发展和宁波市制造业与文化创意及设计服务融合发展思考进行介绍。

第一节　2014年浙江服务业中小企业发展概况

据抽样监测显示，2014年浙江服务业小微企业营业收入稳定增长，资产规模不断扩大，但受综合成本快速上升的影响，企业盈利情况一般。

一、服务业中小企业主要经营状况

2014年浙江服务业中小企业户均营业收入288.6万元，同比增长14.6%。其中，信息传输、软件和信息技术服务业，水利、环境和公共设施管理业户均营业收入增速较快；物业管理与房地产中介服务业，居民服务、修理和其他服务业户均营业收入增速较低（如表4-1所示）。

表4-1　2014年服务业主要行业户均营业收入情况

单位：万元，%

行　业	本年户均营业收入	增速
省中小服务业	288.6	14.6
交通运输、仓储和邮政业	368.8	11.2
信息传输、软件和信息技术服务业	296.4	26.4
物业管理与房地产中介服务业	241.0	3.7
租赁和商务服务业	298.6	10.1
水利、环境和公共设施管理业	373.5	18.5
居民服务、修理和其他服务业	168.8	7.2
教育	256.2	12.1

(一)资产增长较快,负债率下降

2014 年底,样本企业户均资产 1495.0 万元,比上年同期增长 31.1%;户均负债 729.3 万元,同比增长 19.4%。企业户均负债率为 48.8%,同比下降 4.8 个百分点。分行业来看,水利、环境和公共设施管理业,租赁和商务服务业户均资产较高,分别达到 4391.2 万元和 3410.6 万元;居民服务、修理和其他服务业和文化、体育和娱乐业户均资产较低,分别为 142.2 万元和 154.7 万元。

(二)收入增长低于成本上升

样本企业户均经营成本 180.7 万元,同比增长 18.4%,比营业收入增幅高 3.8 个百分点。问卷调查显示 39.0%的企业经营成本同比上升,50.1%的企业成本持平,仅 10.9%的企业成本下降。调查结果表明,企业经营成本增速超过营业收入,利润率下降。企业营业收入同比上升和减少的比例分别为 35.1%和 30.7%,营业收入上升的比例高于下降的 4.4 个百分点,表明企业只有靠提高营业收入来增加盈利。

(三)从业人员略有增长,人均薪酬增长较快

企业从业人员情况较为平稳,户均从业人数 13.8 人,同比增长 2.5%。大多数企业劳动力需求与上期持平,占 72.6%;劳动力需求增加和减少的分别占 16.7%和 10.8%。职工薪酬保持较快增长的态势。企业户均应付职工薪酬 59.0 万元,同比增长 13.5%;测算人均薪酬 4.3 万元,同比增长 10.8%。其中信息传输、软件和信息技术服务业薪酬水平最高、增速最快,人均薪酬达到 5.0 万元,同比增长 20.4%。

(四)三项费用全面上升,部门收费减少

企业三项费用全面上升,尤其是财务费用增长较快。样本企业户均销售费用 21.5 万元,同比增长 6.9%;户均管理费用 68.9 万元,同比增长 2.9%;户均财务费用 10.7 万元,同比增长 18.8%。问卷调查显示,各有关部门对企业收费情况有所减少。仅 6.9%的企业收费增加,9.9%的企业收费减少;50.2%的企业收费持平,还有 33.1%的企业没有收费情况。

(五)企业盈利情况不佳

调查显示,样本企业当前亏损面达到 35.7%。从具体盈利情况看,仅 24.9%的企业盈利增加(亏损减少),33.9%的企业盈利减少(亏损增加),5.6%的企业由盈转亏,5.3%的企业扭亏为盈,其余 30.3%的企业盈亏基本不变。总体来看企业盈利情况不佳。

(六)企业多数处于发展阶段

从成长性分布看,样本企业处于发展阶段的占 58.7%,处于创业阶段的占 19.6%,处于成熟阶段的占 21.7%,处于发展阶段的居多。分行业来看,信息传输、软件和信息技术服务业,科学研究和技术服务业处于创业阶段的较多,而物业管理与房地产中介服务业,教育业,居民服务、修理和其他服务业处于成熟阶段的较多(如表 4-2 所示)。

表 4-2 样本企业分行业发展阶段分布情况

单位:%

行业名称	企业经营处于		
	创业阶段	发展阶段	成熟阶段
总计	19.6	58.7	21.7
交通运输、仓储和邮政业	14.7	61.7	23.6
信息传输、软件和信息技术服务业	27.5	60.8	11.7
物业管理与房地产中介服务业	18.6	53.8	27.7
租赁和商务服务业	18.4	60.6	20.9
科学研究和技术服务业	24.6	57.7	17.7
水利、环境和公共设施管理业	16.8	59.4	23.9
居民服务、修理和其他服务业	16.8	59.2	24.0
教育	17.6	56.6	25.8
卫生和社会工作	18.6	62.7	18.6
文化、体育和娱乐业	22.9	53.8	23.4

二、十大行业门类服务业中小企业的特点

调查显示,教育业,水利、环境和公共设施管理业,科学研究和技术服务业,卫生和社会工作 4 个行业门类的综合经营状况好于平均水平。而文化、体育和娱乐业,物业管理与房地产中介服务业两个行业门类的综合经营状况比平均水平差(如图 4-1 所示)。

(一)交通运输、仓储和邮政业中小企业营业收入稳定增长

2014 年交通运输、仓储和邮政业中小企业户均营业收入 368.8 万元,同比增长 11.2%。从样本情况看,主要有以下特点:一是企业规模不断增大,资产总计和固定资产原价分别同比增长 6.0%和 15.2%;二是成本费用压力进一步加大,本期营业成本、销售费用和财务费用分别同比增长 14.1%、7.3%和 4.3%;三是企业应收账款情况不佳,21.5%的企业应收账款增加,企业反映主要是由于欠款方资金紧张。

(二)信息传输、软件和信息技术服务业中小企业发展形势较好

信息传输、软件和信息技术服务业中小企业发展形势较好。主要特点有:一是营业收入增长迅速。样本户均营业收入为 296.4 万元,同比增长 26.4%,高于全部企业均值 11.8 个百分点。二是企业加大科研经费投入。2014 年,有 48.2%的企业有科研经费投入,在各门类中排名首位。企业获取新技术的途径多样化,有 16.5%的企业通过联合开发获取新技术,有 4.2%的企业通过技术成果转让获取新技术,有 27.5%的企业通过其他渠道获取新技术。

三是企业处于创业发展阶段较多,劳动力需求大。有 27.5%的企业处于创业阶段,为十大门类中最高。有 23.3%的企业对劳动力需求上升,高于全部企业均值 5.6 个百分点。

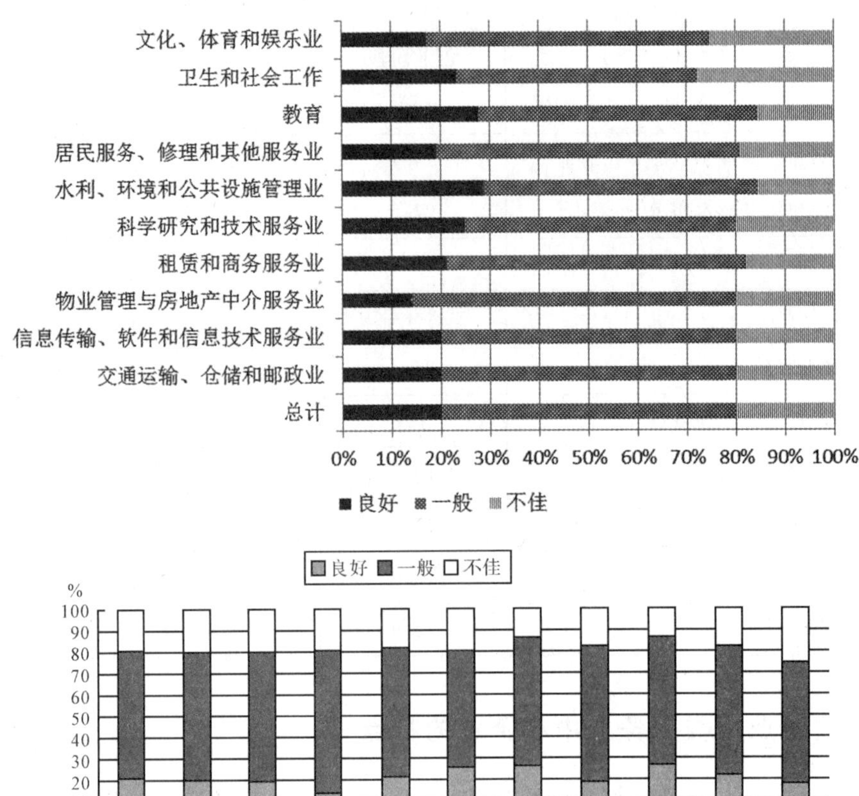

图 4-1 分行业综合经营情况

(三)物业管理和房地产中介服务业中小企业经营情况不佳

浙江物业管理和房地产中介服务业中小企业经营情况一般。样本企业户均营业收入 241 万元,同比增长 3.7%,增速为十大门类企业中最低。仅有 13.6%的企业认为本期经营情况良好,19.7%的企业认为本期综合经营情况不佳。从行业大类来看,物业管理企业要好于房地产中介服务业。行业总体经营情况一般主要是受房地产市场疲软影响。调查显示,69.0%的房地产中介服务企业面临市场需求不足的问题。

(四)租赁和商务服务业中小企业盈利增长较快

租赁和商务服务业中小企业盈利情况较好,利润总额增势喜人。在调查的 511 家营业情况正常的样本企业中，实现盈利的企业有327家，占64.0％，较亏损的企业高出30.1个百分点。从相关指标分析，一是营业收入平稳增长，是企业盈利向好的基础。2014年该行业样本企业的营业收入同比增长了10.1％，营业收入同比增长的企业比下降的企业比重高出15个百分点。二是成本费用控制较好，经济效益明显提升。2014年企业的成本费用合计增幅仅为1.8％，其中管理费用同比下降了8.2％。值得注意的是，目前企业盈利的增速虽然较高，但基础不牢固，户均盈利仅为1.5万元，仍有"返贫"的可能，企业增收节支的担子较为沉重。

(五)科学研究和技术服务业中小企业盈利下滑

科学研究和技术服务业中小企业经营状况保持平稳，但压力加大，盈利下滑。样本企业主要呈现出以下几个特点：一是经营平稳，样本企业户均营业收入303.7万元，同比增长10.1％。户均从业人数15人，增速为5.4％，较全部服务业中小企业增速高出一倍。二是经营成本高，成本费用合计增长11.6％，其中营业成本增速为13.6％，高出营业收入增速3.5个百分点。应付职工薪酬涨幅为21.1％，高出营业收入增速10个百分点。三是企业盈利明显下滑，营业利润和利润总额分别同比下滑了51.3％和39.7％。

(六)水利、环境和公共设施管理业中小企业经营情况良好

水利、环境和公共设施管理业中小企业发展较快，样本企业营业收入同比增长18.5％，较全部中小服务业企业高出3.9个百分点。企业规模进一步壮大，固定资产同比增长9.1％，资产总计同比增长24.5％。从企业的反映看，政府扶持力度进一步加大，有39.1％的企业没有来自政府的行政收费，在各行业中居第二位；有16.2％的企业流动资金充足，在各行业中居于第一位，较资金紧张的企业比重高出1个百分点。

(七)居民服务、修理和其他服务业中小企业经营情况一般

居民服务、修理和其他服务业样本中小企业全年户均营业收入168.8万元，同比增长7.2％，低于全部企业7.4个百分点。问卷调查显示，企业处于发展和成熟阶段的情况较多，分别占59.2％和24.0％。企业经营呈现两方面困难。一是服务价格提高较难，仅11.5％的企业服务价格提高，74.1％的企业服务价格持平，14.4％的企业服务价格下降；二是用工成本较高，有67.0％的企业认为"用工成本高"是面临的突出问题，有38.0％的企业认为招工难。企业认为经营状况良好、一般和不佳的分别占19.0％、63.2％和17.8％。

(八)教育业中小企业价格上涨

教育业样本中小企业全年户均营业收入256.2万元，同比增长12.1％。问卷调查显示，企业营业收入比上期增加、持平和减少的比例分别为37.9％、37.9％和24.2％。有26.4％的企业认为当前综合经营状况较好，高于认为经营状况不佳的企业13.2个百分点。占89.0％的企业本期销售(服务收费)价格比上期上涨或持平，仅11.0％的企业本期销售(服务收费)价格下降。企业反映价格上升主要由于劳动力成本提高。

(九)卫生和社会工作中小企业营业收入增长显著

卫生和社会工作样本中小企业户均营业收入273.4万元，同比增长23.1％，高于全部企

业 14 个百分点。四季度有 49.2%的企业营业收入增加，仅 21.2%的企业营业收入减少，情况为十大门类行业中最好。企业本期销售（服务收费）价格比上期增加的占 19.5%，价格下降的仅占 7.6%。调查显示，有 84.7%的企业享受到税收优惠政策，有 55.9%的企业免税，并且显示卫生和社会工作小微企业受政策扶持力度较大。

（十）文化、体育和娱乐业中小企业经营情况分化

文化、体育和娱乐业中小企业经营情况分化明显。其中文化类（影视、文化、出版业）中小企业户均经营收入 376.1 万元，同比增长 49.6%；体育中小企业户均营业收入 126.1 万元，同比增长 5.3%；娱乐业中小企业户均营业收入 130.4 万元，同比下降 8.1%。文化类中小企业营业收入增长情况明显好于体育和娱乐业。

从问卷调查情况看，该门类有 25.8%的企业认为本期经营情况不佳，仅 17.5%的企业认为经营情况良好。企业面临的突出问题主要是“用工成本上升快”，认同率达到 51.3%。

三、服务业中小企业发展面临主要困难

（一）成本上升较快

调查显示，服务业中小企业经营成本快速上升。样本企业户均成本比去年同期上升 18.4%，高于收入增幅 3.8 个百分点。其中主要影响因素是人工成本上升。问卷调查反映，有 54.7%的企业认为“用工成本上升较快”是当前面临的突出问题。尤其是居民服务、修理和其他服务业，物业管理与房地产中介服务业等行业，分别有 67.0%和 62.5%的企业认同这一问题。

（二）科研投入少，技术开发不足

浙江服务业中小企业普遍存在科技投入少、技术含量不高的情况。有 80.8%的企业没有科研经费投入，仅 5.0%的企业科研经费投入比上期增加。以应用科研成果较多的信息传输、软件和信息技术服务业为例，也仅有 42.7%的企业有科研经费投入。全部样本企业获取新技术等科技成果的途径中，采取联合开发的占 4.0%，通过技术成果转让获取的占 1.5%，通过其他方式的占 11.1%，仍有 80.4%的样本企业没有获取过新技术等科技成果。

（三）流动资金紧张，财务费用高

调查反映，服务业中小企业融资存在一定困难。样本企业流动资金充足、一般、紧张的企业分别占 12.1%、68.8%、19.1%。资金紧张企业的比例高出流动资金充足企业 7 个百分点。有融资需求的企业占 45.0%，显示出较为旺盛的态势。从融资途径上看，银行贷款、专项资金和民间借贷分别占到 15.7%、9.8%和 5.5%，另有 69.1%的企业通过其他渠道进行融资。小微服务业企业通常受限于自身规模，且因财务体制不健全、不规范而达不到银行贷款条件。样本企业户均财务费用同比增长 18.8%，高于企业收入和成本增速，侧面反映出当前流动资金紧张的状况。

第二节　浙江创新设计产业发展情况

创新设计作为人类一切创新实践活动的先导和起点，是企业和国家竞争力的核心因素之一。党的十八届三中全会做出全面深化改革的决定，强调要深入实施创新驱动发展战略，加快转变经济发展方式，加快建设创新型国家，本节对浙江创新设计产业发展情况进行了介绍。

一、国内发展创新设计产业的实践

（一）政策推动方面

2007 年 2 月，温家宝总理批示“要高度重视创新设计”，《国务院关于推进文化创意和设计服务与相关产业融合发展的若干意见》（国发〔2014〕10 号），《国务院关于加快发展生产性服务业促进产业结构调整升级的指导意见》（国发〔2014〕26 号）中均提出了工业设计以及工业设计创新的政策意见。2011 年，国务院学位委员会在新发布的《学位授予和人才培养学科目录（2011 年）》中，将“设计学”确定为一级学科，此举对创新设计人才培养战略的优化将产生深远影响。各级地方政府也逐步重视设计对制造业的重要推动作用，将其作为工业化的战略途径，并相应出台了政策支持。浙江省围绕工业设计也出台了多项政策举措，省政府每年给予 1 亿元的专项扶持资金。

（二）平台构建方面

在经济发达地区，一批制造业知名企业高度重视和广泛应用设计，取得明显成效，专业化设计企业规模发展迅速，设计服务水平和能力逐步提高，一些优秀设计成果已经走向国际市场。国内已经涌现出洛可可、木马、艺有道、阿尔特汽车等一批具备专有技术并能提供系统解决方案的专业设计公司。北京初步形成了北京 DRC 工业设计创意产业基地、751 时尚设计广场、集成电路设计园等多个设计产业聚集区；深圳成为全国第一个获得联合国教科文组织授予的“设计之都”称号的城市，全市在职专业创新设计师及从业人员超过 6 万人，2010 年度创新设计产值近 20 亿元；浙江省建立了 12 家省级特色工业设计基地和 4 家工业强县特色工业设计基地。

（三）人才支撑方面

国内为加速结构调整和产业升级，企业和社会对创新设计人才的需求不断增长，对创新设计人才的培养及科学研究已经引起高度重视，尤以北京、珠三角、长三角等经济发展较快地区为典型。据非官方统计，在过去的 20 年间我国已经培养了约 30000 名创新设计毕业生，且大部分毕业于 5—7 年间。创新设计专业的设置也日益呈现多样化趋势，艺术院校、理工科院校、师范院校、综合大学等都有设置。尤其是近 10 年来，清华大学、浙江大学、西北工业大学、东南大学、湖南大学等百所院校开设了专门培养复合型设计人才的设计专业博士点、硕士点，设计教育的完整体系初步建立。

二、浙江省工业设计向创新设计发展的实践

2011 年，浙江省出台了《浙江省人民政府关于推进特色工业设计基地建设加快块状经济转型升级的若干意见》(浙政发〔2011〕81 号)，标志着浙江省成为继广东之后第二个在全省推进工业设计发展的省份。3 年多来，浙江省工业设计产业取得了快速发展，进入了全国的前列，有力地推动了机器换人、产品创新和转型升级。2014 年 1—11 月份，12 家省级基地实现设计服务收入 14.8 亿元，比去年同期增长 45.63%，新增各类专利授权 4729 件。浙江省推进工业设计发展的相关做法和成效得到了工信部、中国工业设计协会等的充分肯定。

(一)浙江省推进工业设计的主要做法

1. 建立了推进工业设计发展的工作机制。成立了由省经信委、省科技厅、省财政厅等 9 个省级部门组成的全省推进工业设计产业发展工作联席会议制度。制定了一系列的管理制度、考核办法、政策文件。省政府先后在宁波、台州黄岩召开了两次全省推进工业设计发展现场会。3 年来，省政府每年从战略性新兴产业发展资金中安排 1 亿元的财政资金用于推进省级工业设计基地和省级工业设计中心建设，累计共安排了 3.1 亿元的扶持资金。各市都出台了支持工业设计发展的有关政策，安排了专项资金。全省上下已经基本树立了抓工业设计就是抓创新驱动，抓工业设计就是抓产业升级以及好设计才有好产品，好产品才有好品牌，好品牌才有好生意等共识。

2. 建设了一批省级特色工业设计示范基地。为更好地集聚设计资源服务工业经济，根据企业化管理、市场化运营的要求，在各市政府的推荐下，在 11 个市以及义乌市分别建立了 12 个省级特色工业设计示范基地。经过 3 年的努力，各基地培育了一批工业设计机构，引进了嘉兰图、浪尖等一批国内知名的工业设计企业以及意大利戴达罗、台湾华冑设计联盟等境外设计团队。到 2014 年 11 月底，入驻工业设计企业 576 家，专职从事工业设计人员 8680 人，累计实现各类设计服务收入 32 亿元，设计转化产值突破 3000 亿元，新增各类专利授权 1.2 万件。在省级基地的带动下，萧山、余杭、桐乡、诸暨开展了工业强县(区)基地建设。舟山船舶工业设计基地的建成，快速推动浙江省船舶设计达到国内一流的水平。宁波基地已成为浙江省展示创新驱动的平台，每年接待大量的政府和企业代表来访。各市也建立了一批市级工业设计基地。

3. 建立了工业设计职业资格制度。经国家人力社保部批准，浙江省成为继广东之后全国第二个开展工业设计职业资格制度试点省份，目前已拥有 61 名高级工业设计师、105 名工业设计师以及 77 名助理工业设计师，有 434 人参加了 2014 年的职业资格考试报名。工业设计职业资格制度试点的开展，不仅促进了本省工业设计人才的培育，还吸引了外省工业设计人才来浙江省创业发展。建立工业设计培训基地，举办各类工业设计高级研修班，成立了国家级工业设计创新联盟，搭建起浙江企业与设计专家的对接平台。为了加强与国际设计界的交流对接，多次举办了国际工业设计师浙江行活动。先后与美国、英国、意大利、韩国、日本等国家的设计界大师开展合作交流。杭州市选派了 8 名优秀工业设计人才赴美国辛辛

那提大学设计学院培训深造。

4. 培育了一批省级工业设计中心和优秀工业设计企业。经过各市推荐，浙江圣奥家具制造有限公司、杭州瑞德设计有限公司等60家制造企业设计中心、工业设计企业被认定为首批省级工业设计中心。截至2014年上半年，60家省级工业设计中心完成工业设计项目4535个，其中产业化项目达3469个，工业设计项目产业化率达78%。培育了杭州瑞德、飞鱼、凸凹、博乐、源骏等一批在国内有较高知名度的工业设计企业，取得了不少国内外设计大赛的奖项。涌现出了宁波科创公司帮助文具企业推进机器换人、减少装配人员700多人、提高生产效率6倍以及杭州博乐工业设计公司帮助德力西家居电气实现销售额5000万元到7亿元的跨越等典型案例。杭州、嘉兴、金华等地也开展了市级工业设计中心的认定工作。

5. 积极营造发展工业设计的氛围。为帮助各省级基地扩大影响，浙江全省举办了12场“设计的力量”巡回展，普及宣传工业设计在产品换代和产业升级中的作用。举办了浙江省工业设计大赛，推出了杭氧八万立方制氧机、吉利SUV等一批制造业设计精品，涌现了如绍兴的花样设计、海宁的皮革设计、永康的五金设计等一批较有影响力的设计赛事。加大媒体的宣传，出版了《设计与制造》杂志，在浙江日报推出了“中国好设计”专栏。成立了浙江省工业设计协会，搭建起工业设计基地、工业设计企业、生产企业合作交流的平台，并开展了年度十佳浙江省优秀设计企业、优秀设计师、优秀推广者评选等一系列活动。积极参与中国工程院“创新设计重大战略”课题研究。

6. 努力扩大工业设计对接成效。推动省级特色工业设计基地与当地制造企业的对接，2013年，12个基地共举办了200多场专业对接活动。组织省内外工业设计企业参加广交会、中国义乌装备博览会、第八届APEC中小企业技术交流会等对接活动。在2014年第19届永康五金博览会期间，举办了工业设计专场对接活动，48家工业设计企业对接客户5000余人次，与制造企业达成800多个项目合作意向。推动设计机构与设计类高校的对接，组织浙江省内37所设计类专业的高校师生，参加了在中国美院、浙江理工、浙江工大、杭州电子科大举办的设计企业与高校专场对接活动，提供高校与设计企业合作、学生实习与就业的机会，省内高校设计类专业毕业生与工业设计企业对接意向总数902人(次)，达成就业意向1050项。在工业设计的推动下，2014年1—11月全省规模以上工业新产品产值率达28.8%，比2011年提高7.1个百分点。

(二)浙江省工业设计产业存在的不足

尽管浙江省工业设计产业发展取得了较大成绩，但与广东相比，还存在较大的差距。汪洋副总理在担任广东省委书记期间，力推工业设计发展，目前广东拥有5000家以上的工业设计机构、10万名工业设计从业人员、100多个工业设计创意产业园、53家省级工业设计示范基地，产生了一大批优秀的新产品、新企业，储备了大量的未来产品和发展后劲。相比之下，浙江省在设计资源集聚、设计水平发挥、未来产能储备等方面还需加大追赶速度。就工业设计创新角度，浙江省仍处于起步阶段，表现在以下几个方面。

1. 对设计创新认知程度不高。在产品设计和制造过程中，许多企业用户缺乏为设计买单的意识，设计企业缺乏整合科技、用户和商业的系统能力，缺少突破性的设计产品，许多设计企业处于靠设计成果交易维持生存的状态。设计领域知识产权保护较弱，创新设计的价值和作用也远未被各级政府、企业和民众认知。

2. 设计创新体系不够健全。近年来特别是 2014 年，国务院及相关部门虽然围绕工业设计发展、推进文化创意和设计服务产业融合发展、大力发展生产性服务业等方面陆续出台了多项政策文件，但这些政策囿于体制机制，未能打破部门、行业和学科间的壁垒，不能很好地发挥“组合拳”的作用。

3. 设计创新能力还很薄弱。近几年，通过推进“机器换人”，浙江省开展了产品设计向工业流程设计的延伸，但制造企业整体自主创新设计能力薄弱，先进制造技术和设计创新的研究和应用水平低。设计企业规模普遍较小，企业创新设计需求与高校科研机构、设计企业、跨行业合作不够，尚未形成“产、学、研、媒、用、金”的协同创新优势。

三、促进浙江省创新设计产业发展的建议

(一)明确设计方向，促进升级换代

1. 全面提升新型产品的开发设计，促进产品全面升级换代。围绕产品升级换代要求，着重抓好传统产品向智能化、网络化升级换代的开发设计，提升产品科技含量。推进组合型功能产品的开发设计，从零件、散件向组件、模块件、总集成发展，加快向产业链高端升级。增强产品适应性设计，更好满足微型化、巨型化、超常环境工作要求。注重品牌与时尚产品的开发设计，发挥工业设计对传统产品的带动作用。推进便携式产品的设计开发，提高产品应用的灵活性。

2. 加快推进集装备、软件、在线服务为一体的设计，促进系统、成套装备的升级换代。实现云、网、端一体化，推进智能化、网络化技术对机电类等产品的全覆盖，“机器换人”对规模以上工业企业、机械零配件加工企业的全覆盖，网络销售方式对规模以上工业企业的全覆盖，绿色制造方式对污染企业全面改造的全覆盖。推进产品换代、“机器换人”、制造换法、商务模式换新、管理换脑，推动装备现代化、过程信息化、管理集约化。

3. 进一步深化专用集成电子产品的开发设计，促进行业应用的升级换代。继续推进通用电子装备、通用电子与通用软件发展，加大对各行业应用及业务流程管理相匹配的专用电子、专用软件、专用电子产品的开发设计。支持满足各行业使用要求的复合功能的传感器、集成多种软件的控制器、高端显示器、关键元器件的开发设计。加强各类机器人的开发设计，积极推动高风险、高污染、高强度等高危领域的“机器换人”。

4. 着力提升服务型高端装备设计，促进制造方式的升级换代。引导有条件的装备制造企业由“以产品为中心”向“以服务为中心”转变，从提供装备向提供总集成、总承包的交钥匙工程以及提供最终服务产品转变。积极推动高端装备与使用服务一体化的开发设计，大力推进制造业和服务业融合发展，促进制造企业产业链的延伸和盈利模式的升级。

(二)突出支持重点,创新支持方式

1. 支持做强产业链短板的产业技术创新。突破产业层次低、小、散的发展格局,提升产业链关键环节的工业设计,注重新工艺、新材料、新技术的推广应用,从对产业链横向支持转向对产业链纵向垂直支持。围绕产业发展,优化装备、软件、系统等上下游集成设计,提升纵向发展水平。注重产业链关键环节、薄弱环节的研发设计,减少产业发展短板对整个行业的影响,提升产业整体竞争力。

2. 支持信息技术在新产品开发中的广泛应用。注重技术创新以及新技术的推广应用,重点支持网络技术、智能技术、绿色节能减排技术以及新材料技术、生物技术在新产品当中的开发利用。加大网络技术在新产品中的开发利用,提高智能化水平,促使传统产品向智能化、网络化产品转型,丰富产品品种,提高附加值。

3. 支持设计市场的培育扩张。通过政策引导和体制创新,引导制造企业确立购买设计服务就是有效购买技术红利、升级要素、高技术服务和信息经济成果的理念。支持制造企业购买设计服务,带动设计产业的发展,做大创新设计市场。推动建立制造企业与设计企业的协同发展机制,开展订单式、契约式、股权式等多种形式的设计服务。支持与鼓励高端设计、研发机构或个人,通过线上、线下各类交易平台,积极承接国内外企业、机构发包的设计项目,努力提升浙江设计品牌。

4. 支持高端设计团队的建设。支持引进国内外的顶尖设计人才,并纳入“千人计划”评审范围,落实各项人才支持政策。支持设计企业引进国内外设计师、退休工程师,拓宽设计视野。加强高等院校工业设计专业教学能力建设。重点支持机械与电子一体化、传统产品智能化、多学科组合的设计人才团队建设以及重点工业设计研究院、具备“两化”融合创新设计能力的设计公司、时尚品牌的设计团队建设。

5. 支持节能、环保、安全的产品设计开发。发挥工业设计在节能、环保、安全等产品中的作用,带动相关新产品的设计与开发。通过加大对购买节能、环保、安全等新产品的补贴力度,支持生产企业扩大相关工业设计需求。注重生态设计研究,在产品设计开发阶段系统地考虑原材料选用、生产、销售、使用、回收、处理等各个环节对资源环境造成的影响,降低产品全生命周期中的资源消耗和污染物排放。

6. 支持设计人才创办工业设计公司。发挥省、市等各级特色工业设计示范基地(园区)的资源集聚作用,积极为创新设计的人才创业提供房租优惠、创业资本、市场开发、设计数据库、设计软件与设计工具使用等方面的支持和服务。制定支持设计人才团队建设的政策,把多学科联合团队的建设纳入政策支持的重点。

7. 支持设计基地专业化发展。支持省级特色工业设计示范基地专业化发展,注重与当地块状经济的结合,明确设计定位,创新服务方式,解决区域内制造企业的共性设计问题。支持在装备高新区或开发区(集聚区)建设专用电子产业设计基地,提高高新装备信息化水平。支持工业信息工程公司的发展,开展生产流程改造、流水线管理等业务。

8. 支持网络众创设计。支持在省级特色工业设计示范基地创建在线创客平台和创客设计基地。以互联网、物联网为依托，鼓励采用股份制、合伙人制或民营独资的方式创建网络众创平台，建设工业设计数据库，提供在线设计工具，办好网络众创设计。推进线上资源和实体经济相结合，整合材料、技术、资金、创意、工艺等资源，推动设计成果产业化，增强平台吸引力。

9. 落实支持高技术服务产业的政策。重点落实《国务院办公厅关于加快发展高技术服务业的指导意见》(国办发〔2011〕58号)与《国务院关于推进文化创意和设计服务与相关产业融合发展的若干意见》(国发〔2014〕10号)文件规定的政策。企业产生的符合条件的设计费用，执行税前加计扣除政策。开展对工业设计公司申报高新技术企业的评定工作，对认定为高新技术企业的工业设计公司，减按15%的税率征收企业所得税。对工业设计企业产生的职工教育经费支出，不超过工资薪金总额8%的部分，准予在计算应纳税所得额时扣除；超过部分，准予在以后纳税年度结转扣除。

(三)强化政府引导，营造发展环境

1. 加强升级版工业设计培训。采取案例教学的方式，重点抓好企业家和领导干部的培训，突出创新红利对产品和企业的作用，突出创新设计对产业引领升级的作用。加强工业设计人员的培训，培养适应工业设计发展需求的复合型人才，提升机械与电子一体化、传统产品智能化的融合设计水平，提高全方位设计能力。

2. 扩大浙江省工业设计大赛影响力。通过举办浙江省工业设计大赛，集聚创新设计资源，激励创新设计人员，培育创新设计市场，推动创新设计的环境建设，推进工业设计产业升级。发挥省工业设计协会等社会中介机构作用，通过政府购买服务，做好承办实施工作，努力扩大浙江工业设计大赛影响力。对于举办各类大赛和工业设计成果实施产业化项目，按照相关政策和管理办法给予支持。

3. 完善工业设计的统计评价考核。按照浙江省工业设计升级的支持重点，调整完善工业设计相关统计指标体系。落实省政府相关目标责任书的要求，加强对“两化”融合重点工业设计研究院、省级特色工业设计示范基地的考核评价，并完善评价激励机制。开展对工业大县与各高新区新产品开发工作的评价与公开排序。及时完善相关评价考核办法，使评价体系适应和促进工业设计的发展导向。

4. 深化工业设计发展体制创新。支持工业设计产业公司化、市场化、网络化、职业化、专业化、特色化的发展之路。突出设计公司的主体作用，推动设计产业健康发展。发挥市场的决定性作用，通过培育设计市场，引领工业设计公司升级。重视网络给工业设计带来的新机遇，支持产业对接网络平台的建设，推动网络众创设计发展。培养专业强、复合型优势突出的设计人才队伍，注重高端设计人才的引进。根据专业分工与区域产业发展特色，细化工业设计的市场。

5. 加强对知识产权的保护与服务。鼓励设计成果申请专利，加强依法保护。鼓励签订购买设计合同，加强依法合同保护。鼓励企业建立与设计绩效挂钩的激励制度，加强对高端设计人才工作积极性的保护。加强工业设计领域知识产权行政执法与司法保护，打击各类侵权行为。

6. 发挥财政资金的引导作用。自2014年起连续5年，浙江省每年从战略性新兴产业财政专项资金中安排1亿元资金扶持工业设计产业发展，用于对省级工业设计基地、省级工业设计中心、省级工业设计转化对接平台、专业设计公司、重点工业设计研究院的建设以及举办设计大赛、设计对接、宣传培训、展览展示等活动。各级政府也要根据财力安排相应的扶持资金，支持工业设计产业发展。支持有条件的地方和企业建立工业设计产品产业化转化基金。

第三节　浙江制造业与生产性服务业融合发展情况

近年来，受全球经济环境变化冲击和资源约束趋紧影响，浙江经济进入阶段性结构调整期。一方面，依赖“低端产业、资源要素消耗、低成本劳动力、小散企业”的浙江制造业遭遇了发展瓶颈。而另一方面，浙江省服务业却保持稳健的发展态势，2014年前三季度浙江省第三产业增加值同比增加8.4%，远超第二产业增加值6.9%的增速。服务业的高速发展，得益于制造业与服务业互动，尤其是制造业与生产性服务业的全方位融合和相互渗透，制造业和服务业“两条腿协调走路”的发展模式已成为一种必然趋势。本节对浙江制造业与生产性服务业融合发展的意义、现状进行了描述，并提出推动浙江制造业与生产性服务业融合发展的对策建议。

一、加快“两业”融合发展的重要意义

全球制造业与生产性服务业的融合发展，已经成为各国产业竞争的关键手段，我国也将推进生产型制造向服务型制造转变作为打造“中国制造2025”的重要举措。抢抓“两业”融合发展机遇，进行前瞻谋划和战略部署，是加速浙江由“制造大省”向“制造强省”迈进，打造浙江经济升级版的必然选择。

(一)深化“两业”融合是适应“新常态”，推动经济发展方式转变的必然要求

2013年，浙江省人均GDP超1.1万美元，处于工业化后期向后工业化迈进的关键时期，面对更激烈的国内外竞争环境，依赖资源消耗和低成本出口的粗放增长模式已经不足以支撑浙江经济高速增长。浙江经济中速增长将成为未来较长时期经济增长的常态。“新常态”之下，深化“两业”融合成为浙江转变经济发展方式的必然要求。

1.“加工＋出口”向“产品＋服务”转变亟需加快“两业”融合。加工贸易在浙江经济过去的高速增长中发挥了不可或缺的巨大作用，然而因为产品结构层次较低、价值链短、附加值低等问题，受到金融危机的巨大冲击，正处于艰难转型升级的关键阶段。而制造业的服务化已经成为当前增强国际竞争力的重要手段。当前浙江省企业，尤其是龙头、“三名企业”和装备制造、电子信息行业的企业，必须不断强化制造环节与生产性服务环节的深度融合，提高研发、物流、营销、融资、技术支持等服务环节在销售收入和利润中所占比重，加快推进“以产

品制造为核心”的传统发展模式向“基于产品提供综合服务”的方向转变，最终实现工业发展模式的转变和价值链跃迁。

2. 促进经济发展提质增效需深入推进“两业”融合。目前，浙江正以“四换三名”为抓手，不断提高经济增长的质量和效益，而“两业融合”能有效助力“四换”、打造“三名”。首先，从“四换”来看，信息服务业是“机器换人”“电商换市”的支撑载体；现代物流服务业是大规模“电商换市”，实现采购、销售网络化的基础；生产性服务业作为高知识、高技术、高创新、高附加值行业，是“腾笼换鸟”“空间换地”重要培育对象；金融服务业的各类融资、租赁、金融中介创新，有效支持“四换”工程开展。其次，“两业”融合是浙江培育“三名”的有效途径：管理、咨询等行业可以帮助企业进行更精益化的管理、更科学化的决策；会计、法律等服务业能够帮助企业更加合法合规地发展，减少经营风险；中介、培训等行业可以帮助制造企业家提高管理能力，并为企业提供优秀的人才，促进浙江传统“家族式”企业向现代企业转变；广告、营销等生产性服务企业可以为制造企业提供针对产品特色的营销方案，为企业提升品牌竞争力。因此，促进“两业”融合发展是突出当前浙江发展主线的必然要求。

(二)深化“两业”融合是打破升级瓶颈，重塑“浙江制造”竞争力的客观要求

改革开放 30 多年来，“浙江制造”以“轻小民加”为特色，发展势头迅猛，促进浙江经济一路“高歌猛进”。然而随着固定资产投资、出口、社会消费品零售“三驾马车”的拉动力降低，2014 年前三季度，浙江规上工业增加值增速仅为 6.6%。浙江经济正处于产业转型升级的关键时期，促进“两业”融合，是推进浙江产业结构进一步优化，促进产业转型升级，重塑“浙江制造”竞争力的客观要求。

1.“两业”融合是优化产业结构的内在要求。当前全球已经开始向“服务经济”时代迈进，发达国家的服务业比重已经达 80%左右，生产性服务业比重达到 50%左右。浙江省 2014 年前三季度，三种产业比重为 4.1∶49.8∶46.1，产业结构调整进一步向“三二一”格局靠近，且服务业增速明显高于制造业，对全社会投资贡献提升明显，产业结构调整必须进一步加快服务业，尤其是生产性服务业的发展。而制造业发展是生产性服务业发展的前提和基础，生产性服务业发展有赖于专业分工的深化，其产出又有相当比例用于满足制造业生产中间需求，没有制造业的发展，生产性服务业甚至会失去需求来源。因此，促进生产性服务业发展，进一步优化浙江的产业结构，必须依赖于“两业”的融合发展。

2.“两业”融合是实现转型升级的根本要求。从制造业和生产性服务业融合发展的规律来看，生产性服务业是制造业生产率提升、产业转型升级的条件。生产性服务部门，如金融、信息、咨询、物流等，均是支持制造业生产、经营各环节的重要部门，通过提升制造业劳动生产率和经营管理效率，推动制造企业提高产品的附加值。当前，浙江省的大多制造企业仍未跳出价值链的低端，接单生产、两头在外(市场在外、销售在外)的生产模式不足以支撑浙江省制造产业价值链的延伸和升级发展，亟待加速培育产业链的生产性服务环节。尤其随着计算机信息等技术的飞速发展和消费者多样化需求的增加，制造业对知识型的产前、产中和产后服务的依赖程度越来越高，而生产性服务业能够广泛地渗透进制造业前期的研发和设计，中期制造、管理和融资，后期分销和信息反馈等环节，凭借其高度的创新性为产业链的各个阶段提供知识性的专业服务。唯有大力发展专业性生产性服务业，加快生产性服务业与制造业在价值链上的深度融合，才能促使浙江产业链从附加值较低的制造环节向附加值较高的服务环节延伸，使产业由低技术水平、低附加值状态向高技术水平、高附加值状态演变，促进浙江产业的整体转型和升级，并在高附加值环节构筑新的竞争力。

3．“两业”融合是促进产业集群升级的必然要求。浙江块状经济特色鲜明，地区间水平分工是产业区位主要格局，各地充分发挥各自的比较优势，努力形成各具特色的优势产业，产业素质和效率逐步提升。但是，浙江产业分工大多局限在制造环节，附加值较高且有助于产业形成核心竞争优势的服务环节发育不足，导致了浙江产业集群层次低、技术创新能力弱、有影响力的大企业少、可持续发展能力不强等问题。譬如，浙江部分产业集聚区的专业市场发达，但缺乏专业化的电子商务服务企业和现代服务业支撑，不利于内需市场的扩大。因此，目前限制浙江制造业竞争力的不在制造过程本身，而在于如何深化分工，建立起具有国际水平的生产性服务业体系，促进“两业”在集群、区域范围内良性互动、充分融合。

（三）深化“两业”融合是促进“四化”同步，实现经济社会跨越式发展的现实需要

“十八大”提出，要坚持走中国特色新型工业化、信息化、城镇化、农业现代化道路，促进“四化”同步发展，生产性服务业涉及农业、工业等产业的多个环节，是服务业发展过程中最活跃和最具带动性的产业。同时，生产性服务业有很强的吸纳就业能力，尤其是能快速集聚高素质人才，推动城镇化建设和城市发展。因此，“两业”融合是推进“四化”同步发展的现实需要。

1．“两业”互动是工业化和城镇化良性互动的粘合剂。浙江企业中99.8%是中小民营企业，可以说，改革开放以来，正是农民发动、农民投资、农民创业、农民就业推动着工业化和城镇化进程。随着制造业的不断升级，尤其是生产过程自动化程度不断提高，浙江的劳动力结构开始了新一轮的调整，大量劳动力从制造业转向服务业。城镇化进程中，无论是劳动力人口从农业转移到制造业，还是再从制造业转向商业和服务业，服务业均在其中扮演了重要的角色。一方面，服务业是大量融入城市的“新居民”城市生活和工作的“必需品”；另一方面，服务业的快速发展也提供了大量的就业岗位。可以说服务业是城镇化的重要载体之一，是有效增加城镇吸纳能力，加快城镇化建设的重要力量。

2．信息化和工业化深度融合是“两业”融合的重要内容。浙江是首个“信息化和工业化深度融合国家示范区”，正着力推进信息化与工业化在更大范围、更细行业、更广领域、更高层次、更深应用、更多智能方面的彼此交融。作为生产性服务业的重要组成部分，信息服务业正是“两化”深度融合的主角之一。正是基于信息服务业的技术革新及与其他领域深度融合，才引发了生产、生活模式的改变和新模式、新业态的出现。可以说“两化”深度融合本身就是“两业”融合的一个具体表现和重要内容。

3．“两业”融合是加快农业现代化的必要手段。农业现代化是指从传统农业向现代农业转化的过程和手段，需要实现农业的机械化、科学化、产业化、信息化。装备制造业是农业机械化的基础，唯有农业装备制造业的快速发展，才能运用先进设备代替人力手工劳动，提高农业劳动生产效率。"两业"融合是产业化的基础，通过种养加、产供销、农工商一条龙综合经营，才能将农业生产过程的产前、产中、产后诸环节联结为一个完整的产业系统。科技服务业、信息服务业则是农业科学化、信息化的重要推动因素。因此，加快"两业"融合，鼓励农业生产性服务业的发展是加快农业现代化的必要手段。

（四）深化"两业"融合是实现创新驱动，打造创新型省份的重要支撑

1."两业"融合加速创新资源汇聚。生产性服务业具备在中心城市和核心区域高度集聚的特性，同时，科技、信息、金融、商务等生产性服务业均是知识密集、智力密集、创新密集的产业，依赖于大量的高知识、高学历人才来促进发展，其产出也以创新知识和技术为主，是当前金融机构、风险资金最青睐的产业。因此，推进生产性服务业的集聚发展，打造生产性服务业集聚区，有助于在集约的空间内汇聚可观的人才、资金、信息和技术等先进创新要素，快速提高区域创新的基础能力。

2."两业"融合促进区域创新系统完善。随着经济全球化进程的加快，创新活动越来越依赖海量专业知识的交叉与融合，很难有企业仅仅依靠自身独立完成全部创新活动，而生产性服务业的大多行业属于知识型现代服务业，在区域创新系统中扮演着知识的生产者、驱动者、转移者的角色。一方面创造着新的知识，如信息服务业，在正兴起的第三次技术革命中扮演了关键角色，通过与能源、材料、生物、空间等领域不断融合，引发新的产业革命，并改变着经济社会发展进程。另一方面，生产性服务业作为创新桥梁，通过与制造业的融合发展，不断强化区域创新主体间的连接，促进知识的扩散，加快创新成果的产业化，加速省外、国外先进知识的引入，从而促进浙江省区域创新系统的不断完善，区域创新能力的提升，推进创新强省建设。

二、浙江省"两业"融合发展的现状

（一）"两业"融合的基础与优势

1. 良好制造业基础凸显"两业"融合需求。浙江一直是制造大省，也正在建设制造强省，从 1978—2013 年，制造业是浙江省平均增速最快的产业领域，浙江省工业增加值①年均增长 15.4%，比全省国民生产总值年均增速高 2.9 个百分点，比全国工业增加值年均增速高 4.1 个百分点。经过长期以来的快速发展，浙江工业增加值总量从 1978 年的全国第 15 位提高到 2013 年的第 4 位，工业增加值占全国的比重从 1978 年的 2.9%提高到 2013 年的 7.8%。制造业企业数量占全省工业企业数量的 40.6%，超过全国 33.8%的平均水平，制造业领域已形成多个较有影响力的特色产业。随着制造业转型升级加快，对发展效益要求不

① 制造业是我省工业的主体部分，制造业产值占工业总产值的比重超过 90%，由于我省制造业增加值数据未有统计，因此文中以工业整体数据反映制造业的情况。

断提高，制造业对生产性服务业的需求也日趋旺盛，尤其对金融服务、信息服务、研发设计服务等需求旺盛，这将极大地拉动生产性服务业的发展和促进“两业”的融合。

2. 特色块状经济为“两业”融合提供良好平台。改革开放以来，经济体制改革逐步推进，浙江的民营经济快速发展，组织形式以家庭作坊为主，企业规模以中小为主，区域内企业间具有较强的示范性、模仿性和关联性，逐渐发展形成地方特色的块状经济，如绍兴的轻纺产业群、海宁的皮革产业群、嵊州的领带产业群、诸暨大唐的袜业产业群、永康的五金产业群、永嘉的纽扣产业群、乐清的低压电器产业群、桐庐的制笔产业群等。集群化的发展方式为“两业”融合提供了良好的“土壤”，如“集群＋专业市场”正是区域内“两业”融合的典型模式。近年来，专业检测检验机构、工业设计基地、行业专用软件服务等生产性服务企业和机构也开始在集群周边大量聚集，诞生了具有内生性、根植性、地方特色性的生产性服务业与制造业集群产业链耦合的发展模式。

3. 生产性服务业结构优化为融合提供更好支撑。近年来，浙江省生产性服务业增长较快，规模在不断扩大。2012 年浙江省生产性服务业增加值为 9646.9 亿元①，占第三产业比重达 62%，占全省 GDP 的 27.8%，相比 2004 年，增加值 2660.6 亿元，占第三产业比重为 58%，占全省 GDP 的 22.8%，生产性服务业稳步增长，高出 GDP 和第三产业增加值年均增速。与此同时，生产性服务业的结构正逐步优化，知识密集程度较高的商务、信息和科技服务业在 2008—2012 年间的年均增速均超过 17%，在生产性服务业中所占比重不断扩大，而技术含量低的物流行业和资金驱动型的金融服务业的年均增速则显著低于知识密集型服务业，分别只有 11%和 13.7%，而且产业增加值占生产性服务业的比重呈现下降趋势。知识型生产性服务业的快速发展，将更好地满足制造业高端化发展需求，为“两业”更高层次融合提供了更为坚实的支撑。

4. 制造业与生产性服务业关联发展态势显现。近几年，随着工业强省战略的有效实施，浙江工业经济整体呈现稳中有进、稳中向好的发展态势，产业规模稳步提升。自 2004 年以来，伴随制造业规模扩张，生产性服务业也总体呈现快速发展的态势，服务业总量规模不断攀升。从制造业与生产性服务业增速的对比来看，可以明显发现，制造业与生产性服务业的增速曲线呈现较为一致的变动趋势，充分说明浙江制造业与生产性服务业具有较强的产业关联性，两者相互依赖、共同发展。

5. 信息产业加速发展进一步助推“两业”融合。浙江省电子信息产业增长速度较快，已拥有各类国家级和省级信息产业基地（园区）30 家，形成通信和计算机、电子机电、电子元器件及材料、软件和信息服务 4 个超千亿产业集群和其他 7 个超百亿元的基地（园区），电子信息产业已成为重要的支柱性、战略性产业和国民经济发展的重要增长点。信息技术与其他学科的融合发展进一步加快，使得融合、泛在、智能、集成化发展趋势更加明显，对传统制造

① 《浙江省统计年鉴 2014》中尚未更新 2013 年各类生产性服务业增加值数据，故本研究仅以最新的 2012 年数据说明。

业转型升级、服务方式创新、附加值和综合竞争力提升作用也日益显现，更好地扮演了“两业”间的粘合剂，加速两者深度融合。此外，以阿里巴巴为代表的电子商务平台，更开创了“两业”融合新模式，为浙江制造业的发展赋予新的能量。

6. 强化政策扶持，加大“两业”融合引导力度。浙江省委省政府高度重视生产性服务业发展，出台《关于进一步加快发展服务业的实施意见》《关于进一步加快发展服务业的若干政策意见》《关于加快我省工业设计产业发展的实施意见》等文件，通过优化服务业发展的市场环境，调动各地发展服务业的积极性，实施对工业企业分离发展服务业，支持服务业企业向高端化发展，从税费优惠、用地保障、资金支持、人才吸引等全方面保障生产性服务业的发展，加大对“两业”的协调发展，为“两业”融合提供保障，以重大项目、龙头企业、集聚示范为抓手，将发展服务业作为加快推进产业结构调整、转变经济发展方式的重要途径，引导企业进行研发设计、品牌创新，不断深化服务业发展的体制改革和创新，加大对服务业的支持力度，营造服务业发展的良好环境。

7. 企业探索实践为“两业”融合提供经验借鉴。从企业层面来看，浙江省已经涌现出不少“两业”融合、制造服务化的典型案例，尤其在装备制造产业、信息产业，部分企业已经率先进入了服务型制造阶段。通过发展“为服务而制造”“外包制造、专注服务”等模式，实现了主要业务收入或主要利润来源于服务环节，正从制造企业向服务企业，甚至向解决方案服务提供商转变。也有部分零售、工业设计企业开始建立自己的品牌和制造工厂，积极向制造业产业链延伸和渗透。

(二)“两业”融合的问题与挑战

1. 高端要素积累不足，高技术服务业发展滞后，融合支撑能力不足

生产性服务业的发展主要依赖于高知识、高技术要素投入，然而当前，浙江经济和城镇化发展总体仍围绕制造业进行布局，中心镇、县域经济和工业园区占据重要地位，中心城市功能相对薄弱，与高层次生产性服务业向中心城市和核心区域集聚的发展趋势不相匹配，高技术服务业发展相对滞后，对更高层次“两业”融合支撑能力不足。

(1)中高层次人才缺乏，人才区域分布严重不均。实施“千人计划”的5年来，浙江共引进“千人计划”人才939名，其中入选国家“千人计划”的人才为333名，入选总数占全国8%，居全国第四位，然而这些人才70%以上集中在新能源、新材料、生物医药、电子信息及物联网等行业，生产性服务业领域高层次人才相对较少。且除杭州、宁波外，浙江省其他地市和县级城市的中心城市功能尚比较薄弱，人文环境、工资待遇、发展平台等对科技人才、信息化人才、专业服务业从业人员等高层次人才吸引力不足，引人留人困难，中高端人才区域分布严重不均，导致了高端生产性服务业的发展水平参差不齐。

(2)高端生产性服务业比重过低，产业结构有待优化。近年来，尽管浙江生产性服务业内部结构有所优化，但高知识、高技术的服务业占比仍然严重偏低。2012年，知识密集程度最低的物流和批发零售业占据了半壁以上江山，说明劳动密集仍是浙江生产性服务业的主要特征。而知识密集程度最高的信息服务、商务服务和科技服务3个行业占生产性服务业

的比重尚不足20%,尤其是支撑创新发展的科技服务业占生产性服务业比重仅为3.6%,难以支撑浙江当前科技创新、"两化"深度融合示范区建设等重点工作,更阻碍了创新强省的建设。

2. 高端制造业发展不足,融合需求层次较低,制约工业转型升级

(1)高新技术制造业发展不足,"两业"融合需求不足。浙江省制造业的主导产业仍以劳动密集型行业为主,2013年,我省劳动密集型产业比重高达53%。而制造企业组织形式以中小民营企业为主,大多从事纺织、服装、皮革等简单消费品或复杂产品的部分零配件加工生产,在技术上以模仿型的创新为主,在经济增长方式上以粗放型的规模扩张为主,这些特点决定了浙江大多制造业企业价值链过短、创新动力不足、产品科技含量不高,对生产性服务业融合需求不足。从制造业对生产性服务业的需求来看,从20世纪90年代开始,美、英、德、日等发达国家的制造业对生产性服务业的需求就超过了20%,而浙江2010年制造业对生产性服务业的需求仅为12.37%,不但远低于美、英、德、日等国,更低于中国、巴西等国家和地区2005年的水平,高端制造业发展的不足导致了浙江制造业对生产性服务业的融合需求滞后于经济发展水平。

(2)两业"融合"需求层次过低,制约制造业转型升级。尽管近年来,浙江省通过"两化"深度融合、建立重点企业研究院等举措努力推进"两业"在更广范围、更高层次融合,但由于浙江制造业,尤其是纺织、服装等轻工产业,呈现出大而不强的态势,大多企业目前仍以OEM、ODM业务为主,对品牌培育、研究开发投入普遍偏低,而对运输、仓储等生产性服务业需求旺盛,互动融合需求仍停留在较低层次。通过2010年浙江省投入产出数据分析可以发现,当前浙江省制造业对生产性服务业互动需求结构中,互动最密切的仍为低技术制造业与批发、物流、金融等低知识密集程度生产性服务业,浙江省的高新技术制造业对科技、信息等知识型服务业的需求非常低。"两业"融合层次过低,严重阻碍了"浙江制造"向"浙江创造"的转变进程。

3. 现有政策针对性不强,对融合引导不足,对企业激励作用有限

(1)政策引导针对性不够。浙江省对"两业"融合发展的政策引导不足主要体现为两方面。一是缺乏针对生产性服务业的整体发展规划和扶持政策。目前,国内已有部分省市出台生产性服务业的专项政策,如《山东省人民政府关于加快发展生产性服务业的意见《(鲁政发〔2009〕87号)、《广东省东莞市关于加快发展生产性服务业的实施意见》(东府办〔2009〕5号)等,但浙江省的服务业扶持政策①以针对整个服务业或某个特定行业为主,缺少对与制造业互动融合最紧密的生产性服务业的针对性政策和规划布局。二是缺乏针对"两业"融合发展的政策。上海、四川等省市都出台了鼓励制造业主辅分离的财政扶持政策,苏州已经启动自主品牌制造服务化示范企业评选,省内杭州、温州等地也有相关的政策措施。但就全省而言,促进制造业与服务业融合的政策措施仍比较少,不利于"两业"协调发展,共同提升,所

① 2008—2014年浙江省服务业发展相关政策详见附件三。

以亟需进行相关政策的研究。

(2)配套政策不齐全。现有的各类服务业发展配套政策尚不全面,土地、人才、金融等方面的政策配套尤显不足。工业领域的普惠性政策较多,特惠性政策偏少,如财政支持推进中小企业信息化、技术改造等方面,将有限的资金采取“撒胡椒面”方式,平均分配给中小企业,个别地方甚至缺失评估,将资金分配给不符合条件的企业。除此之外,也存在配套政策出台有一定滞后性以及政策更新不及时的问题。目前,“两业”融合发展的配套政策体系尚未建立,关于税收、财政、土地、融资、人才、价格、管理、统计等方面的具体政策有待细化。

(3)扶持力度不足。在税收优惠方面,企业在“两业”融合上面临营业税重复缴纳等问题;交通运输等行业固定资产投入大,但外购固定资产进项税却不能抵扣;对于生产性服务业的研发投入所得税优惠政策关注较少,技术中介业和物联网的产业税收优惠政策不够完善;“重事后轻事前”的税收激励问题也有待解决。在企业融资方面,金融机构在为制造企业提供融资服务时存在“一刀切”问题,在确保符合国家产业政策的产业和项目得到资金支持的同时也不应仅以行业大类来判断是否为企业提供融资服务,要根据具体细分行业的具体特征作为判断标准。金融政策的灵活性不足,企业品牌、技术力量等无形资产融资还存在较大障碍。这些都不利于企业的产品研发、打造品牌,不利于对上下游环节进行拓展,也不利于生产性服务业与制造业企业的协同发展创新。

(4)政府扶持发展的方法、手段创新不够。随着制造业与服务业发展水平的提高,各产业发展呈现出了一些新的特点,如“两业”的边界越来越模糊,信息技术对制造业的引领越来越关键;产业发展提升路径不仅体现在“硬技术”上,也体现在“软技术”上;产业创新的新模式不断涌现等。而政府扶持制造业与服务业发展仍然更多地采用“补助、奖励、贴息”等手段。引导企业关注“两业”互动融合发展的手段、方法还需进一步创新,应结合当前的产业发展特征,从企业的实际需求出发,采取更有效的推进办法。

总结浙江省制造业与生产性服务业融合发展的现状与问题可见,当前推动浙江“两业”融合发展的基础已经具备,需求已经凸显。首先,从产业发展规律来看,浙江制造业依靠规模、成本、资源的追赶式发展模式已到瓶颈,“两业”融合能够提升产品附加值、促进价值链延伸、推动产业升级,是浙江制造从依靠外延投入为主、数量增长型的“规模红利”,转向内涵提升为主、质量增长型的“生产率红利”和“创新红利”的主要路径。其次,从浙江省制造业发展的水平与趋势来看,扎实的产业基础和企业家们日益开阔的眼界,为“两业”融合发展提供了良好的基础,尤其是部分优秀企业已经开始探索“两业”融合发展的新模式,所积累的经验必将助推“两业”深度融合,协同发展。最后,当前的消费需求升级也对“两业”提出更高要求。例如普通消费者的需求从功能满足转向“功能+时尚+个性”的多维体验,再如工业企业对装备、零配件等的需求也愈加强调制造解决方案的提供,这些均需要制造业加快转向服务型制造。

三、促进两业深度融合、加快转型升级的政策建议

(一)加强政策规划引导

进一步加强对浙江省促进制造业和生产性服务业互动融合发展的规划引导和政策调控，力争统一认识、明确目标、理顺思路、改善方法、完善机制，提高浙江“两业”融合发展水平。制定和出台浙江省促进生产性服务业发展和推动“两业”互动融合发展的专项规划或指导意见，关键要强化通过重点发展生产性服务业带动整个服务业加快发展及制造业转型升级的指导思想，并明确不同时期支持发展的不同重点行业，深化生产性服务业与制造业的协作。各市、县(市)、区相关部门也应分别根据自身特点制订相应的推进方案，通过三级联动推进机制，合力助推“两业”有机融合，共同发展。同时，加快研究制订各行业与各类生产性服务业互动融合发展的规划方案，根据行业特征、发展阶段等有针对性、有重点地开展促进“两业”互动融合发展的政策研究；各园区、产业集聚区也应根据区域特点、产业状况，研究制订推进“两业”互动融合发展的方向和重点。

加强政策引导，着重解决生产性服务业发展空间、布局问题，整合引导资源要素的集聚，培育高端服务职能，构建面向制造业的高水准区域服务平台；优化生产性服务业发展的结构，规范提升物流、金融等传统服务业，重点发展现代服务业，促进现代制造业与服务业的有机融合、互动发展，突出发展信息服务业以及发展面向高端制造的服务业，不断培育、形成生产性服务业新的增长点；进一步优化政务环境和商务环境。

(二)加大资金有效投入

制订促进工业生产性服务业发展指导目录，明确工业生产性服务业发展的方向和重点，并从财税、价格、投资和信贷等方面有重点、有针对性地予以支持和适度倾斜。将工业生产性服务业纳入相关产业政策扶持范畴，加快设立工业生产性服务业发展专项资金。对浙江工业发展重要，但自身发展薄弱的生产性服务行业，设立专项资金予以鼓励和支持。利用专项资金，对以建立品牌为目的而投入大量营销服务、对以提升技术水平为目的而投入大量研发服务的工业企业，以及“两业”互动融合发展水平领先的示范型企业给予一定的财政补助。

鼓励企业加大能够有效促进“两业”互动融合发展方面的投资，加快研究以生产性服务业有效促进制造业水平提升的思路和实现路径。引导技术水平不高、产品附加值低的企业在提高项目研发、提升流通效率等方面的投入，引导制造水平领先、产品附加值高的企业在加强渠道建设、提升综合服务水平等方面的投入。同时，金融部门对企业促“两业”融合发展的投资项目也应及时提供有效的资金支持，加快完善金融服务功能和提高服务质量，不断创新金融工作方法，在协助政府、帮助企业和争取项目配套资金上多动脑筋、多下功夫，切实加大对项目建设的信贷投入力度，全力支持“两业”互促共荣重点项目建设。

(三)强化先进要素保障

生产性服务业是知识密集型、智力密集型行业，科技是支撑，人才是根本。所以，要以

“两业”互动融合需求为导向，建立新的人才引进及培养机制，通过建立院校与企事业单位合作进行人才培养的机制，以“订单式”教育与培训模式，引进及培养既懂得高技术制造业发展规律和趋势，又能够胜任生产性服务业发展的各类复合型人才。同时，大力发展职业教育，加快专业技能型人才的培育，根据浙江产业特点，有针对性地设置专业，提高技能型人才的区域适用性，为生产性服务业与制造业的联动发展提供强有力的人才支撑。

充分利用发达国家和地区的知识、信息资源和先进经验，加快技术引进，通过消化、吸收再创新应用于制造水平和服务水平的综合提升。同时，引导企业加强对生产性服务业重要性的认识，鼓励企业自身加强创新能力，研究形成最适合企业自身的“两业”互动融合发展的新模式、新方法。企业引进、吸收先进技术，加强自主创新都离不开企业家才能的引领，因此，加强具有先进理念和管理才能的企业家队伍的培育至关重要，引导企业家团队充分认识制造与服务互促互融、共生共荣的重要性和关键性。

（四）建立完善统计体系

当前的国民经济行业分类和统计标准无法全面衡量生产性服务业与制造业之间的关系，工业生产性服务业统计体系尚待完善。为更合理地反映“两业”之间的关系，本着统计服务于应用的原则，需要建立一套完善、合理、运行有效的工业生产性服务业统计体系，其中尤为重要的是进一步完善、规范相应的统计分类体系，明确相应的统计调查方法。应对工业生产性服务业范围做出界定，依照《国民经济行业分类标准》制定《浙江省工业生产性服务业统计分类标准》，划分各相关部门职责，制定《浙江省工业生产性服务业统计制度》，并组织实施工业生产性服务业统计调查。与此同时，应加强组织领导和宣传工作，提升相关制造企业和生产性服务企业的统计法律意识，加强与数据采集单位的配合。加大对工业生产性服务业统计体系建设的投入力度，控制数据收集过程，实行数据收集的“奖惩制度”，提升统计数据的真实性与可靠性，加快推进服务业统计体系的建设，切实做好全省工业生产性服务业统计资料的综合汇总、评估、核算和公布工作。

此外，统计部门应提高对工业生产性服务业的关注度，在年度、月度经济运行报告中增加对该行业的统计分析，定期开展研究解决“两业”互动融合发展过程中遇到的困难和问题。政府职能部门还可通过建立“两业”互动融合水平的综合评价体系，定期收集“两业”发展水平数据，开展各市、县、区“两业”互动融合水平的评价工作，不断激发全省各界发展生产性服务业的积极性和主动性，形成相互竞争共同发展的良性循环，力争有效推动企业制造和服务水平的综合提升。

（五）优化融合发展环境

营造便利、高效的政务环境。不断提升政府服务的质量和效果，对各类生产性服务业项目（包括工业企业内部或分离发展的以及专业服务企业的生产性服务业项目）审批设立“绿色通道”，减少审批事项、审批环节、审批时间，依法下放权限，提高审批效率；实行重点项目领导联系责任制和服务承诺制，为企业提供高效、便捷、透明的政务服务。

营造平等、诚信的市场环境。建立规范的市场准入制度。根据不同产业特点，制定相应的市场准入门槛。对会计、咨询、物流等服务行业，提高准入门槛，避免无序竞争。对金融、通信等行业，则要降低准入门槛，打破垄断，促进竞争，努力形成政策限制少、产业间公平发展、不同所有制平等竞争的良好发展环境。同时，大力整顿和规范“两业”融合发展的市场秩序，强化市场监管，严厉打击制假售假、商业欺诈等违法行为，严厉查处不正当竞争行为，逐步建立诚实、守信的社会信用体系，促进生产性服务行业诚信经营。

营造规范、有序的法制环境。加快制定和完善规范生产性服务业市场主体行为和市场秩序的政策法规，完善工业企业主辅分离发展生产性服务业的政策法规，逐步形成比较完备的服务业法规体系，为“两业”融合发展提供法律保障。

第四节　浙江农业中小企业发展概况

为了解浙江省农业企业生产经营情况，发展过程中的困难问题，对未来的预期规划，课题组在嘉兴、湖州、绍兴、金华、衢州、丽水对 47 家农业企业开展了企业生产经营及转型升级情况调研，结果显示企业对发展环境和前景较为乐观，但存在要素紧张、创新不足、辐射力弱等普遍问题。

一、农业中小企业基本情况

(一)经营性质以私营为主

从 47 家被调查企业的经营性质看，私营企业 30 家，占 63.8%；股份制企业 11 家，占 23.4%；另外有合资企业 2 家，外资企业 1 家，农业合作社或家庭农场 3 家。

(二)经营范围多为种养产品加工

76.6%(36 家)的被调查企业经营种植业或畜牧业产品加工，其中种植业产品加工企业 22 家，畜牧业产品加工企业 11 家，同时从事种养产品加工和农产品流通服务的 3 家。另外有单纯的农产品流通服务企业 4 家，海洋渔业加工企业 1 家，木业加工等其他农业企业 6 家。

(三)“公司+农户”模式占三分之一

47 家被调查农业企业中经营模式为“企业+农户”的 17 家，占 36.2%，以种植与养殖业为主。其中种植业产品及加工企业 12 家，占 70.6%，畜牧业产品及加工企业 3 家，占 17.6%。

(四)企业经营规模和效益差别较大

47 家被调查企业平均总资产近 7000 万元，其中企业总资产过亿元的有 5 家，占 10.6%；多数企业总资产在 1000 万元—5000 万元之间，共有 20 家，占 42.6%。从雇工人数来看，企业用工差别较大。雇工人数在 10—50 人的 16 家，占 34.0%，比例最高；100—500

人,有 14 家,占 30.2%;50—100 人,有 9 家,占 19.1%;1 家企业雇工人数达到 990 人,7 家用工人数在 10 人以下。2014 年企业平均销售收入约 6500 万元,其中销售收入过亿元的有 8 家,占 17%;29.8%(14 家)的企业销售收入在 1000 万元—5000 万元区间内。2014 年平均营业利润约 400 万元,超过 1000 万元的有 5 家,占 10.6%;27.6%(13 家)的企业销售收入为 100 万元—500 万元;29.8%(14 家)的企业销售收入为 10 万元—50 万元。从 4 项指标关系来看,总资产与销售收入之间、销售收入与营业利润之间相关性较强,相关系数在 0.75 左右,其他指标间为弱相关。

(五)企业发展环境和前景较为乐观

多数被调查企业表示当前政策环境对企业发展有利。认为国家产业政策、环保政策和质量管理体系对企业发展有利的比例分别为 78.7%、59.6% 和 85.1%。2014 年以来,40.4%的企业表示生产形势较好。八成左右的企业 2014 年销售收入和营业利润比上年有所增长,六成以上涨幅超过 5%。多数企业对发展前景较为乐观,53.2%(25 家)的企业表示打算继续扩大经营规模,仅 6.4%(3 家)表示会缩小经营规模。

二、农业中小企业经营发展面临的问题

(一)资源紧张,要素投入受限

企业生产和再生产的基础是生产要素的投入,劳动力、土地、资本都是重要的生产要素。调研发现,目前农业企业在生产经营过程中面临的前三大问题依次是劳动力、土地和资金问题。一是劳动力资源缺乏,雇工成本高。47 家被调查企业认为企业发展中劳动力成本太高和劳动力缺乏的分别占 72.3%(34 家)和 25.5%(12 家)。二是土地资源有限,土地租金高。48.9%(23 家)的企业认为土地不够用或者土地租金太高。三是资金问题,36.2%(17 家)的企业存在资金不足或融资困难问题。用人难、用地难、用钱难是制约农业企业进一步发展的主要障碍。究其原因,一是农业企业多为劳动密集型企业,且工资较低,导致用工难。二是农业产品附加值低、利润低、税收低,在争取用地方面处于明显劣势。三是多数企业为小微企业,银行贷款受到诸多限制,融资困难。

(二)创新不足,产品竞争力缺乏

农业企业存在着发展经营模式传统、创新不足、研发投入少、产品科技含量较低、产品竞争力不足、市场定位不明朗、需求不足等问题。调研中共有 11 家企业反映企业发展中存在上述问题,占 21.3%。企业竞争力、科技水平均有待进一步挖掘。仅有 27.7%(13 家)的企业认为本企业在国内同行业中的竞争力较强,40.4%(19 家)的企业认为竞争力中等,31.9%(6 家)认为竞争力较弱或不好;认为企业产品的科技含量较强、中等、较弱的比例分别为 19.1%(9 家)、51.1%(24 家)和 12.8%(6 家)。企业创新意识、产品科技含量和竞争力相关性较强。企业创新意识不足,科研力量薄弱,导致产品大同小异,可替代性较强,市场竞争力不足,企业发展难以突破常规。

(三)辐射力弱,与农户关系松散

调研中有31.9%(15家)的企业产品只辐射到本县(市、区),12.7%(6家)为本市,27.7%(13家)的为本省,仅27.7%(13家)的企业产品辐射到其他省市,企业辐射力弱,市场容量小,应对能力差,进一步影响了企业的扩张经营和做大做强。36.2%(17家)的被调查企业经营模式为“企业+农户”,其中6家产品辐射范围为本县(市、区);12家都是种植业产品加工企业;17家企业签约农户数量平均1002人,其中1000人及以上的5家,100人以下的5家,100—1000人之间的7家。从近几年签约农户数量看,11家企业基本稳定,5家有所增长,1家下降。“企业+农户”经营模式下企业与农户一定程度上形成了利益关系,但关系较为松散,多数合作模式为农户给企业提供农产品,企业按订单收购,农户和企业并没有形成真正的利益共存。

(四)传统经营,市场销售为主

从销售渠道看,53.2%(25家)的企业产品主要是市场销售;依靠订单销售、客户上门收购或采用市场订单多种销售渠道结合的企业均为14.9%(7家)。被调查企业中3家有网络销售。农业企业经营方式较为传统,产业链相对较短,产品附加值不高,销售方式受客户群体限制,仍然以市场为主。近几年,农业企业为了适应发展新形势、市场新环境,销售渠道逐步开始多元化,但网络销售等仍处于起步阶段。

三、推动农业中小企业健康发展的建议

农业企业是重要的新型农业生产经营主体之一,在促进农业发展和农民增收、推动农业现代化过程中发挥着非常重要的作用。当前经济发展新形势下,浙江农业企业面临着新环境、新考验,也面临着转型升级的新要求。

(一)强化农户联系,以利益求双赢

目前很多农业企业带动农户作用不明显,一是由于选择不够灵活,多数企业更愿意通过市场购买原料,二是部分企业认为农户提供的农产品无法保证质量,三是企业与农户间存在着土地租金、人员工资、用工管理等多方面矛盾。为了实现企业、农户双赢,农业企业一方面可以改变比较松散的订单买卖关系,联合农业合作社,通过统一供种、技术指导、生产监管、提供服务等手段加强对农产品质量把控,另一方面可以带动农户以土地或产品入股,最低收益保底,按股分红,不仅可以形成企业自身的产品原料基地,也能充分发挥龙头企业对农民增收的带动作用,使农业增效、农民增收、企业增利,最终形成互利共赢的良好局面。

(二)创新经营模式,以品牌赢市场

市场是企业生存的基础,创新经营模式,加强品牌创建对于企业赢得市场、谋求生存发展来讲至关重要。企业首先要找准市场定位,突出特色,把好农产品质量关,努力打造精品。其次要创新生产、流通、销售方式,充分利用互联网,采用多样化的销售渠道积极挖掘市场。

最后可以充分利用农业企业自身特点，以农业资源为依托，将农业与娱乐、教育、观光、休闲等第三产业融合，发展“农业＋旅游”“农业＋餐饮”等休闲农业模式。

（三）加大研发投入，以科技谋效益

企业研发投入少、产品科技含量低、劳动者素质偏低是目前农业企业存在的普遍现象。企业要提高经济效益，保证健康可持续发展，一是要加大研发投入，积极引进人才，加强自主创新能力。二是要积极借助外力，与高等院校、科研院所等开展联合创新，获得技术支持，为农业企业转型升级打好基础。三是要重视科研成果转化，提高产品的附加值，提高经济效益。

（四）做好目标规划，以制度强管理

目前很多农业企业缺少科学的发展规划，存在先建设后规划、边建设边规划，甚至只建设无规划的问题，发展没有可持续性。农业企业要转型升级就要加强现代化企业管理。一是要加强制度建设，建立健全产品质量安全管理、信息管理、市场管理、服务管理等各项管理制度。二是加强队伍建设，充分调动职工工作积极性和责任心。三是企业管理者要注重学习现代企业经营管理理念，为企业发展注入活力。

（五）政府加强服务，以政策保发展

政府要结合当地实际，积极扶持和发展那些真正与农户形成利益联结机制，带动广大农民增收的农业企业。通过市场运作机制，鼓励引导城市工商资本、社会闲散资本和外来资本投入到农业企业。做好对农业企业的服务工作，完善和落实土地、资金、税收等扶持优惠政策，增强农业企业竞争力和辐射带动能力，为农业企业发展保驾护航。

第五章
浙江省中小微企业对经济社会的贡献

中小微企业是浙江经济发展的生力军，无论在总量、产业分布还是行业分布上都占绝对优势。浙江省中小微企业作为浙商创业成长的基本平台，长期以来在打造浙江的各类专业市场、发展浙江的块状经济及产业集群、推动科技创新、扩大地方就业、促进社会和谐稳定、参与国际竞争等方面发挥了不可替代的作用。近年来，浙江省委、省政府对小微企业发展高度重视，专门制定了《浙江省人民政府办公厅关于促进小微企业转型升级为规模以上企业的意见》（浙政办发〔2013〕118 号），加快小微企业转型发展、创新发展、提升发展。

本章主要依据浙江统计部门的调查统计数据，通过重点分析近年来浙江省中小微企业对区域经济总量、劳动就业、财政税收及出口创汇等方面的贡献，进一步从宏观角度分析研究浙江省中小微企业发展的现状，从而为更好发挥中小微企业在区域经济社会发展中的作用提供决策参考。

第一节　经济总量贡献

一、现状分析

据统计，2014 年浙江省共有规上中小微工业企业 40243 家，占全部规上企业的 98.54%，处于绝对数量优势。2014 年规上中小企业的工业总产值为 51018.23 亿元，占全部规上工业企业总产值的 76.10%。规上中小企业的销售收入（主营业务收入，下同）为 48858.73 亿元，占全部规上工业企业销售收入的 75.90%。从工业增加值看[①]，2014 年浙江省规上工业增加值为 12543.29 亿元，其中，中小微企业增加值为 9235.75 亿元，占比高达 73.63%，小微企业实现工业增加值 5614.36 亿元，占比 44.76%。从产销率来看，2014 年浙江省规上中小企业的销售产值为 49238.36 亿元，产销率达 96.51%；规模以下企业的产销率高达 99%以上，中小微企业产销两旺，有力推动了浙江实体经济的发展（如表 5-1、表 5-2，图 5-1、图 5-2 所示）。

---

① 注：工业增加值数据采用省统计局快报数据。

表 5-1 2014 年浙江省不同规模企业产值贡献情况

单位:亿元,%

企业类型	工业总产值		销售收入		工业增加值	
	实绩	比重	实绩	比重	实绩	比重
全部规上企业	67039.78	100.00	64371.53	100.00	12543.29	100.00
大型企业	16021.55	23.90	15512.80	24.10	3307.54	26.37
规上中小企业	51018.23	76.10	48858.73	75.90	9235.75	73.63
规上中型企业	21135.66	31.53	20099.54	31.22	3621.39	28.87
规上小微企业	29882.57	44.57	28759.19	44.68	5614.36	44.76

表 5-2 2014 年浙江省大中小企业产值贡献情况

单位:亿元,%

企业类型	工业总产值		销售产值		产销率
	实绩	比重	实绩	比重	
大型企业	16021.55	20.56	15676.05	20.74	97.84
规上中型企业	21135.66	27.13	20344.40	26.92	96.26
规上小微企业	29882.57	38.35	28893.54	38.23	96.69
规下小微企业	10765.21	13.96	10659.71	14.11	99.02

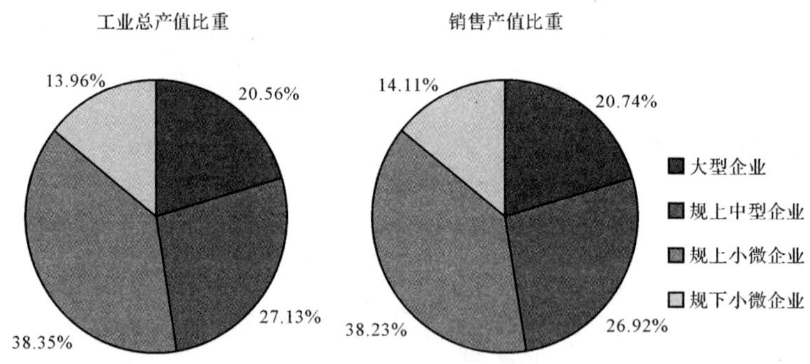

图 5-1 2014 年浙江省不同规模类型企业产值贡献率

二、趋势分析

2011 年中小微企业划型标准的变化,导致统计口径发生变化,总体上看,统计口径变化之后,大型企业的比重稍有上升,而中小微企业的比重略微下降,其中规模以下小微企业的比重上升。近 3 年浙江省企业总产值平均增长 6.36%,其中大型企业总产值平均增速为 0.42%,中小微企业总产值的平均增速为 8.08%。从不同规模类型中小微企业的同比增速看,增长最快的是规上小微企业,近 3 年的平均增速为 9.96%,增长率水平稳定,

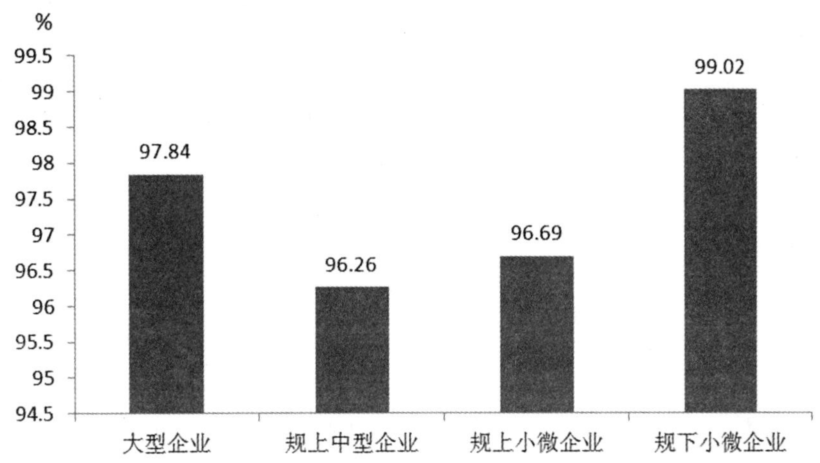

图 5-2 2014 年浙江省不同规模类型企业产销率情况

规上小微企业总产值平稳增长;规下小微企业的平均增速(5.61%)低于规上小微企业,且波动较大(如图 5-3 所示)。

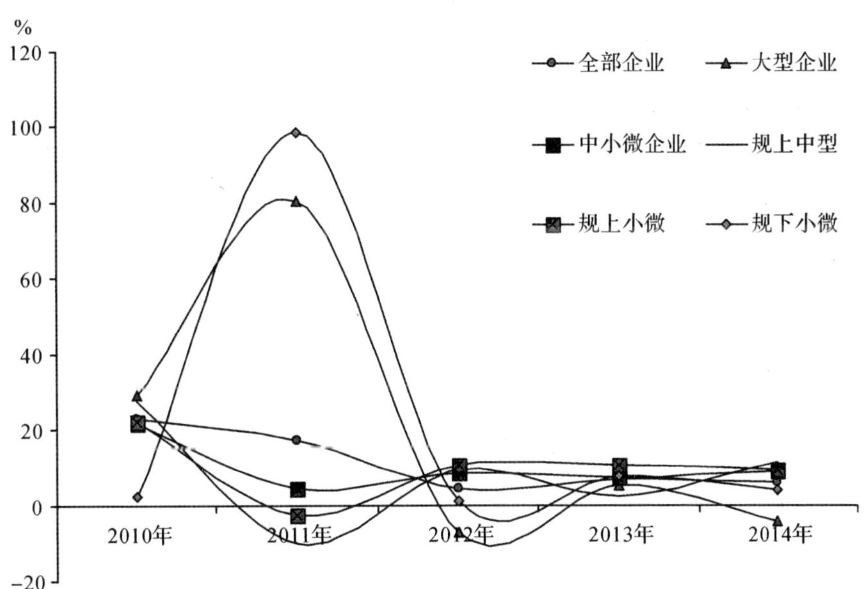

图 5-3 2010—2014 年浙江省不同规模类型企业总产值同比增速走势

近年来,浙江省中小微企业对浙江经济总量贡献逐渐增大。从不同规模中小微企业对于工业总产值的贡献度看,自 2011 年起大型企业总产值在全部企业总产值中的比重逐年下降,2014 年该占比下降至 20.56%。与其相对,中小微企业总产值占比呈逐年递增趋势。浙江省中小微企业的工业总产值占比保持在 77%左右,其中,规上中型企业平均占比 26.39%,规上小微企业总产值占比明显上升,平均占到 36%以上,规下小微企业平均占比 14.20%,该比重近年无显著变化(如图 5-4、表 5-3 所示)。

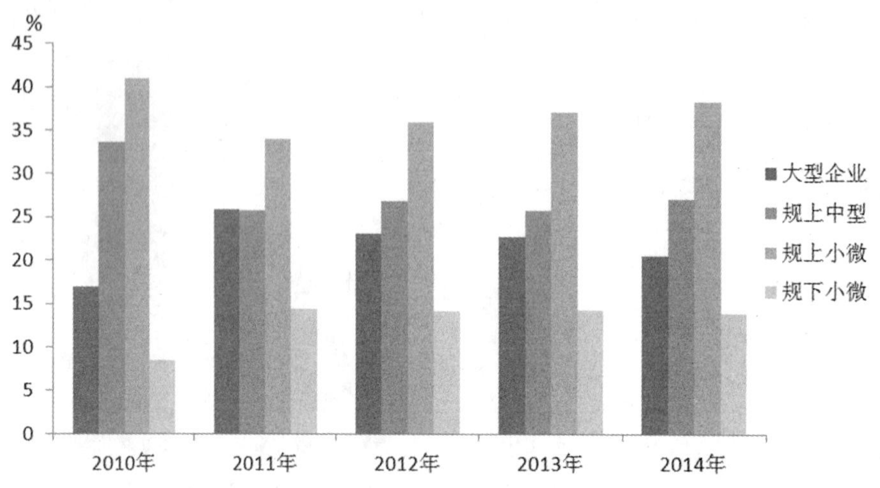

图 5-4　2010—2014 年浙江省不同规模类型企业总产值贡献率走势

表 5-3　2010—2014 年浙江省不同规模类型企业工业总产值增长率

单位：亿元，%

年份	指标	全部企业	大型企业	中小微企业	规上中型	规上小微	规下小微
2010	总产值	56163.08	9483.63	46679.45	18906.7	23003.87	4768.88
	增长率	22.91	29.05	21.73	27.3	22.13	2.33
	比重	100.00	16.89	83.11	33.66	40.96	8.49
2011	总产值	65881.76	17089.96	48791.8	16961.51	22354.58	9475.71
	增长率	17.30	80.20	4.53	−10.29	−2.82	98.70
	比重	100.00	25.94	74.06	25.75	33.93	14.38
2012	总产值	68873.65	15886.56	52987.09	18522.53	24715.07	9749.49
	增长率	4.54	−7.04	8.60	9.20	10.56	1.00
	比重	100.00	23.07	76.93	26.89	35.88	14.16
2013	总产值	73462.12	16733.95	56728.17	18941.26	27305.07	10481.84
	增长率	6.66	5.33	7.06	2.26	10.48	7.51
	比重	100.00	22.78	77.22	25.78	37.17	14.27
2014	总产值	77914.82	16021.55	61893.27	21135.66	29882.57	10875.04
	增长率	6.06	−4.26	9.11	11.59	9.44	3.75
	比重	100.00	20.56	79.44	27.13	38.35	13.96

第二节　劳动就业贡献

中小微企业的快速发展为浙江省的劳动就业做出了巨大贡献，中小微企业是吸纳社会就业的主要渠道，是大众创新、万众创业的重要载体。2014 年来，浙江省逐渐形成了以中小微企业就业为主体、新兴就业与自主创业为新增长点的多渠道就业格局。

一、现状分析

据统计数据显示，2014 年浙江规上中小微企业共有从业人员 592.12 万人，其中规上中型企业 225.64 万人，而规上小微企业 366.48 万人，规下小微企业共有从业人员 327.47 万人，个体工业户共有从业人员 418.48 万人。浙江中小微企业和个体工业户从业人数总计达到 1338.07 万人，远远高于大型企业从业人数(130.66 万人)。2014 年中小企业劳动就业贡献率达到了 91.10%，其中，规上中型企业的劳动就业贡献率为 15.36%，规上小微企业劳动就业贡献率为 24.95%，而规下小微企业的劳动就业贡献率为 22.30%，个体工业户的劳动就业贡献率为 28.49%(如图 5-5 所示)。中小微企业是吸纳社会就业的主要渠道，特别是规下小微企业和个体工业户在振兴区域实体经济、缓解就业压力方面起到了不可替代的重要作用。

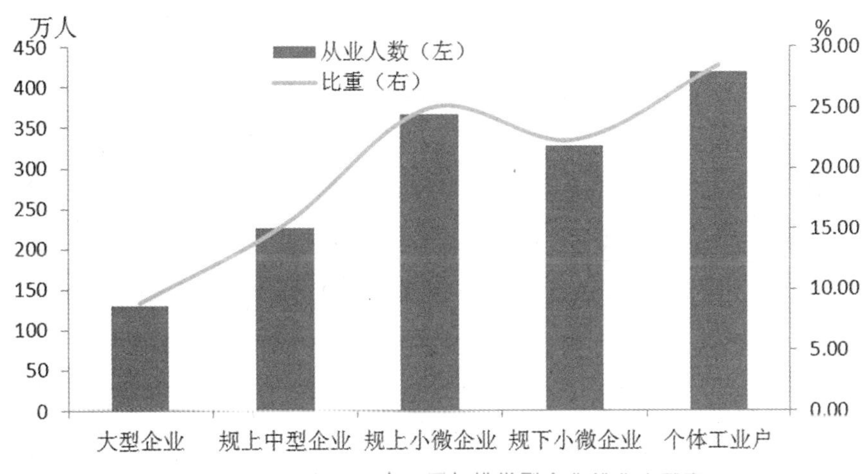

图 5-5　2014 年浙江省不同规模类型企业就业贡献率

二、趋势分析

2011 年中小微企业划型标准变化，导致统计口径改变，因此 2009—2014 年浙江省不同规模类型中小微企业的从业员工人数有明显波动。自 2011 年以来，规上中型企业就业人数呈递减走势，2014 年规上中型企业从业人员 225.64 万人，较 2011 年下降了 14.76%；与规上中型企业相反，规上小微企业的从业人数逐年上升，2014 年该值上升至 366.48 万人，较 2011 年增加了 13.79%；规下小微企业从业人数却呈下降走势，从 2011 年的 379.05 万人逐年下降至 2014 年的 327.47 万人；个体工业户是小微企业的重要组成部分，近年来，随着“个转企”工程的实施，就业人数从 2009 年的 465.64 万人缓慢降至 2014 年的 418.48 万人(如表 5-4、图 5-6 所示)。

从新增就业人数看，2012 年全部企业从业人员减少较大，比 2011 年减少了 52.24 万人，而2013年又略有回升，但2014年的就业人数较上年减少了22.98万人。2011年以来，除了规上小微企业从业人员逐年增加，其他规模类型的企业从业人数都不断下降。近年来中小微企业就业人员总量不断增加，但增速趋缓，既有近年来招工难、招工贵因素的影响，也与浙江省大力推进“机器换人”工作有关，是新常态下经济发展与浙江产业结构深度调整相互激荡带来的结果(如表5-4所示)。

表5-4　2009—2014年浙江省不同规模类型企业劳动就业贡献率

单位:万人,%

年份	全部企业	大型企业	规上中型企业	规上小微企业	规上中小微企业	规下小微企业	个体工业户
2009	1499.79	76.63	259.40	451.61	711.01	246.51	465.64
	—	5.11	17.30	30.11	47.41	16.44	31.05
2010	1520.86	89.56	286.75	481.28	768.02	232.43	430.85
	—	5.89	18.85	31.64	50.50	15.28	28.33
2011	1541.93	147.58	264.72	322.07	586.79	379.05	428.51
	—	9.57	17.17	20.89	38.60	24.58	27.79
2012	1489.69	137.47	240.88	340.66	581.54	355.05	415.63
	—	9.23	16.17	22.87	39.04	23.83	27.90
2013	1491.71	134.11	234.32	351.00	585.32	349.84	422.44
	—	8.99	15.71	23.53	39.24	23.45	28.32
2014	1468.73	130.66	225.64	366.48	592.12	327.47	418.48
	—	8.90	15.36	24.95	40.32	22.30	28.49

从浙江不同规模类型企业就业人数比重变化看，2011年至今，大型企业从业人员比重逐年递减，中小微企业和个体工业户从业人数比例上升，其中规上小微企业就业人数所占比例增长最明显，从2011年的20.89%上升至2014年的24.95%；个体工业户从业人数比重略有提高，2014年该比重提升至28.49%。浙江省中小微企业从业人员占比每年保持90%以上，因此，近年来中小微企业一直是浙江省吸纳就业的主要渠道(如图5-6、图5-7所示)。

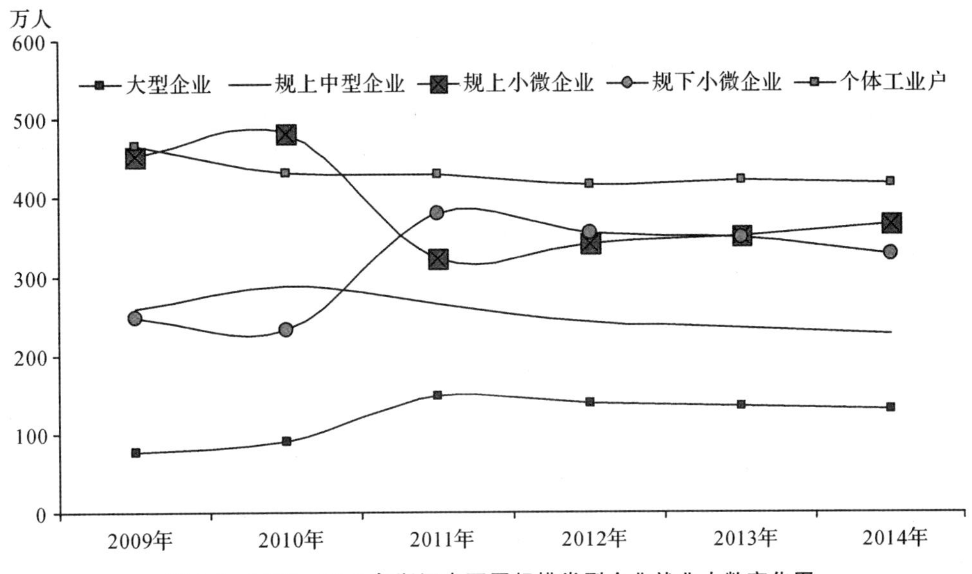

图 5-6 2009—2014 年浙江省不同规模类型企业就业人数变化图

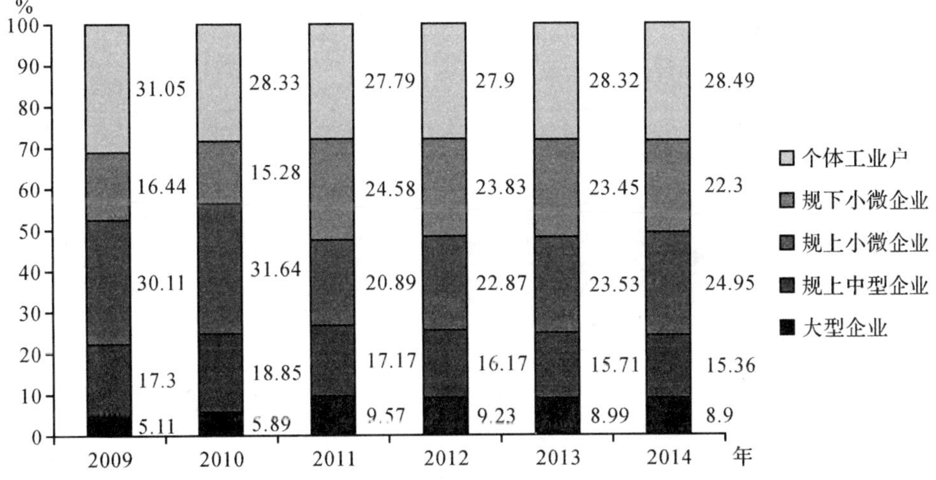

图 5-7 2009—2014 年浙江省不同规模类型企业就业人员比重变化图

第三节 财政税收贡献

一、税收现状

近几年来，浙江经济下行压力较大、外需疲软、内需动力不足，同时受到生产要素价格约束，中小微企业受到的冲击尤为显著。尽管面临着企业税费负担较大、政府财政收入增速减缓的压力，但中小企业仍为浙江省财税收入做出重要贡献。2014 年浙江工业企业上缴税收[1] 3017.07 亿元，其中全部规上企业上缴税收 2573.96 亿元，占全部工业企业上缴税收的 85.31%，规下小微企业上缴税收 443.11 亿元，占 14.69%。规上中小微企业上缴税收 1960.63 亿元（其中，中型企业税收总额 717.63 亿元，小微企业税收总额 1243.00 亿元），占全部税收收入的 64.98%，在不计规下小微企业税费的情况下，浙江规上中小微企业财政税收贡献 75%以上。与大企业相比，浙江量大面广的中小微企业为浙江财政税收收入做出了重大贡献（如表 5-5、图 5-8 所示）。

表 5-5　2014 年浙江省不同规模类型企业税收贡献情况

单位：亿元，%

企业类型	税收总额	占规上企业比重	占全部企业比重
全部企业	3017.07	—	100.00
规上企业	2573.96	100.00	85.31
大型企业	613.33	23.83	20.33
规上中型企业	717.63	27.88	23.79
规上小微企业	1243.00	48.29	41.20
规上中小微企业	1960.63	76.17	64.98
规下小微企业	443.11	—	14.69

注：规下小微企业为上缴税费。

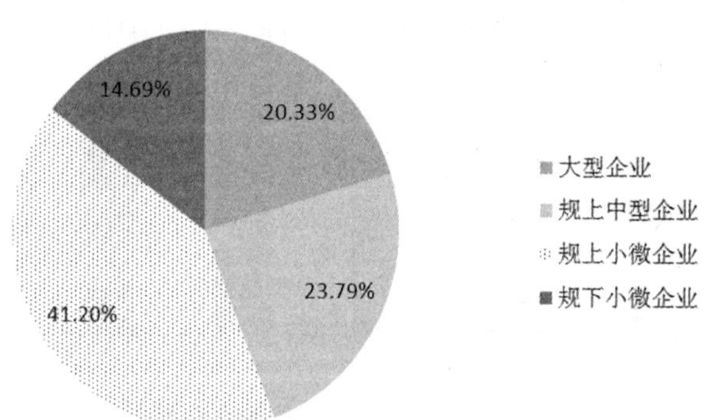

图 5-8　2014 年浙江省不同规模类型企业税收贡献率比较图

二、趋势分析

受国际国内经济形势影响，近几年浙江不同类型中小企业的利税总额波动较大。从不同规模类型企业所缴纳的税收变化走势看，自 2011 年起，规上中小微企业利税总额呈逐年上升趋势，从 2011 年的 1337.47 亿元上升至 1960.63 亿元，平均每年增长 13.60%。其中，规上中型企业上缴税收总额由 2011 年的 679.99 亿元逐年下降到 2013 年的 645.60 亿元，

① 规下小微企业税收为上缴税费。

2014 年较上年有明显回升，上升至 717.63 亿元，同比增长 11.16%；规上中小微企业利税逐年上升的主要动力在于规上小微企业的贡献，2011 年至今，规上小微企业利税总额稳步上升，从 2011 年的 657.48 亿元上升至 2014 年的 1243.00 亿元，年均增长 23.65%。2011 年规下小微企业缴税总额 448.81 亿元，2012 年下滑 8 个百分点降至 412.03 亿元，2013 年小幅回升，2014 年增长到 443.11 亿元。总体来看，浙江省中小微企业(包括规上中小微企业和规下小微企业)上缴税收总额由 2009 年的 1312.86 亿元上升至 2014 年的 2403.74 亿元，平均增幅达 12.86%，成为浙江省财政收入的可靠源泉(如表 5-6、图 5-9 所示)。

表 5-6 2009—2014 年浙江省不同规模类型企业税收增长情况

单位：亿元

企业类型 \ 税收 \ 年	2009	2010	2011	2012	2013	2014
全部企业	1733.25	2128.46	2586.03	2620.52	2845.30	3017.07
全部规上企业	1519.15	1925.17	2137.22	2208.49	2422.77	2573.96
大型企业	420.38	512.95	799.76	666.03	731.63	613.33
规上中型企业	537.91	712.11	679.99	646.58	645.60	717.63
规上小微企业	560.85	700.11	657.48	895.87	1045.55	1243.00
规上中小微企业	1098.76	1412.22	1337.47	1542.45	1691.15	1960.63
规下小微企业	214.10	203.29	448.81	412.03	422.53	443.11

注：规下小微企业为上缴税费。

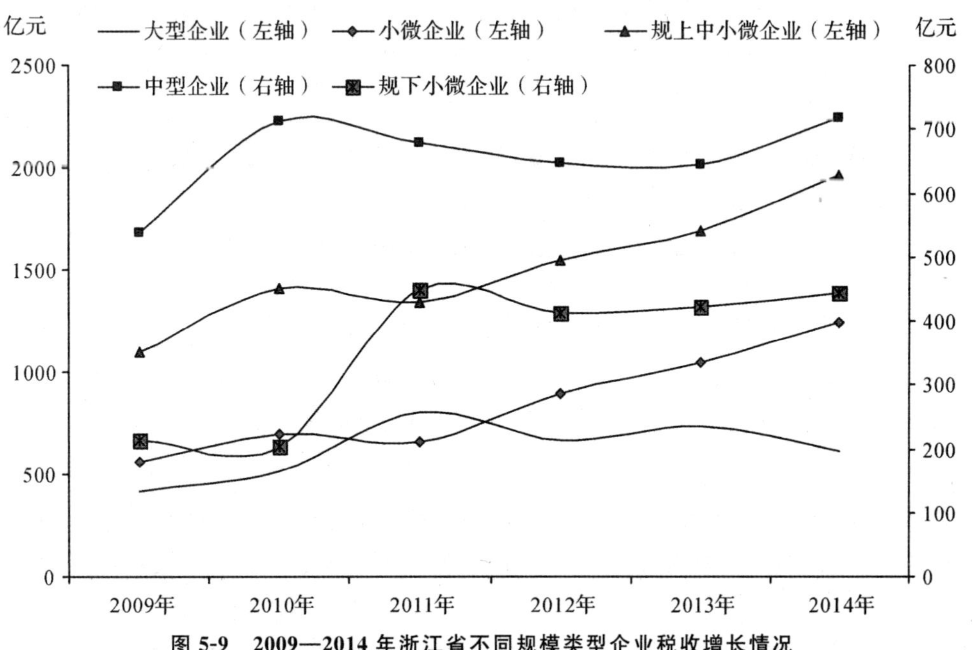

图 5-9 2009—2014 年浙江省不同规模类型企业税收增长情况

从不同类型企业上缴税收所占比重看，2011—2014 年浙江省中小微企业（包括规上中小微企业和规下小微企业）所占比率逐年上升，从 2011 年占比 69.08%上升至 2014 年的 79.67%，年平均占比 74.41%。从 2011 年至今，规上中型企业利税占比总体呈下降趋势；规上小微企业税收占比呈逐年上升走势，从 2011 年占比 25.42%快速上升至 2014 年的 41.20%；而规下小微企业的利税占比则缓慢平稳下降，年平均占比 15.66%。

近年来，随着浙江省各项结构性减税及行政事业性收费清理规范的实施，从短期看会出现税收增幅下滑现象，但过后会转为向上。因为经济决定税源，税收反作用经济发展，当经济发展处于下行态势时，税收也往往会出现增幅下降，反之亦然。因此，很多宏观经济调控措施在经济下行时采取减税等积极财政政策稳增长、促发展，由此增强广大中小微企业创业热情和活力，促进企业健康运营，实现可持续发展。因此，从长期看，减税政策实质上是保障和稳定财源的有力举措（如表 5-7、图 5-10 所示）。

表 5-7　2009—2014 年浙江省不同规模类型企业税收比重情况

单位：%

企业类型 \ 比重 \ 年	2009	2010	2011	2012	2013	2014
全部规上企业	87.65	90.45	82.64	84.28	85.15	85.31
大型企业	24.25	24.10	30.93	25.42	25.71	20.33
规上中型企业	31.03	33.46	26.29	24.67	22.69	23.79
规上小微企业	32.36	32.89	25.42	34.19	36.75	41.20
规上中小微企业	63.39	66.35	51.72	58.86	59.44	64.98
规下小微企业	12.35	9.55	17.36	15.72	14.85	14.69

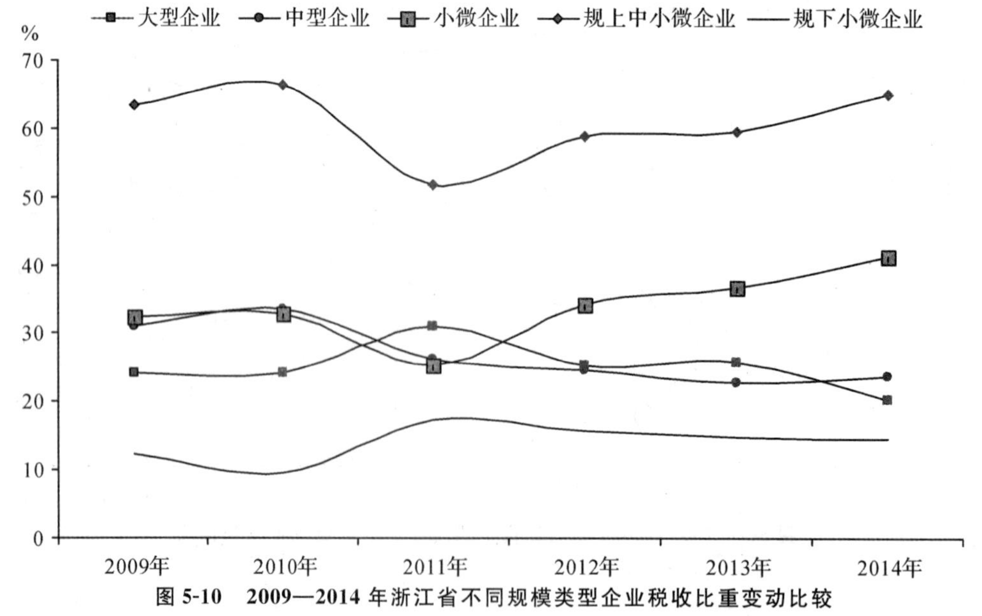

图 5-10　2009—2014 年浙江省不同规模类型企业税收比重变动比较

第四节 出口创汇贡献

一、现状分析

浙江省是外向型经济高度发达的省份,中小企业是浙江出口创汇的主力军。据统计数据显示,2014 年浙江省规上企业出口交货值达 11927.07 亿元,其中,规上中小微企业的出口交货值为 8619.18 亿元,占全部出口交货值的 72.27%。规上中小微企业中,中型企业出口交货值 3856.72 亿元,小微企业出口交货值 4762.46 亿元,分别占比 32.34%和 39.93%。无论从出口金额还是比重上,都超过大型企业(出口交货值 3307.89 亿元,比重 27.73%)(如表 5-8、图 5-11 所示)。

表 5-8 2014 年浙江省不同规模企业出口情况

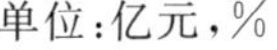
单位:亿元,%

企业类型	出口交货值	比重
全部规上企业	11927.07	100.00
大型企业	3307.89	27.73
规上中型企业	3856.72	32.34
规上小微企业	4762.46	39.93
规上中小微企业	8619.18	72.27

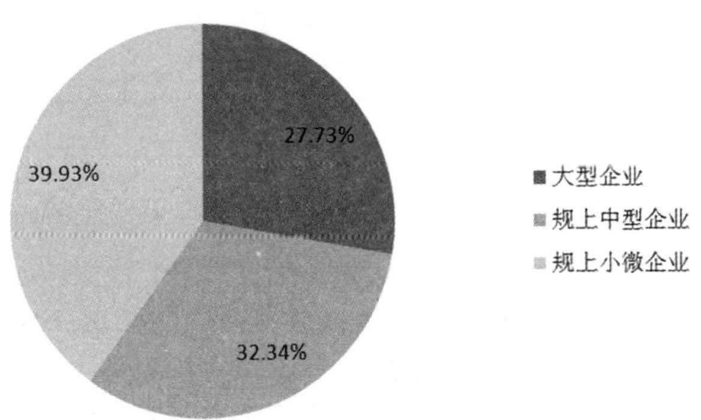

图 5-11 2014 年浙江省不同规模企业出口贡献率比较

二、趋势分析

从浙江省不同类型企业出口交货值的变动情况看,与大型企业相比,规上中小微企业一直居于浙江出口创汇的主导地位。规上中小微企业出口交货值逐年增长,由 2011 年的 7718.17 亿元增长至 2014 年的 8619.18 亿元,年均出口交货值为 8080.11 亿元,年平均增长 3.75%。其中,规上中型企业的出口交货值从 2011 的 3735.09 亿元平缓上升至 2014 年的 3856.72 亿元,年均出口创汇 3730.06 亿元,平均每年增长 1.07%;规上小微企业的出口交货值由 2011 的 3983.08 亿元上升至 2014 年的 4762.46 亿元，年均出口创汇 4349.80 亿元，平均每年增长 6.14%（如表 5-9、图 5-12 所示）。

从不同类型企业出口交货值贡献率变动看，大型企业出口交货值占比从 2011 年至今逐年下降，年均占比为 28.45%；与其相对，规上中小微企业出口交货值贡献率则逐年上升，由 2011 年的 69.90%上升至 2014 年的 72.27%，年均出口交货值占比为 71.55%，是大型企业的 2.5 倍。其中，规上中型企业的出口交货值占比从 2011 的 33.83%逐年平滑下降至 2014 年的 32.34%，年均出口创汇贡献率 33.06%；规上小微企业的出口交货值占比由 2011 的 36.07%快速上升至 2014 年的 39.93%（如表 5-9、图 5-13 所示）。

表 5-9 2010—2014 年浙江省不同规模企业出口指标变动情况

单位：亿元，%

企业类型	2010 年		2011 年		2012 年		2013 年		2014 年	
	出口交货值	占比	出口交货值	占比	出口交货值	占比	出口交货值	占比	出口交货值	占比
全部规上企业	10642.80	100	11041.75	100	10967.93	100	11223.22	100	11927.07	100
大型企业	2013.14	18.92	3323.58	30.10	3084.70	28.12	3123.35	27.83	3307.89	27.73
规上中型企业	4344.17	40.82	3735.09	33.83	3663.54	33.40	3665.90	32.66	3856.72	32.34
规上小微企业	4285.48	40.27	3983.08	36.07	4219.69	38.47	4433.97	39.51	4762.46	39.93
规上中小微企业	8629.65	81.09	7718.17	69.9	7883.23	71.87	8099.87	72.17	8619.18	72.27

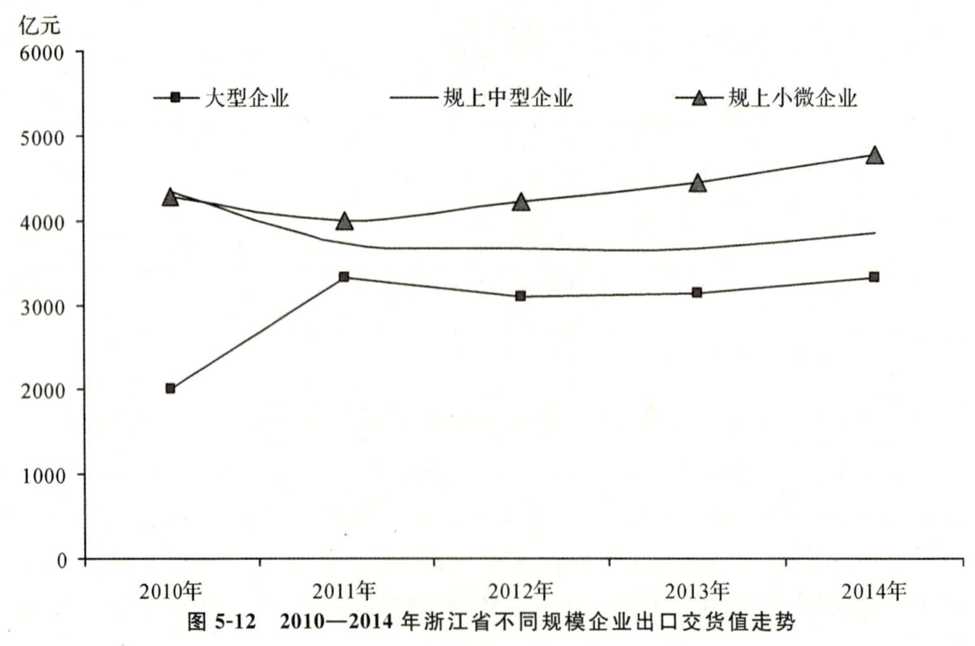

图 5-12 2010—2014 年浙江省不同规模企业出口交货值走势

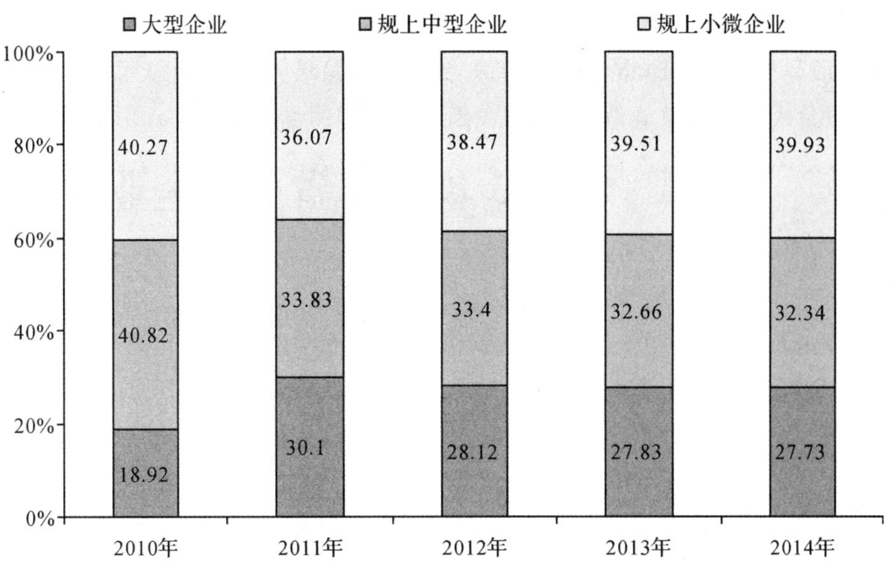

图 5-13　2010—2014 年浙江省不同规模企业出口交货值占比走势

第六章
2015 年浙江省小微企业成长指数

小微企业成长指数是工业小微企业成长指数、小微企业经营信心指数、重点监测小微企业成长指数加权合成计算得来，通过编制浙江省小微企业成长指数，对浙江省的小微企业成长发展状况进行全面深入剖析，有助于客观认识当前浙江小微企业发展状况及存在的问题，探索建立促进小微企业健康持续发展的长效机制，为推动浙江小微企业转型升级、实现创新驱动发展提供决策参考。

第一节　浙江省小微企业成长指数编制流程及评价方法

小微企业成长指数编制流程包括确定评价对象，构建分类指数指标体系，数据收集、选取及预处理，成长指数计算与评价 4 个步骤。浙江小微企业成长指数的评价体系（如图 6-1 所示）。

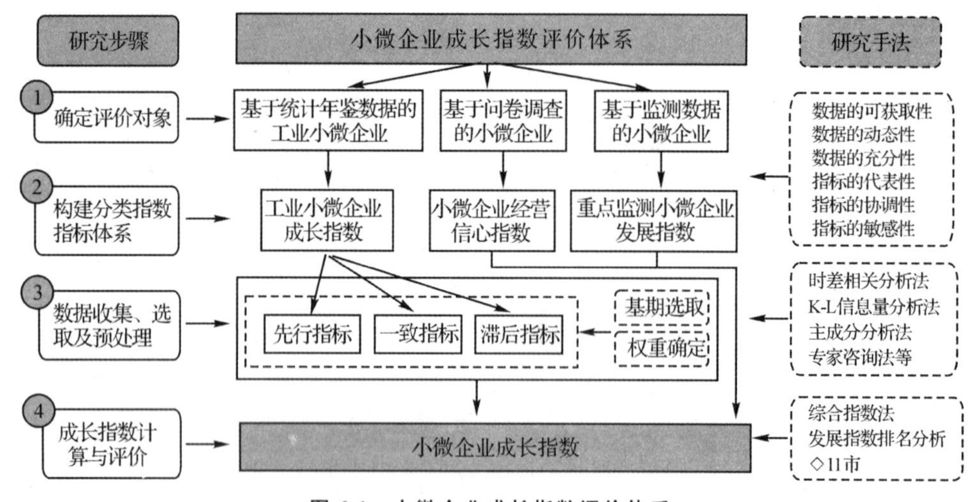

图 6-1　小微企业成长指数评价体系

一、确定评价对象

我国小微企业广义上包括小型企业、微型企业、家庭作坊式企业和个体工商户。其中，小型、微型企业的界定标准参照 2011 年 7 月工业和信息化部、国家统计局等 4 个部门印发的《中小企业划型标准规定》。

为尽可能全面反映浙江小微企业状况，本章以基于政府统计数据的规模以上工业小微企业、基于问卷调查和重点监测数据的小微企业作为评价分析对象。工业小微企业成长指数的评价对象是浙江省各市统计年鉴中界定为从业人员 20 人及以上到 300 人以下，且营业收入 300 万元及以上到 2000 万以下的小型企业；从业人员 20 人以下或营业收入 300 万元以下的微型企业（如图 6-2 所示）。

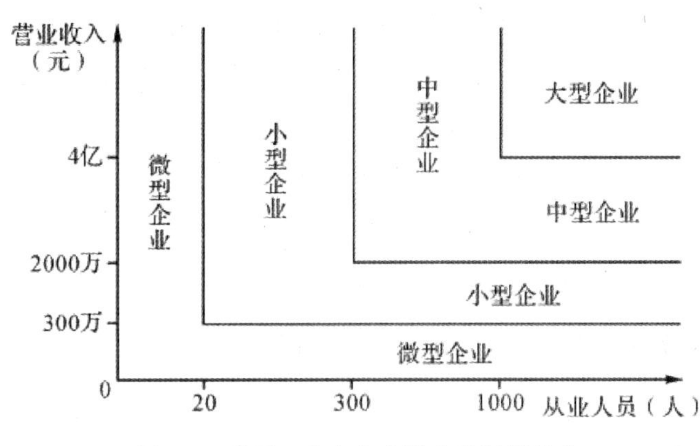

图 6-2 我国工业大中小微企业划型标准

资料来源：参照 2011 年 7 月工业和信息化部等四部门印发的《中小企业划型标准规定》。

二、数据收集与预处理

浙江工业小微企业成长指数的计算，主要依据浙江 11 地市（以下简称“11 市”）历年统计年鉴数据。企业经营信心指数和重点监测企业的原始数据主要从国家和地方中小微企业运行监测平台调查数据获得。数据的预处理，主要是进行统计学处理，由于所收集的数据规模较大、种类繁多且时间跨度较长，对所收集的数据进行无量纲化、消除季节性因素以及剔除非常规数据处理等。

三、构建成长指数评价指标体系

以经济重要性、统计充分性、指标协调性与灵敏性以及数列平滑性作为指标选取的原则。然而根据评价对象的不同性质，指标选取过程中遵循的原则侧重点也有所差异。对于宏观层面的评价对象，要对评价指标进行长期的观察分析，因而指标获取的数列平滑性尤为重要；而对于微观层面的评价对象，只是对小微企业的短期评价，反映小微企业运行状态的主营业务收入、从业人员、用电量、负债合计、财务费用、利税金额及净收益等指标显得很重要。

按前述第一步骤确定了 3 类评价对象之后，运用扩散指数和合成指数的方法分别计算出浙江省工业小微企业成长指数、小微企业经营信心指数和重点监测小微企业成长指数 3 个分类指数，然后运用合成指数法构建出浙江小微企业综合成长指数。

四、指标权重的确定

在确定指标权重时，通过 SPSS 软件，使用主成分分析法。首先，将原有指标标准化；其次，计算各指标之间的相关矩阵、矩阵特征根以及特征向量；再次，将特征根从大到小排列，分别计算出其对应的主成分，并根据主成分分析法求出先行指标（流动资产、资本、利息、存货等）、一致指标（总资产、产值、企业数量、利税、费用、用电量等）和滞后指标（所有者权益、从业员人数、固定资产、负债、应收账款等）的权重，再采用专家咨询法确定先行、一致和滞后指标组大类指标的权重。关于小微企业经营信心指数权重的确定，主要参考了国家统计局中国经济景气监测中心关于企业成长指数指标权重的确定原则。最后计算小微企业综合成长指数时，运用 AHP 法和专家咨询法，确定 3 个分类指数的权重，最终合成计算出小微企业成长指数。

五、浙江省小微企业成长指数评价研究的意义

小微企业是浙江经济的特色、优势与活力所在，小微企业的发展状况能反映出浙江省的总体经济发展状况。因此，通过对小微企业成长指数进行评价研究，具体分析浙江小微企业的发展状况，客观认识当前浙江小微企业发展所面临的问题，在此基础上，结合浙江自身的经济基础和区位优势，寻求建立区域小微企业健康持续发展的长效机制，促进浙江小微企业加快转型升级，为更好地促进浙江经济发展提供决策参考。

小微企业综合成长指数采用纯正数形式表示，取值范围在 0～200 之间，成长指数的预警评价以 100 为临界值。100 以上为较强景气、微景气成长区间，100 以下为微弱不景气、较不景气成长区间。

第二节　2015 年浙江省工业小微企业成长指数评测

一、评价指标的选取

浙江省工业小微企业成长指数的计算基于浙江规模以上工业企业统计数据。根据经济的重要性和系统数据收集的可行性，本研究选取了以下分别反映工业小微企业内部资源、股东状况、财务状况、生产经营效益和企业规模 5 方面的指标（如表 6-1 所示）。

表 6-1　工业小微企业成长指数评价指标

指标分类	指标项目	指标含义
内部资源	总资产	反映企业综合实力
	流动资产	体现企业短期变现能力，确保企业资金链
	固定资产	反映企业设备投资及其他固定资产的投资

续　表

指标分类	指标项目	指标含义
股东状况	所有者权益	反映资产扣除负债后由所有者应享的剩余利益
	实收资本	反映工业小微企业所有者对企业的基本产权关系
财务状况	税金	体现企业支付的生产成本，影响企业收入和利润
	负债	反映企业运行的风险或发展的条件和机遇
	利息支出	反映企业负债成本
生产经营效益	主营业务收入	反映企业生产经营状况
	利润	反映企业生产能力的发挥和市场实现情况
规模状况	总产值	体现企业创造的社会财富，反映出区域小微企业的发展程度
	企业数量	反映小微企业在一个区域的聚集程度
	从业人员	反映企业吸纳社会劳动力的贡献率和企业繁荣程度

二、数据收集及预处理

浙江省工业小微企业成长指数的计算基于浙江统计年鉴数据。本文在指标信息齐全和不含异常数据两个原则下，收集了2014年度浙江11市规模以上小微工业企业的统计数据。

由于基于统计年鉴所获得的数据较为庞大，并且不同指标的数据在数量上的级差较大，因此在保证后续数据分析和数据挖掘顺利进行的条件下，对所收集的年度数据进行多重步骤的预处理，包括无量纲化、消除季节性因素以及剔除非常规数据等。一方面，尽量保证数据的完整性，避免缺失年份或地区数据的存在；另一方面，考虑到各地级市的经济发展差异性，在数据处理过程中关注孤立数据和极端数据的影响。

三、指标体系及权重的确定

在计算工业小微企业成长指数时主要采用时差相关分析法。先确定一个能敏感反映工业小微企业经济活动的重要指标作为基准指标。然后将最能反映工业小微企业经济状况的指标确定为工业增加值增长率。同时采用总产值作为基准指标，并考察了全国工业小微企业总产值与GDP、第二产业产值和工业总产值之间的相关性，得出了相应的具体实证结果，如表6-2所示。

表6-2　工业小微企业成长指数基准指标

相关性	GDP	第二产业总产值	工业总产值
工业小微企业总产值	0.998**	0.998**	0.997**

数据来源：根据《中国统计年鉴》和《中国工业经济统计年鉴》各年度数据整理计算。

注：①相关分析时间为2001—2011年。② ** 表示在0.01水平(双侧)上显著。

实证结果表明，工业小微企业总产值基本和整个经济循环波动保持一致，很好地反映了工业小微企业的发展状况。因此，综合考虑到重要性、适时性和与成长景气波动的对应性，选取工业小微企业总产值作为基准指标。

根据时差相关系数分析法计算出了各指标与总产值的时差相关系数和先行、滞后、一致期的期数指标，结果如表 6-3 所示。

表 6-3　工业小微企业发展指标类型时差分析结果

指标	企业单位数	资产合计	流动资产	固定资产合计
期数	0	0	Lead4	Lag3
相关系数	0.987	0.996	0.992	0.999
指标	负债合计	所有者权益	实收资本	主营业务收入
期数	Lag4	Lag4	Lead4	0
相关系数	0.995	0.995	0.920	0.999
指标	税金	利息支出	利润总额	从业人员数
期数	0	0	0	Lag4
相关系数	0.997	0.991	0.997	0.963

注：表中期数栏中 Lag 表示滞后指标，Lead 表示先行指标，0 表示一致指标。

另外，本文还使用 K-L 信息量法、文献综述法、马场法、聚类分析法、定性分析法等，并咨询专家意见，综合考察各类先行、一致和滞后指标的选取方法，确定了浙江省工业小微企业的先行、一致和滞后指标，并根据主成分分析法导出先行指标组、一致指标组和滞后指标组小类指标的权重，然后利用全省规模以上工业小微企业数据，具体计算出了各分类项目评价指标的权重，最后采用专家咨询法确定了先行指标组、一致指标组和滞后指标组大类指标的权重，结果如表 6-4 所示。

表 6-4　工业小微企业发展评价指标的权重

指标类别	指标项目	小类指标权重	大类指标权重
先行指标	流动资产	0.339	0.20
	实收资本	0.322	
	利息支出	0.339	
一致指标	工业总产值	0.167	0.70
	企业单位数	0.166	
	资产总计	0.167	
	主营业务收入	0.167	
	利润总额	0.166	
	税金总额	0.167	

续　表

指标类别	指标项目	小类指标权重	大类指标权重
滞后指标	固定资产合计	0.250	0.10
	负债合计	0.250	
	所有者权益	0.250	
	全部从业人员平均人数	0.250	
合计			1.00

四、计算结果与排名

根据权重法计算获得浙江 11 市 2014 年工业小微企业的先行、一致与滞后指数以及工业小微企业合成指数(如表 6-5 所示)。进而,基于 2008—2014 年的系列数据,运用最小二乘法得到 2015 年工业小微企业指数(如图 6-3 所示)。

表 6-5　浙江省 11 市工业小微企业成长指数

先行指数 / 市 / 年	宁波市	杭州市	温州市	嘉兴市	绍兴市	台州市	金华市	湖州市	丽水市	衢州市	舟山市
2009	196.22	179.78	102.67	97.39	98.89	64.37	71.91	51.71	17.78	17.91	11.53
2010	197.69	181.10	103.77	98.24	99.72	64.89	72.75	52.23	17.94	18.06	11.55
2011	194.39	179.13	101.72	96.98	98.46	63.68	71.92	51.69	17.75	17.94	11.47
2012	196.84	181.24	102.83	98.36	99.52	64.53	72.17	52.37	17.92	18.12	11.63
2013	197.56	183.59	102.83	98.99	100.28	64.85	72.92	52.48	17.98	18.15	11.63
2014	186.16	201.93	104.68	100.34	101.99	74.04	74.01	53.04	18.08	18.30	11.79
一致指数	宁波市	杭州市	温州市	嘉兴市	绍兴市	台州市	金华市	湖州市	丽水市	衢州市	舟山市
2009	158.22	166.40	90.15	86.08	79.04	68.88	60.93	55.21	20.10	19.86	9.03
2010	160.98	169.13	91.44	87.65	80.26	69.75	62.09	55.92	20.48	20.20	9.08
2011	159.24	167.75	89.85	87.07	80.04	68.59	61.81	55.80	20.42	20.32	8.98
2012	159.76	169.87	90.41	87.98	80.57	69.24	62.18	56.39	20.59	20.33	9.04
2013	160.79	171.54	91.01	88.70	81.52	69.68	62.80	56.99	20.74	20.36	9.05
2014	173.63	163.73	92.67	89.57	82.48	70.78	63.46	57.33	20.81	20.52	9.22
滞后指数	宁波市	杭州市	温州市	嘉兴市	绍兴市	台州市	金华市	湖州市	丽水市	衢州市	舟山市
2009	201.23	165.75	104.17	105.21	88.35	73.03	72.63	50.92	21.89	17.56	10.57
2010	202.57	166.96	105.25	105.96	88.98	73.64	73.36	51.39	22.13	17.79	10.59

续 表

滞后指数	宁波市	杭州市	温州市	嘉兴市	绍兴市	台州市	金华市	湖州市	丽水市	衢州市	舟山市
2011	199.39	164.87	103.32	104.84	88.24	72.42	72.54	51.05	21.94	17.79	10.51
2012	201.43	166.72	104.55	106.83	89.00	73.35	73.13	51.66	22.11	17.87	10.64
2013	202.12	168.53	104.58	107.27	90.16	73.73	73.84	51.97	22.22	17.97	10.69
2014	172.72	208.53	107.39	109.41	92.16	75.43	75.28	52.76	22.47	18.12	10.88
工业小微企业成长指数	宁波市	杭州市	温州市	嘉兴市	绍兴市	台州市	金华市	湖州市	丽水市	衢州市	舟山市
2009	178.22	170.28	96.71	93.30	86.86	68.36	66.57	53.30	19.76	18.81	10.09
2010	180.31	172.29	97.90	94.49	87.84	69.07	67.54	53.90	20.05	19.08	10.13
2011	177.82	170.59	96.11	93.60	87.21	67.88	66.99	53.62	19.92	19.10	10.03
2012	179.22	172.65	96.96	94.86	87.94	68.65	67.37	54.24	20.09	19.18	10.14
2013	172.28	173.65	94.73	92.62	86.14	69.12	65.93	55.59	20.34	19.68	9.73
2014	176.05	175.85	96.54	93.71	87.35	71.90	66.75	56.01	20.43	19.83	9.90
2015	178.76	178.64	96.65	93.38	88.69	72.31	66.74	57.32	20.82	19.96	10.08

说明：基于浙江省统计年鉴各年度数据计算而得；2015 年工业小微企业成长指数为预测值。

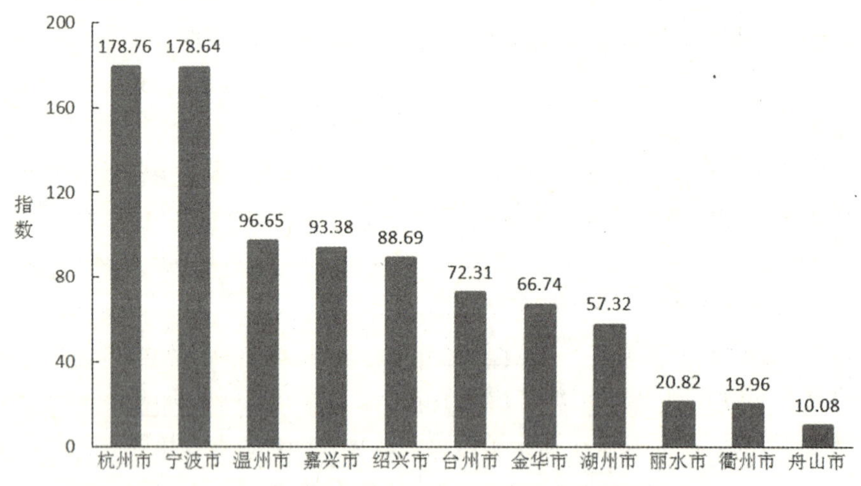

图 6-3　2015 年浙江省 11 市工业小微企业成长指数及排名

五、11 市工业小微企业成长指数特点分析

如图 6-3 中，2015 年浙江省 11 市工业小微企业成长指数有如下特点。

第一，全省 11 市之间发展情况各不相同，其整体情况可分成 3 个发展梯队，表现出明显的正态分布特性。第一梯队为杭州市和宁波市 2 市；第二梯队包括温州市、嘉兴市、绍兴市、台州市、金华市和湖州市 6 市；第三梯队包括丽水市、衢州市和舟山市 3 市。总体来看，浙江省各地市工业中小企业景气指数分布如同橄榄形结构，表现为中间大两头小的特征，表明浙江多数地市工业中小企业的成长指数接近平均水平，但总体发展水平有待提升。

第二，发展梯队之间的差异较大。第一梯队平均指数170以上，远超第二梯队(平均70)和第三梯队(平均17)的指数水平，其中工业景气指数最高的杭州市和最低的舟山市之间相差17倍以上，这表明浙江省不同地市的工业小微企业发展水平差别巨大，特别是欠发达地区由于地理条件以及发展基础处于弱势地位，其工业小微企业发展相对滞后，大部分地市在促进小微企业工业发展方面共同面临着机遇和挑战。

六、浙江省工业小微企业成长指数走势分析

基于浙江11市2009—2015年工业小微企业成长指数的平均计算，得到相应年份浙江工业小微企业成长指数的评价值。如图6-4所示，近几年来，浙江工业小微企业成长指数呈"水波状"上下波动，虽然总体保持在年平均78.5左右的"微弱不景气"发展区间，但是近两年均有小幅上升，这也说明在各级政府以及企业自身的努力下，浙江省工业小微企业转型升级初见成效。

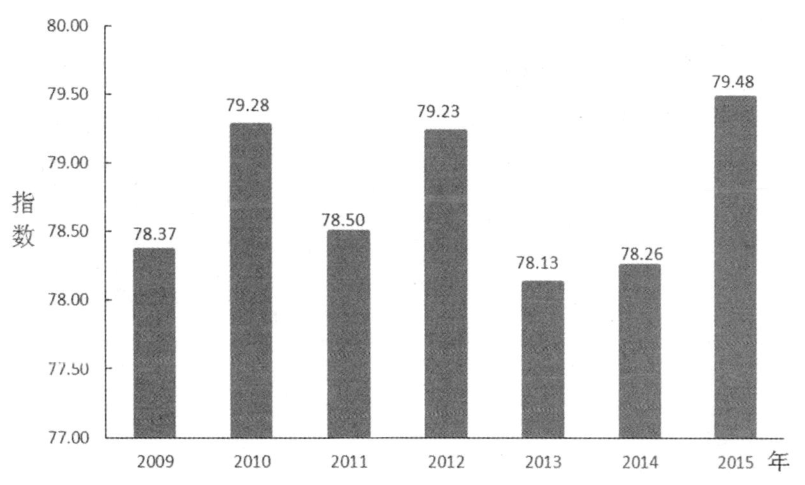

图6-4　2009—2015年浙江工业小微企业成长指数走势

2009—2010年浙江工业小微企业成长指数反映了国际金融危机之后一系列救市政策的实施效果，保持了缓慢上升的态势；但2011年受欧债危机和国内宏观调控的影响，浙江不少工业小微企业的资金链出现断裂，工业成长指数出现下滑。2012年在温州金改、企业减负的背景下，融资难问题有所缓解，工业成长指数有所回升，但2013年转型升级进入攻坚阶段，工业成长指数再度下滑。2014年，伴随着世界经济缓慢复苏和人民币贬值推动的出口改善，小微企业转型升级获得一定成效，工业成长指数有小幅的回升。进入2015年，伴随着国家"一带一路"战略的实施，在"大众创业，万众创新"号召下，浙江省工业小微企业获得了可遇而不可求的发展机遇，内生动力增强、产业结构不断优化等方面，以"机器换人"为代表的技术改造初见成效，高新园区发展作为创新驱动引擎的作用日益凸显。此外，以信息产业

为代表的新产业，以新能源、新材料为代表的新技术，以“互联网+”为代表的新模式，以电子商务为代表的新业态，成为新的经济增长点和增长极，在培育新的“发动机”同时，传统产业的提升也在稳步进行，推动智能化改造，促进“老树发新芽”，“双轮驱动”模式下，促使浙江工业小微企业成长指数有所上升。

第三节 2015 年浙江省小微企业经营信心指数评测

一、11 市小微企业经营信心指数

小微企业经营信心主要体现在小微企业家对当前微观经营状况的判断和对宏观经济环境的信心。基于监测调查数据计算得到的 2015 年浙江 11 市小微企业经营信心指数的测评结果及排名情况（如表 6-6、图 6-5 所示）。

表 6-6 2015 年浙江 11 市小微企业经营信心指数排名

城市	指数	排名	城市	指数	排名
嘉兴	123.70	1	宁波	113.73	7
台州	120.47	2	衢州	112.99	8
金华	119.68	3	绍兴	112.76	9
湖州	116.47	4	温州	109.12	10
丽水	115.29	5	舟山	104.23	11
杭州	114.04	6	全省平均指数	114.77	

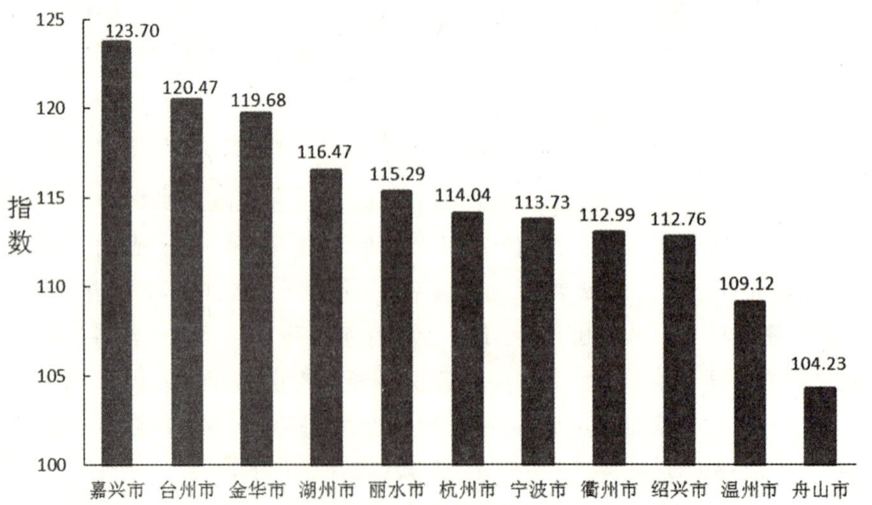

图 6-5 2015 年浙江 11 市小微企业经营信心指数

研究结果显示，2015 年浙江 11 市小微企业经营信心指数平均为 114.77，在景气发展区间之内。其中嘉兴市最高，其指数为 123.70。2015 年，在嘉兴市委、市政府的一系列政策支持下，嘉兴市小微企业也积极发挥主创精神，妥善应对经济下行压力，在调整中谋发展，呈现出一定的发展活力。一些小微企业把企业自身需要和发展需求集聚在一起，形成块状经济，此外，也有许多企业通过不断提升自身的创新能力、核心竞争力，成为不同行业的“单项冠军”，这些举措都为嘉兴市小微企业的发展带来信心。

台州市的小微企业经营信心指数为 120.47，居全省第二位。2015 年台州市正式出台《小微企业三年成长计划》，计划用 3 年时间让小微企业发展跨上新台阶。通过对持有核心技术、有自主知识产权的科技型小微企业和成长性好的小微企业进行重点扶持，对提升小微企业的经营信心有重要作用。第三是金华市，金华市政府通过创建天使基金等加大对小微企业的资金扶持、建立支持小微企业发展的信息互联互通机制、减轻小微企业的税收负担、建设中小企业公共服务平台等措施促进小微企业平稳快速发展，因此企业经营信心指数排名全省前列。湖州市、杭州市、丽水市和衢州市的小微企业经营信心指数均在 110 以上，排在全省中间的位置，相较于其他地市排名并无太大变化，主要是由于这些地市的小微企业发展环境均较为稳定，地方政府也结合自身特点，着力推动小微企业由“低、散、弱”向“高、静、优”迈进，优化产业结构，为小微企业的发展保驾护航。

11 市中，温州市由于受民间借贷市场萎缩的影响，小微企业综合生产经营指数和企业家信心指数在浙江 11 市排名倒数第二，反映了民间借贷市场萎缩、转型升级进入攻坚战给小微企业经营带来了压力和挑战。舟山市的支柱产业为造船业，但受船市低迷影响，经营信心指数相对较低。

二、小微企业经营信心指数走势分析

近 6 年来，浙江小微企业经营信心指数平均超过 120，大体在景气发展区间之内，但总体波动较大，这也直观地反映了近些年来浙江经济发展的走势（如图 6-6 所示）。

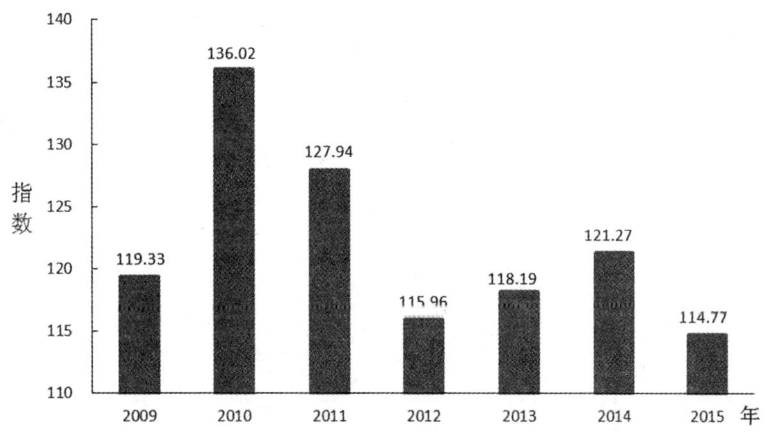

图 6-6　2009—2015 年浙江省小微企业经营信心指数

2015 年浙江小微企业经营信心指数为 114.77，相较于 2014 年浙江 11 市中小企业景气指数(平均为 121.27)有所回落，这与 2014 年以来全国整体宏观经济发展趋势是吻合的。从问卷中几个关键问题的回答中可以看出来，如对于“国内订单变化情况”，回复“增加”的企业数量，平均只有 15%，同比下降；而选择“持平”或“减少”的平均为 85%，同比增加。对于“出口订单变化情况”，回复“增加”的企业数量，平均只有 8%，同比下降；而选择“持平”或“减少”或“没有出口”的占 92%，同比增加。对于“企业生产总成本变化情况”，回复“增加”或“持平”的企业数量占 97%，同比上升；而选择“减少”的只有 3%。对于“融资是否困难”，企业普遍反映融资困难；对于“融资成本变化”，几乎 100%的企业反映融资成本上升。对于“流动资金是否充裕”，近八成回复“流动资金稍显不足”或“流动资金严重不足”，有 85%反映“货款被拖欠”。另外，对“用工成本变化”“用工缺口情况”等问题，普遍反映不容乐观。这些都表明 2015 年浙江省企业家自身对于经济形势的主观预测都较低，主要原因是国内经济下行的巨大压力以及国际市场需求疲软局面短期内难以改变，也反映出浙江省中小微企业转型升级压力大，创业创新都面临信心提振、环境改善的共同问题。此外，随着市场需求、发展阶段的变化，浙江传统优势在弱化，而与之相伴的“低、小、散”等先天不足的问题也凸显出来。产业结构层次不高，企业规模偏小，产品档次偏低，生产力布局分散，这些问题都影响着浙江小微企业的发展前景。

第四节　2015 年浙江省重点监测小微企业成长指数评测

一、重点监测小微企业成长指数

重点监测企业数据来自浙江省 2013—2014 年中小企业生产经营运行监测数据。为尽可能准确反映浙江中小企业的经营运行状况，在指标选取上，考虑了经济重要性、统计可行性和数据可取性的同时，还考虑到规模以上中小企业指标的选取。

参考本章第二节相关评价指标体系，从近 20 项监测项目中，最终选取了工业总产值、产成品、财务费用、资产总计、主营业务收入、利润总额、应收账款、负债合计、从业人员平均数 9 个监测指标为评价指标，同时确定以工业总产值为基准指标，再根据主成分分析法，确定先行、一致和滞后指标及其权重，最后，结合这些数据计算出 2015 年浙江省 11 地市重点监测小微企业分类指数和合成景气指数(如表 6-7、图 6-7 所示)。

表 6-7　浙江省 11 市重点监测小微企业成长指数

地　区	先行指数		一致指数		滞后指数		重点监测企业成长指数		
	2013	2014	2013	2014	2013	2014	2013	2014	2015
舟山市	101.37	99.97	100.17	100.73	101.11	100.94	100.50	100.54	100.86
金华市	99.94	99.53	100.13	100.49	99.98	101.05	100.08	100.31	100.85

续　表

地　区	先行指数		一致指数		滞后指数		重点监测企业成长指数		
	2013	2014	2013	2014	2013	2014	2013	2014	2015
温州市	100.25	100.42	100.32	100.19	100.37	100.89	100.31	100.40	100.78
杭州市	99.88	101.04	100.02	100.63	100.29	100.75	100.02	100.78	100.50
宁波市	100.12	100.84	100.40	99.58	100.21	100.43	100.33	100.13	100.45
丽水市	100.12	100.94	100.16	99.67	100.65	100.16	100.20	100.15	100.18
湖州市	99.91	99.39	100.13	100.44	99.97	100.03	100.07	100.04	100.04
台州市	99.89	100.32	100.11	99.79	100.20	98.67	100.08	99.73	98.96
衢州市	99.94	99.82	100.05	100.56	99.96	99.84	100.02	100.19	99.84
绍兴市	99.20	99.46	98.35	100.86	99.19	100.37	98.60	100.34	99.79
嘉兴市	99.92	100.29	100.13	98.94	99.97	99.29	100.07	99.42	99.53
平均	100.05	100.18	100.00	100.17	100.17	100.22	100.03	100.18	100.16

说明：基于浙江省2013—2014小微企业生产运营监测平台数据计算而得。2015年成长指数为预测值。

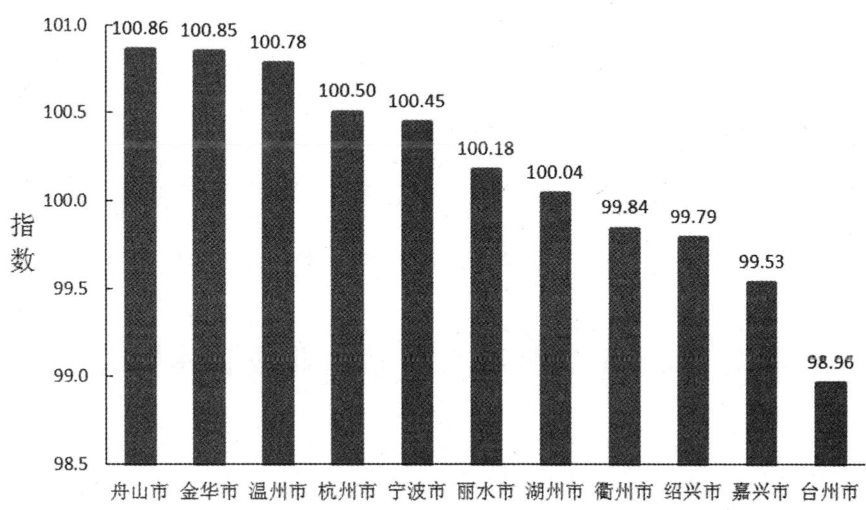

图6-7　2015年浙江省11市重点监测小微企业成长指数排名

舟山市和金华市两市的重点监测小微企业成长指数排在前两位。金华市以工业强市作为主战略，推进"智慧城市"建设，淘汰落后产能，积极落实小微企业扶持政策，加大对金融机构的资金支持，健全完善小微企业公共服务平台，使得小微企业获得良好的发展基础；舟山市作为我国首个以海洋为发展主题的国家级新区，区位优势明显，拥有码头岸线资源，物流网络便捷，其独特的海洋海岛优势为舟山小微企业的发展提供了天然机遇（如表6-7所示）。

由于整体所处环境与政策支持等方面的原因，2015年浙江省各地市的重点监测小微企业成长指数差别不大，不同地市之间的排名变化较小，指数最高的舟山市(100.86)与最低的台州市(98.96)仅相差 1.90。11 市成长指数平均为 100.16，也都基本处于景气发展区间。

二、浙江省重点监测小微企业成长指数走势分析

虽然各市采取多种措施来促进企业发展，但在全国经济下行的巨大压力下，作用并不明显，因此，2014 年重点监测小微企业成长指数较 2013 年有小幅下降。但在 2015 年，重点监测小微企业成长指数略有上升。2015 年是《浙江省产业集聚区提升发展方案》实施起始年，进一步把产业集聚区打造成全省产业转型升级的主平台，全省产业集聚区主动适应经济发展新常态，凝气聚力提升发展，打造产业和创新两个升级版，经济总量较快增长，产业结构持续优化，建设力度不断加码，在转型调整中实现新的发展。小微企业在产业集聚发展中发挥了调节作用(如图 6-8 所示)。

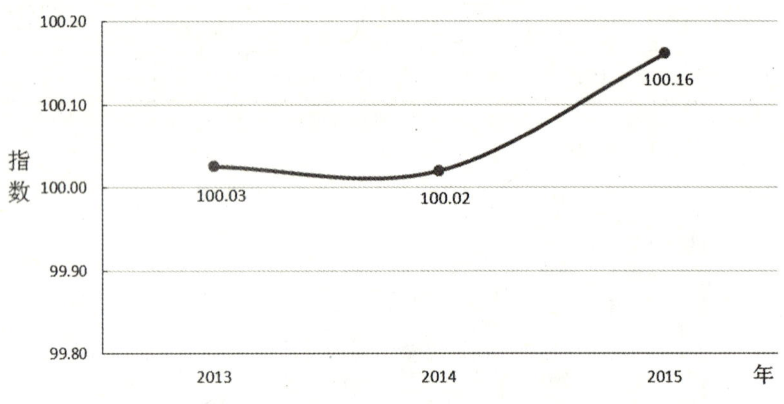

图 6-8 2013—2014 年浙江重点监测小微企业成长指数

第五节 2015 年浙江省小微企业成长指数评测

一、小微企业成长指数计算结果

为更直观有效地反映 2015 年浙江省中小企业景气状况，本节对工业小微企业成长指数、小微企业经营信心指数和重点监测小微企业成长指数进行加权计算，并基于最小二乘法进行预测，最终得到 2015 年浙江 11 市小微企业综合成长指数(如表 6-8 所示)。

计算公式为：浙江小微企业综合成长指数＝工业小微企业成长指数×50％＋小微企业经营信心指数×30％＋重点监测小微企业成长指数×20％

2015 年浙江 11 市小微企业综合成长指数总体差异较大，可分为 4 个层次，但每个层次存在一定差异(如图 6-9 所示)。

表 6-8　2015 年浙江省 11 市小微企业综合成长指数排名

地区	成长指数	排名	地区	成长指数	排名
杭州市	143.69	1	金华市	89.44	7
宁波市	143.53	2	湖州市	83.61	8
嘉兴市	103.70	3	丽水市	65.03	9
温州市	101.21	4	衢州市	63.84	10
绍兴市	98.13	5	舟山市	56.48	11
台州市	92.09	6	全省平均	94.62	

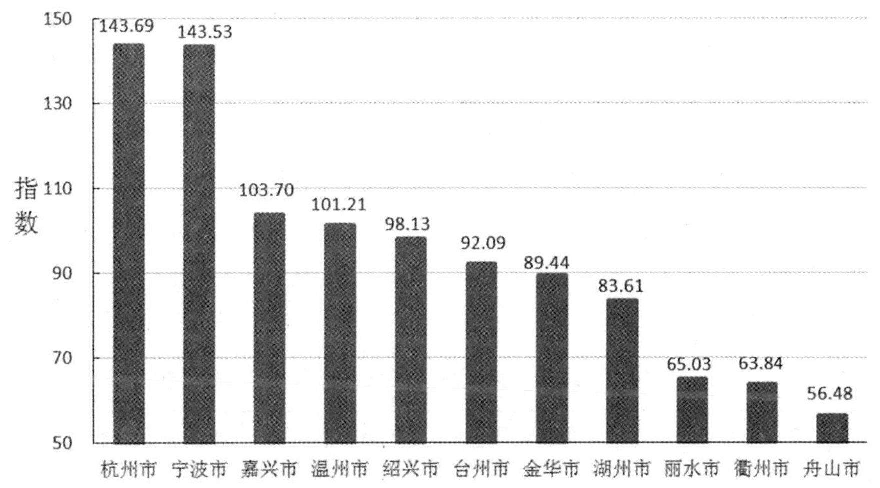

图 6-9　2015 年浙江省 11 市小微企业综合成长指数

(1)各地市之间的小微企业综合成长景气指数差异较大。指数最高的杭州(143.69)与最低的舟山(56.48)相差 1.5 倍,这是各方面因素共同作用的结果。杭州市由于其自身传统的经济发展优势,再加上电子商务等行业发展,使得其经济发展情况领先于省内其他地市。舟山市由于地理位置等方面的原因,其经济发展仅仅依靠于海洋经济,缺乏多样性,竞争力不足,导致其发展一直落后于省内其他地市。

(2)各地市之间发展层次分明。11 个市大致可以分为 4 个层级,每个层级间差别较大。第一层级为杭州市和宁波市,小微企业综合成长指数值处于 140 以上的“较强景气”成长区间;第二层级为嘉兴市和温州市,小微企业综合成长指数值处于 100—110 之间的“微景气”成长区间;第三层级包括绍兴市、台州市、金华市和湖州市,成长指数值处于 80—100 之间的“微弱不景气”成长区间;第四层级包括丽水市、衢州市和舟山市,小微企业综合成长指数值处于 50—70 之间的“较不景气”成长区间。4 个不同的发展层级,一方面是由于地理位置及传统经济发展轨迹不同的原因,各地区人才、资本以及自然资源等经济发展所必需的要素有巨大差异;另一方面是由于各地市促进中小企业发展的政策及方向各不相同，发展重点各有差异。这些都会导致不同地市之间成长景气呈现出不同的阶段性特征。

虽然工业小微企业成长指数、小微企业经营信心指数和重点监测小微企业成长指数均有不同程度的变化，但是浙江省小微企业成长指数是由工业小微企业成长指数、小微企业经营信心指数和重点监测小微企业成长指数 3 种分类指数加权计算得到，因此，综合得到 2015 年浙江省 11 市小微企业成长指数的排名与 2014 年并无太大变化。这也体现出浙江省 11 市虽然采取不同的政策措施以促进小微企业发展，但由于原有发展基础、自然资源、区位优势等各方面原因的限制，短期内 11 市的成长指数排名不会出现太大变化。

此外，面对严峻复杂的外部环境和经济下行压力，各地区也要突出转型升级主线，大力推进“五水共治”“三改一拆”“四换三名”“浙商回归”等重点工作，力争为中小企业发展创造良好环境。

二、浙江省小微企业成长指数走势分析

采用相同的计算方法，对浙江省的工业小微企业成长指数、小微企业经营信心指数和重点监测小微企业成长指数加权计算，并进行预测，得到 2015 年浙江省小微企业综合成长指数(如表 6-9 所示)。同时结合 2009—2015 年的数据，对浙江小微企业发展的总体状况进行系统分析。

表 6-9　2009—2015 年浙江省小微企业成长指数波动趋势

年份	工业小微企业成长指数	重点监测小微企业成长指数	小微企业家信心指数	综合成长指数
2009	78.37	—	119.33	95.01
2010	79.28	—	136.02	100.47
2011	78.50	100.14	127.94	97.66
2012	79.23	99.95	115.96	94.39
2013	78.16	100.03	118.19	94.54
2014	78.22	100.02	121.29	95.52
2015	79.48	100.16	114.77	94.62
平均	78.75	100.06	121.93	96.03

注：各分类指数为浙江省 11 市平均值。小微企业生产经营运行监测调查从 2011 年开始正式实施，之前无相关数据可供测评。

2012—2015 年浙江省小微企业综合成长指数总体变化并不明显，这符合浙江省内经济总体处于平稳发展阶段的趋势。但相较于 2014 年，2015 年浙江省小微企业综合成长指数有小幅下降，这主要是因为经济稳定增长的基础不够牢固，下行压力依然不小，尤其市场需求不足和生产能力过剩并存的结构性问题较为突出(如表 6-9 所示)。

具体表现在，国内外订单同比下降较多，且 3 个月以内的短期订单比例较高；企业主要

产品生产量亦同比下降；企业生产总成本上升，如用工成本、能源和原材料价格上涨；融资成本高，且融资普遍困难；对经济前景的悲观情绪。此外，国际市场需求疲弱局面短期内难以改变，国内市场需求既受到城乡居民收入增长乏力、公务消费和集团消费大量压缩的影响，也受到出口困难的连带影响，大多数行业存在产能过剩，相当部分企业生产经营困难，企业信贷违约、资金链断裂、银行不良贷款等金融隐患问题增多。

第六节　浙江省小微企业成长指数区域分析和探讨

由上节计算得出的2015年浙江省小微企业成长指数，结合浙江省11市的实际情况，系统分析近年来各地市小微企业成长指数的走势。

一、11市小微企业成长指数走势分析

（一）杭州市

2015年杭州市小微企业综合成长指数为143.69，排名全省第一。2009—2015年杭州市小微企业综合成长指数呈“N字形”波动，平均指数为142.97，远远高出全省同期平均指数(94.62)。近5年指数浮动区间不大，在141.23～143.69之间波动(如图6-10所示)。

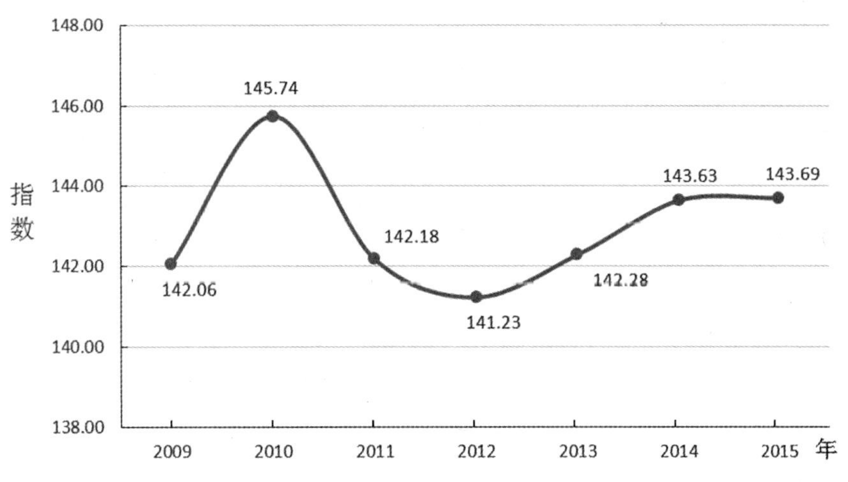

图6-10　杭州市小微企业综合成长指数走势

作为省会城市，杭州市小微企业拥有非常好的成长环境。而近年来，杭州更是多次出台政策为小微企业保驾护航。2015年，为进一步优化小微企业发展环境，大力促进小微企业持续健康发展，更好地推动杭州经济转型升级和质量效益提升，根据国务院《关于扶持小型微型企业健康发展的意见》(国发〔2015〕52号)和省政府办公厅《关于印发浙江省“小微企业三年成长计划”(2015—2017年)的通知》(浙政办发〔2015〕62号)的要求，结合杭州实际，制订了杭州市“小微企业3年成长计划”(2015—2017年)实施意见。

(二)宁波市

宁波市 2015 年小微企业综合成长指数为 143.53，排名浙江省第二，处于“较强景气”区间。近年来宁波市的小微企业成长指数同比有所下滑，但平均指数(144.82)高出全省同期平均指数(94.62)50.2 点，仍远远高于全省其他地区，显示出了宁波小微企业的综合发展优势(如图 6-11 所示)。

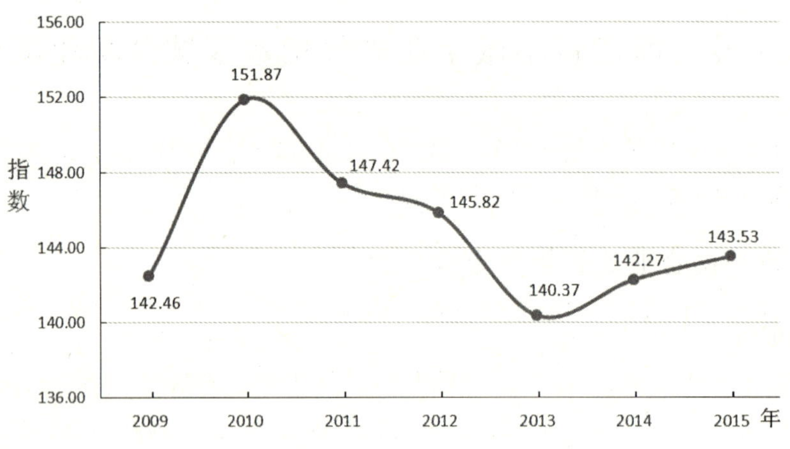

图 6-11 宁波市小微企业综合成长指数走势

2015 年，宁波市小微企业三年成长计划实施意见出炉，力争在年底前，全面实施“五证合一”“全程电子化登记”等各项商事制度改革措施，进一步简化小微企业登记流程，降低创业门槛，营造宽松平等的准入环境。对于市级众创空间和创客服务中心，宁波市将按实际投入，分别给予不超过 200 万元和 20 万元的补助，并提供创新企业理论知识和实践经验相结合的系列服务。宁波市将鼓励社会团体力量成为向创新创业提供专业化、特色化、个性化和小型化服务的创客服务中心。此外，宁波市还将发挥现有公共服务平台与载体作用，广泛动员天使投资机构通过“传、帮、带”方式，组织开展常态化的项目对接交流活动，提升天使投资在培育和壮大科技型小微企业过程中的影响力，积极打造“天使之城”的创新创业氛围。

(三)嘉兴市

嘉兴市 2015 年小微企业综合成长指数为 103.70，排名全省 11 市第三位。2009—2015 年嘉兴市小微企业综合成长指数上下波动很大，平均指数为 103.92，略高出全省同期平均指数(94.62)，综合成长指数水准处在“微景气”区间，如图 6-12 所示。

2013 年嘉兴市的小微企业综合成长指数在 2012 年的水平上稍有回落，但总体发展趋于稳定。2015 年上半年嘉兴市在整体经济走势趋缓，经济增长进入“换挡减速”阶段。结合嘉兴市的现实状况，民营企业起步较早、发展快、贡献比较大，具有先发优势，但是从现实的经营状况来看，在一些区域的行业明显存在市场饱和、过度竞争的现象，这些不利条件都直接影响了小微企业的生存和成长的空间。

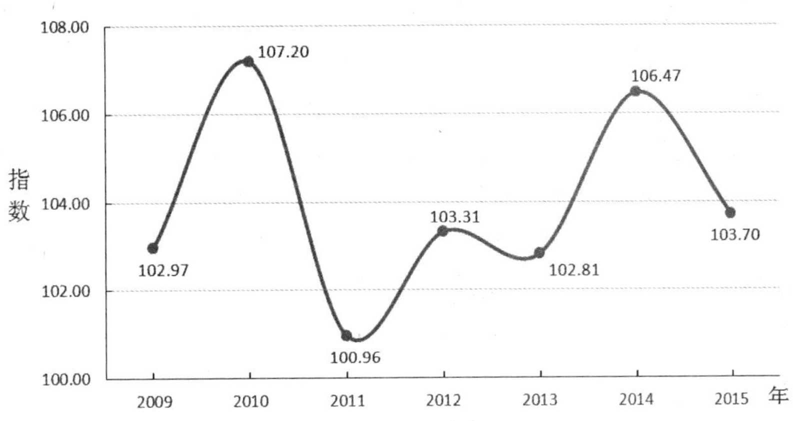

图 6-12　嘉兴市小微企业综合成长指数走势

从以前的发展路径来看，嘉兴市的大中型企业大多数都是从小微企业发展壮大而来的，一些小微企业在发展过程中因为自身需要和发展需求，形成块状经济，还有许多小微企业通过不断提升自身的创新能力、核心竞争力发展成小而强的企业，成为细分行业的“隐形冠军”“单项冠军”。所以如何处理好“管好”“放活”之间的微妙关系，对小微企业的发展至关重要。

(四)温州市

温州市 2015 年小微企业综合成长指数为 101.21，排名全省 11 市第四位。2009—2015 年温州小微企业综合成长指数上下波动较大，平均指数为 102.53，略高出全省同期平均指数(94.62)，指数水准维持在“微景气”区间(如图 6-13 所示)。

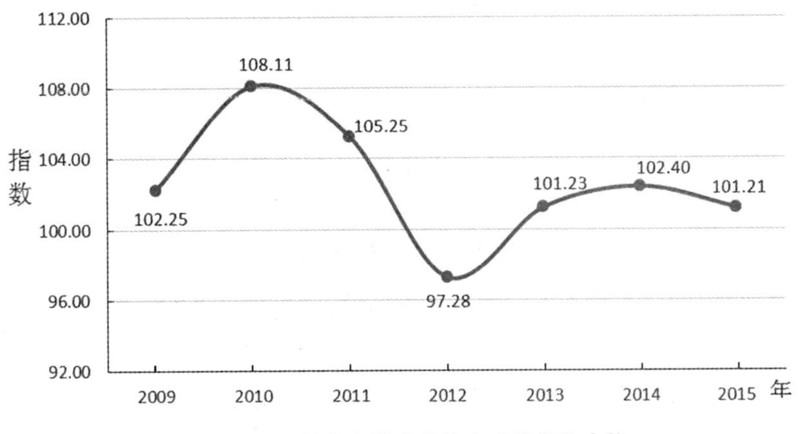

图 6-13　温州市小微企业综合成长指数走势

温州市小微企业经营主要面临以下几个问题：(1)审批难，办事慢；(2)融资难，企业流转资金更趋紧；(3)产能过剩，商品滞销；(4)运营成本增加，税费无力承担；(5)新兴业态发展的制约要素较多；(6)部分行业发展受国家新政和地方各种整治影响明显；(7)传统零售业企业受网上市场冲击明显。

为大力促进小型微型企业持续健康发展，加快推进温州经济转型升级，温州市制订了“小微企业三年成长计划”(2015—2017年)。总体要求是以“四个全面”战略布局为统领，以“八八战略”为总纲，围绕“五化战略”“十大举措”，牢牢把握扶优汰劣、结构优化、有促有限、有增有减的要求，强化创新驱动、改革撬动，全力扶持新兴行业，坚决淘汰落后产能，着力破解温州市小微企业成长面临的政策和要素制约，推动由“低成本资源驱动”向“创新驱动”转型，加快形成“大众创业、万众创新”的发展势头。力争用3年时间，将温州市建设成为小微企业发展环境持续改善，产业结构优化升级，科技创新活力不断增强，整体发展质量全面提升，社会贡献更加突出的创业创新引领型城市，打造小微企业发展的“温州模式”。

主要举措是：优化小微企业准入环境；推进小微企业体质升级；构建小微企业公共服务体系；拓宽小微企业融资渠道；加大小微企业科技创新扶持力度；加快小微企业信用体系建设；认真落实各项税收优惠政策；实施小微企业“三名”创建工程。

(五)绍兴市

2015年绍兴市小微企业综合成长指数为98.13，排名全省11市第五位。2009—2015年绍兴市小微企业综合成长指数大致呈“N字形”波动，平均指数为99.67，略高出全省同期平均指数(94.62)，处于“微弱不景气”区间(如图6-14所示)。

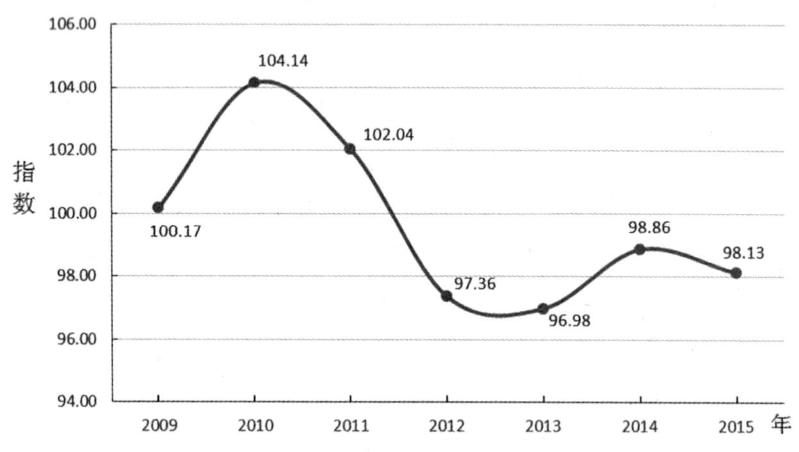

图6-14　绍兴市小微企业综合成长指数走势

融资难题一贯是制约小微企业发展的重要问题，为提高小微企业金融服务效率，缓解融资难题，2015年绍兴市经信委、绍兴市银监分局，会同绍兴市中小企业服务公共平台(中心)探索建立小微企业金融服务公共平台，推广小微企业网上申贷阳光工程。截至6月底，银行机构通过该平台累计受理贷款申请11452笔，累计放贷成功10644笔，放贷金额237.28亿元，获贷成功率92.9%，其中自主申贷成功率77.8%，平均受理时间为15个工作日，企业综合满意率90.1%，均比传统模式有了明显提升。

面对新常态下的小微企业融资需求，绍兴市经信委、绍兴市银监分局打破惯性思维，以“互联网+”为突破口，线上线下并行，着力打造“互联网+银行+小微企业”的小微金融淘宝网，构建三位一体的小微金融服务平台，实现产品直通、服务直通、政策直通、信息直通。同时，集成政策信息共享。收集整合政府及相关部门关于小微企业的各类政策并集中上线，形成小微企业发展政策信息库，并通过绍兴企业手机报、96871 企业服务微信号等主动及时地将信息传递到企业。并开辟企业家教育阵地，在网上和中小企业 IPTV 电视频道开设“企业家空中大讲堂”栏目。线下定期组织小微企业开展金融产品推荐、行业形势分析、投资风险案例介绍等活动。

（六）台州市

2015 年台州市小微企业综合成长指数为 92.09，排名全省 11 市第六位。2009—2015 年台州市小微企业综合成长指数一直处于波动状态，平均指数为 93.43，略低出全省同期平均指数(94.62)，2015 年成长指数略有下滑，处于“微弱不景气”区间(如图 6-15 所示)。

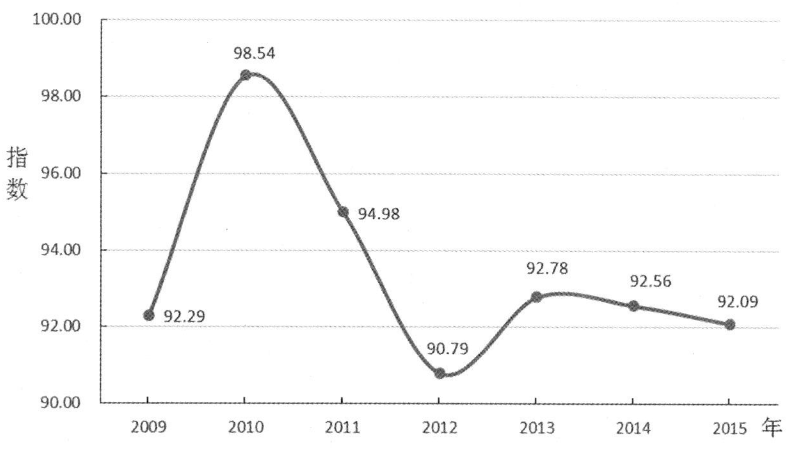

图 6-15　台州市小微企业综合成长指数走势

作为台州市经济发展的基础力量，小微企业却常遭遇规模小、土地少、融资难等诸多“成长的烦恼”。为破解制约小微企业发展的瓶颈和难题，优化小微企业发展环境，台州市正式出台“小微企业三年成长计划”，计划用 3 年时间让小微企业发展跨上新台阶。

目前，台州市小微企业和个体工商户达 105194 家，在台州市所有市场主体中，占了 94.48%左右。“小微企业三年成长计划”由此应运而生。根据这一计划，台州市将着力推动小微企业由“低、散、弱”向“高、精、优”迈进，对其中持有核心技术、有自主知识产权的科技型小微企业和成长性好的小微企业进行重点扶持，通过发展跟踪联络和成长辅导，形成一批拥有自主知识产权和核心技术的省级著名商标。同时以信息、环保、健康、旅游、时尚、金融、高端装备制造等 7 大新兴产业为重点，引导小微企业进入服务业、社会事业、基础产业和基础设施等领域。

融资难、融资贵一直是小微企业反映的“老大难”问题。为了化解小微企业融资难题，未来台州市将推动 300 家小微企业在浙江股权交易中心挂牌，其中 30 家企业实现融资规模超 3 亿元；台州市小微企业信保基金将为小微企业承保余额超过 20 亿元；另外，市场监督管理局、市金融办、人民银行台州市中心支行等多部门牵头，计划 3 年中指导帮助 100 家小微企业通过商标专用权等新型质押贷款业务来获得融资。

此外,台州市将继续加快商事制度改革,深入推进企业登记"五证合一""先照后证"和"全程电子化登记"等商事制度改革,加快实现"一照一码",切实降低企业注册场所要求,继续简化企业登记和注销流程。继续以"四张清单一张网"为突破口,全面取消非行政许可审批。制订市场准入"负面清单",严格禁止进入高污染、高耗能、高排放行业。同时,建立小微企业信用征集、评级发布制度,完善信用约束惩戒机制,创造良好的市场环境。

(七)金华市

2015 年金华市小微企业综合成长指数为 89.44,排名全省 11 市第七位。2009—2015 年金华市小微企业综合成长指数呈"M 字形"波动,平均指数为 92.41,略低于全省同期平均指数(94.62),处于"微弱不景气"区间(如图 6-16 所示)。

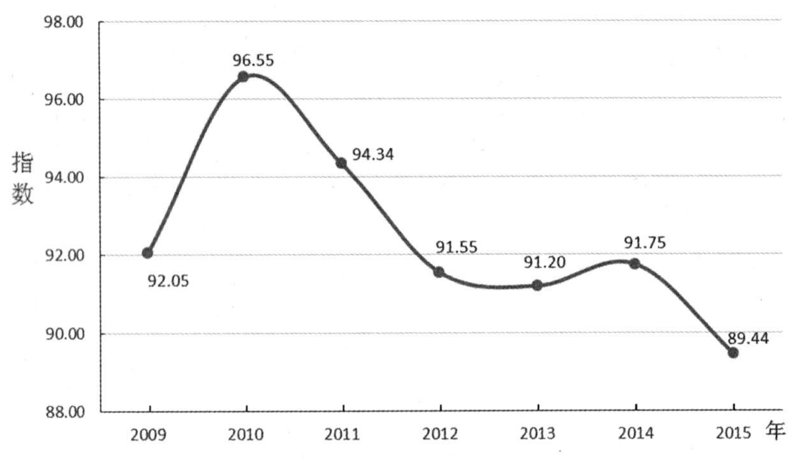

图 6-16 金华市小微企业综合成长指数走势

2015 年金华市推出了"小微企业三年成长计划",对规模以下小微工业企业规范升级为规模以上工业企业给予系列政策扶持。现在金华市小微企业的问题主要体现在:资金占用量高,流动资金偏紧;企业订单减少,产品产量下降;企业家信心不足,对未来表示担忧等。

面对以上问题,金华市采取了以下措施。一是创建天使基金加大对小微企业的资金扶持。为优化创业创新环境,支持科技型小微企业发展,缓解科技型小微企业融资难矛盾,加大对种子期、初创期等创新型小微企业的扶持和引导,着手创建天使基金。二是建立支持小型微型企业发展的信息互联互通机制。依托工商行政管理部门的企业信用信息公示系统,在企业自愿申报的基础上建立小微企业名录,集中公开各类扶持政策及企业享受扶持政策的信息。通过统一的信用信息平台,汇集工商注册登记、行政许可、税收缴纳、社保缴费等信息,推进小微企业信用信息共享,利用大数据、云计算等现代信息技术,推动政府部门和银行、证券、保险等专业机构提供更有效的服务。三是进一步做好小微企业减负工作。减轻企业税费负担是降低企业的生产经营成本,帮助企业渡过难关的一项重要措施。进一步减轻企业负担,优化企业发展环境,以减轻在困难时期小微企业的负担。四是进一步做好小微企业公共服务平台建设。发挥平台在信息咨询、创业指导、融资担保、人才培训、企业招工、政策宣传、需求对接、创业对接等方面的服务功能。

(八)湖州市

2015年湖州市小微企业综合成长指数为83.61，排名全省11市第八位。2009—2015年湖州市小微企业综合成长指数波动范围不大，平均指数为83.64，低于全省同期平均指数，但呈现平稳上升趋势，仍处于“微弱不景气”区间(如图6-17所示)。

2014年，占湖州市小微企业数比重只有5%的规上小微企业，解决人数20万左右的就业问题，对规上工业增加值的增长贡献率达66.4%。可以说，当前湖州小微企业发展势头好、活力强、贡献大。

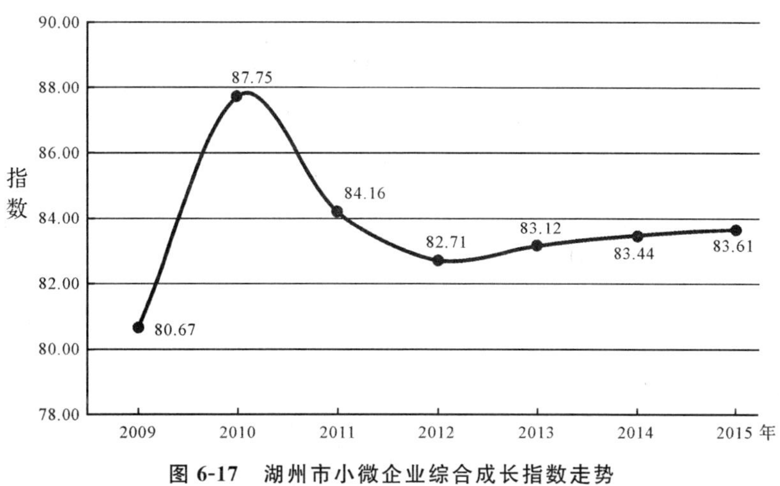

图6-17　湖州市小微企业综合成长指数走势

2015年湖州市全面实施“小微企业三年成长计划”。按照“成长计划”，湖州市将力争用3年时间，使小微企业的发展环境持续改善，产业结构明显优化，创业创新活力进一步增强，生存能力、竞争能力和可持续发展能力不断增强，经营管理水平不断提高，整体发展质量全面提升，经济社会贡献更加突出，小微企业创业、培育、成长、升级的梯次发展格局全面形成。全市新增7大重点产业小微企业3500家；强化“低、小、散”块状行业整治，整治淘汰企业(作坊)1800家以上。新增500家以上的科技型小微企业；组织3000家小微企业开展现代技术、现代金融“双对接”活动。推动240家小微企业到浙江股权交易中心挂牌，其中20家企业实现融资。引导和支持1500户个体工商户转型升级为企业；培育950家小微企业成长为“规上、限上”企业。重点打造6个具有影响力的小微企业著名商标，支持10家小微企业成为省级以上(含省级)“守合同、重信用”单位，8家小微企业成为省级信用管理示范企业；培育50家小微企业成为细分行业的领军企业；组织小微企业专场培训300场。

(九)丽水市

2015年丽水市小微企业综合成长指数为65.03，排名全省11市第九位。2009—2015年丽水市小微企业综合成长指数波动幅度较小，平均指数为66.43，低于全省同期平均指数近

30 点，处于“较不景气”区间。从近 5 年的发展状况来看，2009 年的指数最低(63.42)，2010 年的成长指数最高(69.32)，近年来一直呈缓慢递减趋势(如图 6-18 所示)。

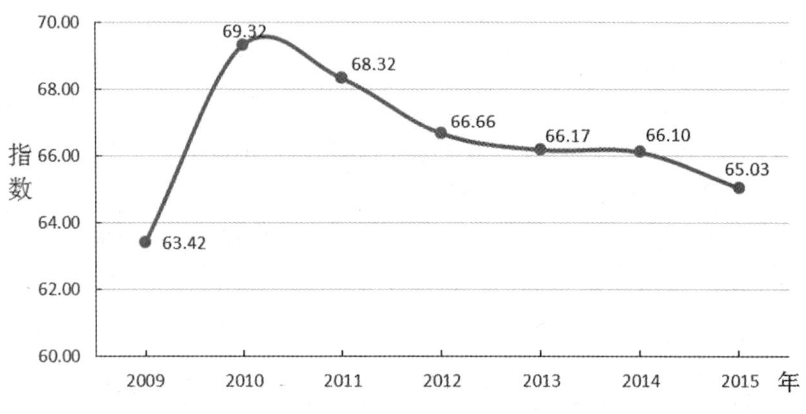

图 6-18 丽水市小微企业综合成长指数走势

丽水市生态产业发达，其工业小微企业体量较小，缺乏竞争优势。为了扭转小微企业发展状况，2015 年，丽水市人民政府出台了关于促进小微企业健康发展的若干意见，具体措施如下。

一是加大财政资金支持力度，为小微企业提供资金扶持。设立小微企业发展资金 1000 万元，由市政府、丽水市开发区管委会、莲都区政府按 3∶1∶1 比例出资。二是落实税收优惠政策，为小微企业发展提供税收扶持。提高小规模纳税人增值税和营业税起征点，将小型微利企业减半征收企业所得税政策延长至 2015 年底，并扩大范围。对经营困难、符合转型升级要求的小微企业(排除限制类企业)，办理备案登记手续，报经税务部门批准，可延期缴纳税款，减免 2012 年度城镇土地使用税、房产税。三是企业转贷应急基金向小微企业倾斜。建立并扩大企业转贷应急基金规模。四是政府采购向小微企业倾斜。负有编制部门预算职责的各部门，安排不低于年度政府采购项目预算总额 18%的份额专门面向市内小微企业采购；政府采购评审中，对市内小微企业产品可视不同行业情况给予 6%—10%的价格扣除；鼓励大中型企业与市内小微企业组成联合体共同参加政府采购，小微企业占联合体份额达到 30%以上的，可给予联合体 2%—3%的价格扣除；推进政府采购信用担保试点，鼓励为小微企业参与政府采购提供投标担保、履约担保和融资担保等服务。五是落实开拓市场的政策支持。六是实行行政规费减免政策。七是拓展小微企业发展空间，加快标准厂房建设。八是推进小微企业上规模和集群发展。九是以能动服务、能动司法帮扶小微企业。

同时，丽水市着力缓解小微企业融资难问题。加大信贷资金保障力度，拓宽小微企业的融资渠道，完善小微企业金融服务体系。并且将努力营造优质创业环境和优化服务环境两个举措放到重要位置。放宽创业准入条件，积极组织创业培训，建设服务平台及工作机构健全预警机制，加强监管力度等。

(十)衢州市

2015 年衢州市小微企业综合成长指数为 63.84，排名全省 11 市第十位。2009—2015 年的小微企业综合成长指数走势总体呈“M字形”波动，平均指数为66.71，低于全省同期平均指数近30点，处于“较不景气”区间。纵观近5年的发展状况，其2010年的综合成长指数最高(70.5)，2013年止跌回升，2015年再次回到低点(如图6-19所示)。

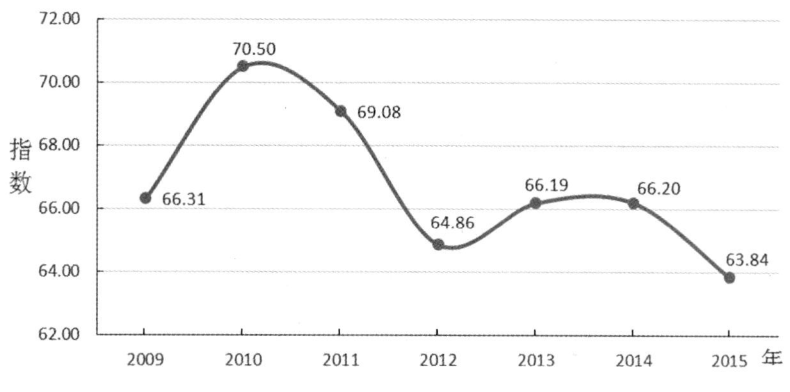

图6-19　衢州市小微企业综合成长指数走势

衢州市小微企业发展主要遇到的问题一是经营成本上升，挤占企业利润空间。其中，劳动力成本的不断上涨使企业面临的成本压力越来越大，原辅材料价格也是造成成本上涨的另一个原因，此外，房租的不断上涨也挤占部分企业的利润空间。二是市场需求不足，影响企业扩大经营。市场需求的减少，成为导致企业营业收入减少的主要因素。三是信息化水平低，新技术创新乏力。小微企业本身资金较为紧张，专业人才匮乏，主要以接单生产或提供服务来维持发展，大部分服务业企业无力进行信息化建设。

(十一)舟山市

2015年舟山市小微企业综合成长指数为56.48，排名全省11市最后一位。2009—2015年的小微企业综合成长指数走势大致呈“Z字形”波动，平均指数为59.80，低于全省同期平均指数约35点(如图6-20所示)。

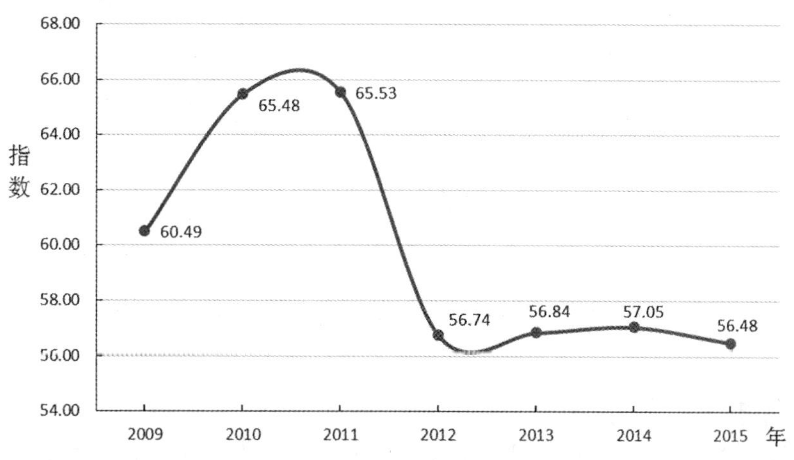

图6-20　舟山市小微企业综合成长指数走势

作为地方政府及金融机构的扶持对策，舟山市启动的“小微企业三年成长计划”，除了要新增小微企业 1650 家外，到 2017 年，还要引导和支持 500 户个体工商户转型升级为企业，新增“规上”和“限上”企业 290 家，组织 1500 家小微企业开展现代技术、现代金融“双对接”活动，推动 100 家小微企业在浙江股权交易中心挂牌，打造 3 个具有影响力的小微企业省级著名商标等。

2015 年舟山市国税局及时借助公告、电话、网站等渠道解读税收优惠政策，同时利用“海上办税服务站”、“纳税人之家”、税企协会等深入细致地辅导新政，尽最大可能让企业在当月享受到政策的福利。此外，舟山市政府还号召各银行机构推动产品创新，缓解“融资难”，创新小微担保方式，解决“融资贵”，打造“互惠贷”作业模式。通过以上措施，舟山市小微企业保持了平稳发展。

二、浙江省小微企业综合成长指数综合性探讨

(一)浙江省小微企业综合成长指数总体波动趋势及特征

本文通过对浙江工业小微企业成长指数、重点监测小微企业成长指数及企业经营信心指数这 3 种分类指数进行加权计算，得到 2015 年浙江 11 市小微企业综合成长指数。测评结果显示，2015 年浙江省平均综合成长指数为 94.62，与 2014 年相比稍有下滑，但总体保持平稳发展趋势(如图 6-21 所示)。

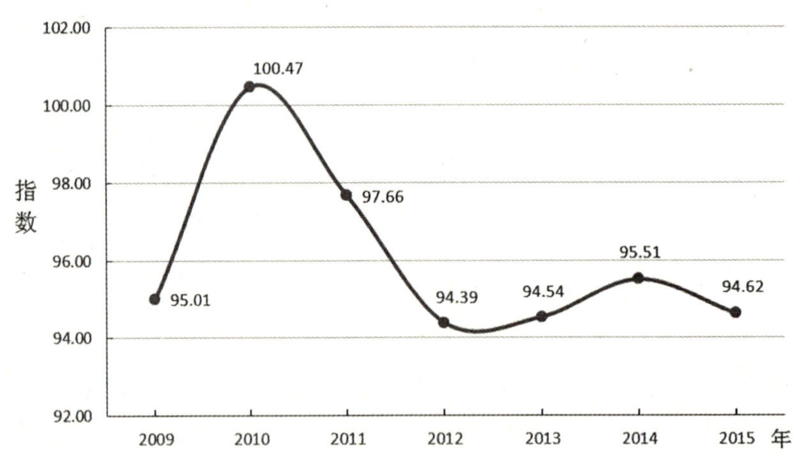

图 6-21 2009—2015 年浙江省小微企业综合成长指数

但各市之间的小微企业综合成长指数总体差异较大，指数最高的杭州市(143.69)与指数最低的舟山市(56.48)相差 1.5 倍。反映了经济总量及企业数量对小微企业综合成长指数的影响。

总体看来，浙江省 11 个地市中，杭州市和宁波市小微企业发展处于相对安全的较强景气区间；嘉兴市、温州市、绍兴市、台州市、金华市处于弱安全的微景气区间；湖州市、衢州市、丽水市及舟山市处于经营风险较强的不景气区间。面对严峻复杂的外部环境和经济下行压

力，各地区突出转型升级主线，大力推进"五水共治"、"三改一拆"、"四换三名"、浙商回归等重点工作，力争为中小企业发展创造良好环境条件。

(二)基于浙江省小微企业综合成长指数研究的基本判断

近几年来，国际国内经济形势发生了根本变化，浙江省小微企业既面临着前所未有的发展机遇，也面临着新的挑战。基于2015年浙江省小微企业综合成长指数研究，得出以下4个基本判断。

一是浙江小微企业成长进入增速减缓新常态。2015年浙江省小微企业生产经营基本面总体良好，但综合成长指数同比略有下滑。预测在今后相当长的时期内，这种增速减缓的趋势还会延续。总体分析，依赖低廉劳动力优势的高速成长的趋势不可持续，劳动力成本上升成为新常态；依靠数量和规模的外延式发展不可持续，注重品质和技术的内涵式发展成为新常态；要素驱动发展不可持续，创新驱动发展成为新常态。

二是"小升规"转型升级初见成效，区域结构与行业结构日趋合理。根据小微企业监测调查数据，近年来，浙江省各地区规上中小企业数量呈现增加趋势，其中金华市、绍兴市两市增幅较大。从区域分布情况来看，浙江省规上中小企业主要分布在宁波市、杭州市、嘉兴市、温州市、绍兴市、金华市、台州市等地区。其中，首先是宁波市有规上中小企业共7058家，占浙江全部规上中小企业总数的18.12%；其次是杭州市，有规上中小企业6161家，占15.81%。宁波市、杭州市、嘉兴市和温州市4市的规上中小企业数量占到了全省规上中小企业总数的57.31%。一方面规上中小企业总体数量增加了8.51%；另一方面，全省规上企业地区分布不均状况逐步改善，表明"小升规"工作取得初步成效。从行业分布情况来看，浙江小微企业行业分布以轻工业、装备制造和IT电商行业为主导。其中传统制造业仍具有举足轻重的地位。根据调查，在浙江小微企业数量排名前10位的行业中，有一半是属于传统制造业，其中有不少属于需要调整升级的行业。近年来，计算机、通信和其他电子设备制造业企业数增长率近15%，新兴产业的快速发展说明浙江小微企业朝着结构更优化的方向发展。

三是产业集聚效应明显，包容性发展贡献突出。浙江在全国具有众多特色优势的区域产业。依托"块状经济"支撑产业和区域发展，是浙江制造业的显著特点。小微企业是"块状经济"的主体，具有生生不息的创业活力。数百万集聚于"块状经济"的小微企业，虽然多数没有进入大工业生产体系，但是形成了以特色产品为龙头、以专业化分工为纽带、以中低收入消费群为主要市场的区域生产体系，以及为之配套的社会服务体系，构筑起专业化产业区，呈现"无形大工厂"式的区域规模优势。由此可见，浙江小微企业的成长实质上也是包容性成长的代表性样本。近年来，不少小微企业做深专业化，成为"专精特新"的"小巨人"企业。典型的"块状经济"显示"小资本大集聚、小企业大协作、小产品大市场、小产业大规模"的特征，并通过产业组织创新赢得竞争优势。

四是创业创新"新四军"推动浙江信息经济迅猛发展。近年来，浙江省相继出台一系列扶持创业创新的相关政策，着力培育基于互联网的新型众创孵化平台，激发80后、90后青年创业，大力发展市场化、专业化、集成化、网络化的“众创空间”，形成了要素集聚化、服务专业化、运营市场化和资源开放化的大众创业新格局。网络经济成为浙江民间资本投资的重要领域，也成为浙江经济发展的新增长极。一大批小微电商紧跟时代迅速成长，新一代浙商将高新技术创业与浙商创业精神相结合，特别是由高校系、阿里系、海归系、浙商系构成的创新创业“新四军”活跃在浙江信息经济主战场，并通过业务网络辐射到全国。

（三）浙江省小微企业成长瓶颈与对策建议

本研究报告表明，当前制约浙江小微企业成长的瓶颈因素主要如下。

一是连续 3 年以上各种要素成本上升过快，特别是劳动力成本刚性上升，年平均增幅达 20%—30%，明显挤压了企业利润空间。其中，80 后、90 后新生代主力劳动力对于工作环境、职业发展、薪酬待遇等的诉求较强，这从一个侧面拉高了劳动力成本。同时，近年来受国内外各种复杂因素的影响，经济下行的压力比较大。新常态下内需与出口乏力，导致小微企业投资存在持续下行的风险，也影响到企业家经营信心的提升。

二是融资难、融资贵问题仍旧存在，我国中小型金融机构发育不足，中小微企业占企业总数的 99%以上，而中小微企业贷款却仅占贷款总额的 8%左右。同时，由于收费偏多偏高，违规收费屡禁不止，所以中小企业负担依然较重。此外，近年来互联互保引发的资金链断裂、企业破产风潮也有回潮趋势。资金链、担保链的“双链”风险依然存在。

三是浙江区域发展不平衡的现象仍然存在。2015 年 11 市中 7 市低于全省平均成长指数，特别是第四层次的丽水市、衢州市和舟山市 3 市与第一层次的杭州市和宁波市相比，平均指数相差 1 倍以上，表明这些地区小微企业转型升级任重道远，浙江小微企业成长景气总体不容乐观。

四是小微企业普遍缺乏对口的专门技术人才，阻碍了企业创新能力的内部传承与持续成长。中小企业参与智能制造产业链与“一带一路”的国际化经营等都需要大量高素质的人才，而缺乏对口的专门技术人才已成为发展瓶颈之一。现阶段我国尚缺乏针对中小企业需求的人才培养机制，大多数中小企业也缺乏留住人才的能力，这都阻碍了企业技术创新能力的内部传承与总体提升。

五是阻碍中小企业创新的体制机制因素依然未能得到根本上的解决。中小企业在市场资源分配与市场准入方面，仍受到大企业的排挤。不少地方政府还存在 GDP 至上主义倾向，过分专注于大项目大企业，而忽视了中小企业的权益。中小企业无法进入垄断性行业，发展空间被挤压。“大众创新、万众创业”的活力有待进一步释放。

基于上述浙江小微企业综合成长指数研究分析的现状趋势、基本判断及成长瓶颈问题，本文对进一步促进浙江中小企业发展提出以下建议。

一是瞄准产业发展前沿和社会重大需求，前瞻性地制定浙江省促进中小微企业中长期成长战略。与德国工业 4.0、中国制造 2025、“大众创业、万众创新”“互联网＋”“一带一路”战略构想等紧密对接，根据国家和浙江省“十三五”发展规划纲要，科学编制《浙江省中小微企业“十三五”发展规划》。

二是出台细分领域产业扶持发展政策，培育少数具有全球竞争力的“小巨人”。在进一步摸底调查浙江省现有工业中小微企业发展现状的基础上，根据细分产业发展基础，有针对性地出台细分行业领域的扶持政策。重点促进浙江省具有相对优势的空分设备、工业汽轮机、余热锅炉、除尘脱硫等成套设备的设计、制造及集成能力；积极发展新型纺织机械、轻工塑料机械、汽车关键零部件、船舶制造、数控机床、仪器仪表、电气机械等产品，积极发展量大面广和市场急需的专用生产设备。结合“十三五发展规划”的制定和实施，重点发展高效节能、新能源关键设备、环保设备、核电、轨道交通等领域的设备及关键部件，努力培育装备制造业发展的新优势。推动浙江省形成新的“板块经济”，培育少数具有“专、精、特、新”的战略性新兴产业领域的“小巨人”。

三是发挥“有为政府”在“协同创新”中的引导作用，着力解决浙江省中小微企业成长面临的关键瓶颈问题。在“大众创业、万众创新”的热潮中，进一步建立和完善多层次区域资本市场，助力浙江本土初创企业及成长型企业跨过融资坎，为浙企创造更好的营商环境。进一步健全和完善相关法律法规体系，规范行业协会、商会和相关中介机构的发展模式，由政府和企业联合出资引导中介机构，探讨中介结构服务中小微企业成长新模式。

四是鼓励浙江省中小微企业在“一带一路”战略实施过程中，“走出去”开展国际产能合作，获取全球市场和先进技术，进一步提升推进转型升级的层次和效果。鼓励和支持浙江省中小微企业充分探索全球合作新模式，通过海外并购、全球联合研发等模式，支持企业培育全球创新能力和国际化品牌。深入分析制造业“走出去”市场和信息服务，支撑浙江省制造业产品在海外拓展市场。同时，实施“引进来”战略，鼓励全球著名制造企业和科研机构在浙江省设立研发机构，开展重大技术联合研发和创新。

五是推动领军人才和专业人才的培育培训模式创新，为浙江省中小微可持续成长提供人才和智力服务。继续加强浙江省中小微企业各级各类领军人才和专业人才的培育培训，由政府在各地市建立培训中心，发放免费培训券，同时鼓励企业新员工接受专业培训以提高专业技能。通过税费减免、引导基金等政策，引导资本和经营资源回归实体经济。

第七章
2015年浙江省中小微企业行业成长指数

浙江中小微企业行业成长指数测评有助于及时了解和把握浙江省中小微企业主要行业发展的最新现状和发展趋势。测评数据主要来源于浙江省中小微企业分行业监测数据以及浙江省统计部门发布的分行业企业家信心指数。

第一节　行业成长指数评价指标体系

浙江省中小微企业分行业监测指标主要包括工业总产值、出口交货值、用电量、营业收入、营业成本等16个项目。为了使监测数据得到充分利用，运用峰谷对应法对16个项目进行时差相关分析，在确定各指标的时间性质后，再从同一类型指标中剔除相关性较强的指标，从而最终确定了10个监测指标，并根据指标特性，参考企业景气指数的评价方法确定了先行指标、一致指标和滞后指标及其权重，如表7-1所示。

表7-1　浙江省中小微企业行业景气评价指标

指标类别	行业景气监测指标	小类指标权重	大类指标权重
先行指标	固定资产投资额	0.484	0.30
	财务费用	0.516	
一致指标	工业总产值	0.203	0.50
	用电量	0.191	
	营业收入	0.203	
	利润总额	0.203	
	应交税费	0.200	
滞后指标	负债总计	0.339	0.20
	应收账款	0.339	
	从业人员	0.322	
合计			1.00

第二节 主要行业成长指数的计算

一、数据收集及样本选取

计算浙江省主要行业的景气指数，数据来源于浙江省中小微企业运行监测平台的监测数据和浙江省统计局发布的企业家信心指数。

浙江省中小微企业数量众多，行业分布广泛。在收集和处理监测数据时，首先参考国家工信部、国家统计局以及各类以行业、产业为研究对象的行业监测调查指标，比对浙江省中小微企业培育与监测平台监测数据中的行业类别及企业数量，将各细分行业归结为5大类行业。其次，按大类将各月报表中的行业企业明细进行汇总整理，统计各细分行业的月度监测企业样本数量，最终选取了12个月中监测企业数最多的行业作为本章研究的样本，如表7-2所示。

表7-2 浙江省中小微企业分行业监测企业数量状况

行业大类	行业细分	企业数量
纺织产业	纺织业*	1186
	纺织服装、服饰业	714
	化学纤维制造业	70
原材料工业	石油加工、炼焦和核燃料加工业	8
	化学原料和化学制品制造业	438
	非金属矿物制品业	290
	黑色金属冶炼和压延加工业	216
	有色金属冶炼和压延加工业	202
装备制造业	通用设备制造业*	1351
	专用设备制造业	497
	汽车制造业	476
	铁路、船舶、航空航天和其他运输设备制造业	135
	电气机械和器材制造业	672
	计算机、通信和其他电子设备制造业	303
	仪器仪表制造业	115

行业大类	行业细分	企业数量
轻工业	农副食品加工业	217
	食品制造业	104
	酒、饮料和精制茶制造业	64
	皮革、毛皮、羽毛及其制品和制鞋业	466
	家具制造业	250
	造纸和纸制品业	350
	文教、工美、体育和娱乐用品制造业	374
	橡胶和塑料制品业*	994
	金属制品业*	1073
其他	木材加工和木竹藤棕草制品业	371
	印刷和记录媒介复制业	209
	医药制造业	230
	其他制造业	1875
	废弃资源综合利用业	36
	金属制品、机械和设备修理业	28

说明：* 表示2014—2015年度浙江省中小微企业培育与监测平台监测企业数量较多的行业。

二、数据预处理

选择浙江省中小微企业培育与监测平台监测企业数量最多的通用设备制造业（1351 家）、纺织业（1186 家）、金属制品业（1073 家）以及橡胶和塑料制品业（994 家）4 大行业作为研究行业成长指数的测评对象。

在整理 4 大主要行业监测数据时，先将 4 个行业每月的数据筛选出来，再按行业归并，得到每个行业连续 24 个月的源数据。然后将源数据按照每月上报企业占最大企业数的比例进行放大，得到一致化的数据，并且将 4 个行业每月的 16 个指标数据汇总成季度数据，进行景气指数的计算。

在数据处理过程中，存在个别异常指标，如指标值异常大，得到的季度数据出现负值等情况，对此，按统计学方法进行了数据预处理。确认企业是否误报，若确认误报，且该企业的各项数据对行业总体情况在数量级上没有较大的影响，则剔除该企业的各项指标数据；若企业的指标数据对行业总体数据影响较大（占 10％以上），则对比该企业历月数据，对该月的异常指标进行估算，用估计值替代差异常值，得到修正后的行业总体的指标值。

三、行业成长指数的计算方法

本章采用合成指数的方法计算浙江省中小微企业行业成长指数。

首先，运用峰谷对应法确定备选的 16 个指标与参与指标的峰谷对应情况，选用工业总产值作为参照指标，运用 EXCEL 软件绘出折线图，观察各指标上升和下降的变化趋势，与参照指标的变化趋势做比较，将指标进行归类，最终筛选了 10 个指标。然后，运用层次分析法计算得到每个指标的权重，用于合成指数的计算，如表 7-1 所示。

其次，运用合作指数方法计算每个行业的先行指数、一致指数、滞后指数，对 2013 年和 2014 年共 8 个季度的数据进行回归分析，得到 2015 年的预测值。同时，将浙江省 4 大行业的企业家信心指数进行回归预测。

再次，将先行指数、一致指数和滞后指数 3 个指数按照 2∶5∶3 的权重合成计算出中小微企业行业成长指数。

最后，将中小微企业的行业成长指数与企业家信心指数按照 4∶6 的权重进行合成计算，得到中小微企业行业成长指数。

四、行业成长指数的计算结果

根据以上方法，计算得到浙江省 2015 年主要行业的景气指数。研究表明，4 大主要行业同比景气度不尽相同，但相差不大。

表7-3　浙江省中小微企业4大主要行业成长指数

主要行业 ＼ 成长指数 ＼ 年	2012	2013	2014	2015
纺织业	114.62	114.25	108.91	112.88
橡胶和塑料制品业	128.96	128.71	141.73	132.27
金属制品业	134.56	130.86	121.37	124.96
通用设备制造业	137.55	127.55	114.54	123.8

根据表7-3可以看出，浙江省2012—2015年中小微企业主要行业成长指数的波动趋势有以下主要特点：

第一，4大主要行业2015年成长指数预测值同比有所上升，其中，纺织业、金属制品业和通用设备制造业2015年预测值略有上升，橡胶和塑料制品业预测值有略微下降，但总体发展水平并未恢复到2012年以前的状态；

第二，4大主要行业成长指数不尽相同，但都相差不大。2015年4大主要行业成长指数排名与上年一致，依次为橡胶和塑料制品业、金属制品业、通用设备制造业、纺织业；

第三，成长指数上升的3个行业中，与2014年相比，通用设备制造业的成长指数上升幅度最大，达到8.1%。金属制品业的上升幅度最小，2015年上升了3.0%。仅橡胶和塑料制品业与其他3个行业不同，2015年成长指数下降了6.7%。

第三节　浙江省主要行业成长指数波动趋势分析

一、纺织业

浙江省纺织业依靠规模扩张和要素低价维持了一贯的出口量和利润额的高增长，成为该区域的重要支柱产业。2015年，世界经济普遍复苏，国外需求较上年增大，纺织业出口开始回升，国内市场也有回暖迹象，但仍较弱，企业以减少库存为主。2015年浙江省纺织业成长指数在经历过前3年明显下滑后呈回升态势，如图7-1所示。

总的来说，2015年浙江省纺织业受惠于国内外宏观环境的趋好，成长指数较上一年有所回升。浙江纺织业成长指数上升的原因主要有以下几个方面：一是国外经济环境复苏，加之出口退税、快速通关等一系列政策刺激以及人民币阶段性贬值影响，出口需求回升；二是中国经济正稳步步入“新常态”；三是“互联网＋”、跨境电商为行业注入新活力；四是近年来政府出台棉价直补政策，加之国内外棉价差价的缩小使纺织业的成本压力有所缓和；五是随着城镇化进程的推进，城乡居民收入稳步增长，国内纺织服装产品消费能力逐步提高，推动了纺织业的发展。值得一提的是，由于原材料价格扑朔迷离，企业信心仍未完全恢复，有待进一步的市场回暖。

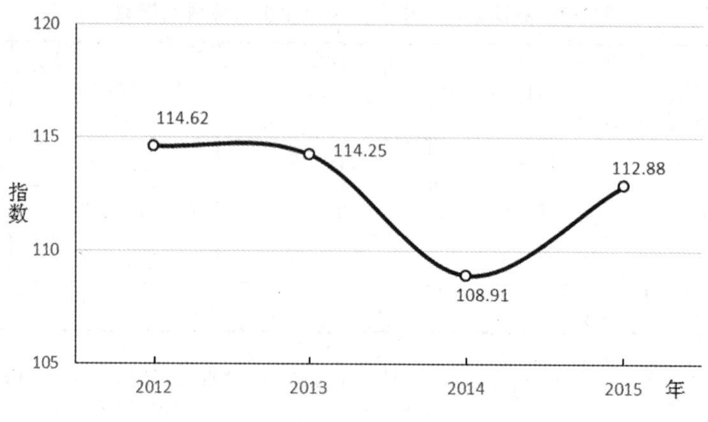

图7-1 浙江省纺织业成长指数趋势图

二、通用设备制造业

通用设备制造业作为制造业的核心组成部分，主要生产机械设备和各种工具，为国民经济生产和国防建设提供装备。浙江省是中国重要的装备制造和出口基地，其出产的机械产品在全国具有很强的竞争力。浙江较突出的特色产业基地主要有杭州大型成套设备、绍兴节能环保设备、温州电工电气装备、宁波塑料机械、衢州动力机械等，优势产品有泵、阀、轴承等。浙江省的机械工业在改革开放前一直处于全国偏下的水平，目前浙江发展成为名列前茅的机械大省，中小微企业对此做出了很大贡献。

浙江省通用设备制造业成长指数2012—2014年来一路下滑，由137.55降至114.54，下降幅度不断增大，到2015年指数有所回升，如图7-2所示。

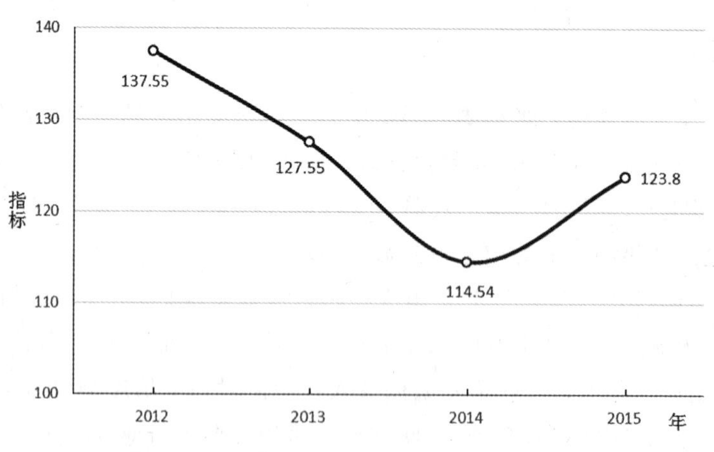

图7-2 浙江省通用设备制造业成长指数趋势图

浙江省通用设备制造业成长指数经历过大幅下滑后又明显上升的原因主要有以下几方面：一是国内外经济环境回暖，“一带一路”战略的实施带动通用设备制造业的需求回升；二是中小微企业在新三板挂牌火爆，打开了资本市场大门，缓解了成本上升的资金压力；三是浙江省通用设备制造业采取以去库存为主的方针，消化了在前期需求增长趋缓的背景下，行业产能过剩导致的高库存，盘活了企业经营面。以上因素促使 2015 年浙江省通用设备制造业成长指数较上年有所回升，长期看来，浙江省通用设备制造业仍具备较大的发展潜力和上升空间。

三、橡胶和塑料制品业

天然橡胶产业的中下游分别是天然橡胶生产、贸易以及天然橡胶消费品的制造，其中，橡胶制品主要有轮胎、胶带、胶鞋、医疗器械等。浙江省橡胶制造主要产品为轮胎等。塑料制造的原料是石化产业的产品，即苯、乙烯、丙烯、丁烯、苯乙烯等化学产品，经过化工合成不同化学组成的材料，塑料制品企业则通过采购其粉末颗粒状的材料进行产品生产制造。

浙江省的橡胶和塑料制品业在 2012—2013 年间的发展基本保持平稳，2014 年增幅显著，2015 年成长指数较上一年出现回落，如图 7-3 所示。

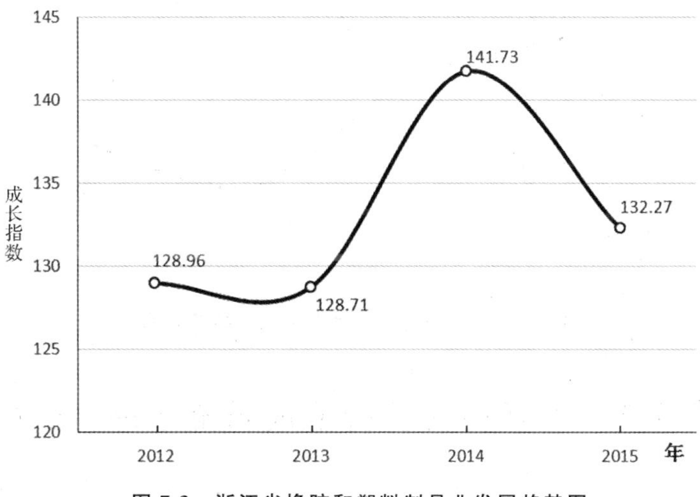

图 7-3　浙江省橡胶和塑料制品业发展趋势图

浙江省中小微企业橡胶和塑料制品业成长指数下滑的原因主要有以下 4 方面：一是成本方面，国际原油价格波动较大，加之利息上调、生产成本提高，而产品售价却难以提高；二是需求方面，橡胶和塑料制造业下游产业需求减小，加之成本原因，利润很低；三是出口方面，由于国际贸易摩擦不断加剧，出口优势不断削弱，出口量有所下降；四是环保整顿政策的影响减弱，到 2015 年橡胶促进剂价格优势逐渐消退，企业收入减少，从而成长指数较上年出现回落。

四、金属制品业

金属制品业涵盖范围很广，包括结构性金属制品制造、金属工具制造、集装箱及金属包装容器制造、不锈钢及类似日用金属制品制造等。浙江省是金属制品生产大省，但离金属制品强省还有一定距离，行业发展潜力巨大。

浙江省金属制品业中五金占据了较大板块，2014 年其行业销售规模超过 3000 亿元，占全国总量的 30%以上，是国内最大五金产品制造基地和产品集散中心。浙江拥有 23 个“国字号”五金产业基地，其中金华永康市是“中国科技五金城”，温州永嘉县是“中国五金饰扣之都”，金华浦江县是“中国挂锁产业基地”，杭州临安市是“中国五金工具生产基地”。目前，浙江五金产品中有 24 个国家工商总局认定的“驰名商标”；拥有“伟星实业”“苏泊尔”“爱仕达”等一大批行业龙头企业。

2015 年浙江省金属制品业的成长指数以 2014 年为拐点开始探底回升。分析其原因：一是受惠于国家“一带一路”政策利好，金属制品业需求明显提升；二是“大众创业、万众创新”助推企业技术创新，打破贴牌和仿制的尴尬局面，提升产品的品牌影响力；三是近年来浙江五金企业致力于转型升级，提高其产品定位，从而使 2015 年浙江省金属制品业的成长指数呈现回升态势，如图 7-4 所示。

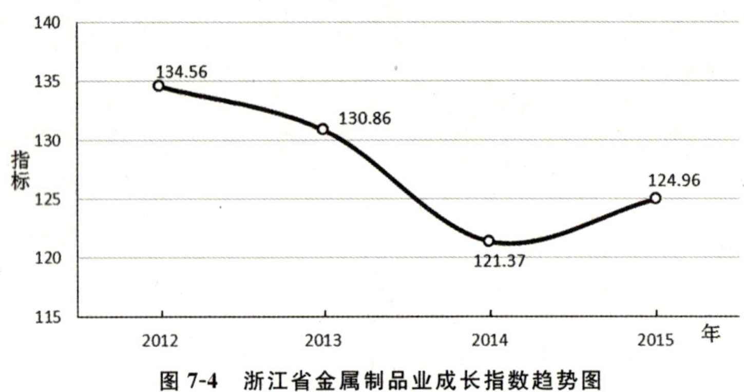

图 7-4　浙江省金属制品业成长指数趋势图

第四节　浙江省主要行业成长指数综合分析

本节对浙江省行业发展景气状况进行分析，最大特色是系统利用浙江省最新的中小微企业监测数据，计算得到了纺织业、通用设备制造业、橡胶和塑料制品业、金属制品业 4 大主要行业的成长指数，其结果与浙江省中小微企业发展的实际情况基本相符。

一、近年来浙江省主要行业成长指数波动的总体特征

总体来看，2015 年浙江中小微企业主要行业的成长指数均在 100 以上，生产经营基本面与上年相比趋于乐观，4 大行业中除了橡胶和塑料制品业外，其他 3 大行业显示出景气回暖趋势。从平均指数来看，2015 年 4 大行业平均指数为 123.48，与 2014 年相比提高了 1.84，呈现增长态势，如图 7-5 所示。

总体来说，浙江省金属制品业、通用设备制造业及纺织业中小微企业成长指数在明显下滑后有所上升，原因在于：首先，国外经济呈复苏增长态势，国内积极推动经济转型升级，浙江省抓住“一带一路”政策的机遇，结合“五水共治”，大幅提升企业产品需求；其次，中小微企

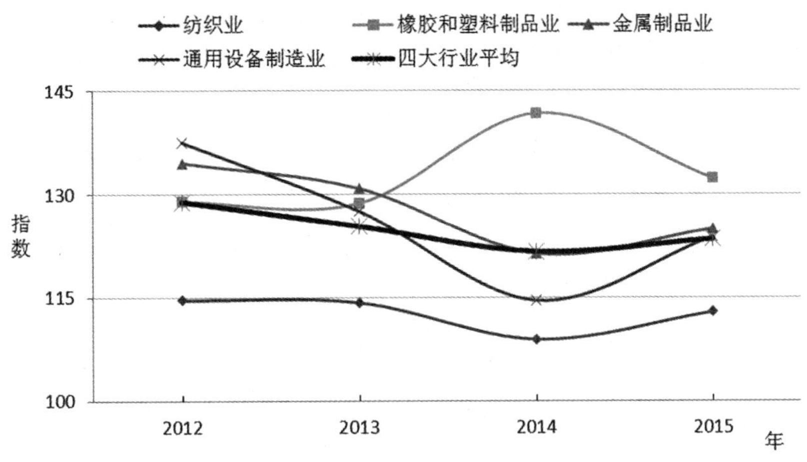

图 7-5　浙江省中小微企业 4 大行业成长指数比较图

业通过"众筹"平台及"新三板挂牌"等方式打破其融资难、融资贵的两难局面，减轻了成本压力束缚。最后，中小微企业充分利用"互联网＋"模式，提升行业实体经济的创新力和生产力，助推企业转型升级。

二、浙江省主要行业成长指数波动的原因分析

近几年浙江省主要行业成长指数波动较大的原因，主要有以下 3 个方面。

一是国内外宏观环境回暖，政策红利持续加码。2015 年，世界经济已经大体复苏并趋好，国内经济向"新常态"平稳过渡，呈现出增长平稳、结构优化、质量提升、民生改善的良好态势。国家"一带一路"战略助推企业"走出去"，扩大产品需求；浙江省对中小微企业创业的支持力度不断加大，积极响应国家"大众创业、万众创新"的号召，助推中小微企业科技创新、转型升级。

二是中小微企业热点及亮点增多。主要包括"新三板""众筹""大众创业、万众创新"以及"互联网＋"等。其中，浙江省中小微企业在新三板挂牌火爆，由于新三板"无地域限制、无行业限制、无财务指标要求"的挂牌标准，为广大中小微企业敞开了资本市场大门，为中小微企业打破融资难的局面注入了关键力量；2014 年以来，中国跨入了"众筹元年"，众筹行业的发展降低了融资门槛，推动了浙江乃至全国中小微企业的发展；浙江省"大众创业、万众创新"空前活跃；"互联网＋"打造中小微企业新生态，充分发挥了互联网在生产要素配置中的优化和集成作用，将互联网的创新成果深度融合于经济社会各领域之中，提升实体经济的创新力和生产力，形成更广泛地以互联网为基础设施和实现工具的中小微企业各行各业发展的新形态。

三是中小微企业经营成本高昂问题仍然存在。经营成本主要包括劳动力成本及融资成本，且具体表现为用工难、融资难两方面。经营成本居高不下导致浙江省中小微企业利润进一步下滑，市场竞争力受到削弱，原本通过成本竞争生存下来的中小微企业面临更加窘迫的

局面。并且，经营成本提升也使浙江省从事加工贸易的企业承受巨大的压力，在尚未实现转型升级之前，不得不接受经营成本上涨带来的价格上涨压力，从而在国际市场竞争中缺少价格优势，易于被国际市场竞争者赶超和淘汰。

总体而言，浙江省主要行业中小微企业发展虽然存在一系列政策利好和新的热点及亮点，但依然面临着种种挑战。今后，浙江省应着力于加大各项政策落实力度，进一步改善主要行业中小微企业发展环境，放开中小微企业投资领域，激发中小微企业创新潜力，强化中小微企业服务体系建设，加快中小微企业转型升级进程。

三、政策建议

基于上述分析，本文从企业、政府和行业层面对进一步促进中小微企业发展提出相关政策建议。

一是企业层面。首先，浙江省主要行业中小微企业应牢牢把握中国经济步入“新常态”的契机，推动和保持企业利润平稳增长、产品结构优化、质量提升的良好态势。其次，要积极结合和尝试外部环境中出现的新亮点和新事物。通过在新三板挂牌及众筹平台，缓解中小微企业融资难、融资贵的压力；积极响应国家及政府“大众创业、万众创新”的号召，投入到技术创新行列，提升产品竞争力；通过“互联网＋”、跨境电商，展开企业运营的新模式，致力于更好更快地实现企业转型升级。

二是政府层面。政府在继续加码各项优惠政策力度的同时，应重点关注中小微企业发展的热点及亮点，建立健全相关的政策和制度，确保政策措施具有系统性、可操作性和落地性。统筹做好已出台与新出台政策措施的衔接协同，推进高端人才创业与“草根”创业，推动“大众创业、万众创新”政策的落地生根；大力推进“互联网＋中小微企业”，抓好中小微企业信息化推进工程和中小微企业“两化”融合能力提升行动实施；加大对新三板挂牌的中小微企业的优惠政策，鼓励和维护众筹融资平台，同时还应推动和建立更为切实可行的中小微企业融资担保制度，建立稳健的中小微企业发展机制和氛围。

三是行业层面。行业作为沟通企业和政府的桥梁，应努力使政府了解企业的真实情况和需求，并把握行业中“新三板”“众筹”“两创”“互联网＋”等热点和亮点，协助政府制定有效的优惠和扶持中小微企业发展的政策和制度，激发中小微企业的创新活力，减轻其融资压力，加快中小微企业实现由产业链低端向高端、核心竞争力由低价格向高技术转变的转型升级进程，使浙江主要行业的中小微企业迈上又好又快发展的新台阶。

第八章
浙江省成长型中小企业评价分析

2015年8月，浙江省经信委在省统计局数据库内选取了2000家企业以开展成长型中小企业的评价认定工作，经过各市县审核推荐，并组织召开专家评审，最终有976家企业入选为2015年浙江省成长型中小企业。通过整理核对该976家企业数据，最终回收960家企业有效数据，本章对这批企业进行了分析。

第一节 成长型中小企业的分布特征

一、成长型中小企业的地区分布特征

地区分布呈4级阶梯状。宁波市、杭州市2市的成长型中小企业数量排在前两位，分别为195家、178家，分别占比20.31%、18.54%，处于第一阶梯。温州市、嘉兴市、湖州市、绍兴市和金华市5市的成长型中小企业数量在同一水平，分别为97家、85家、81家、81家和79家，分别占比10.10%、8.85%、8.44%、8.44%和8.23%，处于第二阶梯。衢州市、丽水市和台州市3市的成长型中小企业数量处于第三阶梯水平，分别为57家、53家和47家，占比分别为5.94%、5.52%、4.90%。舟山市的成长型中小企业数量分布最少，共7家，占比0.73%，处在第四阶梯水平。从经济总量看，2014年，浙江省地区生产总值排名前两位的市分别为杭州市、宁波市，排名第3—7名的分别是温州市、绍兴市、台州市、嘉兴市和金华市，排名8—10名的分别为湖州市、衢州市和丽水市，排名第11名的为舟山市。可见，2015年浙江省成长型中小企业的4级阶梯分布总体上与浙江省各地经济发展水平相一致，如表8-1所示。

从企业数量上看，位于第一阶梯的宁波市和杭州市成长型中小企业数量共有373家，占比38.85%；而位于第三阶梯的衢州市、丽水市和台州市3市成长型中小企业数量共有157家，占比16.36%，不到前两位占比之和的1/2。分布最多的宁波市企业数量是分布最少的舟山市的27.9倍。

表8-1 2015年成长型中小企业地区分布

单位：家，%

地 区	企业数量	占 比
宁波市	195	20.31

续 表

地　区	企业数量	占　比
杭州市	178	18.54
温州市	97	10.10
嘉兴市	85	8.85
湖州市	81	8.44
绍兴市	81	8.44
金华市	79	8.23
衢州市	57	5.94
丽水市	53	5.52
台州市	47	4.90
舟山市	7	0.73
总计	960	100.00

从资产总额看，杭州市、宁波市 2 市的资产总额仍然最高，分别为 559.41 亿元和 552.66 亿元，舟山市的资产总额最低，为 36.52 亿元。但从各地区企业平均资产规模看，舟山市的企业平均资产规模最高，达到 5.22 亿元，企业平均资产规模最低的是温州市，为 1.43 亿元，如表 8-2 所示。

表 8-2　2014 年成长型中小企业资产规模的地区分布情况

单位：亿元，%

所在市	占　比	资产总额	占　比	企均资产规模
舟山市	0.73	36.52	1.49	5.22
杭州市	18.54	559.41	22.75	3.14
绍兴市	8.44	249.82	10.16	3.08
台州市	4.90	134.17	5.46	2.85
宁波市	20.31	552.66	22.47	2.83
衢州市	5.94	151.32	6.15	2.65
湖州市	8.44	194.81	7.92	2.41
嘉兴市	8.85	202.81	8.25	2.39
金华市	8.23	159.03	6.47	2.01
丽水市	5.52	79.95	3.25	1.51
温州市	10.10	138.71	5.64	1.43

二、成长型中小企业的行业分布特征

行业覆盖面广，多集中在制造业。数据显示，960 家成长型中小企业分布在 43 个行业大类，基本覆盖了 1/2 以上营利性行业，覆盖面较广。其中 667 家企业分布在通用设备制造业，电气机械和器材制造业，汽车制造业，专用设备制造业，其他制造业，计算机、通信和其他电子设备制造业，金属制品业，纺织业，医药制造业和仪器仪表制造业等 10 个行业，这 10 大行业的企业数量分别为 123 家、93 家、86 家、80 家、69 家、55 家、48 家、44 家、44 家和 35 家，总占比 70.52%，分别占比 12.81%、9.69%、8.96%、8.33%、7.19%、5.73%、5.00%、4.58%、4.58%和 3.65%，如表 8-3 所示。

表 8-3 成长型中小企业在 43 个行业大类的分布情况

单位：家，%

行 业	数 量	占 比
通用设备制造业	123	12.81
电气机械和器材制造业	93	9.69
汽车制造业	86	8.96
专用设备制造业	80	8.33
其他制造业	69	7.19
计算机、通信和其他电子设备制造业	55	5.73
金属制品业	48	5.00
纺织业	44	4.58
医药制造业	44	4.58
仪器仪表制造业	35	3.65
化学原料和化学制品制造业	34	3.54
橡胶和塑料制品业	34	3.54
农副食品加工业	27	2.81
纺织服装、服饰业	16	1.67
皮革、毛皮、羽毛及其制品和制鞋业	16	1.67
造纸和纸制品业	15	1.56
非金属矿物制品业	14	1.46
铁路、船舶、航空航天和其他运输设备制造业	13	1.35
木材加工和木、竹、藤、棕、草制品业	11	1.15
软件和信息技术服务业	10	1.04
有色金属冶炼和压延加工业	10	1.04

续 表

行 业	数 量	占 比
文教、工美、体育和娱乐用品制造业	9	0.94
黑色金属冶炼和压延加工业	8	0.83
家具制造业	8	0.83
化学纤维制造业	7	0.73
电力、热力生产和供应业	6	0.63
废弃资源综合利用业	6	0.63
酒、饮料和精制茶制造业	6	0.63
非金属矿采选业	4	0.42
生态保护和环境治理业	4	0.42
建筑装饰和其他建筑业	3	0.31
零售业	3	0.31
烟草制品业	3	0.31
印刷和记录媒介复制业	3	0.31
电信、广播电视和卫星传输服务	2	0.21
铁路、船舶、航空航天和其他运输设备制造业	2	0.21
批发业	2	0.21
互联网和相关服务	1	0.10
建筑安装业	1	0.10
其他服务业	1	0.10
体育	1	0.10
铁路运输业	1	0.10
卫生	1	0.10
专业技术服务业	1	0.10
合计	960	100.00

三、成长型中小企业的规模分布特征

从2014年主营业务收入规模看，960家成长型中小企业主营业务收入规模集中分布在2000万—4亿元之间，804家企业的主营业务收入位于该区间，占比83.75%。主营业务收入在4亿元以上的有133家，占比13.85%，主营业务收入在300万—2000万元之间的有19家，占比1.98%，主营业务收入在300万元以下的有4家，占比0.42%。

从地区看，主营业务收入处于高水平的企业集中分布在环杭州湾地区。主营业务收入在 300 万元以下的企业仅在湖州市、绍兴市和温州市 3 市有分布，分别有 1 家、1 家、2 家。主营业务收入在 300 万—2000 万元之间的企业在嘉兴市、金华市、丽水市、衢州市和温州市 5 市有分布，分别有 2 家、3 家、2 家、4 家和 8 家。主营业务收入在 2000 万—4 亿元之间的企业在全省 11 个市均有分布，分布数量最多的 3 个市分别是宁波市、杭州市和温州市，分别有 169 家，147 家和 78 家，分别占比 21.0%、18.3%和 9.7%。主营业务收入在 4 亿元以上的企业在全省 11 个市均有分布，分布数量最多的 3 个市分别是杭州市、宁波市和湖州市，分布有 31 家、26 家和 18 家，占比分别是 23.3%、19.5%和 13.5%，如表 8-4 所示。

表 8-4　主营业务收入规模分布情况

单位：家

所在市	4 亿以上	2000 万—4 亿万元	300 万—2000 万元	300 万元以下
杭州市	31	147	0	0
湖州市	18	62	0	1
嘉兴市	13	70	2	0
金华市	8	68	3	0
丽水市	2	49	2	0
宁波市	26	169	0	0
衢州市	8	45	4	0
绍兴市	10	70	0	1
台州市	6	41	0	0
温州市	9	78	8	2
舟山市	2	5	0	0
总计	133	804	19	4
占比(%)	13.85	83.75	1.98	0.42

从 2014 年吸收从业人员数量看，960 家成长型中小企业从业人员规模集中分布在 20—300 人之间，684 家企业的从业人员数位于该区间，占比 71.25%。从业人员数在 300 以上—1000 人之间的企业有 248 家，占比 25.83%，从业人员数在 1000 人以上的企业有 16 家，占比 1.67%，从业人员数在 20 人以下的有 12 家，占比 1.25%，如表 8-5 所示。

表 8-5　2014 年成长型中小企业从业人员规模分布情况

单位：家，%

从业人员规模	企业数量	占比
1000 人以上	16	1.67
300 以上—1000 人	248	25.83
20—300 人	684	71.25

续 表

从业人员规模	企业数量	占比
20 人以下	12	1.25
总计	960	100.00

第二节 成长型中小企业的发展情况

一、业绩指标逐年上升，增速有所减缓

从 2011—2014 年的经营数据看，2014 年浙江省成长型中小企业的资产总额、主营业务收入和利润总额均在稳步上升，且增长速度较快，但增速有所放缓，如表 8-6 所示。

表 8-6 2011—2014 年成长型中小企业主要经济指标

单位：亿元，%

年 份	资产总额	同比增长率	主营业务收入	同比增长率	利润总额	同比增长率
2011	1353.24		1029.24		117.20	
2012	1729.94	27.84	1516.60	47.35	186.63	59.24
2013	2036.61	17.73	1872.21	23.45	206.40	10.59
2014	2459.20	20.75	2372.01	26.70	263.72	27.77

从资产指标看，960 家成长型中小企业 2011 年的资产规模为 1353.24 亿元，2012 年、2013 年和 2014 年则分别达到 1729.94 亿元、2036.61 亿元和 2459.20 亿元，同比分别增长 27.84%、17.73%和 20.75%，资产规模增速有减缓趋势，2013 年资产增速达到近 3 年最低水平，2014 年有所回升，整体上仍维持在高速增长水平，如图 8-1 所示。

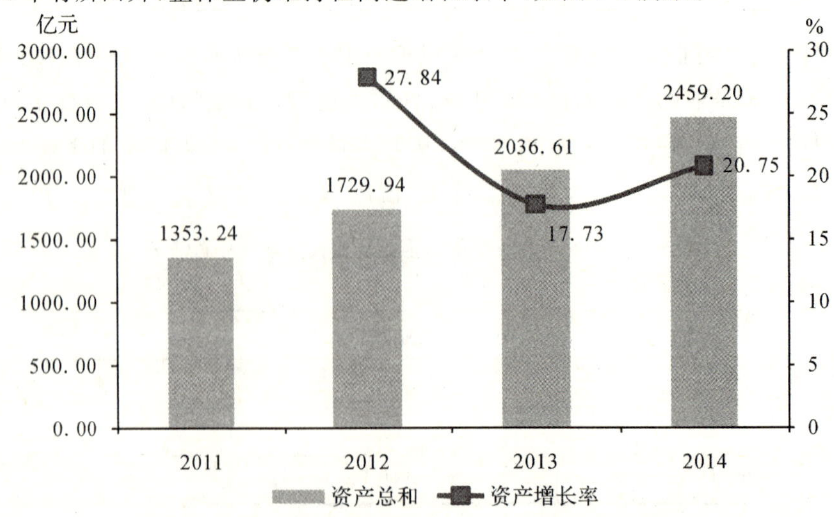

图 8-1 2011—2014 年成长型中小企业资产总额及增长率

从主营业务收入看,960 家成长型中小企业 2011 年的主营业务收入为 1029.24 亿元,2012 年、2013 年和 2014 年则分别达到 1516.60 亿元、1872.21 亿元和 2372.01 亿元,分别增长 47.35%、23.45%和 26.70%,与资产规模相同,近 4 年来,960 家成长型中小企业的主营业务收入在 2013 年较大幅度下降,2014 年有所回升,整体上仍维持在高速增长水平,如图 8-2 所示。

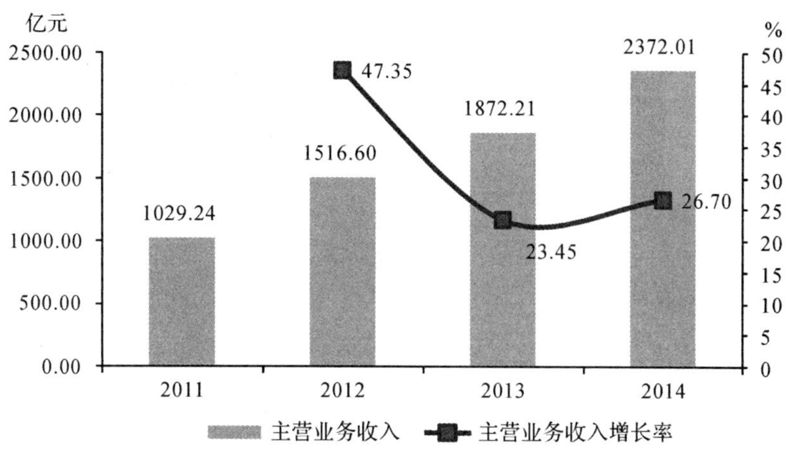

图 8-2　2011—2014 年成长型中小企业主营业务收入总额及增长率

从利润情况看,960 家成长型中小企业 2011 年的利润总额为 117.20 亿元,2012 年、2013 年和 2014 年则分别达到 186.63 亿元、206.40 亿元和 263.72 亿元,分别增长 59.24%、10.59%和 27.77%,从总额上看,960 家成长型企业近 3 年的利润总额逐年上升,2013 年利润总额增速相对较低,2014 年有所回升。2011—2014 年 960 家成长型中小企业的平均利润率维持在 11%以上,分别为 11.39%、12.31%、11.02%和 11.12%,如图 8-3 所示。

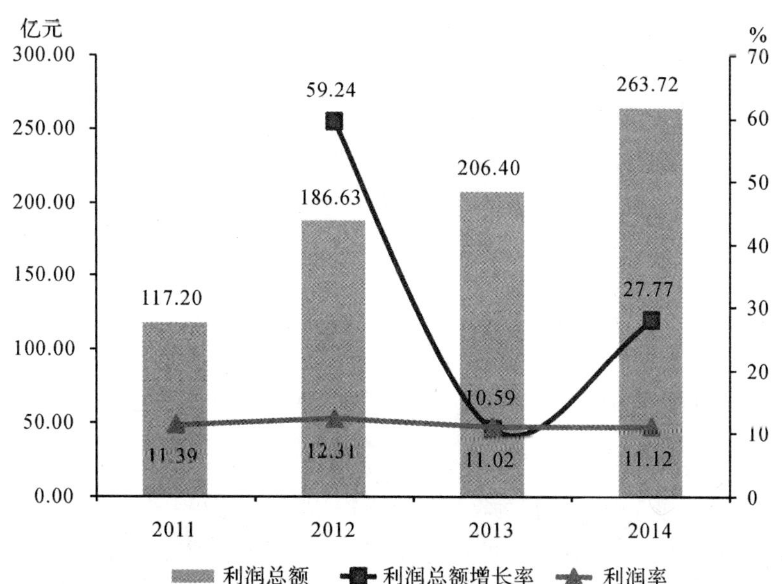

图 8-3　2011—2014 年成长型中小企业利润总额、增长率及利润率

二、经营风险呈下降趋势，总体风险可控

1. 负债水平合理且逐年下降。从总体上看，960 家成长型中小企业的资产负债率维持在适中水平，且呈下降趋势。具体而言，2011—2014 年，960 家成长型中小企业的资产负债率分别为 54.55%、55.43%、53.33%和 48.86%。从财务角度看，资产负债率在 60%以下是较为安全的区间，960 家成长型中小企业近 4 年的平均资产负债率为 53.04%，一方面表明成长型中小企业的负责经营风险在可控范围内，另一方面也体现了浙江省成长型中小企业较好地发挥了财务杠杆作用，如表 8-7 所示。

表 8-7 2011—2014 年成长型中小企业资产负债情况

单位:亿元，%

年份	资产合计	负债	资产负债率
2011	1353.24	738.19	54.55
2012	1729.94	958.93	55.43
2013	2036.61	1086.21	53.33
2014	2459.20	1201.59	48.86

2. 亏损面大幅降低。从亏损面看，成长型中小企业亏损企业数量逐渐减少，2011—2014 年 960 家成长型中小企业亏损企业数量分别为 101 家、71 家、49 家和 37 家，亏损面分别为 10.52%、7.40%、5.10%和 3.85%，表明浙江省成长型中小企业总体经营效益逐步向好。

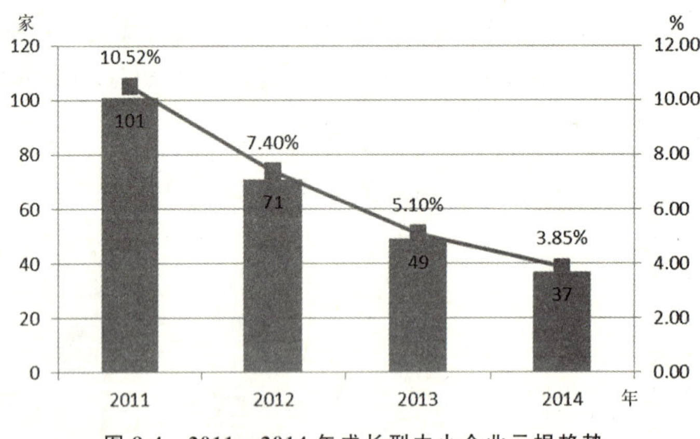

图 8-4 2011—2014 年成长型中小企业亏损趋势

三、技术创新活动表现活跃，研发投入增长快速

2011—2014 年，浙江省 960 家成长型中小企业分别有 707 家、760 家、789 家和 805 家企业提供了研发投入数据，占比分别为 73.65%、79.17%、82.19%和 83.85%，从事研发活动的企业面逐年扩大。2011 年总研发投入为 36.88 亿元，2012 年、2013 年、2014 年分别达到 48.54 亿元、61.65 亿元和 78.12 亿元，分别增长 31.62%、27.01%和 26.72%。2011—2014

年研发投入占营业收入的比重分别达到3.58%、3.20%、3.29%和3.29%，2011—2014年全国500强企业研发投入占营业收入的比重分别为1.21%、1.33%、1.27%和1.25%，浙江省成长型中小企业的平均研发强度远高于中国500强企业，这凸显了浙江省成长型中小企业对技术创新的重视。所以，对技术创新的投入是浙江省成长型中小企业高速成长的内驱动力，如表8-8与表8-9所示。

表8-8　2011—2014年成长型中小企业研发投入情况

单位：个，%

年份	填报总研发企业数量	有研发投入的企业比例
2011	707	73.65
2012	760	79.17
2013	789	82.19
2014	805	83.85

表8-9　2011—2014年浙江省成长型中小企业总研发投入情况

单位：亿元，%

年　份	主营业务收入	总研发投入	平均研发强度
2011	1029.24	36.88	3.58
2012	1516.60	48.54	3.20
2013	1872.21	61.65	3.29
2014	2372.01	78.12	3.29

四、税收和就业人数快速增长，社会贡献显著

2011—2014年，960家成长型中小企业吸收就业人数分别为176280人、200192人、220698人和249437人。2014年，960家成长型企业吸收就业人数占全部规上企业的3.45%，在吸收就业方面成果显著，如表8-10所示。

表8-10　2011—2014年成长型中小企业吸收就业人数情况

单位：人，%

年　份	吸收就业人数	增长率
2011	176280	—
2012	200192	13.56
2013	220698	10.24
2014	249437	13.02

2011年，960家成长型中小企业实现纳税总额为57.23亿元，2012—2014年分别达到77.68亿元、100.20亿元和130.01亿元，分别增长35.73%、29.00%和29.74%。2014年全部规上企业上缴税收2573.96亿元，成长型中小企业上缴税收占全部规上企业的5.05%，财政贡献突出，如表8-11所示。

表8-11 2011—2014年成长型中小企业缴纳税收情况

单位：亿元，%

年 份	税收总额	增长率
2011	57.23	—
2012	77.68	35.73
2013	100.20	29.00
2014	130.01	29.74

五、企业成长指数行业间差异大于区域间

从地市看，杭州市成长型中小企业的平均成长指数最高(31.4)，衢州市成长型中小企业的成长指数最低(29.1)，最高值与最低值之间仅差2.3。其中宁波市、绍兴市、嘉兴市、台州市、舟山市和湖州市6市的平均成长指数在30—31之间，地市之间企业的平均成长指数差距较小，表明浙江省成长型中小企业在地域上成长性差异较小，如表8-12所示。

表8-12 各市成长型企业平均成长指数

所在市	平均成长指数
杭州市	31.4
温州市	31.0
宁波市	30.8
绍兴市	30.6
嘉兴市	30.3
台州市	30.3
舟山市	30.3
湖州市	30.0
丽水市	29.7
金华市	29.6
衢州市	29.1

从行业看，行业平均成长指数排名前10位的行业分别是仪器仪表及文化、办公用机械制造业，互联网和相关服务，软件和信息技术服务业，生态保护和环境治理业，电力、热力生

产和供应业，仪器仪表制造业，建筑装饰和其他建筑业，专业技术服务业，纺织服装、鞋、帽制造业和医药制造业，行业平均成长指数分别为 35.3、34.5、33.2、32.5、31.7、31.7、31.7、31.6、31.5 和 31.5。行业平均成长指数最高的仪器仪表及文化、办公用机械制造业(35.3)比行业平均成长指数最低的铁路运输业(27.5)高 7.8，表明不同行业之间企业的成长性差异较为明显，如表 8-13 所示。

表 8-13　成长指数排名前 10 和后 10 位的企业比较

成长指数前 10 位的行业		成长指数后 10 位的行业	
行　业	平均成长指数	行　业	平均成长指数
仪器仪表及文化、办公用机械制造业	35.3	皮革、毛皮、羽毛及其制品和制鞋业	29.3
互联网和相关服务	34.5	批发业	29.2
软件和信息技术服务业	33.2	黑色金属冶炼和压延加工业	29.1
生态保护和环境治理业	32.5	造纸和纸制品业	29.0
电力、热力生产和供应业	31.7	建筑安装业	29.0
仪器仪表制造业	31.7	家具制造业	29.0
建筑装饰和其他建筑业	31.7	金属制造业	28.7
专业技术服务业	31.6	木材加工和木、竹、藤、棕、草制品业	28.5
纺织服装、鞋、帽制造业	31.5	体育	27.9
医药制造业	31.5	铁路运输业	27.5

第三节　成长型中小企业与其他企业发展比较

一、总量比较

2014 年浙江省成长型中小企业数量仅占规上企业数的 2.53%，但资产总额、主营业务收入、利润总额、从业人员数和税收等各项经济指标均超过这一比重。从各经济指标的优势度分析结果可知，成长型中小企业相对于全部规上企业在各项指标上均存在优势，且各项指标的优势度均大于等于 1.47。成长型中小企业优势度最大的指标是利润总额，2014 年，浙江省成长型中小企业实现利润总额 263.72 亿元，占全部规上企业的 7.07%，优势度达到 3.01。而全部规上中小企业则在利润总额上存在最大劣势，比重占全部规上企业的 69.26%，优势度仅为 0.7。此外，浙江省成长型中小企业在税收指标上也存在较大优势，税收贡献比重为 5.05%，优势度为 2.15，如表 8-14 所示。

表 8-14　2014 年浙江省成长型中小企业与其他企业总量比较

指标＼各类企业	全部规上企业	规上中小企业			成长型中小企业		
	实绩	实绩	比重	优势度	实绩	比重	优势度
企业单位数(家)	40841	40243	98.54	1	960	2.35	1
资产总额(亿元)	64078.22	48913.60	76.33	0.77	2459.20	3.84	1.63
主营业务收入(亿元)	64371.53	48858.73	75.90	0.77	2372.01	3.68	1.57
利润总额(亿元)	3729.13	2582.84	69.26	0.70	263.72	7.07	3.01
从业人员(人)	7227790	5921147	81.92	0.83	249437	3.45	1.47
税收(亿元)	2573.96	1960.63	76.17	0.77	130.01	5.05	2.15

注:优势度=经济指标比重/企业数量比重

二、经营业绩比较

从 2014 年经营业绩指标看,成长型中小企业在利润率、资产利润率、资产负债率和亏损面等各项指标上均优于全部规上企业、大型企业和全部中小企业,如表 8-15 所示。

1. 利润率和资产利润率。浙江省成长型中小企业 2014 年的利润率为 11.12%,比全部中小企业利润率高 5.83 个百分点,比大型企业高 3.73 个百分点,比全部规上企业高 5.32 个百分点。浙江省成长型中小企业 2014 年的资产利润率为 10.72%,比全部中小企业利润率高 4.44 个百分点,比大型企业高 3.16 个百分点,比全部规上企业高 4.9 个百分点。尽管经济进入新常态,浙江省成长型中小企业仍然表现出良好的经营效益,如图 8-5 所示。

表 8-15　2014 年成长型中小企业经营业绩指标与其他企业比较

单位:%

	全部规上企业	大型企业	中小企业	成长型中小企业
利润率	5.79	7.39	5.29	11.12
资产利润率	5.82	7.56	5.28	10.72
资产负债率	58.78	52.40	60.75	48.86
亏损面	11.62	4.35	11.73	3.85

2. 资产负债率。相对于其他企业,浙江省成长型中小企业 2014 年举债经营风险较小。2014 年浙江成长型中小企业的资产负债率为 48.86%,比全部中小企业低 11.89 个百分点,比大型企业低 3.54 个百分点,比全部规上企业低 9.92 个百分点,如图 8-6 所示。

3. 亏损面。相对于其他企业,浙江省成长型中小企业 2014 年经营亏损面最小。2014 年浙江省成长型中小企业的亏损面为 3.85%,比全部中小企业低 7.88 个百分点,比大型企业低 0.49 个百分点,比全部规上企业低 7.77 个百分点,如图 8-7 所示。

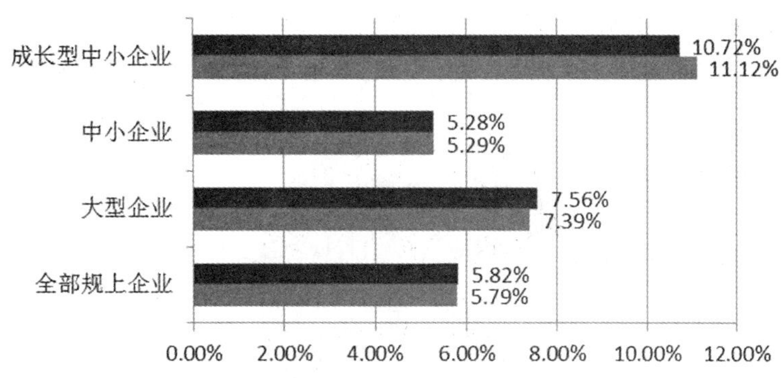

图 8-5 2014 年成长型中小企业资产利润率和利润率与其他企业比较

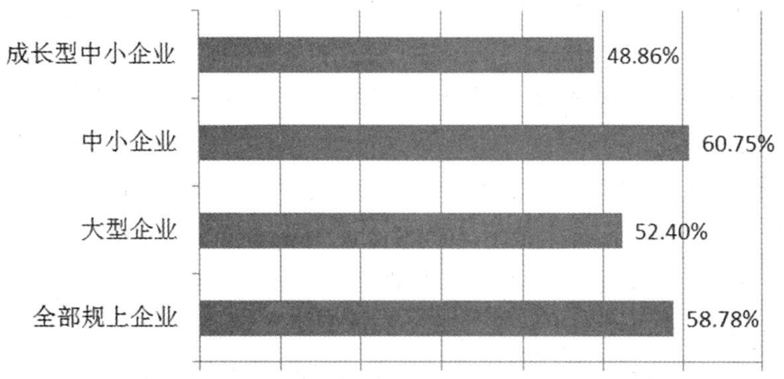

图 8-6 2014 年成长型中小企业资产负债率与其他企业比较

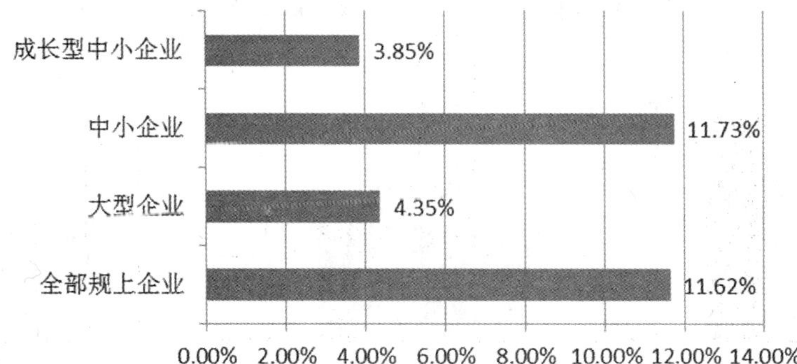

图 8-7 2014 年成长型中小企业亏损面与其他企业比较

第四节 成长型中小企业分产业发展情况

一.分产业 2014 年成长型中小企业整体运行情况

结合浙江产业本身特色，960 家成长型中小企业中，具体来看，装备制造业企业数量达到 454 家，占全部成长型中小企业数量比重为 47.29%，紧接着为时尚产业、健康产业和信息产业，分别有 123 家、104 家和 82 家，占比分别为 12.81%、10.83%和 8.54%。信息产业和环保产业占比较少，仅有 82 家和 42 家，占比 8.54%和 4.38%，如图 8-8 所示。

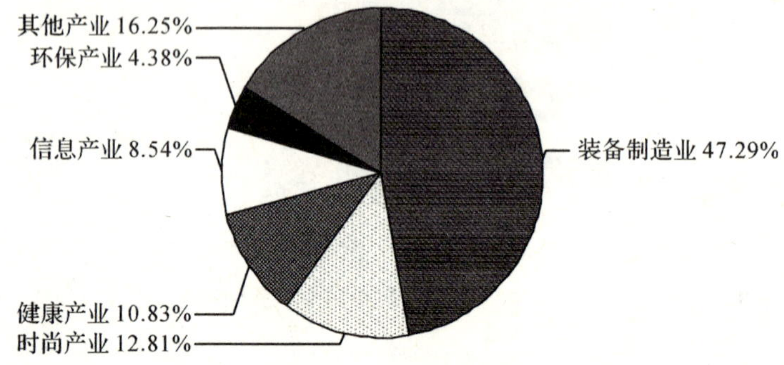

图 8-8　分产业成长型中小企业数量占总数比重

资产规模持续扩大，增幅差距逐年减少。2011—2014 年间各产业的资产规模总体逐年增大，其中，装备制造业是所有产业中资产规模最大的产业，到 2014 年，成长型中小企业资产总额达到 1156.47 亿元，年均增长率为 23.8%，其次是信息产业和时尚产业，2014 年资产总额分别为 270.82 亿元和 217.92 亿元，年均增长率分别为 24.95%和 18.96%。但时尚产业和健康产业是户均资产规模最大的产业，分别有 12.46 亿元和 6.27 亿元。此外，在 4 年中，各产业增加幅度具有较大差异，产业间资产规模增幅差距逐年减小。到 2014 年，装备制造业、健康产业、时尚产业、信息产业和环保产业同比增长分别为 25.73%、19.81%、15.42%、13.24%和 10.68%，如图 8-9 所示。

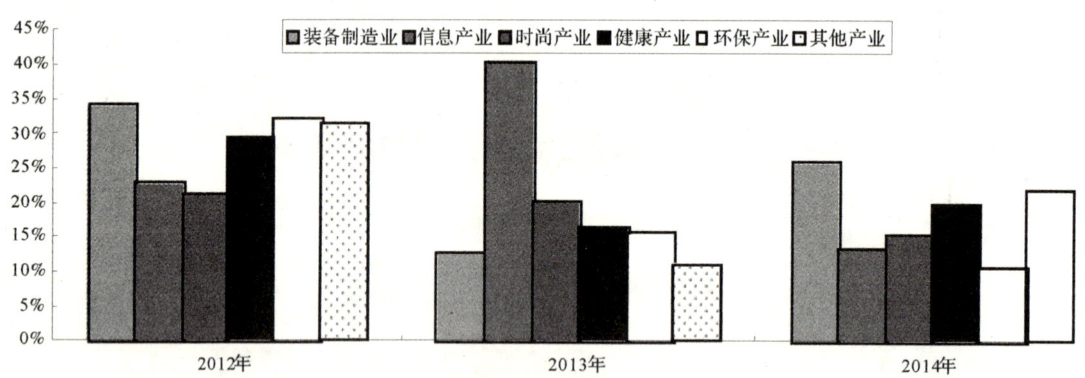

图 8-9　2012—2014 成长型中小企业按产业分类资产增长情况

整体效益显著提升，发展潜力逐渐显现。从成长型中小企业营业收入变动趋势上看，在主要产业中，企业的主营业收入和资产总额大致呈现正向变动。四年间装备制造业和时尚产业的主营业务收入总额稳居前两位，但从年均增长率看，环保产业和信息产业相对较高，分别达到 50.21%和 39.90%，发展潜力凸显。从利润率看，2011—2014 年，各产业利润率差异较为显著，其中，健康产业和环保产业利润保持较高水平，平均利润率分别为 14.79%和 13.30%，时尚产业利润率较低，仅 2.69%。从利润总额变动趋势看，从 2011—2014 年，健康产业和装备制造产业较其他产业总体保持平稳向好增长态势。而信息产业和环保产业利润增速呈逐年下降趋势。到2014年,健康产业、装备制造业利润总额增速分别是主营业务收入增速的1.68倍和1.06倍,是带动成长型中小企业整体效益提升的主要动力。

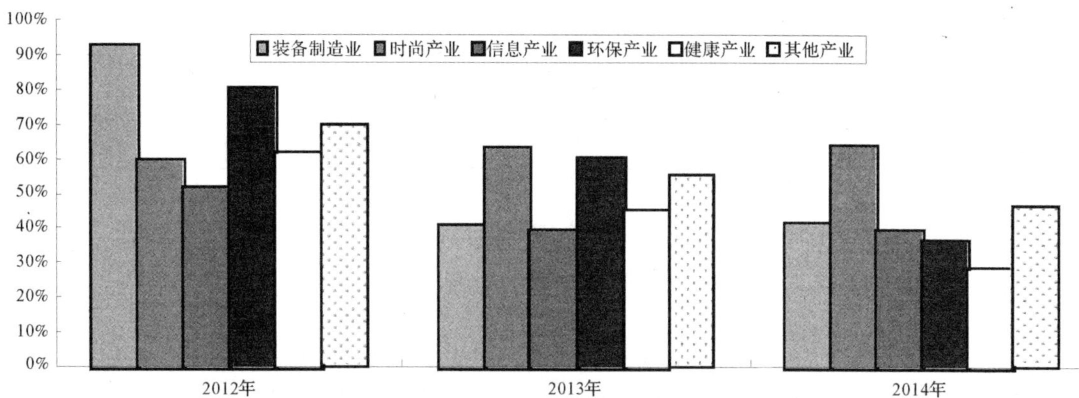

图 8-10 2012—2014 年成长型中小企业分产业主营业务收入增长率情况

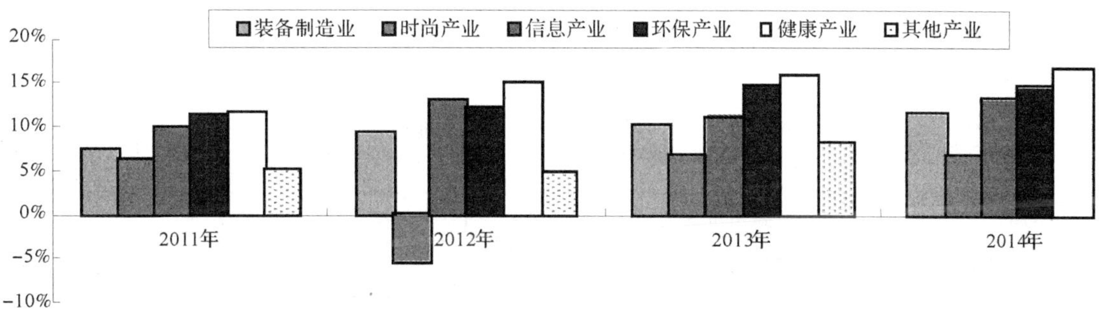

图 8-11 2011—2014 年成长型中小企业分产业利润率情况

研发投入不断增加,创新能力逐步提升。近4年,各产业成长型中小企业对研发投入保持平稳增长,由于产业性质的特殊性,近4年,科技投入占主营业务收入平均增长率较高的分别是信息产业和健康产业,平均增长率分别为5.67%和5.42%。有力推动了三大产业较快发展。而时尚产业科技投入占比较低,仅为2.91%,产业创新能力有待提高。

表 8-16 2011—2014 年成长型中小企业分产业主要经营指标

分产业	主营业务收入增速		平均利润率		平均资产总额		平均科技投入占比		平均人均报酬	
	%	排名	%	排名	亿元	排名	%	排名	万元/年	排名
装备制造业	28.48	6	9.64	4	875.41	1	4.89	3	4.77	3
时尚产业	36.31	3	2.69	6	217.92	3	2.91	6	4.53	5
信息产业	39.90	2	11.98	3	270.82	2	5.67	1	5.26	1
健康产业	33.60	4	14.79	1	204.48	5	5.42	2	4.70	4

续 表

分产业	主营业务收入增速		平均利润率		平均资产总额		平均科技投入占比		平均人均报酬	
	%	排名	%	排名	亿元	排名	%	排名	万元/年	排名
环保产业	50.21	1	13.30	2	73.95	6	4.51	4	5.25	2
其他产业	31.66	5	7.43	5	206.14	4	3.42	5	4.26	6
平均值	36.69	—	9.97	—	356.17	—	4.47	—	4.69	—

二、成长型中小企业分产业发展情况

(一)装备制造业

从区域分布看,在454家装备制造业的成长型中小企业中,宁波市、杭州市、温州市企业数量排名前三,分别有106家、75家和54家,分别占全部装备制造业的23.35%、16.52%和11.89%。从具体行业看,71.36%的企业分布在通用设备制造业、汽车制造业、电气机械和器材制造业以及专用设备制造业,占全部装备制造业的成长型中小企业总数的比重分别达到25.99%、17.62%、16.74%和11.01%,如表8-17所示。

表8-17 装备制造业成长型中小企业分布情况

单位:家

所属行业	杭州市	宁波市	温州市	嘉兴市	湖州市	绍兴市	金华市	衢州市	舟山市	台州市	丽水市	总计
通用设备制造业	24	20	16	9	12	12	10	2		3	10	118
汽车制造业	7	32	6	6	5	8	4	1	1	2	8	80
电气机械和器材制造业	10	18	13	10	10	2	3	8		1	1	76
专用设备制造业	6	16	8	4	1	7	4	1		3		50
其他制造业(手表、模具、机电等行业)	15	5	1	3	3	4	6	2	2	1		42
仪器仪表制造业	7	6	6	3		1	2			5		30
金属制品业	2	5	2	3	1	3	5	4		1	5	31
铁路、船舶、航空航天和其他运输设备制造业	1	4	3				1		2	3		14

续 表

所属行业	杭州市	宁波市	温州市	嘉兴市	湖州市	绍兴市	金华市	衢州市	舟山市	台州市	丽水市	总计
计算机、通信和其他电子设备制造业	4	4	1	1	1			1			1	13
总计	75	106	54	39	33	37	34	19	4	16	25	454

从资产规模看，装备制造业的成长型中小企业在2011—2014年间资产规模持续扩大，2011年资产规模为609.25亿元，2014年扩大至1156.47亿元，增速经过2013年小幅回落后，2014年资产规模增速有所回升，同比增长25.73%，如表8-18所示。

从经营效益看，经济效益不断提高，发展势头良好。在4年中，装备制造业中的成长型中小企业主营业务收入与利润总额均呈平稳增长态势，年平均增长率分别为28.48%和25.84%，且两者增速高于资产总额增速。2014年主营业务收入和利润总额分别同比增长27.24%和28.76%，分别较2013年高出8.21个百分点和12.05个百分点。

表8-18 装备制造业成长型中小企业2011—2014年主要经营指标

单位:亿元

年 份	资产总额	主营业务收入总额	利润总额
2011	609.25	468.66	58.40
2012	816.11	656.32	77.43
2013	919.81	781.20	90.38
2014	1156.47	994.00	116.38

(二)时尚产业

从地域分布看，结合浙江产业的特色，时尚产业的成长型中小企业在11个地市中均有分布，且总体上分布较为均衡。其中，嘉兴市、宁波市和绍兴市企业数量相对较多，大于或等于15家。从行业分布看，纺织业，纺织服装、服饰业，金属制品业(工艺制品)和皮革、毛皮、羽毛及其制品和制鞋业企业数量排名前4位，分别为41家、15家、13家和10家，占全部时尚产业的比重分别为33.33%、12.20%、10.57%和8.13%，如表8-19所示。

表8-19 时尚产业成长型中小企业分布情况

单位:家

所属行业	杭州市	宁波市	温州市	嘉兴市	湖州市	绍兴市	金华市	衢州市	舟山市	丽水市	台州市	总计
纺织业	3	2	2	6	9	12	3	3			1	41
纺织服装、服饰业	4	2	1	4		2	2					15

续　表

所属行业	杭州市	宁波市	温州市	嘉兴市	湖州市	绍兴市	金华市	衢州市	舟山市	丽水市	台州市	总计
金属制品业（工艺制品）		3	1	1			6		1	1		13
皮革、毛皮、羽毛及其制品和制鞋业			6	4								10
文教、工美、体育和娱乐用品制造业		2	3							3		8
其他制造业（工艺设计等行业）	2	2					1			1	2	8
木材加工和木、竹、藤、棕、草制品业					1			5		1		7
家具制造业		1		2	2						1	6
橡胶和塑料制品业	1		1				1	1			1	5
造纸和纸制品业	2	1						1				4
化学原料和化学制品制造业	1	1				1	1					4
纺织服装、鞋、帽制造业		2										2
总计	13	16	14	17	12	15	14	10	1	6	5	123

从资产规模看，时尚产业的成长型中小企业资产规模扩张较小，2011—2014 年间，企业资产规模增速逐年降低，到 2014 年资产总额为 274.10 亿元，同比增长 15.43%，较 2013 年增速下降约 5 个百分点。

从经营效益指标看，时尚产业总体盈利较高，但运行压力较大。2014 年实现主营业务收入为 430.69 亿元，是资产总额的 1.57 倍，收益率较高，同比增长 29.73%，较 2013 年增速回落了 16.1 个百分点。企业利润与主营业务收入密切相关，2014 年利润总额达到 32.46 亿元，同比增长 29.12%，较 2013 年增速回落了 9.4 个百分点。可以看出，时尚产业的成长型中小企业盈利能力较强，但受宏观形势、产业结构调整及市场需求疲软等因素的影响，增长乏力，面临的下行压力较大，如表 8-20 所示。

表 8-20　时尚产业成长型中小企业 2011—2014 年主要经营指标

单位:亿元

年　份	资产总额	主营业务收入总额	利润总额
2011	162.82	170.04	15.16
2012	197.30	227.69	18.16
2013	237.47	331.98	25.14
2014	274.10	430.69	32.46

(三)信息产业

从地区分布看,信息产业发展与地区经济发达程度密切相关,借助环杭州湾地区在电子商务、信息技术产业方面的发展优势,82 家信息产业中,成长型中小企业主要分布在杭州市和宁波市,分别有 33 家和 25 家,占信息产业成长型中小企业的比重分别为 40.24%和 30.49%。从行业分布看,由于信息产业行业特点,成长型中小企业集中分布在计算机、通信和其他电子设备制造业,软件和信息技术服务业,分别有 48 家和 12 家,占比分别达到了 58.54%和 14.63%,如表 8-21 所示。

表 8-21　信息产业成长型中小企业分布情况

单位:家

所属行业	杭州市	宁波市	温州市	嘉兴市	湖州市	绍兴市	金华市	衢州市	台州市	丽水市	总计
计算机、通信和其他电子设备制造业	18	14	1	6	2	1	3	2	1		48
软件和信息技术服务业	9	3									12
电气机械和器材制造业	3	5			1						9
其他制造业(数码科技、电子信息科技等行业)	3	2							3		8
印刷和记录媒介复制业		1		1						1	2
电信、广播电视和卫星传输服务								2			2
总计	33	25	1	7	3	1	3	4	4	1	82

从整体资产规模看,信息产业中的成长型中小企业资产规模在 4 年间呈现不断扩大态势。至 2014 年,信息产业的成长型中小企业资产总额达到了 358.15 亿元,平均增长率为 42.14%,2011 年企均资产总额为 4182.23 万元,到 2014 年达到 13615.59 万元,增长率达到 225.6%,说明信息产业中的成长型中小企业资产规模扩充速度较快,成长势头迅猛。

从经营效益看，信息产业中的成长型中小企业营业收入处于稳步增长之中，到 2014 年营业收入达到 283.37 亿元，是 2011 年的 2.74 倍，营业收入与利润总额的增长是相辅相成的，利润总额也保持着较快增长速度，2014 年信息产业的成长型中小企业利润总额达到了 32.88 亿元，平均增长率达到了 4.73%。但从营业收入和利润率历年的增长率看，一方面，信息产业的成长型中小企业主营业务收入和利润率增长速度逐年放缓；另一方面，利润的增加幅度小于营业收入的增加幅度，利润总额依附于营业收入的增加而增大。因此，信息产业的成长型中小企业亟须通过成本控制、产业结构升级、技术创新等途径实现利润的较快攀升，如表 8-22 所示。

从科技投入情况看，在 2011—2014 年间，信息产业的成长型中小企业科研投入从 5.54 亿元增长至 12.41 亿元，平均增长率为 30.84%。从科技投入占主营业务收入比重看，这一产业的企业 2012 年科技投入占比相对较高，达到 5.95%，2013 年后增速放缓，2014 年稳定在 5.5%左右。四年间平均科技占比为 5.64%，分别比装备制造业、时尚产业、健康产业和环保产业高出 0.77 个百分点、2.96 个百分点、0.21 个百分点和 1.13 个百分点。由此可见，信息产业的成长型中小企业科技创新投入较高，对技术创新较为重视。

表 8-22　信息产业成长型中小企业 2011—2014 年主要经营指标

单位：亿元

年　份	资产总额	主营业务收入	利润总额
2011	183.60	103.48	13.23
2012	225.25	156.87	23.35
2013	316.28	229.02	28.62
2014	358.15	283.37	32.88

（四）健康产业

从地区分布看，健康产业的成长型中小企业主要分布在省内经济较为发达地区，其中，杭州市、金华市、绍兴市和宁波市企业数分布较多，分别共有 27 家、11 家、10 家、10 家和 10 家，分别占全部健康产业的 25.96%、10.58%、9.62%、9.62%和 9.62%。从行业分布看，健康产业的成长型中小企业涉及行业较广，且分布较集中，医药制造业和农副食品加工业企业数量排名前两位，分别有 43 家和 28 家，占比分别达到 41.35%和 26.92%，如表 8-23 所示。

表 8-23　健康产业成长型中小企业分布情况

单位：家

所属行业	杭州市	宁波市	温州市	嘉兴市	湖州市	绍兴市	金华市	衢州市	舟山市	台州市	丽水市	总计
医药制造业	15	5	3	1	3	2	4	3		4	3	43
农副食品加工业	5	1	1	1	6	3	3	3	3	1	1	28

续　表

所属行业	杭州市	宁波市	温州市	嘉兴市	湖州市	绍兴市	金华市	衢州市	舟山市	台州市	丽水市	总计
专用设备制造业	2	3	1	1	1	2	1					11
酒、饮料和精制茶制造业	2						1	1			2	6
其他制造业（体育用品、光学科技等行业）			1			2	1			1		5
皮革、毛皮、羽毛及其制品和制鞋业	1		1				1	1				4
仪器仪表制造业	1									1		2
体育								1				1
卫生						1						1
烟草制品业				1								1
电气机械和器材制造业		1										1
零售业	1											1
总计	27	10	7	4	10	10	11	9	3	7	6	104

从资产规模看，健康产业的成长型中小企业整体资产规模持续扩张，但增速较慢。到2014年，企业的资产总额为263.44亿元，较2013年增速高出3.4个百分点，是2011年资产总额的1.81倍，年均增长率为21.79%。

从经营效益看，健康产业发展前景持续向好。2011—2014年主营业务收入和利润总额均呈现平稳增长态势。2014年主营业务收入增速有所回落，2011—2013年，健康产业的成长型中小企业主营业务收入增幅高于资产总额增幅，收益率较高，2014年主营业务收入增幅较2013年下降了12.9个百分点。健康产业成长型中小企业的利润总额保持平稳较快增长态势，2014年达到40.82亿元，同比增长30.83%，较2013年增速高出5个百分点，如表8-24所示。

表8-24　健康产业成长型中小企业2011—2014年主要经营指标

单位：亿元

年　份	资产总额	主营业务收入	利润总额
2011	145.83	96.49	15.23
2012	188.77	148.13	24.80

续　表

年　份	资产总额	主营业务收入	利润总额
2013	219.89	194.40	31.20
2014	263.44	230.08	40.82

(五)环保产业

从地区分布看，在 11 个地市中，环保产业中的成长型中小企业主要集中分布在杭州市，共 15 家，占全部环保产业的成长型中小企业数的 37.5%，紧接着是宁波市和嘉兴市，分别有 6 家和 5 家，其余地市也均有较少分布。从具体行业分布看，环保产业的成长型中小企业主要集中分布在专用设备制造业，共有 20 家，占比为 50%，如表 8-25 所示。

表 8-25　环保产业成长型中小企业分布情况

单位：家

所属行业	杭州市	宁波市	温州市	嘉兴市	湖州市	绍兴市	金华市	衢州市	台州市	丽水市	总计
专用设备制造业	6	4	1	2	1	2	1	2	1	1	20
废弃资源综合利用业	3	1			1				1	1	6
生态保护和环境治理业	1			1		1					3
通用设备制造业	1	1		1							3
化学纤维制造业				1	1						2
非金属矿物制品业（环保建材）	1								1		2
化学原料和化学制品制造业	1										1
其他制造业	1					1					2
烟草制品业（环保纸业）	1										1
总计	15	6	1	5	3	4	1	2	3	2	40

从资产规模看，近 4 年，环保产业的成长型中小企业资产规模持续扩大，资产增速逐步降低。2014 年资产总额达到 90.30 亿元，平均增长率为 3.44%，其中，企均资产规模达到 21499.89 万元，是 2011 年的 1.69 倍。4 年间企业资产规模增速分别为 32.33%、15.60%和 10.70%，呈逐年减缓趋势。

从经营效益看，环保产业的成长型中小企业整体主营业务收入与利润和资产总额呈现正比例变动。2014 年企业的主营业务收入达到了 113.69 亿元，是 2011 年的 3.39 倍，利润总额达到 8.35 亿元，是 2011 年的 2.6 倍。4 年间，环保产业的成长型中小企业主营业务收入增幅高于利润总额增幅，且增幅差额呈现逐年扩大趋势，2014 年主营业务收入增幅高于利润总额增幅近 20 个百分点，由此可见，受宏观政策、经济下行压力等因素影响，环保产业的成长型中小企业盈利空间日益缩小，下行压力逐渐增大。

表 8-26　环保产业成长型中小企业 2011—2014 年主要经营指标

单位:亿元

年　份	资产总额	主营业务收入	利润总额
2011	53.34	33.55	3.26
2012	70.58	67.01	6.31
2013	81.59	90.25	7.92
2014	90.30	113.69	8.35

第五节　对成长型中小企业发展的思考

成长型中小企业在发展中有不少亮点，同时也面临着一些问题，本节就如何进一步推动成长型中小企业发展做一些探讨。

一、成长型中小企业发展面临的问题

1. 经营业绩增长放缓。近年来，世界经济复苏增长乏力，国内经济增长进入新常态，受外需不振和内需不足影响，浙江省成长型中小企业近两年来各项经营指标整体增速大幅下滑。2012 年资产增长率为 27.84%，2013 年、2014 年资产增长率分别为 17.71% 和 20.73%，比 2012 年分别下降 10.11 个和 7.11 个百分点。2012 年营业收入增长率为 47.35%，2013 年、2014 年主营业务收入增长率分别为 23.45%和 26.7%，比 2012 年分别下降 23.7 个和 20.65 个百分点；2012 年利润总额增长率为 59.24%，2013 年、2014 年利润总额增长率分别为 10.59%和 27.77%，比 2012 年分别下降 48.65 个百分点和 31.67 个百分点。受经营业绩增长放缓影响，成长型中小企业的成长性将受到一定影响。

2. 产业结构有待优化。从成长型中小企业行业分布特征看，960 家企业集中分布在通用设备制造业，电气机械和器材制造业，汽车制造业，专用设备制造业，其他制造业，计算机、通信和其他电子设备制造业，金属制品业，纺织业，医药制造业，仪器仪表制造业等制造业。从产业看，成长型中小企业集中分布在装备制造业(47.29%)，在健康产业、信息产业、环保产业分布比重较低，尤其是信息产业，比重不足 10%。一方面，装备制造业是成长型中小企业的重要力量，但是这些企业仍处于中低价值链环节，装备制造业亟须向高端装备制造业转型；另一方面，以电子商务、互联网为核心的信息产业是浙江经济发展的新动力，但企业数量占比和资产总额占比仍然较低。

3. 成长内驱力不足。从成长指数看，960 家企业的平均成长指数为 30.52，成长指数高于40的企业仅有8家,其中成长指数最高的企业为57.76。而排名后8位的企业成长指数均小于28,最低的成长指数为20.3。从科研投入看,装备制造业、时尚产业、信息产业、健康产业、环保产业和其他产业研发投入年平均增长率分别为4.8%、2.9%、5.7%、5.4%、4.5%和4.68%,而重点产业主营业务收入年均增长率分别为41.50%、63.91%、39.29%、28.31%、36.64%、57.41%和46.84%,研发投入年均增长率远低于主营业务收入年均增长率。研发投入增长不足将导致成长型中小企业内生驱动力不足。

二、促进成长型中小企业发展的建议

1.优化中小企业发展环境。中小企业是维持社会稳定、扩大就业、激发经济活力的重要动力,而成长型中小企业是中小企业的中坚力量,必须在税收政策、法律政策等方面予以支持。政府要为成长型中小企业建立分类管理、专项扶持、精准服务机制。根据企业规模、经营业绩给予针对性政策,特别在税收、土地和能源方面给予成长型中小企业支持。

2.积极引导企业转型升级。基于浙江省成长型中小企业的行业分布特征,引导装备制造业企业向高端装备制造业转型。一方面,深入推进“机器换人”重要战略部署,引导企业家转变观念,提高装备制造效率;另一方面,以“中国制造2025”为行动纲要,针对浙江成长型中小企业以装备制造业为主体的实际,引领和推动企业向智能制造转型升级。

3.鼓励和支持企业创新。鼓励和支持企业以创新驱动作为企业转型升级和提高经营业绩的核心动力。一方面探索设立创新基金,对成长型中小企业创新项目予以资金上的支持;另一方面加大知识产权保护力度,严厉打击侵犯企业知识产权行为,为企业创新创造良好的法律环境。

第六节　嘉兴市成长型中小企业挖掘与培育

成长型中小企业的挖掘和培育是我省的一项重要工作。嘉兴市成长型中小企业的挖掘和培育工作取得了积极成效,本节对嘉兴市“百强成长之星”企业评价认定、培育的做法和经验进行介绍。

一、嘉兴市成长型中小企业评价指标体系

嘉兴市在借鉴企业成长理论和目前国内外企业成长型评价研究成果的基础上,设计出企业成长型评价指标体系初稿,然后,组织浙江工业大学有关专家和教授对此进行讨论,并征求了有关部门意见,最终确定从增长能力、盈利能力、投资能力、发展能力和管理能力等5方面对嘉兴市中小企业的成长性进行评价,如表8-27所示。

表 8-27　嘉兴市"百强成长之星"评价指标体系

一级指标(权重)	二级指标
增长能力	营业收入增长率
	净资产增长率
盈利能力	资产利润率
	销售利润率
投资能力	固定资产原值增长率
	人均劳动报酬增长率
发展能力	行业成长性
	客户规模
	创新能力
	产品品质
管理能力	股权分散度
	信息化水平
	质量管理水平
	环境友好水平

二、成长型中小企业样本分布特点

嘉兴市中小企业"百强成长之星"企业评价认定工作共计获得 287 家企业的有效数据，样本分布于嘉善县、桐乡市、海宁市、平湖市、海盐县、秀洲区、南湖区、经济技术开发区等 8 个地区。其中海宁市有 64 家企业，占比 22.30%，桐乡市有 54 家企业，占比 18.82%，嘉善县有 44 家企业，占比 15.33%，平湖市有 42 家企业，占比 14.63%，海盐县有 31 家企业，占比 10.80%，南湖区有 24 家企业，占比 8.36%，秀洲区有 21 家企业，占比 7.32%，经济技术开发区有 7 家企业，占比 2.44%，如表 8-28 所示。

表 8-28　样本地区分布情况表

单位:家,%

序号	县区市	数量	比例
1	海宁市	64	22.30
2	桐乡市	54	18.82
3	嘉善县	44	15.33
4	平湖市	42	14.63
5	海盐县	31	10.80

续 表

序号	县区市	数量	比例
6	南湖区	24	8.36
7	秀洲区	21	7.32
8	经济技术开发区(经开区)	7	2.44
合计		287	100.00

从企业规模来看,调查对象主要为中小企业,营业收入在 1000 万元以下的企业有 9 家,占比 3.14%,1000 万—2000 万元的企业数量为 36 家,占比 12.54%,2000 万—5000 万元的企业数量为 155 家,占比 54.01%,5000 万—1 亿元的企业数量为 71 家,占比为 24.74%,1 亿元以上的企业为 16 家,占比为 5.57%,如表 8-29 所示。

表 8-29 样本企业规模分布情况

单位:家,%

序 号	营业收入	数 量	比 例
1	大于 1 亿元	16	5.57
2	5000 万—1 亿元	71	24.74
3	2000 万—5000 万元	155	54.01
4	1000 万—2000 万元	36	12.54
5	1000 万元以下	9	3.14
合计		287	100.00

调查企业主要为制造型企业,所获得的样本企业共涉及 26 个制造行业,其中企业数量占比处于前 4 位的行业分别为纺织业,电气机械及器材制造业,纺织服装、鞋、帽制造业,通用设备(普通机械)制造业,且均为传统制造业企业,企业数量占比分别为 14.98%、12.54%、10.80%、8.71%,可以看出,嘉兴市中小企业主要以传统行业为主,化学纤维制造业,化学原料及化学制品制造业,通信设备、计算机和其他电子设备制造业,医药制造业,仪器仪表及文化、办公用机械制造业,石油加工、炼焦和核燃料加工业等 6 个高技术行业的企业比重较低,合计为 35 家企业,比重合计为 12.20%,如表 8-30 所示。

表 8-30 样本企业行业分布情况

单位:家,%

序 号	行 业	数 量	比 例
1	纺织业	43	14.98
2	电气机械及器材制造业	36	12.54
3	纺织服装、鞋、帽制造业	31	10.80

续 表

序 号	行 业	数 量	比 例
4	通用设备(普通机械)制造业	25	8.71
5	金属制品业	18	6.27
6	橡胶和塑料制品业	17	5.92
7	专用设备制造业	17	5.92
8	皮革、毛皮、羽毛(绒)及其制品业	16	5.57
9	非金属矿物制品业	14	4.88
10	化学原料及化学制品制造业	14	4.88
11	交通设备制造业	10	3.48
12	通信设备、计算机和其他电子设备制造业	10	3.48
13	食品制造业	6	2.09
14	仪器仪表及文化、办公用机械制造业	5	1.74
15	家具制造业	4	1.39
16	农副食品加工业	3	1.05
17	化学纤维制造业	3	1.05
18	医药制造业	2	0.70
19	文教体育用品制造业	2	0.70
20	废弃资源和废旧材料回收加工业	2	0.70
21	有色金属冶炼和压延加工业	2	0.70
22	造纸及纸制品业	2	0.70
23	饮料制造业	1	0.35
24	木材加工和木、竹、藤、棕、草制品业	1	0.35
25	燃气生产及供应业	1	0.35
26	石油加工、炼焦和核燃料加工业	1	0.35
合计		287	100.00

根据成立年份不同，企业的分布情况为，2000 年及以前成立的企业 38 家，占比 13.24%，2001—2003 年成立的企业 54 家，占比 18.82%，2004—2006 年成立的企业 70 家，占比 24.39%，2007—2009 年成立的企业 74 家，占比 25.78%，2010—2011 年成立的企业 51 家，占比 17.77%，如表 8-31 所示。

表 8-31 企业成立年份分布情况

单位:家,%

序号	成立年份	数量	比例
1	2000 年及以前	38	13.24
2	2001—2003 年	54	18.82
3	2004—2006 年	70	24.39
4	2007—2009 年	74	25.78
5	2010—2011 年	51	17.77
合计		287	100.00

三、成长型中小企业评价结果及分析

(一)主要特点

1. 入围的企业总体成长较好。按照 287 家企业成长能力总得分由高到低,将这 287 家企业分为成长能力强(1—100 位)、成长能力较强(101—200 位)、成长能力一般(201—287 位)3 类企业,287 家企业的总体成长能力较高,特别是"百强成长之星"成长能力总体上较高,在所有指标均值上均高于另两类企业,营业收入增长率、净资产增长率、固定资产增长率、人均报酬增长率分别达到了 89.54%、45.22%、97.03%、26.32%,达到了很高的水平。此外,衡量创新能力的指标百人研发人员数量和衡量信息化水平的指标百人电脑拥有量也分别达到了 14.39%和 39.75%,处于较高水平。

2. 资产达到一定规模企业的成长能力较强。通过对成长能力强、成长能力较强和成长能力一般 3 类企业 2013 年资产规模的分析发现,成长能力强的 100 家企业的资产规模均值为 7584.02 万元,成长能力较强的 100 家企业资产规模均值为 4968.57 万元,成长能力一般的 87 家企业的资产规模均值为 4444.61 万元。这一结果说明,资产规模大的企业总体成长能力较强,其主要原因可能在于,在目前我国的金融环境下,资产规模大的企业可以质押,更容易从外部融资,因而可以更好地推动企业成长发展。

3. 成长好的行业中企业成长能力较强。一方面,化学纤维制造业,化学原料及化学制品制造业,通信设备、计算机和其他电子设备制造业,医药制造业,仪器仪表及文化、办公用机械制造业,石油加工、炼焦和核燃料加工业等 6 个成长好的行业中,35 家企业成长型总得分的均值为 35.18,显著高于其余 252 家企业成长型总得分的均值 31.10;另一方面,在 3 类成长型企业中,成长能力越强的企业类型中,成长好的行业中的企业比重越高,按照成长能力强、成长能力较强、成长能力一般的顺序,成长好的行业企业的数量分别为 19 家、10 家和 6 家,占比分别为 19.00%、10.00%、6.90%。

4. 嘉兴市成长能力强的企业分布较均匀。根据对嘉兴 287 家中小企业成长能力的排序结果可见,在"百强成长之星"企业(即 100 家成长能力强的企业)的地域分布分析可以看出,

100家企业在8个地县(市/区)的分布为,海宁市10家,海盐县18家,嘉善县22家,经济开发区6家,南湖区14家,平湖市9家,桐乡市11家,秀洲区10家。除了经济开发区6家企业和平湖市的9家企业,其余6个地县(市/区)的企业数量均在10—22家之间,可见,成长型百强企业在地县(市/区)之间的分布比较均衡,各地均有成长能力相对较好的一些企业。

5. 外商及港澳台企业成长能力较强。一方面,50家外商及港澳台企业成长型总得分均值为32.90,略高于237家非外商及港澳台企业成长型总得分均值31.32,在盈利能力和管理能力这两个一级指标方面,外商及港澳台企业的优势显得更为明显,均值分别为76.95和39.20,显著高于非外商及港澳台企业的74.11和32.00;另一方面,在3类成长型企业中,成长能力强的企业类型中外商及港澳台企业数量和比重明显高于成长能力较强和成长能力一般的企业的相应值,在成长能力强的"百强成长之星"中,外商及港澳台企业数量为25家,占比为25%,而在成长能力较强和成长能力一般的企业中,外商及港澳台企业数量分别为13家和12家,占比分别为13%、12%。

(二)面临的主要问题

1. 各方面能力比较突出的企业不多。可以看出,排位靠前的企业成长型总得分并不高,总得分排在首位的公司也仅为58.59,在5个一级指标上的得分分别为49.75、99.10、37.60、41.52、64.97,这说明,该企业在盈利能力方面比较突出,但是在其他方面尤其在投资能力方面并不突出。嘉兴市中小企业在各个成长型评级指标方面表现各有千秋,但在所有成长指标上或能力上表现均比较突出或优秀的企业并不多。

2. 企业的盈利能力不强。"百强成长之星"尽管总体上成长能力较强,但是盈利能力并不高,资产利润率均值仅为5.35%,销售利润率均值也仅为4.93%。此外,287家企业的总体盈利能力则更不容乐观,资产利润率和销售利润率均值分别仅为3.9%和3.32%。因此,对于嘉兴市中小企业来说,如何进一步提升盈利能力是一个急待解决的重要问题。

3. 企业的品牌影响力不大。287家企业产品品质平均得分为1.63,即产品商标达不到县(市、区)著名商标水平。"百强成长之星"的品牌影响力稍高,产品品质平均得分为2.24,也仅介于县(市、区)著名商标和地市级著名商标水平之间。在当前竞争越来越重视品牌影响力的环境下,嘉兴市广大中小企业势必需要加强品牌建设力度。

4. 企业的治理能力和管理水平有待提高。287家企业的股权还主要集中在企业负责人及其亲友手中,他们拥有的公司股份比重达到73.31%,非企业负责人及其亲友拥有的股权比重仅为26.69%,可见大多数企业对于一般员工(指非负责人及其亲友)的股权激励还欠缺,同时,企业的环境友好水平还不高,通过ISO14000认证的企业比重为26%,特别是成长能力一般的企业,通过ISO14000认证的企业比重更低,仅为2%。

四、成长型中小企业培育对策及建议

(一)鼓励企业投资发展高技术行业

通过对287家嘉兴市中小企业的调查分析显示,87.85%的企业为传统制造型企业,高技术行业企业数量占比仅为12.15%。要促进嘉兴市中小企业成长发展,需要鼓励企业转型升级,积极投资于高技术行业。为此,政府一方面要完善企业自主创新的优惠政策,充分利用高校的人才和智力优势,推动区域内相关企业开展多种形式的合作;同时,创新工作机制,鼓励有条件的企业从跟踪科研单位在研课题、选择受让科研成果的被动式科研向前期介入、逐步主导研究进程的主动式科研转变;另一方面,加大对科技型企业的培育扶持力度,对投入大、周期长、效益大的项目设立专项资金予以资助,对列入国家级、省级"星火计划"项目的企业和设立国家级、省级、市级企业技术中心、研究开发中心、产品检测中心等的企业分别给予一定额度的补助和奖励。

(二)努力提升中小企业品牌影响力

调查数据显示,嘉兴市成长型中小企业产品商标级别均值为1.63,处于无商标和县(市、区)著名商标之间,产品品牌级别均值为1.55,处于无品牌和县(市、区)级品牌之间,表明嘉兴市中小企业品牌发展滞后,品牌影响力不够。政府应着力帮助中小企业打造并提升品牌影响力,一方面,鼓励企业提升产品品质,支持广大的中小企业参加国内外的大型商业会展,提升产品的知名度,从渠道、信息以及资金等方面帮助中小企业申请著名商标和名牌产品;另一方面,大力开展嘉兴市"名企、名品、名家"活动,努力打造嘉兴市产品的区域品牌,采用现代媒体和技术手段进行广告宣传和嘉兴市区域品牌形象塑造,提高嘉兴市企业的整体知名度和产品美誉度。

(三)着力缓解中小企业融资难问题

一直以来,融资难、融资贵问题是困扰我国中小企业发展的重要问题。为推进嘉兴市中小企业发展,政府必须着力缓解中小企业融资难问题。第一,要充分利用资本市场,完善投融资环境,着力进行制度创新,推进现有城市商业银行和城乡信用社体制改革,努力拓展中小企业的融资渠道。第二,加快中小企业融资担保机构和村镇银行等地方性金融机构建设,加大政府对融资担保机构的投入,以政府投入为牵引,引导更多民间资金进入担保机构。第三,建立和完善中小企业信用体系,要引导中介机构经过科学评估和论证,建立企业经济档案和法定代表人的信用档案,完善中小企业的会计制度和经营管理制度,建立健全适应市场经济要求的企业信用体系。

(四)积极为中小企业提供税收优惠

中小企业的税负相对较重,加上资源不足、劳动力成本不断上升和资金缺乏,许多中小企业发展面临困境,盈利能力低下。这要求企业要不断提升管理水平和创新能力,提高企业的效益,同时,政府也要积极为企业减负,在当前全球经济低迷的状态下,为促进嘉兴市中小企业的可持续发展,政府需加大并落实针对中小企业的税收减免优惠政策,清理对中小企业的各种收费项目,降低中小企业的税收"门槛",扩大对中小企业的优惠范围。同时,优惠形式也要多样化,由单一的直接减免税,改为直接减免、降低税率、加速折旧、放宽费用列支、设备投资抵免、再投资退税等多种优惠形式。对连续几年稳健发展、资产达到一定规模、经营达到一定年限的中小企业实行差异化税收政策。此外，建立完善中小企业的信用体系，对于信用记录良好的中小企业，可以给予一定的税收优惠政策。

(五)大力推进企业完善治理和管理

调查表明，嘉兴市大部分中小企业股权主要集中在企业负责人及其亲友手中，企业对于一般员工(指非负责人及其亲友)的股权激励还欠缺，因此，政府要积极引导企业认识股权激励的重要意义，帮助企业推进产权制度改革，完善企业治理结构。此外，进一步调查发现，企业高管团队中，非负责人及其亲友的比重仅为26.69%，不利于一般员工的职务晋升，难以充分调动广大员工的工作积极性，同时，企业的质量管理水平和环境友好水平还有待提高。因此，政府应积极宣传现代企业制度，完善企业现代管理制度，帮助企业参加并通过国际认证，切实提升企业管理水平。

第九章
浙江省中小微企业融资服务

中小微企业是浙江经济发展的主力军，无论在总量、产业分布还是行业分布上都具有绝对优势。浙江中小微企业作为浙商创业成长的基本平台，长期以来为打造浙江的各类专业市场、发展浙江的块状经济及产业集群、推动科技创新、扩大地方就业、促进社会和谐稳定、参与国际竞争等方面发挥了不可替代的作用。然而，融资难问题一直制约着中小微企业的发展。本章以缓解中小微企业融资难问题为立足点，介绍浙江省融资担保行业发展情况、中小微企业信用评级概况、村镇银行发展、融资租赁助推中小企业“机器换人”、推行小微企业融资类服务券等方面的内容。

第一节　浙江省融资性担保行业发展情况

2014 年国家相继出台的《国务院关于扶持小型微型企业健康发展的意见》《国务院办公厅关于多措并举着力缓解企业融资成本高问题的指导意见》等文件都提出着力推进担保行业的发展，发展融资性担保行业是破解小微企业融资难、融资贵问题的重要手段，对稳增长、调结构、促创新、惠民生具有十分重要的意义。

一、浙江省担保行业发展情况

(一)机构数量

从 1998 年浙江第一家担保公司成立之后，10 多年间担保公司的数量迅速增长。据 2010 年底工商部门的摸底调查显示，全省范围内名称含“担保”字样或在经营范围内含担保业务的公司有 1341 家，投资公司或贸易公司以担保的名义从事民间借贷或高利贷的现象也一度盛行。经过 2011 规范整顿，2012—2014 年年审换证，淘汰风险大、不规范的机构，并新设立条件较好的机构作为补充，行业总体队伍规模平稳下降。至 2014 年年末，浙江共有融资性担保机构 495 家，同比减少 9.34%。495 家机构中法人机构 489 家，分支机构 6 家(见图 9-1)。

(二)从业人员

从业人员素质一直是制约行业发展的核心问题之一。一方面，由于担保行业起步时间较短，没有形成系统的自我人才培育机制；另一方面，浙江担保机构普遍规模较小，从业人员

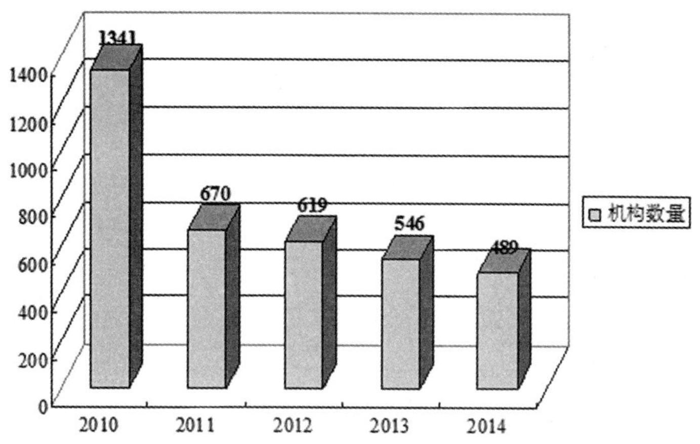

图 9-1　2010—2014 年担保机构数量变化图(单位:家)

数量不多,人员变动频繁。截至 2014 年末,浙江担保行业从业人员 6386 人,比上年减少 6.8%。其中具有研究生学历 245 人,大学本科学历 2392 人,大专及以下学历 3749 人。大学本科及以上学历占从业人数 41.29%,同比增加 0.72 个百分点(见表 9-1)。

表 9-1　担保行业从业人员变动情况

单位:人,%

指标 \ 年份	2010	2011	2012	2013	2014
从业人数	3481	7755	6927	6854	6386
本科以上学历从业人数	639	2992	2731	2774	2637
本科以上学历从业人员占比	18.36	38.58	39.43	40.47	41.29

(三)注册资本

从总体上看,浙江担保机构单体实力仍然偏小,截至 2014 年底,全行业注册资本合计 309.14 亿元,单家机构平均注册资本 6322 万元,低于全国平均水平。10 亿元以上机构仅省中小企业再担保公司 1 家;3 亿—10 亿元的担保机构共 8 家。

表 9-2　注册资本变动情况

单位:万元

指标 \ 年份	2010	2011	2012	2013	2014
注册资本	1712546	3634465	3535294	3533476	3091440
平均注册资本	5127	5425	5711	6472	6322
净资产	1721361	3698391	3598688	3674246	3287012

(四)担保业务

受经济环境变化影响,2010—2012 年,融资性担保业务新增额和在保余额都保持上升态势。2012 年第四季度开始，企业生存压力增加，担保业务规模持续收缩。至 2014 年末，浙江融资性担保余额 792 亿元，较 2012 年最高峰下降 16.63%。另一方面，由于对全行业的持续规范和监管，部分不从事融资性担保业务的机构退出，行业总注册资本和净资产持续降低，年末融资性担保业务平均放大倍数维持在 2.5 倍左右。

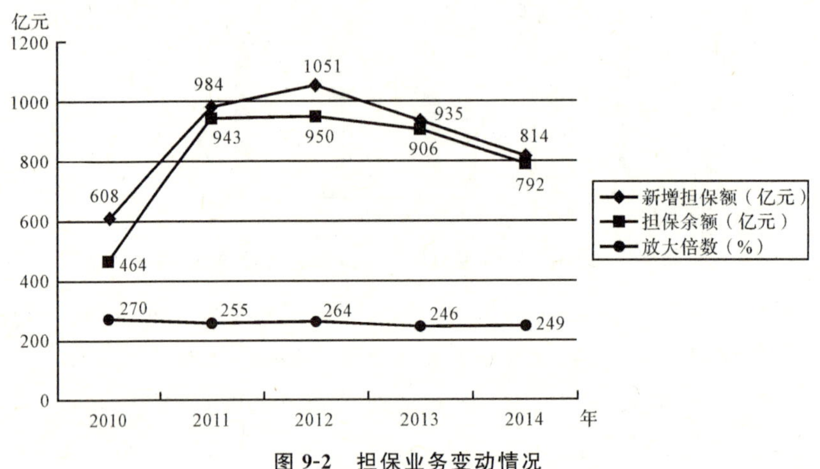

图 9-2 担保业务变动情况

（五）风险控制

2010—2014 年担保机构的代偿率持续大幅上升，特别是 2014 年，行业平均融资性担保代偿率达到 2.71%的历史高点，较 2013 年提高 0.74 个百分点。与同期银行不良贷款率保持正相关。由于经济下行造成房地产、机器设备等反担保物价值缩水，经济纠纷增多，2014 年担保代偿回收率同比下降 58.38 个百分点。此外，全部担保和融资性担保各项风险指标相差不大，可看出工程担保、诉讼保全担保等非融资性的担保业务的风险相对较小。

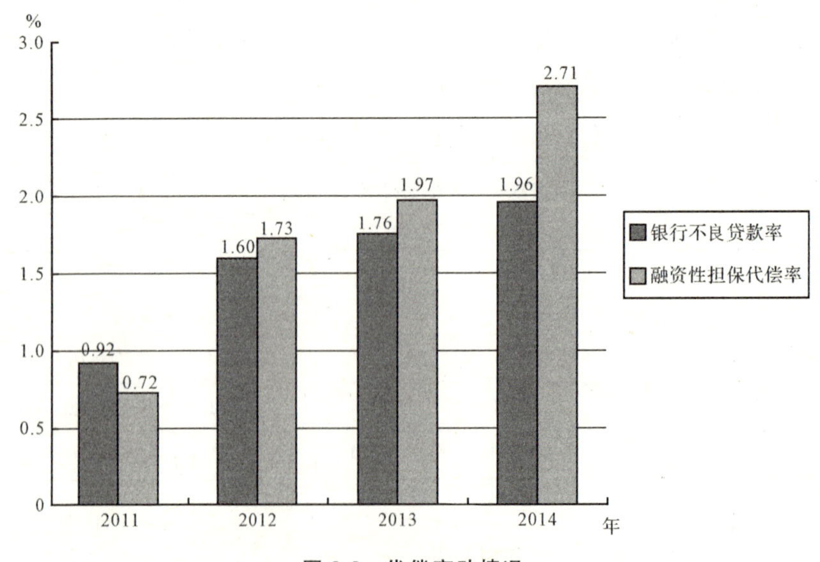

图 9-3 代偿变动情况

(六)盈利水平

2010—2014 年,全行业资本利润率都在 1%以下,远低于银行存款利率和社会平均利润率。特别是 2014 年,受外部环境影响,代偿大幅增加,融资性担保机构亏损数量和金额都在上升,行业平均资本利润率仅为 0.57%。高达 87.87%的成本收入比反映出融资性担保业务收入勉强覆盖业务成本的尴尬境地。

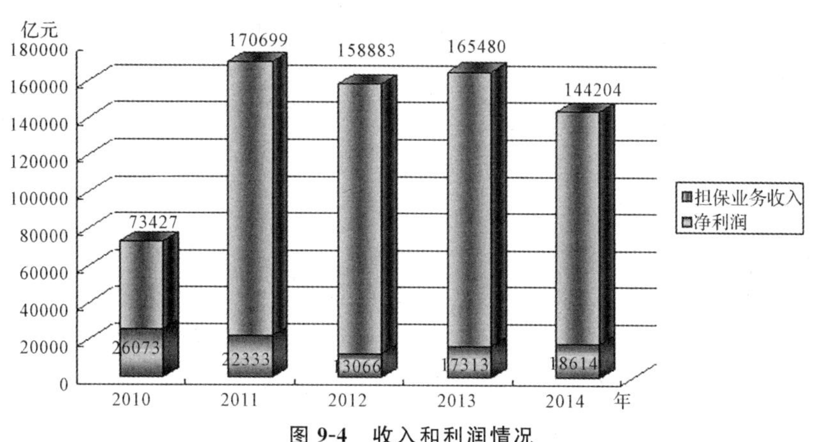

图 9-4　收入和利润情况

(七)服务企业

浙江融资性担保机构的主要服务对象集中在小微企业,2010—2014 年,全行业累计为 215753 家(次)小微企业提供担保服务,户均担保金额不超过 200 万元,特别是在 2012 年之后,融资性担保机构降低业务重心,户均担保金额逐年下降。至 2014 年,融资性担保行业新增担保小企业户数 35563 户,年末在保企业数 63233 户,户均担保金额为 125 万元。此外,浙江持续推进农民专业合作、供销合作、信用合作"三位一体"新型合作体系建设,以县级为单位,供销社与财政出资组建服务"三农"的专业性担保公司。截止到 2014 年末,在保农业企业、种养殖户 11523 户,户均担保金额 50 万元,体现了涉农担保"扶农支小"的特性,有力地支持了本地"三农"发展。

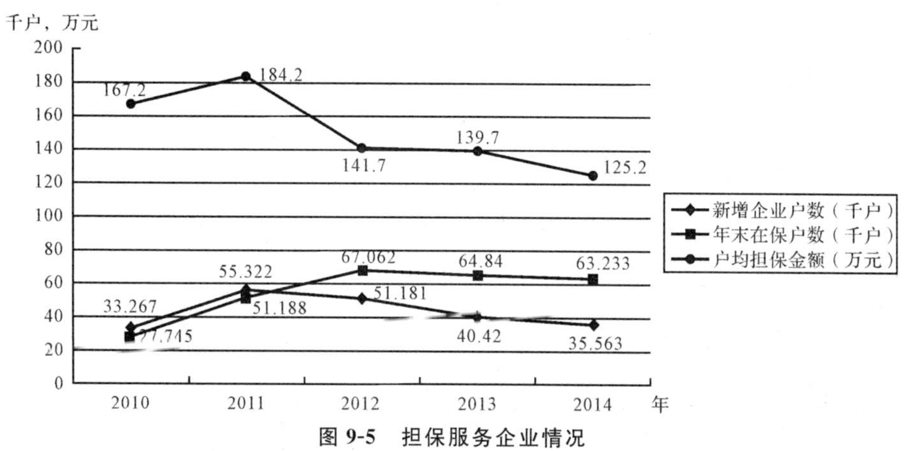

图 9-5　担保服务企业情况

二、政府扶持行业发展情况

(一)建立健全行业发展制度

2012 年 4 月,浙江省政府办公厅批准设立了由省中小企业局、省金融办、浙江银监局、省发改委、省财政厅、省商务厅、人行杭州中心支行、省工商局等 8 个部门组成的浙江省融资性担保业务监管联席会议,省中小企业局为牵头单位,承担联席会议日常工作。这一制度的建立,标志着浙江融资担保行业监管形成了“部门牵头、齐抓共管”的工作格局。印发了《关于进一步促进融资性担保行业规范健康发展的意见》,指导和促进浙江融资担保行业平稳健康发展。

(二)提振行业发展信心

召开浙江融资性担保行业发展大会,回顾总结了浙江融资担保行业近 20 年的发展历程,系统分析了面临的形势,全面部署了行业风险排查工作任务,并提出实现监管工作的 3 个转变:一是从注重审批监管向注重风险监管转变;二是从笼统粗放监管向分类分级监管转变;三是从阶段性监管向常态化监管转变。这预示着浙江融资担保行业已从自主发展向监管扶持并重的阶段转变。发布行业发展规划,对浙江担保行业发展做出总体规划和整体布局。按照“减量提质、做强做专、合理有序、规范发展”要求,提升机构实力,扩大企业服务面。

(三)优化行业发展环境

浙江共有担保行业协会 13 个,基本覆盖各地级市和部分担保发展较好的县级市。融资性担保行业统一标识和标牌的规范,有助于提升行业正面形象。在年审换证结束后,及时将担保许可证有效的机构名单在《浙江日报》等主要媒体上公告,进一步划清融资性担保机构和其他挂名“担保”机构的界限,同时开通咨询、投诉和举报电话,接受社会监督。

(四)加大财税扶持力度

中小企业信用担保机构可享受四级政府(国家、省、市、县)扶持政策,主要包括:营业税减免、国家中小企业发展专项资金担保项目补助、省级小企业贷款风险补偿担保项目补助、省级中小外贸企业专项补助、省级中小商贸企业专项补助、各市财政补助等。2014 年浙江共有 55 家融资性担保机构获得中央财政担保专项补助,补助总额达 1.061 亿元,获补助机构数量和金额均居全国第一,充分体现了浙江担保机构个体规模较小,服务的企业规模也小的浙江特色;有 106 家融资性担保机构获得省级风险补偿资金 5109 万元,同比分别增长 2.91%和 26.62%。2014 年新增 30 家机构获批 3 年免征营业税的资格,预计累计可减免营业税 5000 万元。

三、行业发展的困难

(一)担保机构数量偏多和担保规模偏小问题并存

浙江担保伴随着民营经济的发展而兴起,低、小、散的特点较为突出。一是起点低。489

家机构的注册资本合计 309.14 亿元，平均注册资本 6322 万元，仅为全国平均水平的 2/3。二是个体小。浙江注册资本 5000 万元以下的机构共有 319 家，占全部机构总数的 65.23%。三是业务分散。担保业务分散在众多的机构当中，担保业务量 3 亿元以上的机构 59 家，其中，业务量在 10 亿元以上的只有 7 家，但业务量都不到 20 亿元。

(二)担保资金运用不规范和担保盈利不足问题并存

统计数据显示，2010—2014 年，浙江担保行业累计实现净利润 9.74 亿元，年均净资产利润率不足 1%。为弥补担保业务盈利性不足，个别融资性担保机构违规使用资本金进行投资或民间借贷，甚至抽逃注册资本金。

(三)民营担保和国有银行、民营担保与国有再担保合作不畅问题并存

民营担保个体实力弱，难以获得银行的认可。受宏观环境的影响，2014 年以来实际与担保机构开展业务合作的银行业金融机构(分支机构)减少近三成，特别是国有商业银行，基本上停止了与民营或资本规模较小担保机构的合作。与此同时，省再担保公司的增信分险作用并没有发挥，截至目前，纳入再担保范围的担保机构 20 家，占浙江担保机构总数的 3.68%；再担保业务量 67.13 亿元，仅占浙江融资性担保业务总量 8.48%。

(四)担保机构服务意愿下降和担保服务能力不足问题并存

受宏观经济下行和企业资金链、互保链影响，2012 年以来浙江担保行业代偿急剧上升，2014 年有所下降，但全年融资性担保 2.71%，融资性担保代偿余额达到 36.39 亿元的新高。在代偿发生后，由于信用体系不完善、中小企业主道德风险以及司法保护体系不完备，担保债务追偿面临较大障碍，对担保机构的经营造成较大压力，新业务的担保意愿有所下降。另一方面，中小企业特别是小微企业融资的担保需求仍然旺盛，从调研和座谈会反映的情况看，有相当一部分的小微企业担保需求无法满足。

四、政策建议

(一)加强融资性担保行业的法律法规建设

目前我国金融机构已经形成了比较完善的法律体系，《公司法》等也为一般工商企业的规范发展提供了法律法规依据。在发达国家的担保体系建设中，都有关于中小企业融资和担保服务独立的、完整的法律法规体系。只有有法可依，才能规范各参与主体的行为，才能实现担保行业的可持续发展，为中小企业提供更好的融资担保服务。建议国家层面进一步加强法律制度建设，明确融资性担保机构的法律地位和作用定位，对其财政和税收扶持政策以法律法规的形式进行固化，更好地促进行业健康发展。

(二)研究制定全国融资性担保行业发展规划

经过十几年的发展，制定融资性担保行业发展中长期规划的条件已经具备，同时，行业发展也迫切需要规划的引导。制定和发布全国行业发展规划，有利于进一步统一思想，缓解

各省监管部门不同、监管标准不一、监管尺度差异引发的矛盾；有利于提振行业发展信心，为凝聚共识，促进融资性担保行业的长远健康发展打下基础。

(三)深化银行与融资性担保机构的合作机制

将银担合作纳入政府和金融监管部门对银行小微企业贷款的考核内容。督促银行转变对担保机构的认识，推动建立平等、互利、共赢的合作关系。银担双方根据风险控制能力，按照风险和收益对等的原则，合理确定担保放大倍数和风险分担比例。坚持利率风险定价原则，对有担保机构担保的中小企业贷款，按风险下降同比例下调贷款利率，降低中小企业融资成本。银行切实承担起大企业的社会责任，保持对小企业信贷和担保合作政策的延续性，维护小企业和担保机构的正当权益。

第二节　2014 年中小微企业信用评级情况

浙江省是中小微企业大省，中小微企业占全部企业总数的 97%左右，在促进经济增长、增加就业、推动创新及维护社会和谐稳定等方面具有重要作用。为促进中小微企业健康发展，加强中小微企业信用体系建设，降低中小微企业融资成本，做好中小微企业上规升级融资服务工作，2014 年浙江省经济和信息化委员会委托浙江智普信用评估有限公司、浙江众诚资信评估有限公司、杭州联合资信评估咨询有限公司、浙江省经济信息发展有限公司和浙江新中天信用评估咨询有限公司 5 家信用评级机构，对浙江 1360 家中小微企业进行信用评级，其中 1270 家中小微企业提供了完整且翔实的调查数据。

一、中小微企业信用评级工作开展情况

2012 年 9 月，浙江省中小微企业信用评级试点工作正式启动，先后在萧山区、平阳县、安吉县、平湖市、上虞市等 10 个县(市、区)开展试点，每个试点组织 200 家中小微企业开展信用评级，初步建立省级中小微企业信用平台，进一步完善信用信贷政策、扶持培育政策、融资担保政策。同时，完善省级中小微企业信用信息平台，建立信用信息发布、查询系统。探索信用企业在产品营销、企业活动中标注标示企业信用等级的机制，促进信用评级信息的共建共享。

2013 年 8 月，浙江省经济和信息化委员会组织余杭区、富阳区、嘉善县、海宁市、新昌区、天台市、温岭市、路桥区、永嘉县、遂昌县、金华婺城区、金东区、永康市、衢州柯城区、衢江区等 10 多个县(市、区)开展了中小微企业信用评级工作，由浙江智普信用评估有限公司、浙江禾晨信用管理有限公司、浙江众诚资信评估有限公司、杭州联合资信评估咨询有限公司、中国诚信信用管理有限公司和东方金诚国际信用评估有限公司 6 家信用评级机构负责实施。

2014 年 12 月 22 日，浙江省经济和信息化委员会从各地推荐入库的“浙江省中小微企业上规升级重点培育库”企业中，通过前期调研，对有融资需求的中小微企业开展信用评级，并

通过公开招标方式，确认由浙江智普信用评估有限公司、浙江众诚资信评估有限公司、杭州联合资信评估咨询有限公司、浙江省经济信息发展有限公司和浙江新中天信用评估咨询有限公司5家信用评级机构负责实施。

二、参与信用评级企业的分布特征

(一)地区分布

从地级市来看，衢州市、金华市、湖州市参与信用评级的中小微企业较多，均超过了150家，其中，衢州市参与信用评级的中小微企业数量最多，为288家。上述3市参与评级的中小微企业数量占浙江评级中小微企业的比重分别为22.54%、18.47%、13.69%，共计54.70%；舟山市、丽水市与嘉兴市参与信用评级的中小微企业略少，占比分别为1.33%、5.01%、5.24%，表明，2014年度参与信用评级的中小微企业的地域性比较明显，分布不均衡。这一定程度上与各地区经济发展水平和企业总体数量有关。

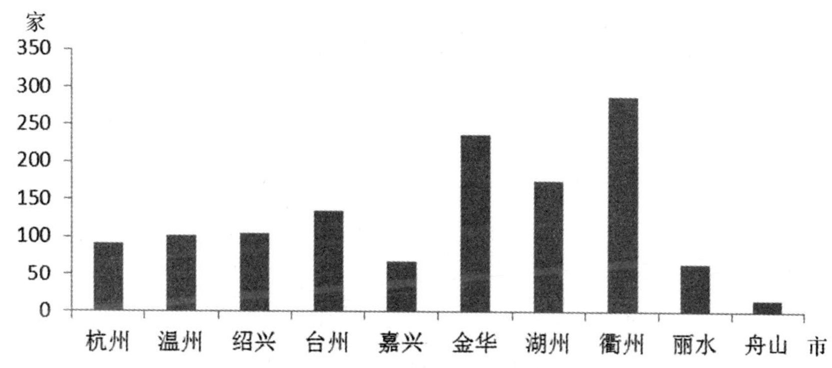

图9-6　2014年浙江省信用评级企业区域分布情况

表9-3　2014年浙江省参评企业区域分布

单位：家

地区(家)	区县市	评级家数	地区(家)	区县市	评级家数
杭州(91)	淳安	5	金华(236)	东阳	37
	富阳	46		金东	6
	市区	5		兰溪	10
	建德	7		磐安	48
	临安	9		浦江	12
	桐庐	1		武义	23
	萧山	11		义乌	26
	余杭	7		永康	70
				婺城	4

续　表

地区(家)	区县市	评级家数	地区(家)	区县市	评级家数
台州(134)	仙居	37	绍兴(104)	柯桥	28
	玉环	46		新昌	50
	临海	12		嵊州	16
	椒江	13		诸暨	7
	天台	26		上虞	3
舟山(17)	定海	8	丽水(64)	莲都	14
	普陀	9		龙泉	45
				青田	5
温州(102)	苍南	4	嘉兴(67)	海宁	7
	洞头	13		海盐	5
	乐清	41		嘉善	2
	市区	9		南湖	35
	泰顺	2		平湖	1
	文成	9		桐乡	10
	永嘉	24		秀洲	7
湖州(175)	安吉	96	衢州(288)	柯城	13
	德清	37		衢江	11
	吴兴	42		江山	63
				开化	77
				龙游	41
				常山	83

备注：因宁波市是计划单列市，不享受省级信用评级财政补贴，故宁波企业未参与本次评级工作。

(二)行业分布

参与本次信用评级的中小微企业在43个行业大类中均有分布，但主要分布于8个行业：金属制品业(131家，占比10.25%)、通用设备制造业(113家，8.84%)、化学原料和化学制品制造业(75家，8.87%)、纺织业(74家，5.79%)、汽车制造业(68家，5.32%)、专用设备制造业(66家，5.16%)、电气机械和器材制造业(66家，5.16%)和木材加工和木、竹、藤、棕、草制品业(61家，4.77%)，上述行业共占本次信用评级中小微企业的51.17%。

表 9-4　信用评级企业行业数量分布

单位:家

行业名称	数量	行业名称	数量
其他制造业	126	仪器仪表制造业	9
金属制品业	131	信息咨询服务业	9
通用设备制造业	113	食品制造业	9
化学原料和化学制品制造业	75	金属制品、机械和设备修理业	9
纺织业	74	酒、饮料和精制茶制造业	8
汽车制造业	68	交通运输设备制造业	5
专用设备制造业	66	水泥及石膏制品制造业	6
电气机械和器材制造业	66	铁路、船舶、航空航天和其他运输设备制造业	7
木材加工和木、竹、藤、棕、草制品业	61	化学纤维制造业	5
橡胶和塑料制品业	55	旅游业	4
家具制造业	47	废弃资源综合利用业	4
文教、工美、娱乐用品制造业	41	燃气生产和供应业	3
纺织服装、服饰业	41	开采辅助活动	3
造纸和纸制品业	35	非金属矿采选业	3
计算机、通信和其他电子设备制造业	34	电力、热力生产和供应业	3
医药制造业	31	农业	2
农副食品加工业	25	黑色金属冶炼和压延加工业	2
电气机械及器材制造业	21	有色金属矿采选业	1
印刷和记录媒介复制业	17	石油加工、炼焦和核燃料加工业	1
皮革、毛皮、羽毛及其制品和制鞋业	16	其他采矿业	1
非金属矿物制品业	15	林业	1
有色金属冶炼和压延加工业	10	(信息缺失)	8

(三)所有制分布

从参与信用评级企业的经济类型分布情况看,浙江省中小微企业主要分布于私营有限责任公司和其他有限责任公司两大类型企业,分别占比为59.15%和15.65%。此外,还存在以下私营性质的企业,私营独资(61家,占比4.77%)、私营合伙(34家,2.66%)和私营股份有限公司(28家,2.19%),3者占比共计9.62%。在本次信用评级的中小微企业中,国有企业共有95家,占比7.43%。涉及外资性质的中小微企业较少,中外合资经营(19家,1.49%)、与港澳台商合资经营(19家,1.49%)、港澳台投资独资(4家,0.31%)、外资企业(3家,0.23%)、外商投资股份有限公司和其他外商投资(4家,0.32%),外资性质企业共计占比3.22%。

表 9-5　不同经济类型参与信用评级中小微企业数量

单位:家,%

所有制类型	企业数量	占比
私营有限责任公司	752	59.15
其他有限责任公司	196	15.65
国有	95	7.43
私营独资	61	4.77
私营合伙	34	2.66
私营股份有限公司	28	2.19
股份有限公司	22	1.72
中外合资经营	19	1.49
与港澳台商合资经营	19	1.49
其他企业	8	0.63
港澳台投资独资	4	0.31
(信息缺失)	21	1.64

三、参与评级的中小微企业经营情况

(一)资产规模

2014 年浙江省参与信用评级的中小微企业资产总额为 647.67 亿元,流动资产总额为 404.29 亿元。按企业资产规模将信用评级企业进行划分,资产规模在 4000 万元以下企业共有 817 家,占比 63.98%,其中资产规模在 2000 万—4000 万元的企业有 336 家,占比 26.47%,资产规模在 1000 万—2000 万元的企业有 263 家,占比 20.83%;资产规模在 4000 万—4 亿元的企业有 445 家,占比 34.93%;资产规模在 4 亿元及以上的企业有 14 家,占比 1.10%。从评级企业的资产规模分布情况看,本次信用评级对象主要集中在小微企业,也有一定比例的中型企业和少量的大型企业。

表 9-6 不同资产规模调研企业数量分布

单位:家,%

资产规模	数　量	占　比
300 万元以下	31	2.43
300 万—1000 万元	181	14.25
1000 万—2000 万元	263	20.83
2000 万—4000 万元	336	26.47

续 表

资产规模	数　量	占　比
4000万—4亿元	445	34.93
4亿元及以上	14	1.10

资产规模指标在不同地区的差异较为显著。2014年浙江省参与信用评级的中小微企业资产平均为5079.76万元，流动资产均值为3170.90万元。参与信用评级企业资产均值最高的地区是台州市，资产均值达到5905.99万元，而最低的是嘉兴市，其资产均值为3748.55万元。杭州市、湖州市和丽水市中小微企业的资产规模处于浙江平均水平，台州市、金华市和舟山市中小微企业的资产规模较高，而嘉兴市、衢州市、温州市和绍兴市企业资产规模均值低于浙江平均水平。

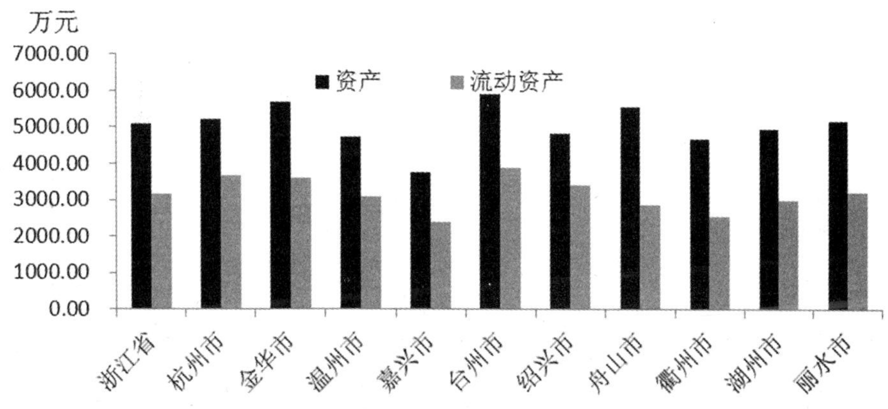

图9-7　不同地区信用评级企业的资产规模分布

不同经济类型企业资产规模的差异也比较明显。如图9-8所示，在所有经济类型企业中，港澳台投资独资和与港澳台商合资经营的企业的资产规模最大，两者的平均资产水平分别为12736.69万元和12516.45万元；中外合资经营、外资企业、其他外商投资、国有独资公司、股份有限公司、国有企业、私营股份有限公司等类型的企业资产规模都高于浙江调研企业资产平均水平；其他有限责任公司、私营合伙、私营有限责任公司的资产规模接近浙江平均水平；而外商投资股份有限公司（4194.89万元）、股份合作（3637.40万元）、其他企业（2944.47万元）、私营独资企业（2894.95万元）和集体性质企业（1189.18万元）则低于浙江调研企业资产平均水平，其中，集体性质企业的资产规模最小。

从行业看，选取了企业分布较多的8大行业来分析。如表9-7所示，不同行业的中小微企业的企业规模差异也比较明显。化学原料和化学制品制造业的企业平均规模是最大的，企业平均资产为6897.99万元，资产总额为517349.62万元；企业平均规模最小的行业是木材加工和木、竹、藤、棕、草制品业，其平均资产规模为3240.10万元，资产总额为197645.91万元。

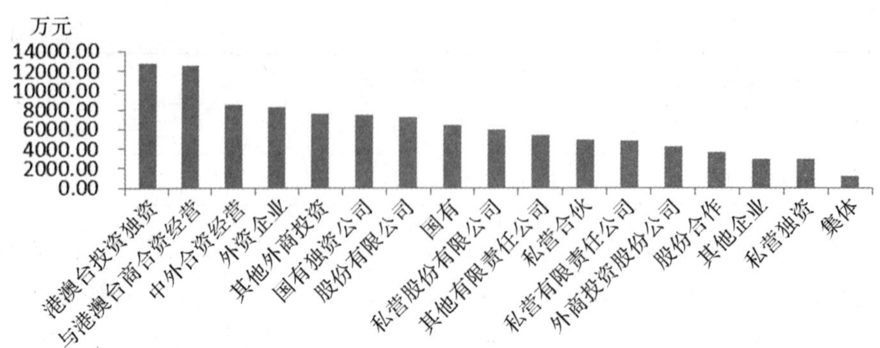

图 9-8　不同经济类型信用评级企业的资产分布

表 9-7　不同行业资产规模分布

单位:万元

行业类型	资产总额	资产均值
金属制品业	590865.08	4510.42
化学原料和化学制品制造业	517349.62	6897.99
通用设备制造业	466354.15	4163.88
电气机械和器材制造业	432468.53	4970.90
纺织业	422549.17	5710.12
汽车制造业	315185.71	4635.08
专用设备制造业	313092.90	4743.83
木材加工和木、竹、藤、棕、草制品业	197645.91	3240.10

(二)营业收入

营业收入是企业再生产不断进行和经济效益得以实现的根本保证,关系到企业的生存和发展。在本次浙江信用评级中,参评企业的营业收入规模主要分布在 300 万—4 亿元之间,其中,营业收入在 300 万—2000 万元的企业共有 385 家(占比 30.31%),2000 万—4000 万元的企业共有 402 家(占比 31.65%),4000 万—4 亿元的企业有 425 家(占比 33.47%)。本次参评企业主要分布在中小型企业,而营业收入在 300 万元以下的企业有 46 家,占比 3.62%。以上数据表明,微型企业参与本次信用评级的数量较少。除此之外,0.95%的参评企业的营业收入在 4 亿元及以上。

表 9-8　不同营业收入规模企业数量分布

单位:家,%

营业收入规模	数　量	占　比
300 万元以下	46	3.62
300 万—2000 万元	385	30.31

续　表

营业收入规模	数　量	占　比
2000 万—4000 万元	402	31.65
4000 万—4 亿元	425	33.47
4 亿元及以上	12	0.95

从区域看，不同地区企业的营业收入差异十分明显。2014 年浙江省参与信用评级企业的营业收入均值为 4980.92 万元，企业营业收入均值最高的地区是舟山市，达到 7229.31 万元，而最低的是嘉兴市，其营业收入均值为 2862.94 万元。金华市、台州市、舟山市、衢州市和丽水市所属企业营业收入高于浙江平均水平，其余市的企业营业收入均值则低于浙江平均水平。

从企业经济类型看，不同经济类型企业的营业收入差异很大。营业收入最高的企业经济类型为国有独资公司，其平均营业收入水平为 15549.22 万元；港澳台投资独资、与港澳台商合资经营、中外合资经营、外资企业和其他外商投资等所有制企业的平均营业收入相对较高；其他所有制类型的企业平均营业收入水平都较低，其中最低的是集体性质的企业(623.56 万元)。

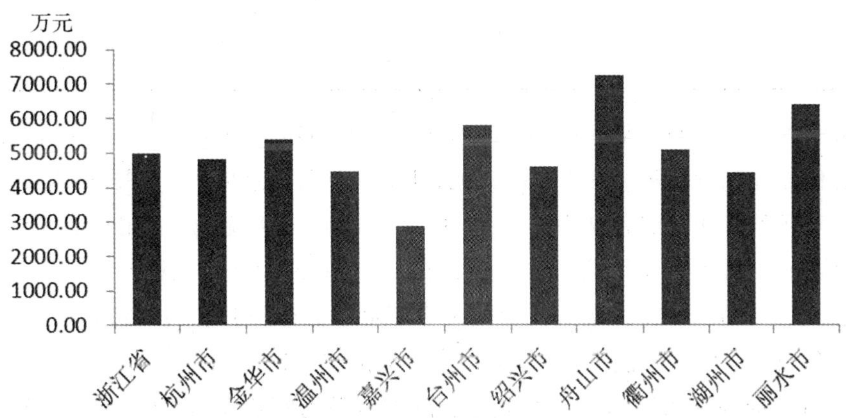

图 9-9　不同地区信用评级企业的营业收入分布

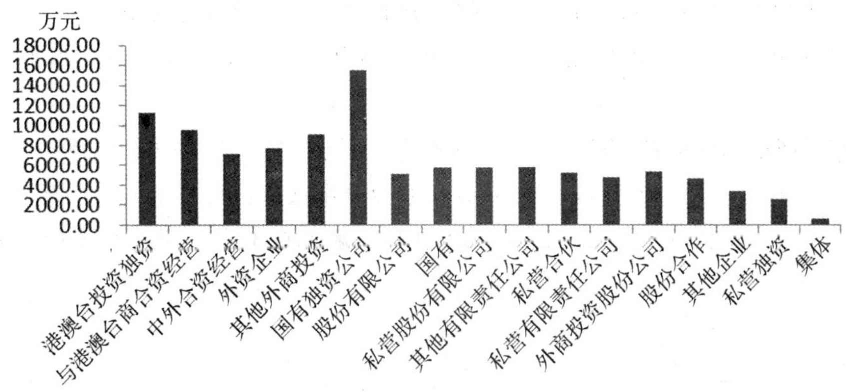

图 9-10　不同经济类型信用评级企业的营业收入分布

(三)企业盈利

利润是经营者经营业绩和管理效能的集中表现。2014 年浙江参与信用评级的企业中共有 248 家出现亏损,占比近 20%;这一定程度上与国内经济形势下行、国外需求不振、经营成本上升等因素有关。浙江信用评级企业的利润水平主要分布在 10 万—500 万元,其中 2014 年利润水平在 10 万—100 万元的企业有 381 家(29.88%),实现利润 100 万—500 万元的企业共 353 家(27.76%),两者合计占比 57.64%。利润超过 1000 万元的企业仅 74 家,占比 5.80%。

表 9-9 不同利润水平企业数量分布表

单位:家,%

利润水平	数 量	占 比
0 元及以下	248	19.61
0 元—10 万元	90	7.14
10 万—100 万元	381	29.88
100 万—500 万元	353	27.76
500 万—1000 万元	124	9.80
1000 万—8000 万元	74	5.80

不同地区企业的利润水平存在较大的差异。营业利润是企业利润的主要来源,2014 年浙江信用评级企业利润总额 279459.36 万元,其中营业利润总额为 259330.07 万元;浙江企业平均利润和平均营业利润分别为 219.18 万元和 203.40 万元。嘉兴市、衢州市和湖州市企业平均利润水平低于浙江均值,其中嘉兴市企业盈利能力较弱,该市企业平均每家亏损 68.12 万元,合计亏损 4563.74 万元。舟山市和丽水市参评企业的利润较高,其中舟山市和丽水市平均每家企业实现利润分别为 446.24 万元和 418.71 万元。

从不同行业的利润水平看,金属制品业企业的平均利润最高(280.74 万元),该行业的利润总额为 36776.91 万元;通用设备制造业、电气机械和器材制造业和纺织业企业的平均利润水平次之;再次为汽车制造业、木材加工和木、竹、棕制品业和专用设备制造业;企业的平均利润最低的行业是化学原料和化学制品制造业,该行业企业的平均利润为 61.2 万元。

从以上经济指标分析看,不同地区、不同行业、不同所有制类型的企业经营情况存在差异,甚至有些指标存在较大差异,这与信用评级企业样本选取存在一定关系。嘉兴市企业的资产规模较小,盈利较弱;舟山市和丽水市企业利润水平在本次信用评级企业中处于较高水平。

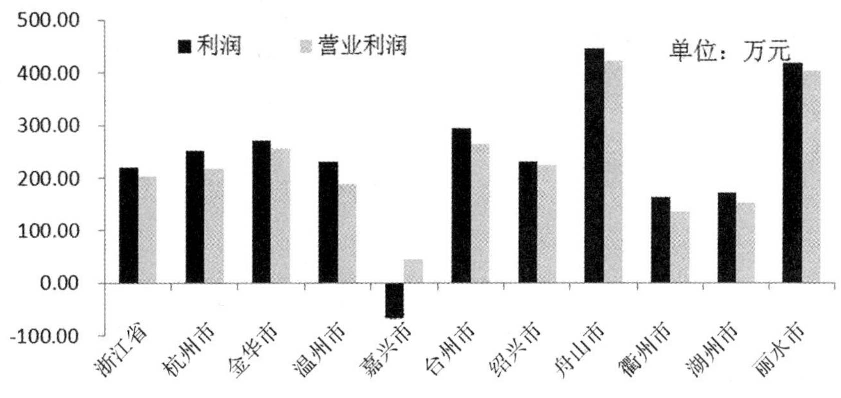

图 9-11 不同地区信用评级企业的利润对比

四、中小微企业信用评级情况

(一)信用等级分布

2014 年参与评级的中小微企业信用等级分布以 A 级为信用等级中枢，呈现“倒 V”形，较为集中地分布在 BBB—AA 区间，其中 AA 级 147 家、A 级 634 家、BBB 级 418 家，分别占比 11.57%、49.92%、32.91%，信用等级具体分布情况如图 9-12、表 9-10 所示。AAA 级企业相对较少，浙江仅有 4 家，其中安吉县的浙江精通科技有限公司、吴兴区的湖州东尼电子有限公司和德清县的德清东胜电子有限公司，这 3 家获评 AAA 级的公司无一例外都是注重研发、注重企业内部管理的高新技术企业，且公司领导人拥有高等学历，所处行业正处于快速发展期。BBB 级及以上的小微企业共有 1203 家，占比 94.73%，表明参评企业整体信用记录良好，违约风险较低。

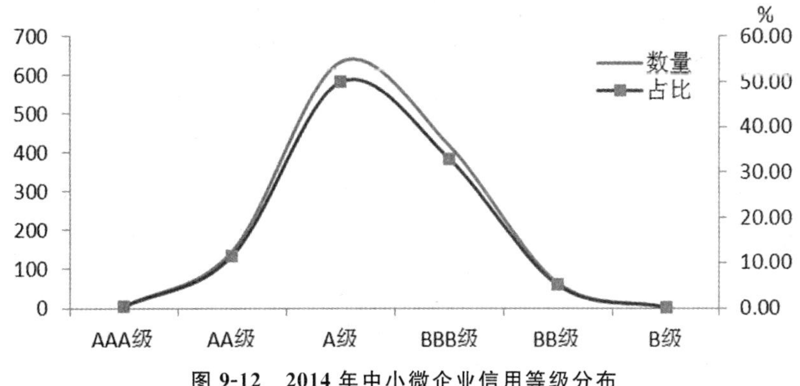

图 9-12 2014 年中小微企业信用等级分布

表 9-10 2014 年中小微企业信用等级分布

单位：家，%

信用等级	企业数量	占　比
AAA	4	0.31

续 表

信用等级	企业数量	占　比
AA	147	11.57
A	634	49.92
BBB	418	32.91
BB	65	5.12
B及以下	2	0.16

(二)信用等级区域特征

从中小微企业信用等级地区分布情况看,不同地区企业的信用等级主要分布在A和BBB这两个等级,比如杭州信用等级为A和BBB的企业分别有57家和19家,分别占比62.64%和20.88%。本文以A及以上等级企业在地区所有企业中的占比大小来刻画该地区企业信用水平,可以将10个市划分为3个信用等级地区,第一梯队为杭州市、衢州市和舟山市,第二梯队为金华市、嘉兴市、台州市、绍兴市和丽水市,第三梯队为温州市和湖州市。杭州市、衢州市和舟山市的参评企业的整体信用水平比较好,温州市和湖州市2市参评企业整体信用水平相对较弱,其中温州市企业信用等级在A及以上的企业仅占49.02%。

表9-11　2014年中小微企业信用等级地区分布表

单位:家,%

	AAA	AA	A	BBB	BB	B
杭州市	0	14(15.38)	57(62.64)	19(20.88)	1(1.10)	0
金华市	0	18(7.73)	117(50.21)	83(35.62)	15(6.44)	0
温州市	0	3(2.94)	47(46.08)	41(40.20)	11(10.78)	0
嘉兴市	0	14(20.90)	24(35.82)	21(31.34)	8(11.94)	0
台州市	0	18(13.33)	60(44.44)	57(42.22)	0	0
绍兴市	1(0.96)	6(5.77)	56(53.85)	36(34.62)	5(4.81)	0
舟山市	0	4(23.53)	12(70.59)	1(5.88)	0	0
衢州市	0	32(11.23)	181(63.51)	70(24.56)	2(0.70)	0
湖州市	3(1.72)	31(17.82)	53(30.46)	68(39.08)	17(9.77)	2(1.15)
丽水市	0	7(11.29)	27(43.55)	22(35.48)	6(9.68)	0

(三)信用等级行业特征

从不同行业中小微企业信用等级分布情况看,金属制造业、专业设备制造业等8大行业的参评企业的信用水平都较高,其中化学原料和化学制品制造业(该行业A及以上企业占比74.33%,下同)、电气机械和器材制造业(69.77%)、专业设备制造业(68.18%)和金属制品业(60%)的行业整体信用水平相对较好。

表 9-12　2014 年小微企业信用等级行业分布表

单位:家,%

	AAA	AA	A	BBB	BB
金属制品业	1(0.77)	12(9.23)	65(50.00)	50(38.46)	2(1.54)
通用设备制造业	1(0.88)	12(10.62)	51(45.13)	45(39.82)	4(3.54)
化学原料和制品制造业	1(1.35)	13(17.57)	41(55.41)	15(20.27)	4(5.41)
纺织业	0	2(2.70)	38(51.35)	23(31.08)	11(14.86)
汽车制造业	0	6(8.96)	33(49.25)	25(37.31)	3(4.48)
专用设备制造业	0	10(15.15)	35(53.03)	19(28.79)	2(3.03)
电气机械和器材制造业	0	10(11.63)	50(58.14)	23(26.74)	3(3.49)
木材加工和木、竹制品业	0	6(9.84)	27(44.26)	23(37.70)	4(6.56)

五、主要建议

(一)建设中小微企业信用信息平台

依托浙江中小企业网和中小企业公共服务网络平台,建设浙江中小微企业信用平台,并且加强省中小微企业信用平台的信息更新、分级查询等功能,完善中小微企业信用信息数据库建设。以数据库为基础,建立健全信用评价和信息通报机制,形成数据库与网络相结合的信息服务平台,逐步纳入政府部门政策信息、金融机构产品与服务信息、中介机构服务信息、小微企业生产经营信息和融资需求信息,使信息公开化、透明化,减少信息不对称。

(二)加强信用评级结果应用

信用评级结果可以通过中小微企业信用信息平台公开发布,并纳入浙江省中小微企业信用平台和人民银行征信系统进行管理;同时,信用评级结果提供给银行业金融机构和融资担保机构等相关部门,作为中小微企业信用贷款和其他融资的重要依据。经信部门和人民银行杭州中心支行做好相应的宣传、引导、监督和协调工作,促进银企对接,组织各商业银行、企业行业协会、融资担保机构等积极开发适合浙江中小微企业实际的信用产品,降低信用企业融资成本。

第三节　浙江省村镇银行发展情况

存款是银行经营的基础,存款的增长状况是判断银行竞争活力的重要依据,尤其是对苦于“吸存难”的县域小型商业银行、村镇银行,更是如此。然而,当前浙江省村镇银行存款存在增长速度明显放慢、同比负增长的机构数量快速上升、机构优劣分化明显等问题。本文通过从存款增长状况来考察浙江省村镇银行的活力状况,深度剖析其原因,并提出若干建议。

一、村镇银行面临的主要问题

(一)浙江省村镇银行的存款增长速度明显放慢

浙江省首家村镇银行——长兴联合于2008年5月下旬开业。截至2015年6月末,全省已开业71家,90个县级行政区的覆盖率达到75.6%,居全国各省(市、区)前列。浙江省村镇银行或由浙江省小银行主发起的省外村镇银行素质普遍较高,经常在银监会召开的全国村镇银行会议上作为典型。近3年,浙江村镇银行的存款增长速度明显放缓,2012年和2013年,扣除"机械增长"后的存款增速大约为全省金融机构的3倍,是农信机构的2倍;到2014年末,仅为浙江金融机构的1.5倍,略高于农信机构;2015年上半年,浙江村镇银行存款与浙江金融机构、农信机构相差甚少,甚至略低于农信机构。表明浙江村镇银行的总体竞争活力日益减弱(见表9-13所示)。

表9-13 2012—2015.6浙江金融机构、农信、村镇银行存款状况

单位:亿元,%

		2012.12	2013.6	2013.12	2014.6	2014.12	2015.6
金融机构存款	余额	64886.28	70728.55	71986.58	77125.82	77145.38	84794.00
	同比增长	8.64	11.18	10.94	9.05	7.17	6.98
农信机构存款	余额	10222.68	11392.77	11798.32	12706.59	13103.99	13739.42
	同比增长	14.40	15.68	15.41	11.52	11.07	8.01
村镇银行存款	余额	294.72	337.22	417.26	439.64	483.51	482.70
	同比增长	31.88	33.41	28.53	20.02	12.75	7.69

注:" * "表示已剔除"机械增长",为可比数。

(二)存款负增长的村镇银行数量在快速上升

2012年末,存款同比为负增长的村镇银行仅有3家,占开业时间超过1年的村镇银行的7.32%;2013年6月末和12月末,均为4家,占比分别为8.7%和8.16%,与2012年末相比差距较小。2014年6月末升为11家,占比达到20.75%;2014年末增加至18家,占比29.51%;2015年6月末达到20家,占比30.77%。由于村镇银行规模普遍较小,存款的波动性较大,因此单家村镇银行存款总量在某个时间点上出现一次"同比负增长",并不是严重问题,但是,有如此多的机构出现存款负增长,并且负增长机构的比重呈持续上升趋势,达到30%左右,就意味着其中部分机构在趋向"边缘化"。另外,开业时间较早的村镇银行,存款负增长比重更高。2015年6月末,开业时间在1年以上的有65家,其中2011年末前开业的有41家,这41家中,存款同比负增长的有18家,占比达43.9%;而其余24家中,存款同比为负增长的仅有2家,占比为8.3%。从现象上看,浙江省的部分村镇银行似乎患上了"衰志症",随着"年龄"增长,活力下降(见表9-14所示)。

表 9-14　2012—2015.6　浙江各村镇银行的存款余额及增长率

单位:亿元,%

		2012.12	2013.6	2013.12	2014.6	2014.12	2015.6	评分
建德湖商	存款余额	6.32	7.34	8.54	7.23	7.19	5.81	E
	同比增长	0.42	30.97	35.01	−1.50	−15.77	−19.57	
象山国民	存款余额	7.00	9.26	11.56	13.28	15.63	14.81	B
	同比增长	61.93	52.21	65.14	43.41	33.29	11.48	
余姚通济	存款余额	3.51	2.55	2.33	1.84	1.80	1.84	F
	同比增长	46.36	−0.48	−33.72	−27.90	−22.65	0.05	
奉化罗蒙	存款余额	1.75	1.90	2.15	1.95	1.72	1.75	F
	同比增长	13.04	18.42	22.50	2.51	−19.88	−10.08	
永嘉恒升	存款余额	6.61	9.61	9.46	7.56	7.22	7.94	E
	同比增长	−17.17	16.89	43.11	−21.29	−23.68	4.94	
苍南建信	存款余额	9.65	11.10	11.45	11.22	11.84	8.74	D
	同比增长	33.98	32.07	18.73	1.14	3.40	−22.15	
乐清联合	存款余额	25.17	22.95	27.78	25.59	22.53	22.72	E
	同比增长	21.49	11.97	10.37	11.51	−18.88	−11.22	
嘉善联合	存款余额	10.97	12.36	14.21	14.26	15.53	12.68	D
	同比增长	9.39	17.27	29.60	15.33	9.28	−11.08	
平湖工银	存款余额	13.20	12.09	12.61	10.78	11.02	9.34	F
	同比增长	−5.85	−4.92	−4.51	−10.80	−12.62	−13.37	
长兴联合	存款余额	23.88	27.27	28.66	29.31	29.69	29.57	B
	同比增长	8.01	41.56	20.04	7.48	3.61	0.87	
安吉交银	存款余额	12.56	13.59	16.08	11.96	12.32	9.13	E
	同比增长	49.32	18.85	28.04	−11.98	−23.38	−23.64	
嵊州瑞丰	存款余额	10.93	12.91	12.78	14.09	14.61	14.49	C
	同比增长	26.63	39.65	16.94	9.13	14.33	2.85	
武义建信	存款余额	5.30	6.27	6.94	7.18	7.36	7.80	C
	同比增长	30.27	61.08	30.93	14.55	6.02	8.61	
龙游义商	存款余额	5.91	5.16	6.67	5.25	6.07	5.79	E
	同比增长	21.87	−16.72	12.91	1.68	−8.90	10.28	
岱山稠州	存款余额	4.38	4.18	4.25	4.49	4.54	4.68	D
	同比增长	18.34	4.24	−2.98	7.49	6.67	4.26	

续 表

		2012.12	2013.6	2013.12	2014.6	2014.12	2015.6	评分
临海湖星	存款余额	6.40	9.11	9.08	8.32	8.30	9.68	D
	同比增长	9.02	28.06	41.78	−8.60	−8.61	16.33	
玉环永兴	存款余额	6.49	6.07	7.77	7.84	8.00	8.25	C
	同比增长	−14.64	12.47	19.82	29.06	2.91	5.20	
三门银座	存款余额	9.42	9.82	11.67	11.87	14.21	12.94	A
	同比增长	54.40	49.32	23.86	20.90	21.76	8.98	
青田建信	存款余额	5.06	5.78	5.90	5.82	5.45	5.34	E
	同比增长	26.15	31.58	16.61	0.75	−7.67	−8.33	
庆元泰隆	存款余额	2.73	3.02	3.83	4.75	3.94	5.30	B
	同比增长	74.14	54.74	40.10	57.18	3.09	11.59	
新昌浦发	存款余额	9.30	10.95	12.07	13.56	13.27	13.67	C
	同比增长	51.51	31.23	29.77	23.82	9.88	0.82	
兰溪越商	存款余额	6.60	9.28	10.18	10.70	11.85	11.28	C
	同比增长	77.03	82.71	54.27	15.34	16.44	5.41	
缙云杭银	存款余额	4.42	4.93	5.38	5.06	4.96	4.01	E
	同比增长	115.02	53.41	21.59	2.69	−7.77	−20.77	
常山联合	存款余额	3.86	5.08	5.27	6.85	6.71	8.43	B
	同比增长	51.78	29.42	36.40	35.05	27.23	23.06	
鄞州国民	存款余额	2.05	1.78	4.26	1.75	1.28	1.37	F
	同比增长	174.36	42.83	108.32	−1.84	−70.03	−21.72	
文成北银	存款余额	2.16	2.92	3.57	4.57	4.48	4.71	C
	同比增长	153.96	136.62	64.87	56.22	25.38	3.00	
平阳浦发	存款余额	4.20	6.58	6.35	6.88	6.72	5.14	D
	同比增长	25.32	63.54	51.18	4.60	5.94	−25.29	
浦江嘉银	存款余额	4.45	5.00	5.61	6.31	6.99	4.97	D
	同比增长	157.47	122.29	26.19	26.10	24.46	−21.27	
泰顺温银	存款余额	2.63	2.69	3.31	2.76	2.88	2.60	E
	同比增长	206.78	117.75	25.80	2.49	−13.16	−5.65	
衢江上银	存款余额	3.23	4.11	5.28	4.86	5.38	4.98	C
	同比增长	54.79	42.86	63.62	18.41	1.78	2.42	

续　表

		2012.12	2013.6	2013.12	2014.6	2014.12	2015.6	评分
江山建信	存款余额	4.45	3.97	5.44	5.64	5.54	6.08	C
	同比增长	35.18	30.43	22.16	41.97	1.91	7.88	
磐安婺商	存款余额	2.25	2.74	3.12	4.45	4.71	5.70	B
	同比增长	67.20	42.67	38.89	62.39	50.89	28.06	
桐庐恒丰	存款余额	6.63	6.39	7.21	7.09	7.70	6.07	D
	同比增长	96.53	25.81	8.79	10.83	6.75	−14.33	
普陀稠州	存款余额	4.95	5.68	6.13	6.09	5.74	5.64	D
	同比增长	92.09	46.91	23.65	7.32	−6.36	−7.52	
宁波市辖区	存款余额	0.56						
	同比增长	4804.26						
龙泉民泰	存款余额	3.68	5.52	6.34	6.87	8.16	7.42	B
	同比增长	75.76	86.50	72.48	24.55	28.73	8.03	
北仑国开	存款余额	3.87	6.37	8.84	6.24	12.75	11.39	C
	同比增长	39.87	157.99	128.61	−2.04	44.21	82.43	
宁海建信	存款余额	1.52	1.51	1.31	1.19	1.36	0.94	F
	同比增长	264.36	34.80	53.80	−21.19	4.00	−20.86	
温岭联合	存款余额	11.56	15.40	20.51	28.99	33.87	39.57	A
	同比增长	429.55	110.18	77.43	88.23	65.13	36.56	
慈溪民生	存款余额	14.98	13.70	12.48	11.82	11.29	9.07	E
	同比增长	1.69	0.78	−16.65	−13.76	−9.57	−23.21	
慈溪建信	存款余额	1.36	1.25	1.76	1.86	1.89	1.51	F
	同比增长	169.81	32.62	29.17	48.37	7.70	−18.39	
镇海富登	存款余额	0.73	0.79	1.13	0.93	1.11	1.36	F
	同比增长		213.99	54.43	17.77	−1.58	46.00	
临安中信	存款余额	6.06	4.90	6.43	6.98	7.40	6.78	D
	同比增长		−7.54	6.10	42.55	15.10	−2.96	
景宁银座	存款余额	2.02	2.61	3.38	3.57	4.01	4.51	B
	同比增长		96.23	67.73	36.90	18.39	26.11	
宁海富登	存款余额	0.67	0.69	1.14	0.79	1.07	0.93	F
	同比增长		63.12	70.70	14.92	−6.22	17.50	

续 表

		2012.12	2013.6	2013.12	2014.6	2014.12	2015.6	评分
莲都建信	存款余额	1.81	1.29	2.64	2.93	3.29	3.21	C
	同比增长		179.61	46.53	127.64	24.37	9.56	
永康农银	存款余额	0.55	1.69	1.68	2.95	2.72	3.41	C
	同比增长		741.23	205.88	74.21	62.32	15.48	
桐乡民泰	存款余额	4.62	5.05	7.75	8.19	10.25	9.99	C
	同比增长			67.90	62.27	32.14	21.92	
天台民生	存款余额	2.84	3.62	4.28	5.47	5.20	5.31	C
	同比增长			50.44	51.04	21.65	−2.84	
淳安建信	存款余额	0.12	1.78	2.22	2.93	3.16	3.28	C
	同比增长			1706.40	64.97	42.32	11.83	
江北富民	存款余额		0.10	0.56	0.06	0.09	0.09	G
	同比增长				−42.56	−83.31	59.24	
海曙浦发	存款余额		2.82	4.71	4.08	5.04	5.24	C
	同比增长				44.68	7.01	28.40	
德清湖商	存款余额		2.38	5.20	5.43	7.36	6.17	C
	同比增长				127.95	41.53	13.60	
义乌联合	存款余额		1.99	8.21	12.28	14.22	15.87	B
	同比增长				517.94	73.24	29.21	
余杭德商	存款余额			4.70	8.93	11.70	13.71	B
	同比增长					149.20	53.57	
象山富登	存款余额			1.31	1.24	1.34	1.37	D
	同比增长					2.30	10.25	
嘉兴德商	存款余额			1.89	2.53	3.50	6.16	C
	同比增长					85.31	143.73	
萧山湖商	存款余额			4.63	3.87	6.34	5.61	C
	同比增长					37.01	44.93	
遂昌富民	存款余额			0.72	1.32	1.52	1.84	C
	同比增长					110.54	39.08	
松阳恒通	存款余额			0.54	1.15	1.54	1.76	C
	同比增长					184.97	53.69	

续　表

		2012.12	2013.6	2013.12	2014.6	2014.12	2015.6	评分
柯桥联合	存款余额			2.47	4.69	5.62	5.47	C
	同比增长					127.68	16.72	
诸暨联合	存款余额			3.52	5.66	7.48	9.19	C
	同比增长					112.21	62.40	
洞头富民	存款余额				0.38	0.51	0.93	C
	同比增长						145.96	
云和联合	存款余额				1.27	1.30	1.88	C
	同比增长						47.93	
富阳恒通	存款余额				2.09	3.95	3.90	C
	同比增长						86.76	
东阳富民	存款余额				1.79	1.76	2.37	C
	同比增长						32.10	
黄岩恒升	存款余额					2.13	2.45	
	同比增长							
上虞富民	存款余额					2.07	2.01	
	同比增长							
定海德商	存款余额					0.91	2.25	
	同比增长							
路桥富民	存款余额					0.42	0.33	
	同比增长							
瑞安湖商	存款余额						0.45	
	同比增长							
海宁德商	存款余额						1.74	
	同比增长							

表 9-15　浙江省村镇银行中的存款负增长的机构数量与比重

单位：家，%

	2012.12	2013.6	2013.12	2014.6	2014.12	2015.6
开业家数	50	53	61	65	69	71
可比家数	41	46	49	53	61	65
负增长家数	3	4	4	11	18	20

续 表

	2012.12	2013.6	2013.12	2014.6	2014.12	2015.6
负增长机构比重*	7.32	8.70	8.16	20.75	29.51	30.77

注:"*"代表负增长家数/可比家数。

(三)优劣分化相当明显

由表 9-14 可知,浙江村镇银行的优劣分化相当明显。例如,三门银座,2010 年 3 月开业,存款一直保持快速增长,2014 年末,市场份额已达 7.37%;温岭联合,2011 年开业,存款一直快速增长,2015 年 6 月末已达 39.57 亿元,名列浙江第一;长兴联合、龙泉民泰、景宁银座等也都发展良好。相比之下,江北富民,资本金 1 亿元,2013 年上半年开业,经过 2 年多,到 2015 年 6 月末,存款余额才 900 多万元;部分村镇银行,2015 年 6 月末,不良贷款率已经突破 20%。

按照存款增长状况,将村镇银行分成 7 档。A,极优,存款持续快速增长;B,较优,存款持续较快增长;C,正常,存款正常增长;D,勉强正常,存款增长缓慢,但是尚能维持一定的市场份额;E,差,存款增长停滞或有所下降,存在被"边缘化"危险;F,很差,存款连续负增长或市场份额很低,实际上已经"边缘化";G,极差,存款严重萎缩,无以复加。按此 7 档,2015 年 6 月末,开业时间超过 1 年的 65 家村镇银行中:A,2 家,占 3.08%;B,9 家,占 13.85%;C,26 家,占 40%;D,10 家,占 15.38%;E,9 家,占 13.85%;F,8 家,占 12.31%;G,1 家,占比 1.54%。"正常"及以上的机构共 37 家,占 56.92%;"边缘化"危险明显及已经"边缘化"的"差、很差、极差"机构共计 18 家,占 27.69%。显然,活力不足机构的比重已经相当高,亟须重视。

二、村镇银行问题剖析

现有的村镇银行均为主发起银行的子公司,因而,主发起银行的观念、能力在很大程度上决定了村镇银行的经营行为与经营效果。另外,村镇银行高管的能力与理念,是造成同一主发起银行旗下不同村镇银行业绩差异大的主要原因。

(一)大银行主发起的村镇银行,业绩相对欠佳

浙江由"四大银行"与国开行主发起的村镇银行共有 13 家。2015 年 6 月末,存款增长率为负值的有 5 家,占比 38.46%,高出浙江年均值近 8 个百分点。在 7 档评分中,无一进入"极优"与"较优","正常"只有 5 家,"勉强正常"有 2 家,"差"有 1 家,"很差"有 5 家,"差"与"很差"合计 6 家,占比为 46.15%,高于平均值 18 个百分点,是平均值的 1.67 倍。

由大银行主发起的村镇银行之所以绩效欠佳,主要在于大银行发展定位与村镇银行不匹配。村镇银行是"支农、支小"的银行;而且,由于其规模小又处于县域,因而,也只有切实定位于"支农、支小"才能取得良好业绩。但是,大银行们自身的市场定位与"支农、支小"相去甚远,不熟悉"支农、支小",又不愿意向"支农、支小"优秀的小银行学习并引进人才。由于不接地气,难以实现有效地"支农、支小"与存款快速增长。如中银富登,在全国已经有 54 家

村镇银行，规模均很小，在浙江有3家，分别设在宁海、镇海与象山，2015年6月末，规模最大的象山富登仅有1.37亿元存款。

(二)实现存款快速增长的村镇银行，其主发起行均为“支农、支小”优秀的城商行与农商(合)行

评分为A和B的11家村镇银行，分别属于7家主发起银行，它们是农商(合)行杭州联合、鄞州和德清，城商行台州、泰隆、民泰和金华。其中杭州联合、鄞州、台州、泰隆和民泰，都曾经有旗下的村镇银行作为先进典型，在银监会召开的全国村镇银行会议上介绍“支农、支小”与快速发展的经验。台州银行在全国共有7家村镇银行(其中1家为地市级总分行制)，家家都很优秀。杭州联合在省内有9家村镇银行，在评分中有4家为A和B。

(三)由同县域农信机构主发起的村镇银行是很难实现存款持续快速增长的

鄞州国民、余姚通济、奉化罗蒙等3家村镇银行的存款增长状况都“很差”。其根源在于主发起行均为当地同一县域的农信机构，即鄞州农合行、余姚农合行和奉化农商行。并不是这3家农信机构办不好村镇银行，而是由于其办在当地。村镇银行的市场定位是与农信机构基本重合的，因而，通过子公司来与母公司竞争发展村镇银行，这显然是任何主发起人都不愿意的。

(四)“衰志症”的根源在于主发起银行懈怠

村镇银行的存款增长状况之所以会出现“衰志症”，根源在于一部分主发起银行懈怠了，不重视了，不认真去管了。之所以会如此，首先是由于不少银行本来就不想主办村镇银行，只是迫于银监会的压力，才去主办1—2家村镇银行。在开办之初，不能不认真去管一下，几年过去，基本站稳了，于是便得过且过了，存款增速也就随之下滑了。其次，一些主发起银行高层的思路发生了变化。比如建行，原来，建行高层对发展村镇银行十分重视，建立了专门的事业部来管理，准备组建数百家。但是，自从董事长更换后，思路也随之改变，事业部撤了，现有的建信系列村镇银行则准备转让。这样，管理力度势必减弱，存款增速势必放慢。

(五)市场定位偏颇，引致不良贷款率上升，最终存款下滑、规模萎缩

村镇银行最佳、最合理的市场定位是，主要面向规模以下小企业、个体工商户和农户，发放个人经营贷款。如果主要定位于向规模以上企业发放公司贷款，那么，由于这类客户的信贷服务饱和度高，村镇银行资金实力又弱、附加服务又少，在竞争中处于劣势，很难争取到优质客户，从而很容易发生不良贷款。一旦不良贷款大幅度增加，最终势必影响业务拓展，导致存款下降。典型案例是平湖工银，该行由工商银行主发起，资本金2亿元，2009年12月开业，主要为中小企业发放“公司贷款”，从业务规模角度说，头两年发展势头较好。2011年末，存款余额达到13.98亿元，市场份额为2.44%。但是，由于市场定位不合理，不良贷款大量发生，从2012年起，业务规模一路萎缩，存款余额持续负增长，2015年6月末，已降到9.34亿元，市场份额仅1.3%左右，只有高峰时的一半。有类似情况的机构还有几家。

(六)宁波市的村镇银行发展快但质量欠理想,主因是主发起银行的构成

宁波市是计划单列市,有银监会直属的银监局。宁波市的村镇银行发展很快,目前已经开业 13 家,2 年前就实现了“全覆盖”,其中,慈溪市、宁海县和象山县还各有 2 家。但是,机构质量欠理想。13 家村镇银行中,可圈可点的只有象山国民,海曙浦发也还算可以;其余均存在明显问题。浙江存款增长最糟糕的村镇银行与不良贷款率最高的村镇银行均在宁波市。按存款增长状况打分,“差”“很差”“极差”合计有 9 家,占比高达 70%左右。之所以欠理想,主因是“主发起银行”构成。13 家村镇银行中,由大银行主发起的有 6 家,还有 3 家是同一县域的农信机构,还有 1 家是由北方某村镇银行的城商行,合计占 77%。值得注意的是,宁波市与浙江省之间缺乏交流。宁波市的鄞州农合行去省外主办了多家村镇银行,其中不乏“标杆行”,但是没有去“浙江省”主办。同样,“浙江省”的优秀地方性银行,也没有一家来宁波主办村镇银行。

三、主要建议

(一)村镇银行是发展普惠金融中不可缺少的主力军

发展普惠金融,需要大量发展小型金融机构。在近几年出现的小型金融机构中,村镇银行是最具效率与发展前景的。其一,农村资金互助社的发展极慢,全国目前只有 50 多家,其作用无法与村镇银行相比,在可预见的将来,其发展速度也不可能很快。其二,小贷公司和 P2P,虽然发展快速,但是贷款利率大大高于正规银行机构,接近于民间借贷(村镇银行的贷款利率相当于或者略低于农信机构)。比如浙江的小贷公司,2015 年 5 月末,不良贷款率平均已达 12%。2015 年上半年,全国共出现存在问题的 P2P 平台 419 家,是去年同期的 7.5 倍。其三,村镇(社区)银行与网商银行各有千秋。网商银行的竞争力虽然强,但是优势仅限于线上客户。虽然,网商银行有广阔的发展前途,但是,它不可能完全取代线下银行,在早已进入信用经济的欧美发达国家亦如此(美国尚有 7000 家左右的社区银行)。因此,浙江应当切实重视村镇银行的发展,充分利用浙江的有利条件(尤其是有着一批优秀的主发起银行),努力造就出一大批活力充沛、坚定“支农、支小”的优秀村镇银行。

(二)通过“调整、发展”造就一大批活力充沛的村镇银行

——“调整”。要运用重组、转让、收购及其他必要措施,改造那些缺乏活力的、“边缘化”趋向严重的村镇银行,提高浙江村镇银行的总体活力。一是对于业绩很差的村镇银行,要大力督促其主发起银行加强管理,或者重组、转让。二是鄞州国民、余姚通济、奉化罗蒙等 3 家村镇银行必须处置,可以转让,尤其是在这 3 家农信机构之间转让,也可以由主发起的农信机构收购、兼并。三是对于“边缘化”趋向严重的村镇银行要鼓励重组、转让,并且鼓励优秀的主发起银行接盘。四是对于市场定位偏颇的村镇银行,要多方督促,帮助改进;地方政府应当动用财政杠杆。

——“发展”。一是主办村镇银行要坚持“自愿”原则,在“我要干”的银行中选择优秀者

担任主发起银行，尤其是经过实践证明村镇银行办得好的银行。二是继续大力发展村镇银行，不但要早日实现“全覆盖”，而且应当允许一些县(市、区)有2—3家。三是争取在丽水市、衢州市设立地市级总分行制的村镇银行。这类村镇银行具有组建成本低、管理成本低、监管成本低和服务地域广的好处。况且，丽水市和衢州市均还没有城商行。当然，对于主发起银行的要求也更高一点。四是争取让“尤努斯”和“贾尼尼”们，也就是那些一直在从事金融服务小微企业的人士，有机会主发起民营的村镇银行。进而造就一批像当年的银座城信社、泰隆城信社那样的民营村镇银行，其效果肯定比由大中型民营企业去主办好得多。

第四节 融资租赁助推中小企业“机器换人”

“机器换人”是浙江省委、省政府推动浙江经济结构调整的一项重大战略决策，是浙江经济发展的内在要求，也是当前企业的自觉行为。浙江是民营经济、中小企业大省，中小企业实施“机器换人”和转型升级对推动浙江经济转型升级具有重大战略意义。

一、浙江省中小企业“机器换人”的现状

(一)中小企业实施“机器换人”的动力增强

对浙江4445家中小企业的问卷调查显示，浙江中小企业不同程度存在设备陈旧、技术落后、招工困难、用工成本高等现象，企业进行设备更新和技术升级意愿不断增强。量大面广的中小企业实施“机器换人”，对浙江推动技术红利替代人口红利，推进经济转型升级，提升产业结构，提高企业劳动生产率，保持经济继续增长具有重大意义。

(二)中小企业“机器换人”存在一定制约因素

调查显示，制约中小企业“机器换人”的首要因素是资金短缺、融资难、融资贵。“机器换人”项目总投资在100万—500万元的中小企业比例最大，而“机器换人”一次性投入资金大，利息支出昂贵，对原本流动资金短缺、资信不足、缺乏有效抵押物难以从银行获得贷款的广大中小微企业而言难以承受。二是资金投入回收周期长。项目投资回收期在2—3年的中小企业在中小企业中最为集中，回报期限长是制约企业实施“机器换人”的重要原因。三是经济环境欠佳，企业生存困难，实施“机器换人”动力不足。

(三)中小企业“机器换人”的融资渠道多元

中小企业“机器换人”融资渠道主要有3种。一是企业自有资金。一般这类企业整体实力较强，流动资金充裕，依靠自有资金就能实现企业“机器换人”，但在浙江这类中小企业比重很低。二是银行业金融机构贷款。目前浙江只有十分之一的中小企业能顺利获得银行贷款，广大的中小微企业由于资信问题、缺乏有效抵押物，较难获得银行贷款。三是融资租赁业务。融资租赁是指出租人根据承租人对租赁物件的特定要求和对供货人的选择，出资向供货人购买租赁物件，并租给承租人使用，承租人则分期向出租人支付租金，在

租赁期内租赁物件的所有权属于出租人所有，承租人拥有租赁物件的使用权。据调查，浙江有6.79%的中小企业已开展机器设备融资租赁业务。而在西方发达国家，融资租赁已成为在债权融资资金市场上，仅次于银行贷款的第二大融资方式，占全球设备投资的40%左右。

二、融资租赁推动企业"机器换人"的主要优势

融资租赁是集融资与融物、贸易与技术更新于一体的一种金融工具，也是中小企业重要的融资渠道。该模式具有融资门槛低、融资期限长、还款方式灵活等特点，是企业解决"机器换人"资金来源的一种有效手段。

一是融资门槛低。融资租赁对承租企业的资信要求不高，更注重企业生产经营的现金流和设备保值情况。企业无须自筹大量资金，而是先支付少量价款获得所需生产设备，再用未来现金流偿还租金，达到采用先进技术设备，抢占市场先机的目的。而目前银行业金融机构对通用设备贷款一般是设备款的20%左右，对专用设备一般不放贷，中小企业由于资信问题，较难从银行获得设备贷款。

二是融资期限长。融资租赁一般融资期限在3—5年，有效解决广大企业在"机器换人"方面需要资金"长贷长用"的问题，有效避免了银行贷款的"短贷长用"现象。企业可通过租金形式分摊融资租赁成本，调节负债结构，有效缓解"机器换人"中面临的资金紧张问题。

三是融资周期短。相对于银行贷款审批手续复杂、流程时间长，融资租赁大大缩短了企业融资融物周期，中小企业可在较短的时间内获得机器设备的使用权，开展生产经营，符合中小微企业的"短、小、频、快"的需求。

四是融资综合成本不高，还款方式灵活。融资租赁是组合服务，综合成本低于信贷成本，融资租赁可根据中小企业的特点设计不同的融资产品，根据中小企业资金实力、销售淡旺季及现金流变动规律，量身定制灵活的租金支付方式，减轻流动性压力，盘活固定资产。

三、浙江省中小企业开展融资租赁现状和问题

（一）浙江省中小企业开展融资租赁现状

1. 融资租赁以机器设备为主

浙江近6.79%的企业已开展机器设备融资租赁业务，主要涉及生产设备、印刷设备、通信设备、电器机械、仪器仪表、医疗设备、交通运输工具等机器设备。

2. 融资租赁以行业集群为主

中小企业融资租赁业务在产业聚集的行业中推广较多，如舟山市融资租赁比较集中在水产品加工行业，苍南县融资租赁比较集中在印刷行业，海宁市融资租赁比较集中在皮革制品行业，嘉善县融资租赁比较集中在电子信息行业，临安市在绿色照明行业中推广融资租赁业务。

3. 融资租赁以厂商租赁和直租租赁为主

对浙江 4445 家中小企业的问卷调查显示，有 2.88%的企业采用厂商租赁，2.54%的企业采用直接租赁，部分企业采用回租的模式，解决企业设备更新或添置先进设备问题。

4. 融资租赁地区分布不平衡

中小企业融资租赁比较集中在杭州市、宁波市、嘉兴市、舟山市，其他地市开展融资租赁业务相对较少。这与一个地区的金融发达程度、融资租赁企业分布、中小企业对融资租赁的认知接受度以及当地政府重视程度相关。如在杭州市注册的融资租赁公司 28 家、宁波市有 22 家、嘉兴市有 7 家，这些地区开展中小企业融资租赁业务相对较多。海宁市 2012 年出台《关于推进我市经济稳增长促转型的政策意见》明确对融资租赁进行技术改造、“机器换人”的工业企业投入进行奖励，有效地带动了海宁市中小企业运用融资租赁。

(二)浙江省中小企业开展融资租赁存在的问题

1. 中小企业对融资租赁认知度偏低、应用偏少

目前大部分中小企业对融资租赁业务不熟悉，对融资租赁的定义内涵、功能特点、业务种类、获得途径都不太了解。在对浙江 4445 家中小企业的问卷调查中，近 87.22%的企业不清楚融资租赁业务，中小企业对融资租赁业务的认知度偏低，从而应用融资租赁方式相对偏少。

2. 融资租赁企业做中小业务意愿不强

追求利润是企业的生存之道，融资租赁企业向来青睐大企业、大项目、地方政府融资平台，而中小微业务“资金少、成本高、工作量大”，同样的运作成本，收益却与大企业相差甚远，导致中小业务规模偏小。如华融金融租赁公司 2013 年全年投放金额 286.67 亿元，但投放中小企业 500 万元以下的项目金额仅为 10.2 亿元，占全部项目金额的 3.56%。

3. 融资租赁企业实力不强

融资租赁企业本身规模偏小、资金来源有限，难以满足“机器换人”的持续资金需求。2012 年底在浙江注册的融资租赁公司平均注册资本仅为 1.29 亿元/家，且分布很不平衡，一些地区仍处于空白状态。目前融资租赁公司融资途径主要是贷款，本身无法获得长期性融资以补充其自有资金不足。难以满足量大面广的中小企业实施“机器换人”、技术升级需求。

四、对策和建议

对浙江 4445 家中小企业的问卷调查中，仍有 36.49%的企业当前需要进行设备更新，以满足正常生产经营所需。随着市场经济进一步回暖，融资租赁业务尤其是设备融资租赁潜在巨大市场。

(一)大力发展融资租赁行业，支撑中小企业“机器换人”

作为与银行、证券、保险、信托并列的 5 大金融业务形式之一，融资租赁已成为与银行信

贷、证券并驾齐驱的第三大金融工具。浙江可效仿天津、上海等地区的经验做法,加大对融资租赁企业的扶持力度,加快融资租赁行业的发展。建议在浙江省中小企业发展专项资金中专门切出资金补贴融资租赁公司实施中小企业"机器换人"业务,降低融资租赁综合成本,从而反哺中小企业,支撑企业"机器换人"工程。

(二)引入担保机构,实施两头增信,解决"机器换人"资金来源

积极引入融资性担保机构,发挥其融资增信功能。一是为融资租赁企业提供融资担保。融资租赁企业除自有资金外,融资途径主要靠贷款,担保机构可提供融资增信功能,帮助解决融资租赁公司的资金来源问题。二是为中小企业提供融物担保。浙江共有融资性担保机构 546 家,分布在浙江各市县,比较清楚掌握当地企业"机器换人"需求,由融资性担保机构组织中小企业"抱团",搭建融资租赁服务平台,解决融资租赁公司不愿做小微业务,为"机器换人"提供中长期资金保障。三是建议由省经信委牵头,联合省财政厅、省商务厅开展中小微企业融资租赁担保试点工作,探索建立"租担合作"模式,全面推动浙江中小企业"机器换人"工作。

(三)加大业务宣传和推广力度

一是通过加大融资租赁业务宣传、引进人才、开展培训等方式,进一步提高中小企业对融资租赁的认识,充分发挥运用融资租赁业务完成"机器换人"企业的示范标杆作用,让广大中小企业切实尝到新型融资工具的甜头,从而推广普及。二是进一步完善中小企业的融资服务体系,提供融资业务指导、法律援助、咨询建议等帮助,有效防范融资租赁风险,进一步提高企业实施"机器换人"的主动性和积极性。

第五节　小微企业融资类服务券的思考

为进一步加快政府职能转变,提高公共服务供给水平和效率,增强小微企业整体竞争实力。根据《关于政府向社会力量购买服务的实施意见》《浙江省政府购买服务预算管理办法的通知》等要求,在浙江省经济和信息化委员会指导下,温州市作为浙江省首个试点,尝试以向小微企业发放服务券的形式,对小微企业购买由服务机构提供的签约服务项目给予资金补贴,并取得显著的成效。本节拟从温州市发行小微企业服务券实践经验入手,在分析此项政策的价值基础上,详细论证在浙江范围内推行小微企业融资类服务券的可行性。

一、小微企业服务券在温州市的实践

小微企业服务券是财政资金用于补助小微企业购买相关专业服务的有价支付凭证。依照国务院、浙江省政府关于政府购买社会化服务的要求,温州市于 2014 年 8 月率先启动小微企业服务券项目。该服务券分纸质券和电子券两种,申领过程可在"温州中小企业在线"上完成,发放范围为温州市区范围内 2013 年新上规企业及 2014 年上规培育对象,额度为

2500 元，该服务券的使用范围是认定服务机构提供的服务，主要包括员工培训、法律咨询、财务诊断等服务领域。截至 2014 年 12 月，温州市有 573 家企业成功完成申领，申领率高达 95.7%，共产生 589 笔服务券消费，涉及 529 家企业、43 家服务机构，其中服务券支付金额 130.97 万元，实际合同金额 237.12 万元，服务券支付金额占比达到了 55.2%。

二、服务券制度的政策价值

(一)服务券能提高专项资金的使用效率

在传统公共服务提供模式下，政府提供形式单一，补偿机制不健全，缺乏竞争性及费用制约机制。其中，政府对小微企业的扶持主要采取直接提供服务、直接给部分企业发放补助、通过扶持中介机构服务小微企业 3 种方式，弊端是使绝大部分投入经费都流入到了无实际服务需求、但有一定公关能力的企业，而真正有需求的企业，却因种种原因，得不到政府资金的扶持，导致专项资金使用效率大打折扣。小微企业服务券则是把财政资金直接向企业需方投入，改变了经费投入方式，解决了信息不对称造成的资金浪费，降低了经费在流转过程中的实际消耗，让同等数量的财政资金在竞争机制的激励下转化出更高的效益。

(二)服务券能实现政府职能的转变

通过服务券方式，政府角色在发生变化，政府已不再是单纯的服务提供者，而是更好地承担起管理职能。在服务券制度中，首先，小微企业可根据自己实际需求，选择中介服务机构和服务内容，自主性更强，真正发挥了市场主体作用。其次，服务机构根据小微企业实际需求来提供服务，实现了需求与供给的精准对接，政府、中介机构、企业三者之间的关系发生了变化，因此政府扶持小微企业发展的职能和手段也发生了转变。最后，政府在服务券的日常管理工作中，通过平台操作，进一步实现流程简洁清晰，数据公开透明，这易于政府进行监督管理，也方便社会公众对政府履职进行监督。

(三)服务券能体现政府的政策导向

服务券制度不仅给予企业更多的自主选择权，也凸显出政府的政策导向。一方面，在发放对象上，政府可依据政策意图，圈定服务券享受对象。温州市把首批服务券的发放与小微企业转型升级工作进行结合，规定企业为“小升规”培育对象是发放服务券的必要条件之一，鼓励更多企业主动要求列入“小升规”培育对象，从而推动“小升规”工作。另一方面，在服务内容上，政府积极引导并重点支持服务机构整合服务，鼓励服务机构着重从提高小微企业经营者素质、促进企业规范化运作、提升企业经营及市场拓展能力等方面提供服务，为小微企业的转型升级和技术创新提供社会化的支撑。

(四)服务券能鼓励小微企业规范化经营

小微企业规模普遍较小，管理层家族化、朋友化，导致企业经营不规范，科技投入明显不足。目前尽管市场上有不少的企业管理咨询公司，财务、税务外包公司等机构，但存在收费高、服务质量参差不齐等问题，小微企业很难找到符合自身需求的公司。这造成小微企业是在自发演化的状态下生存发展，规范化管理的“基因”很难在小微企业中生成，并导致部分小微企业发展成中型企业后仍然处于非规范状态。针对上述情况，政府通过服务券制度把服务能力强、企业评价高的专业服务机构推荐给企业，一定程度上减少了企业享受专业服务的成本，刺激了企业引进专业机构服务的意愿，最终将推动小微企业规范经营和管理。

(五)服务券能促进服务机构良性竞争

社会化的服务机构是影响小微企业成长质量的重要因素，但多年来，服务于小微企业发展的社会化服务体系并没有发展起来。部分中介机构服务项目过于单一、服务质量较差，难以满足小微企业的实际需求。温州市试点的服务券项目，一方面，通过打造开放式平台，服务机构零门槛进入，保证各服务机构竞争的公平性；另一方面，政府利用平台对中介机构设立约束机制。促使了服务机构为获取更多的市场份额，努力提升自身的服务意识与质量，逐步形成多元化、多层次、全方位的服务体系，真正让小微企业获得规范的融资、人才、技术、法律等支撑服务。

三、浙江省实行小微企业融资类服务券的必要性与可行性

小微企业在产值、就业等重要指标方面具有重要地位，对浙江经济发展具有重要的战略意义；但融资难一直是制约小微企业发展，甚至是生存的主要障碍。近年来，虽然相关政府部门出台了一系列政策措施以改善小微企业融资问题，但小微企业融资难问题依然突出。在资金紧缩、成本上升、小微企业发展陷入困境的背景下，融资类服务券推行是小微企业融资制度的一种创新，是缓解小微企业融资难题的有效手段之一。

小微企业融资类服务券是服务券在融资领域的应用延伸。符合申领条件的小微企业获得融资类服务券后，在后期进行融资时，可作为现金抵扣融资过程中产生的费用，中介机构凭一定期限内收到的服务券向财政结算资金。从温州市服务券实施情况看，服务券制度已取到显著的成效，所以融资类服务券可在温州市服务券成功经验的基础上，从发行对象、配套管理、服务流程、跟踪管理等方面进一步完善和推广。融资类服务券有以下优势。

(一)减少小微企业的融资成本

相对于大型企业来说，由于小微企业固定资产较少、担保抵押物不达标、财务制度不完善以及整体信用度不高等，金融机构为补偿额外无法预测的风险，对申请贷款的小微企业，其利率一般会较基准利率上浮，而且还会有一些附加费用，如财务咨询费、管理费等，导致小微企业融资成本显著升高。面对融资难困境，在重压之下，有的小微企业甚至走上了“民间高利贷”的不归路，使得其融资成本异常之高。据浙江省经信委最新调查数据显示，52.81％的企业表示融资综合成本折合成年利率达到了6％—10％，在银行贷款中，49.26％的企业被

收取利息以外的保险费等其他费用，20.28%的企业被附加以贷转存等条件。在小微企业融资类服务券制度中，小微企业可通过在线申领，在企业发生融资时，按照事前规定的比例进行相应费用抵扣，一定程度上可缩短小微企业的融资时间，减少其资金成本投入。

（二）改变财政资金的使用方式

目前，为缓解小微企业融资难问题，政府建立中小企业贷款风险补偿金制度为中小企业发展提供贷款风险补偿保障，并取得一定的效果，但仍存在一些问题。一是贷款风险补偿模式单一。政府对银行及担保机构进行直接贷款风险补偿，对贷款产生的实际效果缺乏科学有效的考核依据，易诱发部分银行短期内片面追求新增贷款数量。二是贷款风险补偿资金来源和时效受限。补偿资金大多直接来源于地方财政，缺乏市场化管理和运作，且尚未形成长效性运作机制，不利于对中小企业融资形成稳固支持。三是贷款风险分担机制不完善。银行和担保机构之间贷款风险分担机制不健全，彼此无法形成互利共赢的局面。加之，一旦发生代偿事件，政府出资的贷款风险补偿金补偿范围和程度有限，加剧了银行和担保公司间的非良性合作机制。发行融资类服务券就是由原来投入供方的机制，转变为投向需方，中介服务机构从企业融资行为中获取融资券，得到适当补贴。这种创新方式确保了小微企业获得融资服务的公平性和可及性，并促进了金融机构之间的公平竞争。

（三）助力“小升规”政策的实施

“小升规”是浙江推动小微企业转型升级、创新发展的重要手段。为了全面推动“小升规”工作，需要从财政资金、强化融资、公共服务等方面为小微企业的转型升级提供相关配套支持，其中，目前对小微企业最具时效性的支持就是强化融资。融资类服务券制度和“小升规”政策相结合，一方面，政府与银行等相关金融机构可共同筛选目标企业。主要筛选对象是“小升规”培育企业和规上企业，激励小微企业向“小升规”方向发展。另一方面，政府通过融资类服务券购买服务，可全面掌握融资服务的内容、企业需求以及实施的结果。为下一步向小微企业提供精准服务奠定基础，并助力上规企业发展，扶持政策落到实处。

（四）增强小微企业寻求融资服务的主动权

在以往寻求融资的过程中，从自身原因看，小微企业普遍存在规模较小、抗风险能力弱、财务制度不完善、信用记录不完整以及对融资信用的重视不够等问题，从而导致企业与金融机构及其中介的谈判能力较弱。从外部环境看，随着利率市场化进程逐步加快，银行贷款定价市场化程度越来越高，对单个的小微企业极为不利。而融资类服务券项目可以通过捆绑谈判，为小微企业争取利率优惠，并帮助小微企业从中选择适合的金融机构。此外，良好的信用是核心竞争力。政府通过严格设定持券条件来筛选企业，无疑能帮助小微企业树立良好的信用形象，也有力增强了小微企业寻求融资服务的主动权。

（五）提升融资机构的服务水平

目前，银行等金融机构是小微企业较为理想的融资渠道。但由于信贷风险过大、交易成本高以及资金量不足等问题，银行等金融机构普遍存在惜贷现象。通过融资类服务券，一方面，服务机构可零门槛进入平台提供服务，无形中引入了竞争机制。由于持券的多寡直接关系到补贴金额的多少，金融机构为争取更多的持券份额，将进一步提升服务意识和质量，以获得企业的青睐。另一方面，政府可利用平台对服务机构提供的服务费用、内容、质量等进行监督管理，尤其是小微企业对服务的评价反馈进行评估分析，引导各金融机构逐步开发适合小微企业需求的产品及服务，帮助小微企业健康发展。

四、浙江省实行融资类服务券的基本设想

（一）融资类服务券的服务功能

融资类服务券是政府尝试提升资金利用率的方式之一，针对一批优质小微企业，有的放矢地提供资金补贴与服务。融资类服务券有以下主要服务功能：第一，融资类服务券能提高财政资金的效率，通过增强小微企业自主选择权，减少了政策扶持的盲目性，并确保了小微企业获得扶持资金的公平性和可及性；第二，融资类服务券能有效帮助小微企业降低融资成本，引导其拓宽融资渠道，从而提高小微企业的资金利用率；第三，融资类服务券能增强小微企业规范化经营理念，成为助力小微企业转型升级的有效工具；第四，融资类服务券能激发金融服务机构的积极性，并引导金融机构改进服务质量和水平，通过为金融机构与小微企业"牵线搭桥"，进一步缓解小微企业融资难问题。

（二）融资类服务券的管理者与发放对象

融资类服务券的管理者，可由经信委相关部门牵头，联合财政部门形成监管合力，浙江省工业经济运行监测中心依托浙江经信数据服务平台负责项目运作。融资类服务券的发放对象，可确定为"小升规"培育入库和规上企业。并根据各级政府需要扶持的企业进行筛选，或结合一些正在推行的项目，比如"助保贷"等。

（三）融资类服务券的操作流程

具体操作流程如下：指定负责融资类服务券的管理部门，对符合资格并有融资需求的企业进行在线申领审核。持有服务券的企业可选择入驻平台的融资服务机构使用服务券，在机构完成服务后，对所有提供服务的机构进行评价。管理部门对融资服务机构进行考核评价做出反馈并决定下一年度计划。其中，申领额度可根据服务项目设定上限比例；申请次数是一个年度内可多次申请，并规定申请上限。

（四）融资类服务券的服务标准

在服务项目上，所有进驻平台的服务机构要对服务项目进行清晰描述，尽量对项目服务标准定量、定性、度量，并交由管理部门存档，以备考核对照使用。在服务定价上，管理部门需对各服务机构提交的服务标准及对应价格进行对照衡量，制定统一标准，并在平台上对外公开。此外，服务机构要有明确的服务定价，如不能明确具体内容的不准予议价。

（五）融资类服务券的绩效评估

一方面，是对中介机构的评价。根据中介机构提供的服务标准，经管理部门整合备案

后，对照各维度设置平台考核系统。一段时期后，管理部门对考核评分进行汇总和反馈，并及时调整下一时期的政策措施。另一方面，是对整个服务券政策的绩效评估，可通过调查问卷，访谈等方式对融资类服务券实施效果进行绩效评估。

五、推广融资类服务券需要注意的问题

(一)经费来源问题

足够的经费是成功推广融资类服务券的必要条件之一。经费短缺将导致服务机构无法及时足额兑换所承接的融资类服务券，这将严重打击服务机构的热情和积极性，并大大降低政府的公信力。目前，温州市服务券资金共 150 万元，分别来源于省中小企业发展专项资金 100 万元和温州市政府投入 50 万元。实际发放服务补贴券资金共 143 余万元，小微企业平均领用并支付服务券额度约 2500 元。共有 529 家小微企业，43 家服务机构享受到了补贴，享受此补贴的小微企业数量占温州市上规培育企业总数的 35.31%。如果在浙江范围推行融资类服务券，需要一笔固定的资金，有必要将此项经费开支纳入财政预算。通过对计划享受的对象进行总体统计，测算数量与平均额度，以此推算预算总额，保证融资类服务券制度实施的连续性。

(二)金融服务机构的进入与考核机制问题

温州市服务券制度采取的是服务机构自愿零门槛进入的方式，这种方式虽然提高了中介服务机构的积极性，但也为不良机构提供“搭便车”的机会。就融资类服务券项目，涉及到企业资金，如遇不良机构将会给企业带来直接的经济损失，所以有必要对入选到平台的融资服务机构进行综合评价。同时，还须对入驻机构建立适用的考核机制，通过小微企业对服务机构所提供的服务多维度评价，监督部门利用评价结果对服务机构进行监督管理，如建立不定期的反馈和改善计划，并作为融资类服务券兑换以及下一年度服务资格的参考标准等。

(三)发放额度问题

一是要选择收费规范和没有隐形收费的中介服务机构，二是要通过服务项目的收费范围和额度确定融资券面额。既保证小微企业申领服务券的积极性，又不会让小微企业在费用上完全依赖服务券。

第十章
浙江省中小企业服务体系建设与政策扶持

2014年是全面深化改革的开局之年，浙江省积极改革、推进和落实扶持中小微企业发展的服务体系和政策措施，取得了积极成效。本章对浙江省中小企业服务体系建设情况以及工商登记制度改革、减负惠企政策、机器换人政策的实施成效进行了介绍，同时对浙江省首台（套）设备保险补偿机制和温岭市“零地技改”审批制度改革和实施情况进行了说明。

第一节　浙江省中小企业公共服务体系建设情况

公共服务体系是促进和保障中小企业发展的基础，浙江省历来重视中小企业公共服务体系的建设。本节对浙江中小企业服务体系历年来的建设情况进行了梳理，分析浙江服务体系建设过程中存在的主要困难和问题，并结合浙江实际提出构建完善浙江中小企业公共服务体系的对策建议。

一、浙江省中小企业公共服务体系建设情况

浙江是全国较早开展中小企业服务体系建设的省份之一，2000年以来，在综合性服务机构建设、创业服务体系建设、融资担保体系建设、行业服务体系建设、社会化服务机构认定等方面进行了积极探索，初步形成了多元化的中小企业服务体系。

（一）中小企业综合性服务机构建设

1. 省级层面

2000年，在省联营个体指导站的基础上，成立了省中小企业服务中心，性质为省中小企业局下属全额拨款事业单位，属于省级层面的综合性中小企业服务机构。另外，还有中小企业对外经济技术交流中心、产品质量监督中心、中小企业科技教育培训中心（自收自支）、检测中心（自收自支）等多家不同性质、承担不同服务职能的中小企业事业单位。虽然机构很多，但长期以来全额拨款事业单位主要用于补充省中小企业局行政编制不足，事业人员与行政人员长期混岗使用或与行政处室合署办公，实际在事业单位工作的人员很少，事业单位的职能一直没有得到发展。2013年7月，省经信委实行中小企业工作政事分离，事业单位才真正独立运作，省中小企业服务中心与对外经济技术交流中心合并为一个中心，产品质量监督中心更名为省中小企业发展促进中心。另外，检测中心与中小企业科技教育培训中心实行合署办公，形成了目前3个中心并存、分别承担部分中小企业服务职能的格局。

2. 市级层面

从全省11市走访调查情况看，多数地市设有中小企业服务中心，但单位性质和运作情况不一。一类是有事业单位性质的服务中心且实际运作，如杭州市、宁波市、台州市、衢州市；一类是有事业性质的服务中心，但编制和人员被用于补充行政人员不足，如湖州市、舟山市；一类是设立民办非企业的服务中心承担中小企业综合性服务职能，如温州市、绍兴市、金华市、丽水市；一类是指定一家民营服务机构承担中小企业综合性服务职能，如嘉兴市。

表 10-1 各市综合性中小企业服务机构情况

地市	机构名称	机构性质	成立时间	运作情况
杭州	杭州市中小企业服务中心	全额拨款事业单位	1999.07	正常运作，承担平台运营
宁波	宁波市中小企业发展服务中心	全额拨款事业单位	2013.12	正常运作，负责平台管理(另有专门的运营公司)
温州	温州市筑成中小企业服务中心	民办非企业	2013.11	正常运作，承担平台运营
湖州	湖州市中小企业服务中心	全额拨款事业单位	2007.05	事业人员与行政混岗，另招聘人员承担平台运营
绍兴	绍兴市中小企业服务中心	民办非企业	2012.03	正常运作，承担平台运营
嘉兴	嘉兴帮企企业服务有限公司	有限责任公司	2013.01	正常运作，承担平台运营
金华	金华市中小微企业公共服务中心	民办非企业	2014.07	正常运作，承担平台运营
台州	台州市中小企业服务中心	自收自支事业单位	2002.01	正常运作，承担平台运营
丽水	丽水市绿谷企业服务中心	民办非企业	2007	人员较少，平台尚未建成运营
衢州	衢州市中小企业服务中心	全额拨款事业单位	1985.12	由培训中心变更而来，正常运作，承担平台运营
舟山	舟山市中小企业服务中心	全额拨款事业单位	2013.04	挂培训中心、服务中心两块牌子，事业人员与行政混岗，平台由委属公司运营

3. 县级层面

从本次调查问卷情况来看，县一级设立综合性中小企业服务机构的总体还比较少。据不完全统计，全省90个县(市、区)中，成立综合性中小企业服务机构的县(市、区)只有20个。从地域分布看，以杭州市、绍兴市、台州市3市的县(市、区)居多；从机构性质看，全额拨款单位占50%，差额拨款和自收自支单位占30%，政府出资成立的服务公司占5%，民办非企业服务机构占 10%，其他形式成立的服务机构占 5%；从运营情况看，县级服务中心和行政人员普遍存在混岗现象，基本没有独立开展服务业务。

（二）小企业创业服务体系建设

浙江主要通过小企业创业基地建设、小企业创业辅导中心认定、创业指导师队伍建设等方面的工作举措建立小企业创业服务体系。

2004 年，浙江在全国率先开展“小企业创业基地”建设试点工作。2005 年出台了《关于加快推进小企业创业基地建设的指导意见》；2012 年出台了《浙江省小企业创业示范基地评定办法》，树立一批小企业创业基地的典型和标杆；2013 年浙江又开展了“创建智慧小企业创业基地（楼宇、园区）”活动，推动小企业创业基地的信息化。经过 10 年来的培育发展，浙江小企业创业基地从无到有、从试点到全面推广，目前全省共有省级小企业创业基地 160 家，其中省级小企业创业示范基地 86 家，省级智慧小企业创业基地（楼宇、园区）60 家。小企业创业基地是浙江拓展创业空间、降低创业成本、优化创业服务，培育新的经济增长源的重要载体和有效抓手，在推动小企业集约用地、集聚发展方面起到了积极的作用。浙江一直非常重视整合利用高校、企业和社会化服务机构的力量为小企业创业提供咨询辅导服务。目前全省认定的创业辅导中心共有 43 家，遴选资深创业指导师 100 名。以创业辅导中心和创业指导师为主体，逐步建立完善全省中小微企业创业辅导和管理咨询专家库，实行动态管理，不断充实新的服务内容和服务力量。通过创业辅导活动、“专家讲堂”等形式，深入开展创业服务。

（三）中小企业人才培训服务体系建设

浙江省中小企业局从 2004 年开始与浙江大学合作，每年举办一期“浙江成长型中小企业高级工商管理研修班”，至 2015 年已连续举办 11 期。目前，全省多数地市参照这种模式，与浙江大学等知名高校合作。浙江还依托省中小企业科技教育培训中心，开展国家“银河工程”培训项目，每年举办知识产权、农产品加工、行业转型升级等专题培训班。通过各级政府积极引导，高校和社会化培训机构广泛参与，政府和市场良性互动，已初步形成覆盖省、市、县三级的中小企业人才培训服务体系。

（四）中小企业行业服务体系建设

为推动块状经济更好地发展，浙江从 2003 年开始筹建省级中小企业专业性行业协会。浙江省中小企业服务中心先后指导成立了 23 家省级中小企业行业协会，如电气、紧固件、眼镜、断路器、泵阀、磁性材料、输配电、蓄电池、珍珠、水晶、绗缝、挂锁、羊毛衫、饰品等行业协会，这些协会均分布在块状经济相对发达的市县。经过 10 多年的发展，专业性行业协会在促进行业自律、维护企业权益、贯彻实施标准、拓展产品市场、推进转型升级等方面发挥了积极作用。浙江还先后成立了省乡镇企业协会、省中小企业协会、省信用与担保协会、省中小企业服务联合会、省中小企业投融资协会等联合性社团组织，为中小企业提供多渠道、多元化服务。

(五)中小企业融资担保体系建设

为帮助中小企业解决融资担保难问题，浙江从20世纪90年代末开始建设信用担保机构。经过10多年的发展和2011年以来的规范整顿，目前全省共有融资性担保机构479家，其中政策性担保机构124家，商业性担保机构322家，互助性担保机构33家，逐步形成了以政策性担保为主导，体现政府产业扶持和导向；以商业担保为主体，培育独特的核心竞争力；以互助型担保扎根基层，扶持区域性小微企业的多元化担保体系。

浙江还积极探索中小企业融资服务模式。2010年以来连续4年举办“成长型中小企业投融资大会”，积极搭建银行、PE、VC等各类融资服务机构与中小企业的对接平台，拓宽中小企业多元化融资渠道。2012年成立了中小企业融资服务示范区，搭建中小企业综合性融资服务平台，积极探索以市场化方式解决中小企业多元化融资需求。2012年以来，委托第三方信用评级机构开展中小微企业信用评级，探索以信用建设为切入点解决中小企业融资难问题。

(六)社会化服务机构评价认定

浙江省中小企业局从2004年开始开展省级中小企业共性技术服务中心的创建工作，到2009年共认定6批85家机构为省级中小企业共性技术服务中心。2009年，省中小企业局评价认定了20家省级优秀中小企业社会化服务机构；2011年开始，省中小企业协会每年评定一批中小企业优秀服务机构。2012年，省中小企业局制定了《浙江省中小企业服务机构认定管理试行办法》，并通过申报、推荐、评审和公示程序，择优认定了142家机构为“浙江省中小企业服务机构”。2013年制定了《浙江省中小企业公共服务示范平台认定管理办法(试行)》，至今已认定2批共58家省级中小企业公共服务示范平台。上述社会化服务机构的认定和评选工作，从众多的各类服务机构中遴选产生了一批优秀机构，这些机构在开展中小企业服务方面发挥了一定的示范作用。

二、浙江省中小企业公共服务平台网络建设情况

2011年国家工信部启动中小企业公共服务平台网络建设项目，浙江获批作为全国第一批10个试点建设的省市之一。平台网络建设项目的启动，标志着中小企业服务体系建设从原来注重机构建设转向注重平台建设，从信用担保、人才培训等单一体系建设向综合化、平台化、窗口化、网络化(体系化)、信息化方向发展。

浙江中小企业公共服务平台网络作为工信部和省重点扶持建设的服务体系项目，得到了国家、省、市、县财政资金的大力扶持。2011年立项以来，经过多次论证，多方参与建设，平台于2012年9月在全国首家正式开通运行。目前，平台网络建设和运营工作迅速推进，基本形成以省枢纽平台为中心，10个市平台、42个产业集群窗口服务平台为基础，汇聚全省各类优质服务资源，具有高度产业和地区适应性的中小企业公共服务平台网络。通过服务大厅、服务热线(96871)、互联网、多媒体终端、移动终端等5种服务载体，为全省中小微企业

提供信息咨询、人力资源、技术支持、知识产权、创业辅导、市场开拓、管理咨询、融资服务、法律维权、质量标准等 10 大类服务。目前，平台网络共计完成 145 个功能模块、1135 个功能点、3562 个功能项的开发，共收集 3128 条政策法规、38155 条资讯，累计共组织平台活动 474 次，服务企业 40071 家，服务人数达 259340 人次。平台已注册企业 61626 家，注册机构 3397 家，服务工单总计 5018 件，96871 热线提供服务 4536 次。2013 年共帮助 2102 家企业获得了信贷、仓储质押等各类融资贷款，金额总计 58.86 亿元。

三、浙江省中小企业服务体系建设存在的主要问题

浙江中小企业服务体系建设起步较早，经过多年发展和建设，已经具备了一定的基础和条件，尤其是在融资担保体系、培育监测体系、创业服务体系、行业服务体系等单项体系建设以及中小企业公共服务平台网络建设方面取得了较好成效，走在全国前列。但全省中小企业服务体系建设形成一张网的目标，还有待于进一步完善。

（一）全省统一的服务体系尚未形成

从横向层面看，创业服务体系、融资担保体系、行业服务体系、人才培训体系、培育监测体系、社会化服务体系等单项的体系和服务职能都分散在各个处室和中心，缺少整合与联动，难以形成合力。从纵向层面看，省、市、县三级中小企业服务中心建设还不够完善，人力、财力、物力方面投入不足，尚未形成以省中心为龙头，省市县三级服务中心联动的格局。从平台网络看，目前还没有将分散在省经信委各个部门以及各个省级职能部门的服务资源有效汇聚起来，形成“大平台、大服务”的格局。

（二）综合性中小企业服务机构有待健全

从调研情况看，目前浙江综合性中小企业服务机构存在建设不健全、职能普遍较弱、作用不突出等问题。省级层面虽已实行政事分离，但仍然存在多中心并存的现象，职能总体较弱，难以起到龙头示范作用。市级层面，虽然多数地市已设有性质不同的综合性中小企业服务机构，但部分事业性质的中心仍被用于补充机关行政人员编制不足，混岗使用。县级层面，设立综合性中小企业服务机构的不到四分之一，基本与行政科室合署，独立运作的较少。

（三）机构建设与平台建设未同步推进

2011 年启动的中小企业公共服务平台网络建设本来是推动综合性中小企业服务机构建设的契机，但由于该项目建设时间紧、上马快，加上浙江各级综合性中小企业服务机构独立运作的不多、服务能力不强，导致两者没能很好地结合起来。省级层面，几个中小企业事业单位都没有参与平台建设与运营。部分市级中小企业服务中心（如舟山市）没有参与窗口服务平台的建设与运营。县级层面的中小企业服务中心基本没有参与产业集群窗口服务平台的建设与运营。平台建设运营机构与综合性中小企业服务机构存在脱钩现象。

（四）社会化服务机构的统一评价认定和激励机制亟需建立

虽然浙江先后进行了创业辅导中心、中小企业共性技术服务中心、优秀中小企业社会化

服务机构、中小企业公共服务示范平台的评价认定，省中小企业公共服务平台也集聚了一批社会化服务机构，省中小企业局出台了省中小企业服务机构和省中小企业公共服务示范平台认定管理办法，国家和省里也都有一定的专项扶持资金，但尚未形成对社会化服务机构的统一评价认定和激励机制，缺少对社会化服务机构的服务整合、服务规范、服务考核评价、服务补助等方面一体化的制度设计，社会化服务机构的作用发挥与国家、省内的政策扶持没有很好结合，“政府扶持中介、中介服务企业”在做法上仍然比较粗放，难以真正落地，社会化服务体系尚未形成向心力。

四、完善浙江中小企业服务体系的对策建议

当前，浙江构建完善中小企业服务体系要以中小企业公共服务平台网络建设为契机，加快建立完善省市县三级中小企业综合性服务机构，加强各级综合性中小企业服务机构与中小企业公共服务平台（窗口）的工作融合；以“服务下沉、就地服务”为原则，建立深入到乡镇（街道）、园区、小企业创业基地的基层服务节点；以“政府引导中介、中介服务企业”为理念，整合汇聚和发挥各类优势社会专业服务机构力量，建立服务准入、考核评价和激励机制；以“壮大服务力量、开展精准服务”为出发点，充分发挥经信领域行业协会在联系服务中小企业方面的优势和重要作用。最终构建纵横相连、广覆盖、多层次、多元化的中小企业公共服务体系，具体措施如下。

（一）省级层面加强机构和资源整合

一是加强中小企业行政与事业之间的分工与协作。中小企业工作多为服务性工作，导致中小企业行政处室与事业单位职能同质化。建议按照行政精简、事业做大的思路，行政处室主要是管战略、规划、政策、协调、标准、资金、审批、督查等，更多的服务性职能可以交给事业单位承担，形成行政与事业既有明确分工又有相互协同的关系。二是加快中小企业事业单位的整合。目前委属中小企业事业单位有省中小企业服务中心（中小企业对外经济技术交流中心）、省中小企业发展促进中心、省中小企业科技教育培训中心。建议通过合署或合并，将多个中心整合为一个全功能的大中心，做实做强做大一个中心，形成大中心、大服务的格局。三是推动两大中小企业服务平台的整合。目前省经信委中小企业方面主要有中小企业公共服务平台、小微企业培育与监测平台两大平台，建议将两个平台进行有效整合，实行数据共享，从而实现中小企业培育、监测和服务一体化。四是形成“三位一体”的服务架构。省中心、省平台、省中小企业服务联合会发挥各自作用和优势，实现资源共享、信息互通、服务协同，形成强大合力。

（二）市县层面发挥好窗口平台作用

一是设立中小企业服务中心的市、县（市），应尽快实行政事分离，推动服务中心与窗口平台的工作融合。在中小企业主管部门的指导下，赋予更多更实的具体服务职能，汇聚政府及社会的各类优势服务资源，切实承担起中小企业综合性、公益性服务职能。二是尚未设立

中小企业服务中心的市县，要充分发挥窗口服务平台建设和运营机构的作用，积极整合各类优势服务资源，组织开展综合性、公益性中小企业服务。三是各产业集群窗口平台，在服务产业集群的同时，要发展建设成为服务本县域中小企业的综合性服务平台。四是既没有设立中小企业服务中心，也没有设立窗口服务平台的县(市)，可以通过政府购买服务的方式，选择当地实力较强的一家社会化服务机构承担中小企业综合性服务职能，并与省中小企业公共服务平台建立联系，获取服务资源。

(三)乡镇园区层面建立基层服务节点

由市县负责推进，在乡镇、街道、园区、小企业创业基地等基层单位，充分利用既有服务机构、服务载体和工作人员，建立中小企业服务站、工作点或者联络员，把服务体系向纵深发展，实现浙江中小企业服务体系的全覆盖，使得中小企业能够就近找到机构反映诉求、寻求帮助。

(四)行业协会纳入中小企业服务体系

充分发挥经信领域160多个省级行业协会的作用，把行业协会作为服务中小企业的一支重要依靠力量。加强各级中小企业服务中心、中小企业公共服务平台与行业协会的联系与合作，实现信息和资源共享，发挥行业协会在掌握行业动态、开展需求调查、加强行业自律、加快提升发展、开展企业服务等方面的优势和作用。

(五)联合集聚各类优质社会服务资源

各级中小企业服务中心要通过中小企业公共服务平台，联合集聚各类优质社会服务资源，为中小企业创业创新和成长发展提供找得到、用得起、有保障的多元化、专业化服务。一是要建立服务机构的征召与遴选机制。对进入平台服务资源库的服务机构应设定准入条件和程序，确保服务机构质量。二是建立服务机构评价与考核机制。根据企业对服务质量的评价、平台对服务数量的统计等情况，综合确定服务机构的星级，并在平台公开发布。三是重点培育一批品牌服务机构。根据考核评价情况，每年认定一批省级中小企业服务示范机构，培育推荐一批国家级中小企业服务示范机构，加强宣传，树立服务品牌。

(六)建立中小企业服务精准激励机制

今后，在建立完善中小企业公共服务平台服务机构信息库的基础上，可以把是否入围“中小企业服务机构信息库”并开展经常化服务作为申报各级中小企业发展专项资金的前提条件，确保纳入中小企业公共服务体系并按照中小企业主管部门的工作重点和企业实际需求切实开展中小企业服务，服务质量好、服务价格优、服务数量多的机构，还可以通过财政无偿补助、政府购买服务等方式获得各级专项资金支持。总结推广温州市开展中小企业服务券试点成功模式，实现“政府扶持中介、中介服务企业”的精准化。

(七)提升中小企业服务队伍能力素质

实施中小企业服务能力提升培训计划，每年分类分批组织开展培训，如中小企业综合性服务机构和中小企业公共服务平台运营机构人员业务培训、行业协会专职人员业务培训、小企业创业基地负责人业务培训、创业辅导机构负责人培训等，同时加强经验交流与工作研讨，推广好的做法与经验，也可组织到省内外学习交流，不断提升服务机构和服务人员的服务能力与水平。

第二节 工商登记制度改革对新设小微企业的影响

2014 年 3 月，国家工商登记制度进行了重大改革，放宽了注册资本登记条件，降低了市场主体准入门槛，激发了市场新设立主体的积极性，改革红利进一步释放，浙江新的小微单位(包括企业和个体经营户，以下同)如雨后春笋般迅猛增长。本节对工商登记制度改革后浙江新设小微企业进行了跟踪调查研究。

一、新设立小微单位基本情况

(一)调查单位类型和地区分布

调查样本单位共 4029 家，其中企业 2784 家，占全部调查样本的 69.1%；个体经营户 1245 家，占 30.9%。从样本单位地区分布看，杭州市 849 家，占样本总数的 21.1%，其次为宁波市、温州市、金华市和台州市，分别占 18.1%、14.0%、13.3%和 9.8%，另嘉兴市、湖州市、绍兴市、衢州市、舟山市、丽水市等 6 市共占 23.7%。

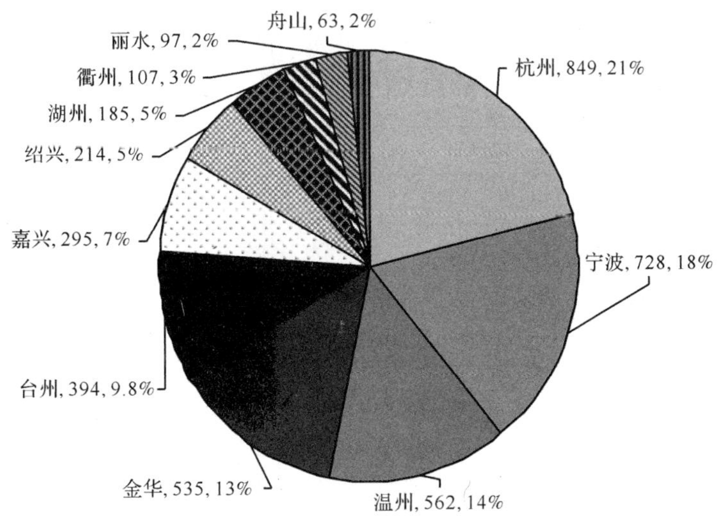

图 10-1 浙江新设立小微企业和个体经营户跟踪调查样本分布

(二)调查单位的行业分布

从行业分布看，批发零售业调查单位最多，为 1647 家，占 40.98%；其次为工业，有 1118 家，占 27.7%；另外服务业、住宿餐饮业、建筑业和农业分别有 887 家、148 家、124 家、105 家，分别占 22.0%、3.7%、3.1%和 2.6%，如表 10-2 所示。

表 10-2　浙江新设立小微企业和个体经营户行业分布

单位:家,%

行业类型	数　量	比　例
农业	105	2.6
工业	1118	27.7
建筑业	124	3.1
批发零售业	1647	40.9
服务业	887	22.0
住宿餐饮业	148	3.7
合计	4029	100.00

(三)超六成新设立小微单位正常营业

调查显示,2014 年四季度 62.2%的新设立小微单位正常营业,比三季度提高 1.8 个百分点,其中企业正常营业比例为 57.3%,个体经营户的经营比例明显比企业高,为 73.1%,反映了更多的个体经营户在取得营业执照等相关许可后,以更快的速度进入经营状态。但另有17.1%的新设小微单位仍处在筹建之中,比三季度下降了 2.8 个百分点,说明筹建中的单位已逐步进入营业。同时,因企业规范化要求相对高,开工条件比个体户要求高,其仍在筹建状态的比例要明显高于个体经营户,四季度末仍有 22.1%的企业处于筹建状态,大大高于个体经营户 6.0%的比例,如表 10-3 所示。

表 10-3　浙江新设立小微企业和个体经营户营业状态

单位:家,%

营业状态	数量	比例	企业	比例	个体户	比例
营业	2506	62.2	1596	57.3	910	73.1
停业(歇业)	236	5.8	149	5.4	87	7.0
筹建	690	17.1	615	22.1	75	6.0
当年关闭	200	4.90	110	4.0	90	7.2
当年破产	4	0.1	4	0.1	0	0.0
搬迁	59	1.5	50	1.8	9	0.7
被兼并	0	0.0	0	0.0	0	0.0
其他	334	8.3	260	9.3	74	6.0
合计	4029	100.0	2784	100.0	1245	100.0

(四)农业户均资产和营业收入最高,工业户均从业人数最多

调查显示,2014 年四季度新设立小微单位户均资产 80.08 万元,比上季度增加了 9.8 万元,其中农业资产投入最多,户均为 136.03 万元,住宿餐饮最低,户均为 44.12 万元。四季

度新设小微单位户均营业收入72.93万元，其中以农业最高，户均为99.38万元，住宿餐饮最低，户均为45.96万元。四季度新设小微单位户均从业人数为5.8人，比上季度增加0.3人，其中工业户均从业人数最多，为8.2人，其次是住宿餐饮和农业，分别为7.0人和6.9人，如表10-4所示。

表10-4 2014年四季度浙江新设立小微企业和个体经营户分行业基本情况

单位：万元，人

	本季度户均资产	本季度户均营业收入	本季度期末户均从业人员数
全省	80.08	72.93	5.8
农业	136.03	99.38	6.9
工业	93.37	89.76	8.2
建筑业	110.46	97.39	6.8
批发零售业	61.88	74.24	3.6
服务业	98.36	48.18	6.8
住宿餐饮业	44.12	45.96	7.0

二、新设立小微单位生产经营主要特点

(一)超五成新设立小微单位经营状况一般，市场需求变化不大

2014年底，2506家正常营业单位共实现营业收入17.31亿元，其中企业实现营业收入14.37亿元，户均月收入为9.88万元；个体实现营业收入2.93亿元，户均月收入3.19万元。调查问卷显示，认为四季度经营情况一般的新设立小微单位共1571家，占58.3%；认为很好的有69家，比较好的有430家，各占2.6%、15.9%，两者合计占18.5%，比上季度提高1.4个百分点。认为“比较差”和“很差”的占23.2%，比上季度下降1.9个百分点。从四季度市场需求情况看，56.3%的新设立小微单位认为与上季度基本相同，认为比上季度好的占17.7%，提高了0.7个百分点；认为比上季度差的占21.6%，下降了2.0个百分点。

(二)新设立小微单位经营规模稳定，融资需求比例不高

从融资需求情况来看，2014年四季度新设立小微单位融资比例不高，81.9%的新设立小微单位没有融资需求，这一定程度上说明当前整体经济形势比较复杂，新设立小微单位以保守经营为主，扩大生产经营规模的愿望不强。但在有融资需求的被调查单位中，有57.6%的单位未获得融资，23.5%的单位获得少部分所需融资，只有11.6%的单位获得大部分所需融资，仅7.3%的单位获得全部所需融资。从融资的渠道看，融资主要来源于银行贷款，占68.4%；向个人借款占27.8%；向小额贷款公司、担保公司、典当行借款占1.4%；还有0.5%的单位是向其他企业借款。在获得融资的单位中，通过银行贷款的平均年利息及费用率为6.68%，通过民间借款的平均月利息率为1.86%。

(三)新设立小微单位招工需求不大

从招工需求情况看,2014 年四季度受春节长假临近和经营业务量增加不多等因素影响,多数单位反映招工需求不大,有 81.2%的被调查单位认为当前没有招工需求,另有 7.3%的单位有招工需求,但没能招到员工,仅有 5.8%的单位有招工需求并找到大部分或全部所需员工,体现出当前新设小微单位重视控制用工成本,实现企业平稳发展的理念。从用工成本情况看,2014 年第四季度被调查的企业人均月薪酬在 3020 元,个体户人均月薪酬在 2762 元。

三、当前新设立小微企业对政府优惠政策的关注

(一)加大财政金融支持是当前备受关注的政策

国家工商登记制度实行重大改革后,新设小微企业出现“井喷式”发展,李克强总理高度重视新设立小微企业的成长发展情况,亲自部署和指示,要求建立新设立小微企业跟踪调查制度,及时监测和反映小微企业发展情况及面临的突出问题,进一步通过政策扶持措施推进小微企业发展。当前,从被调查的单位对政策扶持发展的期盼度来看,“加大财政金融支持”成为当前最受关注的政策扶持措施,认同率达到 31.7%,表明今后一段时期新设小微企业对政府简政放权,降低税费充满期待。同时,对“加大对新设立单位经营场所的支持”和“减少审批和资质资格认证”政策扶持措施的认同率分别为 25.8%和 23.9%,还有 17.2%的企业希望政府处罚违法违规行为,营造公平市场环境。

(二)优惠政策惠及面不广,需要进一步加大扶持力度

近年,各级政府不断推出针对小微企业的优惠政策及措施,但真正享受到的小微企业不多,调查显示,只有 24.5%的小微企业享受到优惠政策,其中 16.6%的小微企业享受政府资金支持,5.9%享受税费减免,1.5%享受贷款优惠,0.5%为其他政策。分行业来看,农业享受各项政策优惠最大,61.9%的被调查企业享受到了各项优惠,批发零售业和工业享受优惠相对较少,只有 32.1%和 34.1%的被调查企业享受到优惠政策。可见,优惠政策力度需要进一步加大,惠及面需要进一步扩大。

第三节　减负惠企政策的成效

根据国务院和浙江省委省政府对减轻企业负担工作的有关部署和要求,2014 年,浙江省建立和实施了涉企收费目录清单制度,进一步推进“四张清单一张网”政策,企业减负工作稳步推进。本节对浙江省减负惠企政策的实施成效、面临的问题及进一步做好减负工作的对策进行了介绍。

一、浙江省企业减负及惠企政策的成效

(一)简政放权效应逐步显效

调查显示,在"四张清单一张网"政策实施后对企业办事便利性影响方面,41.4%的企业认为较好,12.4%的企业认为很好,两者合计达53.8%,而认为变差的企业仅占0.5%,说明"四张清单一张网"政策在实施不到1年的时间内,成效已初步显现,企业认同度较高。在"企业主要经营管理者与政府机构沟通协调上花费精力"方面,认为较少的企业占43.4%,认为一般的企业占53.2%,两者占比达96.6%,认为较多的企业只占3.4%。

(二)惠企政策稳步落实

调查显示,大多数企业均享受过惠企政策,其中享受过税收缓减免退政策的企业占比最高,为50.3%;其次是享受过工商登记年检改革措施和科技研发和技术改造资金补贴政策,分别为39.4%和33.3%;享受过节能环保资金支持,创业、就业和培训支持,以及融资担保支持的企业分别为16.5%、8.8%和6.6%,也有一些企业享受到政府采购支持等惠企政策。在"企业对惠企政策了解程度"方面,有所了解或非常了解的企业占比达80.0%。在了解"企业获知国家和地方出台的惠企政策"渠道方面(多选题),政府宣传是主渠道,其中通过政府网站获知的企业最多,占47.2%,通过政府发放宣传资料(42.8%)、政府组织培训(31.0%)渠道获知相关政策的比例也较高,此外主要是通过媒体(35.1%)宣传和企业间交流(37.7%)。

(三)"精准服务"扎实推进

从"企业对政府入企调研的评价"看,认为效果较好的占多数,有44.8%的企业认为政府调研能够较好地解决企业问题。从"减负相关优惠政策疑问解决途径"看,企业向行政主管部门咨询解决的占73.7%,企业自身查阅资料解决的占26.9%,企业网上需求解决的占16.8%,其他途径解决的占8.7%。而从"企业与政府各部门有关的接待费开销程度"看,认为较少的企业占66.5%,认为一般的企业占33.4%,认为较多的企业仅占0.9%。

(四)近七成企业仍感负担较重

此次调查大、中、小、微型企业分别占5.7%、31.4%、51.9%和11.0%,其中私营企业和股份制企业占比较高,接近2/3。调查显示,有68.6%的企业认为负担较重或非常重,30.6%的企业认为负担基本合理,仅0.8%的企业认为负担不重。从成长阶段看,初创期的企业税费增长相对较少,成立3年以下的企业2014年税费比上年增长的比例为43.9%,分别低于成立4—6年(53.99%)、7—9年(53.08%)和9年以上(53.03%)的企业。

从企业营业收入、利润和税费增长情况看,2014年营业收入比上年增加、持平和下降的企业占比分别为46.9%、27.5%和25.6%,其中增长15%以内的最多,占到1/3,以成立4—6年的企业经营状况最好;利润比上年增加、持平和下降的企业占比分别为

36.4%、32.6%和 31.0%;而税费较上年增加、持平和下降的企业占比分别为 56.6%、29.5%和 13.9%。反映税费增长的企业占比高于营业收入和利润增长的 9.7 个、20.2 个百分点;反映税费减少的要分别低于营业收入和利润减少的 9.7 个、17.1 个百分点。如图 10-2 所示。

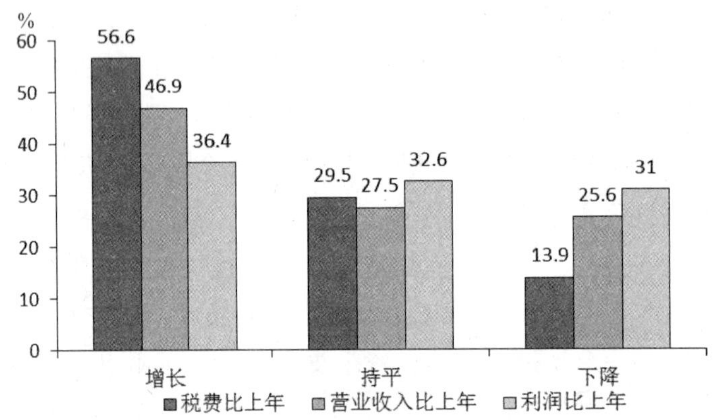

图 10-2　企业在税费、营业收入和利润增长方面占比

从不同企业类型看,私营企业认为企业负担较重的比例最高,为 71.3%,其次是外资企业和股份制企业,分别占比是 69.4%和 67.4%,国有企业认为企业负担较重的比例最低,但也达到 57.1%。如图 10-3 所示。

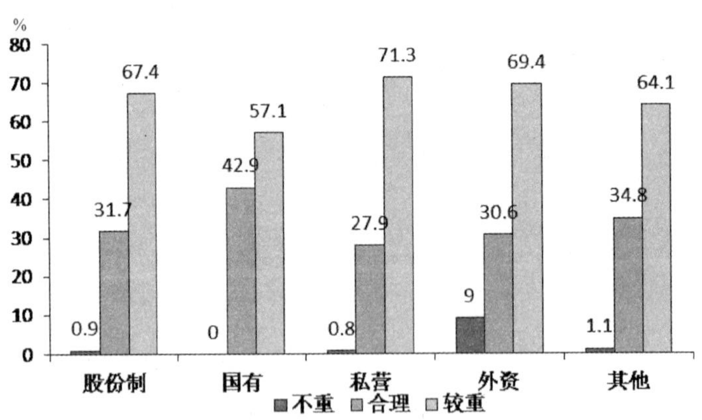

图 10-3　企业在不同企业类型中负担情况占比

二、影响企业减负的因素

(一)人工成本上升

针对挤压企业利润事项的调查显示,排在前 3 位的分别是"职工工资福利社保等成本较大""经营管理成本上升""税费负担重",分别占 62.7%、58.6%和 50.6%,其他财务成本高(利息、融资费用等)、原材料价格波动以及产品出厂价下跌等因素占比也分别为 43.7%、

33.0%和31.6%，如图10-4所示。调研中，企业普遍反映人均工资平均每年要上涨10%以上，人工总费用要增长15%以上。

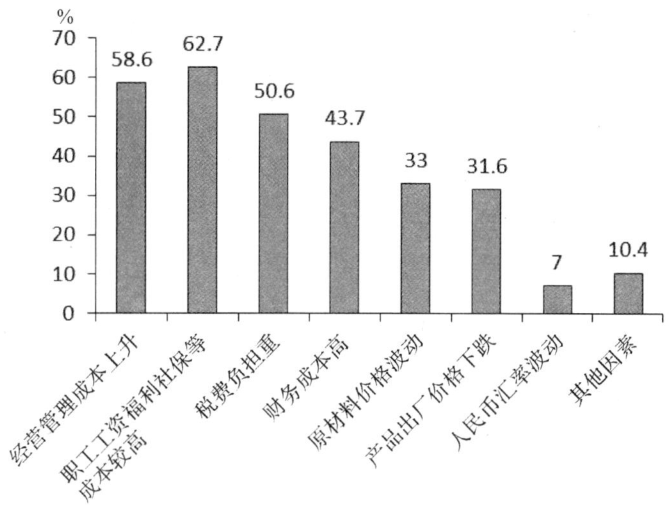

图10-4　当前挤压企业利润的因素分析

受访企业表示，负担较大的主要税费有"企业税收支出(76.3%)""银行等金融机构收费(43.5%)"，而"行政事业性收费(9.6%)、行政审批相关中介收费(8.4%)、行业协会收费(8.8%)"相对较低，均未超过10%，如图10-5所示。

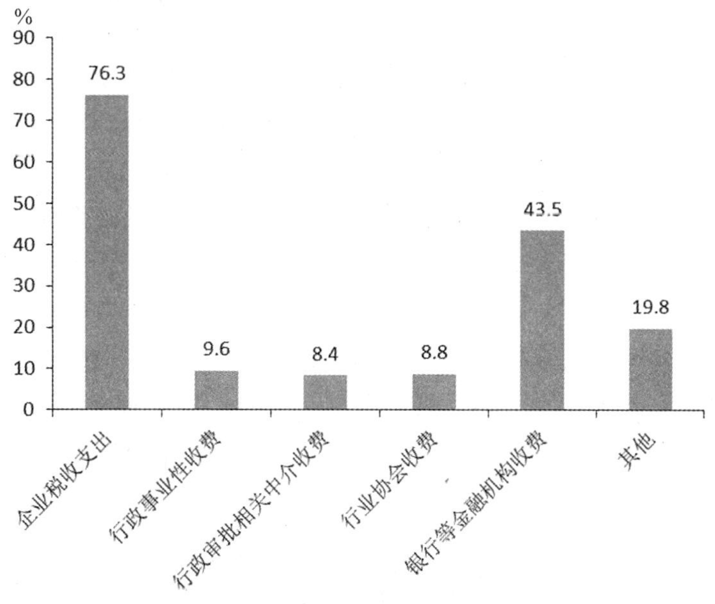

图10-5　造成企业税费较高的因素分析

(二)隐性收费行为仍然存在

调查显示，仍有19.41%的企业表示存在摊派刊登广告和订购报刊、杂志、书籍、音像制品等现象，强制企业出资编写名录、大全、画册等图书资料；19.05％的企业表示存在非自愿参加的学会、协会、研究会等社会团体，缴纳会费、会议费、培训费等相关费用；17.18％的企业存在行政审批前接受不必要的中介服务并收费现象。

（三）社保费用偏高

很多地方缴费基数就高不就低，增加企业用工成本。浙江省大部分私营企业职工人均工资偏低，但以城镇单位在岗职工平均工资作为社保核准的参保缴费基数，抬高了企业缴纳社保的基数。同时，如果员工实际工资超过参保缴费基数，实际缴纳时则按员工工资总额缴纳养老保险。一些企业反映，在聘用退休熟练工时重复缴纳了这批工资水平相对较高员工的养老保险，同时也拉高了企业养老保险缴纳基数，不利于解决企业对技术工人的需求问题。此外，生育险没有设置年龄范围，即使女员工超过 50 岁处于非育龄段，企业仍需为其缴纳生育保险。

（四）税费结构不够优化

一是土地使用税过高。如湖州市某县土地使用税为 10 元/m^2，超过杭州郊区。金华市某县土地使用税从 2013 年的 6 元/m^2 提升到 16 元/m^2，两年间翻了近 3 倍，上涨过快。此外，企业对个人所得税提高起征点呼声很高，为 2011 年确定的起征点 3500 元/月，这个收入在经济发达地区只能勉强维持基本生活费。

二是水利建设基金收费过高且收缴结构不合理。目前，水利建设基金一般按照营业收入的 0.1％缴纳。不少企业认为，水利建设基金应纳入财政年度支出预算范畴。同时，浙江省企业集团内部的子公司之间普遍采取独立核算，一个公司的产品往往是另一个公司的原材料，但以法人单位营业收入作为基数的收缴方式，存在严重的重复征收问题，高额的水利建设基金费用让企业感到压力很大。因此企业建议集团公司按终端产品的营业收入为基数缴纳更为合理。

三是部分政策中收费标准有待改进。如建议排污费以排污量而非用水量为衡量标准；工会经费、残保基金等建议按企业规模大小收缴等。

（五）“红顶中介”和垄断性收费问题突出

一是行政审批前存在被迫接受指定关联单位服务。如测绘费、白蚁防治费、电费扩容费等。丽水市一企业反映建设厂房前，需接受指定机构的测量，测量费按时间收费，3000 元/小时，不满 1 小时按 1 小时计算，收费较高。湖州市企业反映产品检测费，有政府背景的中介机构检查费高于市场价 3 倍，该公司 1 年中需要检测 4 次，为规避检测通不过的风险，只能采取 1（关联机构）＋3（市场机构）模式进行检测。

二是垄断企业强制收费现象仍然普遍存在。如金融领域附加收费项目较多。银行放贷前要收取资产评估费、保险费等相关费用；企业进行贷款抵押时，在资产未发生变化的情况下，金融机构仍要对同一资产进行审计、评估，并收取相应费用。此外，还有银行询证函费用、贷款承诺费、财务顾问费等。个别垄断性国企仍存在强制性收费等现象。

三、下一步推进减负工作的对策

(一)进一步推进依法减负

调查显示，将“加强法制建设，将保护企业权益纳入法制轨道”列为“减轻企业负担最迫切举措”首位的企业占比达55%；在“企业合法权益保护受到损害”方面，企业选择“经营自主权和企业知识产权受到侵害”的比例分别是38.8%和28.5%，列前两位；从“希望政府保护企业合法权益重点体现的内容上”看，企业选择“建立法律服务机制的相关平台，切实为企业维权”的占比最高，达46.17%。因此，下一步要以认真贯彻落实《浙江省企业权益保护规定》为重点，积极推进各级政府和部门树立“法定职责必须为、法无授权不可为”的依法行政理念，规范公权力的行使，把减轻企业负担作为当前稳增长、推动政府职能转变和优化企业发展环境的重要举措。不断强化企业依法维权观念，探索成立企业权益保护专家委员会，构建包括法律专业人士在内的专家顾问团，为企业提供法律援助和“上门体检”等服务，保护企业合法权益，优化企业生产经营环境，促进经济社会发展。

(二)进一步深化简政放权

调查显示，企业将选择“建立权力清单制度，明确政府的职权边界”列为“减轻企业负担最迫切的举措”第二位，占比达50.0%。浙江省已率先在全国开展“四张清单一张网”改革，并取得较好成效，但与企业的期望还有一定差距。下一步要认真贯彻落实国务院、省政府深化简政放权精神要求，并以此为契机，大力开展收费专项清理规范工作，对违规收费项目进行清理整改，对不符合经济发展的收费项目提出减免建议。同时通过监督检查，加大查处力度。

(三)进一步落实惠企政策

调查显示，有81.7%的企业希望国家出台税收减免政策。因此，一方面要继续呼吁国家有关部委加强顶层设计，加大步伐改革现有税收结构，从根本上解决重复征税、税收不公平现象；另一方面要继续深化“精准服务”，落实好国家和省已出台的各项减负优惠政策，根据企业发展中存在的一些实际困难和问题，加强分类指导，精准对接、精准服务，依法依规帮助企业减轻负担。同时利用电视、电台、报纸、政府门户网站、微信等多元媒体，强化政府主动推送政策、社会新闻媒体专题报道等举措，使惠企政策深入人心，让企业及时充分享受国家政策改革红利。

(四)进一步完善减负机制体系建设

一是加强组织协调机制。加大省级减负成员单位间密切交流和配合力度，落实责任主体，形成工作合力。二要推进“企业减负工作与服务平台”建设。确保减负信息交流通畅，及时准确了解企业负担状况，精准服务企业宣传惠企政策，提供举报投诉渠道，督办解决反馈问题。三是建立减负监督机制。重点在销售收入10亿元企业和创新型小微企业中选择200家企业，探索建立监督员制度，定期或不定期跟踪反馈企业减负政策落实情况，督促各项减负政策措施落实到位。建立企业减负工作评价机制，设立社会满意度和企业负担第三方评估制度，监督涉及企业权益的法律、法规及惠企政策的执行，从制度上保证企业减负取得实效。

第四节　“机器换人”政策实施现状及成效

“机器换人”是浙江省解决用工矛盾、降低企业用工成本，推动转型升级的重要战略，为推进全省“机器换人”工作，浙江省颁布了系列政策，进一步在全省范围内推动此项工作，“机器换人”政策深入实施，取得了较为明显的成效。本节对浙江省“机器换人”政策实施情况和成效进行了介绍。

一、“机器换人”政策实施现状

(一)企业推进“机器换人”的积极性较高

调查显示，2014 年，有 46.8%的企业新增或更新机器设备，其中，10.9%的企业享受了政府“机器换人”的相关政策。此外，有 18.6%的企业表示未来 2 年内一定会实施“机器换人”项目，有 60.1%的企业表示有条件将会实施“机器换人”项目，这表明将近 80%的企业有“机器换人”的意愿，未来“机器换人”项目的实施空间还很大。

从地区看，2014 年宁波市、绍兴市、衢州市、金华市 4 市新增或更新设备的企业占比较高，分别为 58.9%、52.9%、48.7%、47.1%，均超过了省内平均占比。“机器换人”政策普及面最高的是温州市，有 18.9%的企业享受了政策。其次是舟山市，样本企业政策享受面达到 15.2%，绍兴市享受政策的企业有 13.7%，嘉兴市和丽水市并列第四，享受面达到 11.1%，宁波市的享受面占比略高于省平均水平，为 11.0%。已新增或更新设备的企业，没有享受到政策优惠占比较高的地区依次为宁波市、衢州市、绍兴市、金华市，分别为 48.0%、46.2%、39.2%、37.9%，高于省平均水平。

(二)小额投入“机器换人”项目增加

从“机器换人”项目投入资金上看，在 100 万元—500 万元的企业最多，与 2013 年的调查结果一致，但是从占比上看，2014 年投入资金在此区间的占 33.4%，比 2013 年提高了 6.6 个百分点。投入为 100 万元以内的企业占 27.7%，投入 1000 万元以上的企业占 26.3%，投入 500 万元—1000 万元的企业占 12.65%。选择投入 100 万元—500 万元的企业居多且近 2 年增幅较大的现象说明相当多的中小企业已经对“机器换人”有了了解并积极实践，通过创新驱动，走向了技术红利替代人口红利的道路。

(三)资金投资回报更偏向于中长期

本次调查显示投资回报期在 3 年以上的企业占了 42.1%，相比 2013 年调查，有了相当高的增长。从 2013 年的调查看，投资回报期为 2—3 年的最多，占 27.9%，而从本次问卷分析来看，投资回报期为2—3年的企业占比出现了大幅下降，只有19.3%，从这两组数据增减对比说明企业越来越注重长远投资和长远利益。此外，1—2年的回报期占比为26.5%，1年以内的占比最少，为12.2%，说明实力相对较弱的中小微企业投资回报期相应偏短。

二、“机器换人”政策实施成效

(一)促进浙江省装备制造企业发展

从新增或更新设备来源看，省内装备制造业生产的设备占了较大份额，为34.2%，由此可见，省内装备制造业是“机器换人”设备主要来源之一，为“机器换人”政策提供了强大的基础装备支撑。同时，“机器换人”政策给本省装备制造业带来了生机和活力，两者相互促进发展。据统计，2014年浙江省装备制造业规上企业总产值近2.2万亿元，同比增长8.3%；其中高端装备制造业总产值约4386亿元，占比20.4%。装备制造业的快速发展为“机器换人”奠定了良好基础。国内其他省份生产的设备占比也相对较高，达到了47.6%，自主研发与产学研合作生产的设备分别占7.36%与3.3%，港澳台与国外企业生产分别占1.2%、8.4%。

(二)缓解部分企业用工紧张状况

浙江拥有众多劳动密集型民营企业，曾一度出现“民工荒”，“机器换人”能缓解部分企业用工紧张局面。从调查发现，通过“机器换人”，有56.8%的企业节约了10%的用工，24.9%的企业减少生产人员比例在10%—20%，8.8%的企业减少了20%—30%的生产工人，9.5%的企业减少了30%以上的生产工人。分规模看，主营业务收入在2000万元—4亿元的企业减少生产人员比例最高，其次为4亿元以上的企业，2000万以下的企业减少生产人员没有规模大的企业显著。这可能跟小微企业“机器换人”所处的低级形态有关，由于资金所限，小微企业采取的是部分环节或者人工组合生产，如浙江巨象树脂化纤有限公司就是购买了叉车，节省了搬运的工人。从行业看，纺织行业企业节约生产人员比例最高，机械、轻工也有较好的表现。

从统计局资料来看，2014年第二季度，城镇单位就业人员在20个行业中有8个行业比上年同期减少。其中，制造业减少14.9万人，下降4.1%。“机器换人”的不断推进，在一定程度上减少了对低技能工人和外来务工人员的需求，避免了一些行业出现大面积招工难的问题。

(三)显著提升企业劳动效率

“机器换人”的必然结果是带来劳动生产率的提升。问卷数据显示，新增或更新设备的企业在人均产出效率都有了较大幅度的提高。62.1%的企业人均产出效率提高幅度在20%以内，24.5%的企业提高达到了20%—40%，6%的企业提高比例在40%—60%，人均产出效率提高比例在2倍及以上的企业占4.0%。

从规模上看人均产出效率，发现2000万元—4亿元的企业人均产出效率最高，其次为4亿元以上的企业，2000万元以下的企业人均产出效率普遍低于大企业。

据统计，2013年，全省劳动生产率为10.2万元/人，高于全国7.4万元/人的平均水平，比2005年提高1.4倍。全省规模以上工业的人均劳动生产率达到了16.8万元，比前年提高了9.9%，2014年前8个月，又同比提高了9.1%。

(四)优化用工结构和提高人员素质

“机器换人”对工人的技术、知识等方面也提出了更高要求，企业用工结构也得到相应调整。到2013年末，浙江省城镇单位就业人员中大学本科及以上学历的占18.6%，大专学历的占15.5%。在就业人员岗位结构中，管理人员、专业技术人员、技工人员的比率已经上升为1∶2.4∶7.5，城镇单位的各类专业技术人员的占比也在不断上升，这些数据显示出浙江劳动力素质在学历层次、专业技能等方面得到了显著提高。企业职工工资也有了大幅提高，以制造业职工平均薪酬为例，从2003年的1.3万元上升到2013年的4.6万元，年均增长达到12.1%。

(五)扩大企业获利能力和规模

新增或更新设备的企业在获利能力上有了不同程度地提高。目前，62.1%的企业利润提高比例在10%以内，24.0%的企业提高比例在10%—20%之间，6.8%的企业利润提高比例在20%—30%，7.7%的企业利润提高了30%以上。56.0%的企业认为投入新设备缩短了产品周期，提高了生产效率，45.3%的企业认为降低了成本，57.7%的企业认为提升产品质量，增强了竞争力。

57.7%的企业认为“机器换人”的成效之一是提高产能，扩大规模。新增或更新设备后的企业产值也有了很大提升，46.1%的企业产值提高了10%，26.7%的企业提高了10%—20%，11.0%的企业提高了20%—30%，7.7%的企业的产值提高了30%—40%，8.5%的企业甚至达到了40%以上。

(六)节能降耗推动转型升级

迫于生态考核指标、淘汰落后产能的压力，许多企业选择“机器换人”，27.0%的企业因为生态环保压力开展“机器换人”，33.8%的企业认为转型升级的要求让他们选择“机器换人”。通过这种方式确实让企业起到了节能降耗的作用。37.6%的企业表示他们的成效之一是节能环保，34.1%的企业淘汰了落后产能，16.8%的企业节约了生产经营场地。2014年上半年，全省规模以上工业单位增加值能耗同比下降9.3%，降幅比去年同期扩大4.9个百分点，比一季度扩大了2个百分点。38个大类行业中，32个行业的单位工业增加值能耗同比下降，下降超过八成。

三、“机器换人”仍面临的问题

(一)享受“机器换人”政策的企业面仍然不高

各级政府为促进产业升级，淘汰落后产能，纷纷出台了各种政策扶持企业，但是调查显示，对“机器换人”项目不熟悉的样本企业占了37.1%。有11.9%的企业抱怨政策补助条件要求高，难以达到标准；10.5%的企业认为优惠政策激励力度不够，不足以吸引企业开展“机器换人”项目。另外一些企业认为政策针对性不强，操作手续烦琐。调查显示，真正享受到“机器换人”政策的企业仅10.9%。因此，各级政府还需要继续加大力度，深入企业对“机器换人”政策进行宣传，帮助企业了解并灵活运用激励政策。同时，对现有的政策结合各地实际进行适当调整，以扩大企业的享受比例。

(二)融资困难与成本一定程度限制了企业“机器换人”

从没有进行“机器换人”的原因来看，资金和成本是一个重要制约因素。因资金不足，融资困难的企业占了19.9%，另外有19.5%的企业认为开展“机器换人”的融资成本太高，回收没保障，风险太大。2014年下半年的全省融资成本调查分析中，也印证了企业当前在融资成本方面的困难。有52.81%的企业表示折合成年利率达到了6%—10%，9.5%的企业融资综合成本在10%—15%之间，4.3%的综合成本在15%以上，超过央行6%的基准利率2.5倍以上。

从开展“机器换人”的样本企业来看，越来越多的企业选择了较长的投资回报期，贷款期限一般为中长期，这需要有配套的融资政策跟上，才能不影响后续的生产经营。在融资需求调查中，发现不少企业希望将资金用于转型升级和扩大再生产中，30.9%的企业希望将融资资金用于产品研发投入上，40.7%的企业将资金用于购买设备，企业用于建造厂房和购买土地的资金的分别为19.2%和10.3%。改造技术和更新设备的转型升级需要增加了企业对长期贷款的需求，以往以补充流动资金为主要目的的短期融资已经难以满足发展需要。

(三)“机器换人”带来新的管理模式的不适应

随着硬件的更新，软件投入也要跟上步伐。这些主要表现在人才、管理、生产等模式方面，比如员工素质的提升、工作方式的改变、组织管理的更新。电话采访中，一些企业表示因为刚购买新的设备，人员培训跟不上，技工人才短缺，导致设备不会用，甚至闲置，利用率大打折扣，如绍兴市柯桥一家企业购置了800万元的设备，因没有合适的技术人员，导致设备闲置1年，造成了不少损失。据省人力社保部门用工监测数据显示，2014年6月份，各等级技能人才求人倍率均在2.22以上，技能人才出现了严重短缺。另一个是在组织管理方面还不适应，限制了机器换人红利效应的发挥，又如湖州市大享玻璃制品有限公司虽然购买了先进设备，但是由于管理上还不适应这种机器化生产，生产效益暂时还没有达到理想状态。

(四)装备供给与企业自主系统化改造能力不足

调查发现10.6%的企业表示“机器换人”的适用装备供给不足，或购买的装备匹配度不高；15.6%的企业认为企业自主进行系统化改造能力不足。尽管我国装备制造水平有了较大提升，价格上也有优势，但技术服务基础薄弱，在技术含量上跟国外还是有一定差距。另外，浙江省很多企业技术发展模式仍处在设备引进和技术模仿阶段，一些先进的设备不一定适合企业的需求，需要二次改装和调试，按照实际需求制造或者改造设备。但是中小企业缺技术是普遍现象，它们研发投入少，难以抽出资金和人力做自主研发与自主改造。另一方面，企业还需要技术支持服务，购买设备后，44.9%的企业指出设备的维护维修缺乏保障是当前较大的困难之一。

四、进一步落实"机器换人"政策的对策建议

"机器换人"政策取得了不少成效，但企业仍面临诸多困难，政府需要继续做好公共服务，加强信贷支持助推产业升级。

（一）围绕"机器换人"项目优化金融资源配置

调查中发现，37.9%的样本企业希望增强金融信贷支持。政府要搭建线上线下平台，做好"机器换人"融资项目对接、政银企对接，一方面帮助金融公司、投资公司等民间资本寻找优质可靠项目，通过融资租赁、风投等融资方式，解决企业燃眉之急，实现长贷长投；另一方面帮助企业到银行顺利融资，并在信贷规模、利率水平上给予政策倾斜。地方政府可通过设立资金池，帮助困难企业应急周转，缓解资金压力。银行在对知识产权质押融资、创新项目运营贷款审批上，简化审批手续，提高贷款效率。

（二）利用多种手段建立技术供需对接与服务联盟

针对企业"机器换人"装备供给不足与自主进行系统化改造能力不足的困难，政府可以从两方面着手解决：一是充分利用信息资源优势，及时了解、反馈企业需求，做好需求方与本省装备企业供应商的对接，装备企业根据订单或需求提供定制，进行研发、改进、生产。二是加强企业技术支持，帮助自主生产研发。企业对"机器换人"项目、政策的咨询、申报以及技术的咨询较多，调查显示20.2%的企业希望建立专家顾问团解决他们碰到的难题。各地经信部门要做好咨询服务工作，为企业项目申报提供方便。这种服务方式应不仅限于窗口，可以利用多种途径进行，例如提供咨询电话、服务信箱、开通网络咨询通道，如微信群、QQ群，邀请技术专家、企业加入交流，主管、服务部门及时通过这些交流方式共享信息，方便企业及时了解当前政策，也便于第一时间解答企业的技术难题，有些技术难题通过远程方式诊断、指导。此外，38.0%的企业希望有相关培训，技术服务部门可以从线上了解需求，线下配合提供相关培训。

（三）利用教育、社会、企业多方力量解决高级技工人才来源

企业跟职业院校、职高建立供需关系，合作培养。企业提要求，学校按照需求设定专业与课程，从而缓解社会供需脱节的矛盾，满足"机器换人"出现的对一线工人专业和技术要求越来越高的岗位需求。企业也要从长远出发，重视内部技术人才的培养，鼓励员工技术创新、科技攻关，联合装备制造企业、科研所、高校进行研发和技术改造，从而打造以企业为主体，产、学、研、用相结合的技术支撑体系。

（四）加大财税资金扶持力度

调查显示，70.2%的企业希望政府对"机器换人"项目进行补助，一部分企业认为优惠政策激励不够，不足以吸引企业进行"机器换人"。由于研发与新增、更新设备等活动受技术、

市场、制度环境等方面的制约，具有相当的不确定性，对于小微企业，风险承受能力弱，往往面临相当大的风险，可见，企业较看重政府对项目的资金支持和优惠力度。政府方面，要重视企业创新、工业技改。一方面加大总研发、工业技改投入强度，对有研发和技改的工业企业，给予一定比例的资助，对拿到国家、部委、省、市级重大科技项目的企业给予奖励性补助。另一方面，在财税方面给予优惠，进一步落实对新增、更新设备给予贴息奖励，对研发费用税前扣除，对部分进口设备实施免征进口关税，对高新技术企业实施企业所得税优惠等政策，多渠道减轻企业产业升级的成本。

第五节　浙江省首台(套)设备保险补偿机制的做法和经验

重大技术装备的国产化及其推广应用是浙江省大力发展装备制造业的重要一环。2013年开始，浙江省在全国率先开展装备制造业首台(套)重大技术装备保险补偿试点工作，目前，浙江省的3项重要经验被吸纳进国家出台首台(套)重大技术装备保险补偿政策中。本节将对浙江省首台(套)设备保险补偿机制的做法和经验进行介绍。

一、浙江省首台(套)重大技术装备保险补偿试点做法

近年来，鉴于市场对装备首台(套)产品的掣肘，建立国产首台(套)设备保险补偿机制的呼声日渐提高，如何发挥财政资金四两拨千斤的作用，撬动首台(套)保险大市场，为国产设备的市场推广提供保障，实现装备制造业全面提升成为摆在我们面前的重要课题。从国家到省里多个重要文件中都提到要“建立健全首台(套)重大技术装备保险机制”，但是如何建立却没有前人经验可循。浙江省经信委从2011年着手开展首台(套)保险补偿调研，为建立首台(套)保险补偿机制积累了大量资料，并于2013年与省财政厅和省保监局共同启动浙江省首台(套)保险补偿试点工作。浙江省首台(套)保险补偿试点工作的主要特点如下：

一是保费补贴标准高。本次试点工作的补贴标准分为两档：对重大成套设备生产企业的首台(套)设备保险费用给予不超过首年度保险费80%的补贴；对单台(套)设备生产企业的前50台(套)设备保险费用给予不超过首年度保险费50%的补贴。

二是保费补贴审核流程便捷。本次试点工作采取企业向参与试点的保险公司投保，后者进行核实并将有关材料报送省级有关部门，最后确定补贴企业名单及相应补贴额度，申报审核流程更加简便、快捷。

三是试点对象针对性强。此次试点工作覆盖的企业为2011年之后获得过浙江省装备制造业首台(套)产品认定的生产企业，有效地控制了试点工作的风险。

二、浙江省经验助推全国性首台(套)重大装备保险补偿政策出台

2015年初，国家工信部、财政部和保监会三部委联合印发《关于开展首台(套)重大技术装备保险补偿机制试点工作的通知》，浙江省有三项重要经验被吸纳进入此次国家出台首台

(套)重大技术装备保险补偿政策中。

一是部门合作模式。浙江省采取省经信委、省财政厅和省保监局合作开展试点工作,省经信委负责保险补偿范围的界定、省财政厅负责财政专项资金测算、省保监局负责保险公司组织管理等工作,国家采用相同的三部委合作模式。

二是险种设计。浙江省首台(套)保险补偿试点工作将装备企业的需求与保险公司的能力进行了综合考量,推出了首台(套)产品责任险和首台(套)产品质量险两个险种。此次国家三部委基于浙江省经验提出了险种设计方案,最终推出的首台(套)重大技术装备综合险承保质量风险和责任风险,是对浙江省经验的完善和深化。

三是保险补偿标准确定。浙江省对重大成套设备的保费补偿为年度保费的80%,根据2年来浙江省试点工作开展情况,在综合考量了企业反馈、专项资金使用、试点工作推进进度等情况后,国家同样采用了年度保费80%的补偿标准。此外,针对重大成套装备安装调试周期长的特点,浙江省将原1年期的保险补助时限延长到最高不超过3年,得到了投保企业和承保单位的积极响应,我们将有关经验总结报送给国家三部委后,据此,在此次出台的国家试点工作细则中同样规定“保险补贴时间按保险期限据实核算,原则上不超过3年”。浙江省在建立首台(套)重大技术装备风险补偿机制方面的经验被国家三部委借鉴,充分体现了勇于创新、讲求时效的浙江精神,是浙江省积极探索机制创新,创造制度红利的大胆尝试。

三、下一步推进首台(套)设备保险补偿机制的工作

(一)积极对接国家政策,完善浙江省机制

一是鼓励更多保险公司开展首台(套)保险业务,形成供方市场的合理竞争。在2年试点工作基础上,省保监局进行摸底,全省共有25家保险公司可以开展首台(套)保险业务。省经信委和省保监局正在积极与这些保险公司对接,鼓励其开展首台(套)保险业务,一方面可以多家保险公司形成保体承保以降低风险;另一方面营造保险公司间健康的竞争关系。条件成熟时可引入外资保险公司,为首台(套)生产企业提供高效、高质、多样化的保险服务,最终使首台(套)重大技术装备保险成为成熟的、市场化运作的商业险种。二是进一步完善保险方案。要求参与试点的保险公司不断加强市场调研,创新保险产品,合理制定保险期限和保险费率,针对不同类型的首台(套)产品设计差异化的保险方案,不断满足不同企业个性化的保险需求。三是进一步扩大保险补偿覆盖面。目前浙江省试点工作涵盖到的省内企业仅有200家左右,覆盖面较窄。对于符合工信部《首台(套)重大技术装备推广应用指导目录》的产品,应积极申报国家补贴;对于不在工信部目录中,但是浙江省特色优势的单机和高端零部件产品,鼓励其享受浙江省补贴政策。通过国家和省级两次首台(套)保险补偿政策,扩大企业受惠面。

(二)探索设立首台(套)保险赔付补偿制度

针对保险公司经营风险高的问题,要真正让市场起到配置资源的基础性作用,使政府

在市场机制中有所作为，建立起既鼓励企业投保又保障保险公司利益的市场化的长效政策机制。建议加快研究制定浙江省装备制造业首台（套）保险赔付补偿制度，在首台（套）产品保费补贴资金中安排一部分用于对保险公司巨额赔付的补偿。当首台（套）保险业务亏损达到一定程度时，由财政资金给予适当补偿，以保障保险公司的利益，保证首台（套）保险业务的长期开展。

（三）加大宣传力度

要采取全方位、多层次的宣传手段，由省经信委组织对全省经信系统进行专门培训，讲解政策内容和操作流程；由省保监局向保险公司进行宣传，提高保险公司对政策的知晓度；由保险公司面向企业开展宣传路演。此外，可通过各地经信委（局）与保险公司在省内的各分支机构通力合作，对重点企业进行定向宣传。还可以通过新闻媒体宣传典型案例，扩大首台（套）保险的社会知晓度。

第十一章
浙江省中小企业转型升级探索

近年来，浙江省工业获得了长足的发展，整体状态明显改善，但也存在一些问题，例如产业结构不合理、产能过剩、中小企业发展活力有待提高等问题，如何抢抓战略发展期，促进浙江产业转型升级，带动中小企业发展，是摆在面前的重要课题。本章通过理论上的探索和实际情况的考察，从不同方面对中小企业转型升级进行研究，以期对浙江省中小企业产业转型升级提供一些发展思路。

第一节　浙江省制造业中小企业转型升级评价

制造业是国民经济的主体，是科技创新的主战场，是立国之本、兴国之器、强国之基。改革开放以来，浙江制造业持续快速发展，成为推动浙江经济的主导产业。但是，浙江制造业总体来看还是“大而不强”，自主创新能力、资源利用效率、产业结构水平、信息化程度和质量效益方面与发达国家相比还存在着不小的差距。制造业转型升级是浙江经济适应新一轮科技革命和产业变革、适应经济新常态走向中高端的必然要求，是经济转型的基础。为全面了解浙江制造业转型升级的发展状况，浙江调查总队 2015 年 5 月在全省选取了制造业样本企业进行问卷调查，同时选取 30 家制造业企业进行走访调研。

调查内容包括：制造业企业转型升级意愿、转型升级的主要方向、转型升级的绩效、企业家对政策的评价、转型升级中遇到的困难和相关建议、企业家预期等。

本次问卷调查范围为全部制造业 31 个行业大类，按照行业增加值比重采取 PPS 抽样调查方式。为保证行业数据的代表性，抽样前将部分企业数量较少的行业与相近行业进行合并，合并后形成 21 个行业类别。

本次调查共收到有效问卷 1521 份。按地区分，杭州市 16.9％、宁波市 16.9％、温州市 12.3％、嘉兴市 8.2％、湖州市 6.3％、绍兴市 10.3％、金华市 9.5％、衢州市 5.5％、舟山市 3.9％、台州市 9.3％、丽水市 0.9％。按企业规模分，大型企业 24.7％、中型企业 40.8％、小微型企业 34.5％。按企业登记注册类型分，国有企业 2.0％、集体企业 1.6％、有限责任公司 21.3％、股份有限公司 14.8％、私营企业 36.4％、港澳台投资企业 11.3％、外商投资企业 12.6％。

本次调查的对象为制造业企业主管生产经营的负责人。调查主要结论如下：

调查结果显示，受市场竞争加剧和劳动力等要素成本上涨过快的“倒逼”，企业转型升级意愿增强，表明浙江制造业进入由低成本要素驱动向创新驱动发展的转变期。企业根据自己产业特点和市场竞争状况选择转型方向，新产品开发和技术创新成为制造业企业的首选，从产品到服务实现价值提升是新的方向，但是以“互联网＋”为特征的新业态还尚未成为大多数企业的路径选择。

调查表明，制造业企业在新产品研发、设备更新、人才引进、品牌建设和管理升级方面的投入明显增加。自主研发成为企业推出新产品的主要方式，产品市场竞争力和盈利情况明显改善，绩效明显提升。但是，调查显示，浙江制造业品牌建设相对滞后。

调查显示，企业创新人才短缺被认为是妨碍转型升级的主要因素。当前制造业企业转型升级面临的主要困难，首先是创新人才缺乏；其次是研发能力不足，缺乏技术支撑；第三是资金困难。此外，同质竞争和新产品容易遇到仿冒也困扰着企业转型升级。

企业在推进创新和转型升级的同时，也迫切期待政府创造良好的创新环境。调查显示，当前企业对宏观经济环境评价较为乐观。经济、政策、文化、法律和社会舆论环境评价较高，但市场竞争环境偏于负面。这表明，一方面，良好的政策环境有助于推动转型升级，另一方面，不断加剧的市场竞争环境也给转型升级带来挑战。企业对政府推进转型升级的政策措施给予很高的评价，政府在为企业提供转型升级所需技术信息、人才和资金方面的支持，为企业提供了重要的支撑。期盼政府能够在完善市场竞争机制、加大转型升级政策落实力度、突出企业创新主体地位和知识产权保护等方面加快改革。

制造业企业转型升级需要持续的创新和投入，需要几代人的努力和坚守。企业家是创新活动的组织者，创新是企业长期发展的动力，企业家精神是浙江制造业转型升级成功的重要因素。调查表明，绝大多数浙江制造业行业的企业家愿意坚守实业，也愿意自己的子女将来成为企业家，多数企业家的子女愿意继续从事实业。

一、制造业转型升级的选择

（一）转型升级意愿

目前，浙江传统制造业面临转型升级的压力。一方面，国内生产要素成本不断上升，资源环境容量压力加大，低成本制造优势逐渐削弱；另一方面，国际竞争加剧，发达国家提出“重振制造业”和“再工业化”，周边发展中国家的低成本优势明显。浙江制造业特别是一些劳动密集型的低端制造业需要改造升级，以重塑浙江制造新优势。调查表明，浙江制造业企业家已经充分认识到转型升级的重要性，转型升级意愿很强。关于“贵企业有无转型升级意愿”，调查结果显示，71.4％的企业家选择了“有意愿”。

按行业分，“有意愿”比例居前的有烟草制品业 100％、计算机、通信和其他电子设备制造业/仪器仪表制造业 81.8％、通用设备制造业 81.2％，比例居后的有农副食品加工业 56.4％、纺织服装服饰业/皮革毛皮羽毛（绒）及其制品和制鞋业 57.6％。显示不同行业对转型升级迫切性认识不一致，高新技术、装备制造等行业转型升级意愿要较传统制造行业高。

从其他分组看，按登记注册类型分，“有意愿”比例最高为股份有限公司85.8%，最低为集体企业58.3%；按规模分，大、中、小微企业呈递减趋势，分别为84.8%、74.8%和57.8%；此外，从特殊分组看，上市公司有非常强的转型升级意愿，比例高达89.5%。调查数据表明，有效率的经济组织对转型升级的意愿更强，经济新旧动力转换根本途径在于实现制度变迁。

(二)转型升级原因

关于促使企业转型升级的原因，本次调查设计了6个选项，由企业家从中最多选择3项。结果显示，促使企业转型升级的原因中，“行业竞争激烈”(69.7%)高居首位，其次为“企业成本过高”(41.1%)、“发现新的市场机会”(39.1%)和“新产品或技术研发成功”(34.4%)，而“市场萎缩”(22.4%)和“行业发展前景暗淡”(12.0%)影响较小。

分组分析显示，50.1%的大型企业和57.3%的上市公司选择了“发现新的市场机会”作为转型升级的原因，远高于平均值39.1%；另外，上市公司中有46.0%还选择了“新产品或技术研发成功”作为转型升级原因，也远高过平均值34.4%(如表11-1所示)。

表11-1　促使企业转型升级的原因

单位：%

	行业竞争激烈	企业成本过高	发现新的市场机会	新产品或技术研发成功	市场萎缩	行业发展前景暗淡
总体	69.7	41.1	39.1	34.4	22.4	12.0
一、按登记注册类型分						
国有企业	80.7	38.7	32.3	38.7	19.4	6.5
集体企业	63.6	45.5	27.3	18.2	27.3	13.6
有限责任公司	69.7	38.1	41.6	34.8	23.9	15.5
股份有限公司	74.7	40.4	46.5	44.6	12.2	6.6
私营企业	68.6	41.7	34.2	29.5	27.8	13.9
港澳台投资企业	65.7	42.8	38.6	38.6	17.5	9.6
外商投资企业	69.4	43.9	43.3	33.3	20.6	10.0
二、按规模分						
大型企业	72.9	38.2	50.1	39.3	15.2	9.7
中型企业	73.2	41.2	39.0	37.5	19.7	9.3
小微型企业	62.9	43.2	30.9	26.8	31.2	17.2
三、按特殊分组						
出口企业	69.7	40.3	41.4	37.6	21.5	9.9
上市公司	72.7	32.7	57.3	46.0	12.0	3.3
国有控股企业	76.8	30.4	46.4	30.4	27.5	10.1

续 表

	行业竞争激烈	企业成本过高	发现新的市场机会	新产品或技术研发成功	市场萎缩	行业发展前景暗淡
四、按重点行业分						
装备制造业	69.5	40.4	40.1	39.9	22.3	8.8
高新技术制造业	71.1	37.5	45.4	47.4	11.8	7.2
高耗能行业	70.8	34.0	40.1	33.6	22.5	14.3
消费品行业	68.1	49.5	42.7	32.3	19.0	11.8

数据表明，当前制造业各行业前景良好，市场尚无萎缩迹象，但企业普遍承受着激烈的同行业竞争压力与不断攀升的成本压力，市场“倒逼”是企业转型升级的主要原因，同时，在抓住新市场机会与研发新产品新技术的能力方面，上市公司群体与大型企业群体明显高过其他群体。

(三)转型升级路径选择

当前关于转型升级路径选择众说纷纭。为摸清企业自身的选择，我们对部分制造业企业进行了面访，确定本次调查的 8 个选项，由企业家从中选取对本企业最为可行的路径(最多 3 条)。

调查结果表明，企业家对于转型升级路径的选择，明显集中于“产品创新”(65.7%)与“技术升级与创新”(60.1%)两项，在各项分组中分别居首位与次位，且在各个分组群体内，选择率全部超到 50%以上。

其余 6 个选项的选择率在任何分组中均未达到 50%，但上市公司与国有企业对于“企业间资源整合”的选中率分别达到 47.3%和 43.3%，显示出该两群体企业拥有跨企业整合资源，形成协同效应的特殊优势。

表 11-2 转型升级路径选择

单位：%

	产品创新	技术升级与创新	企业间资源整合	创建自主品牌	由制造向前延伸到研发设计	由制造向后延伸到市场营销	地理布局优化	互联网＋
总体	65.7	60.1	29.8	21.6	18.2	14.9	13.7	13.2
一、按登记注册类型分								
国有企业	70.0	63.3	43.3	23.3	10.0	6.7	20.0	0.0
集体企业	54.6	59.1	31.8	4.6	13.6	18.2	22.7	0.0
有限责任公司	67.1	59.4	28.7	20.7	17.7	14.8	16.5	11.3
股份有限公司	68.0	69.9	37.0	20.6	16.0	10.5	16.9	15.1

续 表

	产品创新	技术升级与创新	企业间资源整合	创建自主品牌	由制造向前延伸到研发设计	由制造向后延伸到市场营销	地理布局优化	互联网+
私营企业	64.7	56.2	26.6	24.3	18.1	16.2	11.3	15.1
港澳台投资企业	64.7	59.9	27.5	24.6	22.8	14.4	10.8	13.2
外商投资企业	64.9	60.3	31.6	15.5	19.5	17.8	12.6	12.1
二、按规模分								
大型企业	68.6	68.9	36.1	17.4	17.6	12.4	16.3	17.4
中型企业	67.7	61.9	30.9	23.4	19.1	14.6	11.6	11.3
小微型企业	61.1	51.2	23.7	22.6	17.5	17.1	14.4	12.4
三、按特殊分组								
出口企业	67.2	61.9	27.9	22.4	20.4	14.9	13.6	12.7
上市公司	72.7	69.3	47.3	18.7	10.0	6.7	14.0	18.7
国有控股企业	71.4	70.0	45.7	8.6	7.1	11.4	18.6	7.1
四、按重点行业分								
装备制造业	69.1	64.5	28.7	20.3	21.5	11.5	12.3	11.7
高新技术制造业	64.1	68.0	34.0	18.3	18.3	11.8	13.1	12.4
高耗能行业	66.8	59.1	30.6	18.4	15.0	16.9	16.1	9.6
消费品行业	60.6	51.8	30.1	26.2	15.3	17.4	14.5	22.3

二、制造业转型升级的评价

(一)转型升级投入强度

为测算企业在转型升级上的投入强度,本次调查从自主研发、设备升级、人才引进、品牌建设、管理升级等5个投入方向上,询问企业家当前是“明显增加”“有所增加”“基本持平”,还是“下降”。

调查结果表明,在各个方向上,投入明显增加的企业比例约20%—30%,有所增加的比例约40%—50%,持平的比例约20%—40%,而下降的比例极少,仅1%—2%。

将明显增加比例与有所增加比例简单加总后进行比较,可以发现,企业投入强度最大的是管理升级(78%),其次是设备升级(76%)、自主研发(73%)、人才引进(65%),最后为品牌建设(59%)。

按企业规模分的数据还显示出一条规律,即当前企业的转型升级投入强度大致与企业自身规模成正比,企业规模越大,投入强度也越大。此外,上市公司群体也显示出很强的投入力度,与大型企业相近,如表11-3所示。

表 11-3　转型升级投入强度

单位:%

企业群体	投入方向	明显增加比例	有所增加比例	持平比例	下降比例
总　体	自主研发	24.7	48.4	25.6	1.3
	设备升级	29.2	47.1	23.0	0.7
	人才引进	16.9	47.7	33.8	1.6
	品牌建设	17.7	41.6	39.2	1.5
	管理升级	26.0	52.0	21.6	0.4
大型企业	自主研发	32.4	52.9	14.2	0.6
	设备升级	36.6	50.9	12.6	0.0
	人才引进	22.4	55.6	21.2	0.9
	品牌建设	23.0	49.0	27.7	0.3
	管理升级	34.0	54.0	11.7	0.3
中型企业	自主研发	26.2	52.4	20.4	1.1
	设备升级	32.2	47.4	19.7	0.7
	人才引进	19.4	49.6	29.8	1.3
	品牌建设	19.2	43.7	35.6	1.5
	管理升级	29.3	53.0	17.4	0.4
小微型企业	自主研发	17.1	40.3	40.7	2.0
	设备升级	20.0	43.8	34.9	1.3
	人才引进	9.7	39.3	48.3	2.7
	品牌建设	11.8	33.4	52.3	2.5
	管理升级	15.8	49.3	34.2	0.7
上市公司	自主研发	32.9	54.1	13.0	0.0
	设备升级	34.0	53.1	12.9	0.0
	人才引进	26.7	56.2	17.1	0.0
	品牌建设	22.1	55.2	22.8	0.0
	管理升级	37.9	53.8	8.3	0.0

(二)转型升级绩效

为衡量企业家对于自身企业转型升级绩效的评价，本次调查从市场竞争力、生产情况、盈利状况、用工数量等 4 个方面，询问本企业近 3 年转型升级的绩效是“显著改善”“改善”，还是“没有改善”。

调查结果表明，总体上，在以上 4 方面自评“显著改善”的企业约 10%—20%，“改善”的约 50%—60%,“没有改善”的约 20%—30%。

将“显著改善”比例与“改善”比例简单加总后进行对比比较,可以发现,企业家自评经过转型升级最得到改善是生产情况(84%),其次是市场竞争力(82%)、盈利状况(71%),最后为用工数量(64%)。

按企业规模分解的数据显示,转型升级绩效大致与企业规模成正比,企业规模越大,绩效改善比例也越高。换句话说,转型升级在绩效上有规模效应,这应该就是前述的企业转型升级意愿与投入强度均与规模成正比的客观原因。

此外,上市公司群体显示出很强的转型升级绩效,虽然投入力度与大型企业相近,但绩效却更胜一筹。如表 11-4 所示:

表 11-4 转型升级绩效自我评价

单位:%

企业群体	绩效方面	显著改善比例	改善比例	没有改善比例
总　体	市场竞争力	19.2	63.2	17.6
	生产情况	20.1	64.1	15.8
	盈利状况	9.5	61.2	29.3
	用工数量	6.8	57.2	36.0
大型企业	市场竞争力	27.5	65.3	7.2
	生产情况	23.2	70.2	6.6
	盈利状况	13.6	70.8	15.6
	用工数量	7.8	62.6	29.6
中型企业	市场竞争力	19.2	65.2	15.6
	生产情况	21.7	64.8	13.5
	盈利状况	10.5	64.0	25.5
	用工数量	6.7	58.7	34.6
小微型企业	市场竞争力	12.9	59.0	28.1
	生产情况	15.8	58.6	25.6
	盈利状况	5.3	50.6	44.1
	用工数量	6.3	51.4	42.3
上市公司	市场竞争力	30.1	61.0	8.9
	生产情况	24.8	67.6	7.6
	盈利状况	18.5	69.2	12.3
	用工数量	8.9	56.9	34.2

三、制造业转型升级的挑战

关于企业转型升级中遇到的困难，本次调查设计了5个选项，由企业家从中最多选择3项。结果显示，总体上，对于转型升级难点的认同，“缺乏管理人才”（49.8%）、“缺乏技术”（47.4%）、“缺乏资金”（44.2%）3项最为突出，“担心产能过剩”（33.7%）、“担心新产品被仿冒”（23.8%）认同率较低。

分组分析显示，最渴求管理人才的是上市公司群体，比例达到61.3%；最渴求技术的是中型企业，比例为51.5%，既高过大型企业，也高过小微型企业，原因可能是相对而言，大型企业已经掌握着更多的技术，小微企业则技术需求稍低；最渴求资金是小微企业，比例为57.8%，此外48.4%的国有企业也勾选了缺乏资金；在普遍不太担心转型升级后产能过剩问题的情况下，国有控制企业与国有企业勾选产能过剩问题的比例仍达到了54.4%和48.4%，原因可能是制造业中，国有经济成分相对于其他经济成分，更多地处于产能过剩的企业。

资金问题反向分析看，最不缺钱的是上市公司群体，仅23.3%勾选了资金问题；其次是外商投资企业，仅32.2%勾选了资金问题；此外，企业规模越大，越不缺钱，大型企业勾选资金问题比例为33.9%，中型企业升至39.4%，小微型企业则猛升至前述的57.8%。

表11-5　转型升级困难认同

单位：%

企业群体	缺乏管理人才	缺乏技术	缺乏资金	担心产能过剩	担心新产品被仿冒
总体	49.8	47.4	44.2	33.7	23.8
一、按企业登记注册类型分					
国有企业	48.4	41.9	48.4	48.4	6.5
集体企业	34.8	47.8	39.1	17.4	30.4
有限责任公司	48.1	52.3	45.8	32.9	26.5
股份有限公司	53.0	43.3	35.5	35.5	26.7
私营企业	51.1	49.1	51.1	31.5	23.0
港澳台投资企业	50.3	44.9	43.1	34.7	22.8
外商投资企业	46.9	41.8	32.2	38.4	20.9
二、按企业规模分					
大型企业	56.6	43.7	33.9	38.0	28.4
中型企业	51.5	51.5	39.4	34.1	22.9
小微型企业	42.9	45.1	57.8	30.2	21.3
三、按特殊分组					
出口企业	51.8	47.3	40.2	32.6	25.3

续 表

企业群体	缺乏管理人才	缺乏技术	缺乏资金	担心产能过剩	担心新产品被仿冒
上市公司	61.3	42.0	23.3	34.0	25.3
国有控股企业	42.7	36.8	38.2	54.4	17.7
四、按重点行业分					
装备制造业	52.5	48.8	42.6	32.4	23.1
高新技术制造业	54.6	49.4	44.2	33.8	20.1
高耗能行业	45.7	47.0	46.7	36.2	20.8
消费品行业	50.0	47.2	44.7	34.5	26.1

四、制造业转型升级的期盼

(一)宏观环境评价

为了解制造业企业家对宏观环境的评价,本次调查将宏观环境分解为经济体制、法律体制、政策体制、社会舆论、文化环境、市场环境等 6 个方面,由企业家分别从“乐观”“一般”“不乐观”3 档中选择 1 档。

结果显示,当前企业对宏观环境整体评价较为乐观。以上 6 个方面中,有 5 个方面的乐观比例远远超过不乐观比例,仅市场环境方面,乐观比例稍小于不乐观比例。

表 11-6　样本总体对宏观环境评价

单位:%

宏观环境方面	乐观比例	一般比例	不乐观比例	扩散指数
政策体制	35.1	59.9	5.0	65.1
法律体制	31.3	63.7	5.0	63.2
文化环境	25.5	69.1	5.4	60.2
经济体制	28.1	60.3	11.6	58.3
社会舆论	22.1	71.5	6.4	57.9
市场环境	19.4	60.8	19.8	49.8

注:本表把乐观、一般、不乐观 3 项比例分别以 1、0.5、0 为权重加权平均计算为扩散指数,以此衡量样本对各个宏观环境方面的乐观程度。直观理解,当样本全部为乐观时,扩散指数为 100;乐观比例等于不乐观比例时,扩散指数为 50;全部为不乐观时,扩散指数为 0。

为了对企业家乐观程度进行更为简捷的度量,本次调查引入采购经理指数(PMI)计算中的“扩散指数”方法,将乐观、一般、不乐观 3 项比例分别以 1、0.5、0 为权重,加权平均成单个扩散指数。在此处,扩散指数为 100%时代表完全乐观,50%代表乐观比例与不乐观相等,0%代表完全不乐观。居中的 50%为平衡水平,是样本整体偏向乐观或不乐观的分水岭。按扩散指数衡量,企业家感觉最为乐观的宏观环境方面是政策体制(65.1%),其次是法律体制

(63.2%)、文化环境(60.2%)、经济体制(58.3%)和社会舆论(57.9%)。市场环境的扩散指数为49.8%,微低于50%的平衡水平。

(二)政府措施评价

当前各级政府为了推动企业转型升级,出台了一系列支持措施。为了解制造业企业家对政府支持措施的评价,本次调查将政府措施从支持内容上分为技术信息、资金、吸引人才等3个方面,由企业家分别从"好""一般""有待改进"3档中选择1档。

结果显示,企业对政府措施整体评价较为乐观。以上3个方面,评价为"好"的企业比例均大幅超过"有待改进"比例。

表11-7　样本总体对政府措施评价

单位:%

政府措施方面	好	一般	有待改进	扩散指数
提供技术信息支持	37.4	49.1	13.5	62.0
提供资金支持	27.0	54.2	18.8	54.1
提供吸引人才支持	26.4	58.0	15.6	55.4

注:本表中扩散指数计算方法与表11-6相同。

将评价的3项比例分别以1,0.5,0为权重,加权平均成扩散指数后进行衡量,3方面政府措施所得的扩散指数均在50以上,说明企业家在整体上,对有关政府措施评价均偏向正面。其中,评价最为正面是"提供技术信息支持"(62.0%),其次是"提供吸引人才支持"(55.3%),最后是"提供资金支持"(55.4%)。

(三)转型升级环境不足之处

为了解企业对于政府政策的需求,本次调查向企业家询问当前企业转型升级环境有哪些不足,并设计了6个选项,由企业家从中选择。结果显示,总体上,对于转型升级环境不足的认同,"市场机制不完善"(60.6%)高居首位,其次是"政府政策落实不到位"(31.4%),而后是"企业主体不突出"(25.0%)、"行业共性技术支持不足"(24.0%)、"知识产权保护不力"(22.0%)三项,"行政管理体制与准入制度制约"(15.1%)认同率较低。

分组分析显示,除极个别数据外,各企业群体在6个选项上的认同率均与总体水平非常接近,表现出高度的一致性,说明以上6个选项的认同率及其排位,基本上是各企业群体的一致看法。

国有企业群体的部分数据与总体平均有显著差异。国有企业对于"政府政策落实不到位"的认同率为38.7%,为各企业群体最高值,高过总体平均7.3个百分点,而对"企业创新主体不突出""知识产权保护不力"两项认同率分别仅6.5%和9.7%,又明显低过总体平均20%的水平。数据差异的深层原因,可能是国有企业对政府扶持政策有较多的"等靠要"和不满足。

表 11-8　转型升级环境不足

单位：%

企业群体	市场机制不完善	政府政策落实不到位	企业创新主体不突出	行业共性技术支持不足	知识产权保护不力	行政管理体制与准入制度制约
总体	60.6	31.4	25.0	24.0	22.0	15.1
一、按企业登记注册类型分						
国有企业	54.8	38.7	6.5	22.6	9.7	19.4
集体企业	61.9	28.6	19.1	14.3	19.1	0.0
有限责任公司	63.0	34.1	25.3	22.4	21.8	16.2
股份有限公司	57.6	26.9	28.8	28.8	25.5	19.8
私营企业	61.5	34.0	25.1	23.6	20.4	13.1
港澳台投资企业	62.3	28.7	23.4	25.8	24.0	15.6
外商投资企业	56.3	25.3	25.3	22.4	24.1	13.8
二、按企业规模分						
大型企业	59.0	28.7	24.9	27.6	26.5	20.0
中型企业	58.3	31.9	25.5	25.8	22.6	15.2
小微型企业	64.5	32.7	24.5	19.2	18.0	11.2
三、按特殊分组						
出口企业	59.0	29.1	25.4	25.2	24.1	14.3
上市公司	58.9	26.5	24.5	29.1	30.5	19.9
国有控股企业	64.3	34.3	21.4	21.4	20.0	21.4
四、按重点行业分						
装备制造业	58.6	34.6	23.5	24.8	24.0	16.6
高新技术制造业	57.4	30.4	27.7	20.3	19.6	23.0
高耗能行业	62.0	30.2	26.4	24.1	21.3	14.4
消费品行业	59.1	29.0	27.2	23.6	21.7	17.0

(四)对政府的建议

征询建议是探明企业家对政府期盼的有效途径。本次调查向企业家提出了“您对政府在帮助企业进行转型升级方面的建议是什么”的问题。该题是本次调查中唯一的一道开放性问题，有建议的话要求手写答复。调查结果显示，有 26.9%的企业家回复了该问题，提出了自己的建议；所有建议中，长度超过 50 个汉字的比例达 16.4%。从调查经验看，回复率和长率超 50 个汉字回复比例均属于较高水平，说明转型升级也是企业家群体中的热点问题。

建议属非结构性的文本信息，较难进行常规数量分析，本次调查共收集到 400 多名企业家的建议，信息量非常大，也难以进行人工判别分析。在阅读所有建议的基础上，课题组另辟蹊径，使用了计算机与人工相结合的方法，以挖掘企业家所提建议的内涵价值。方法如下：一是拟定关键词列表，逐一交给数据处理程序进行匹配运算（即某建议是否包含某个关键词），然后由关键词匹配比例来近似代表建议所涉内容；二是根据关键词列表人工筛选代表性建议。

根据匹配运算结果，匹配比例居于首位的关键词为“政策”，提出建议的企业家中，有39.9%写到了“政策”两字。其次是“资金”，匹配比例27.6%。其后分别是“人才”，匹配比例16.4%；“税”，匹配比例13.7%；“市场”，匹配比例12.7%。“信息”与“审批”居于最后，匹配比例分别为8.6%与4.2%。比例如表11-9所示，代表性建议也一并列在表中。

表11-9　企业家建议分类

关键词	匹配比例（%）	代表性建议1	代表性建议2	代表性建议3
政策	39.9	政策支持，教育配套	加强政策落实，在实际办理中要简便快捷	产业政策要有连续性，不能要求企业断崖式转型升级
资金	27.6	在资金与人才上给予企业更大支持	引导企业进行多层次资本融资	转型资金贷款利率能否下调
人才	16.4	帮助企业引进管理人才与一线员工	帮助企业解决人才的住房问题	帮助企业外来骨干解决子女上学问题，让企业留住人才
税	13.7	降低企业税负，减轻企业运行成本	加大政策引导力度，提供实在的税收优惠	对于因转型升级而提前报废的固定资产简化税务申报手续
市场	12.7	转型对于企业来说是市场所注定的，时机不到转不如不转	营造公平竞争环境而不要为企业参与市场竞争设置障碍	全市场经济动作，让企业自然地优胜劣汰
信息	8.6	提供信息，举办相关政策培训咨询会，及时把政策传递到企业	组织参观同行业先进企业并进行面对面交流	总经理是企业转型升级的关键，建议加大对其的培训和辅导
审批	4.2	响应中央号召，减少各种审批	给予企业更宽松的政策环境，减少行政审批环节	转型升级中涉及财税部门，希望审批程序简化，提高办事效率

注：因同一建议可与多个关键词匹配，匹配比例合计超过100%。

五、制造业转型升级的希望

企业转型升级的决策主体和执行者是企业家，政府扶持政策最终要体现在企业家的主动选择上，因此，企业家的精神状态对于产业转型升级至关重要。同时，当前第一代企业家逐渐接近退休年龄，子女接班问题日渐浮出水面，该问题在以民营经济为主的浙江省尤为重要。为此本次调查在企业家自我价值认同与子女接班上各设计了两道问题，由企业家分别从正面（“是”）、中性（“无所谓”）、负面（“否”）3 个选项中选择 1 个。

调查结果显示，虽然当今制造业面临巨大的下行压力，制造业企业家在整体上仍对自己的事业和自己选择的企业家之路持正面评价。表明企业家对未来发展的信心较强，愿意长期投入和坚守。对于“自己的事业是否有意义”一题，83.6%的企业家选择了“是”，而“无所谓”的比例为 15.2%，“否”的比例则低至 1.2%。将以上 3 项比例分别以 1、0.5、0 为权重，加权平均成扩散指数进行衡量，可知企业家总体在该题上所得的扩散指数高达 91.2%，离百分百的正面评价距离并不远。对于“再给一次机会是否仍愿做企业家”一题，正面回答比例（77.7%）也大幅高于负面回答比例（10.4%），扩散指数达 83.7%，远远高过 50%平衡线。

对于子女接班问题，本次调查结果也显示出积极信号。对于“是否愿意子女做企业家”和“子女自身是否愿意做企业家”两题，正面回答比例达到 40%—50%，负面回答比例则不足 20%。根据扩散指数衡量，两题扩散指数分别为 69.8%和 65.0%，均高过 50%平衡线。

表 11-10 企业家自我评价及子女接班问题

单位：%

所询问问题	是	无所谓	否	扩散指数
自己的事业是否有意义	83.6	15.2	1.2	91.2
再给一次机会是否仍愿做企业家	77.7	12.0	10.4	83.7
是否愿意子女做企业家	54.4	30.7	14.9	69.8
子女自身是否愿意做企业家	45.2	39.6	15.2	65.0

注：本表中扩散指数计算方法与表 11-6 相同。

第二节 浙江省“五水共治”助力中小微企业转型升级

2014 年，浙江省 GDP 超过 4 万亿元，成为全国第 4 个 GDP 过 4 万亿元大关的省份。增幅 7.6%，显示浙江的主要经济指标处于中高速增长合理区间，在国内外错综复杂的宏观环境下，这一增速来之不易。浙江经济向深化改革要动力，用提质增效挖潜力，以“五水共治”破解环境压力，助力中小微企业转型升级，从粗放发展转向集约发展。

一、出台“五水共治”的政策背景

习总书记强调指出，改革是由问题倒逼而产生，又在不断解决问题中得以深化。抓“五水共治”倒逼转型，是由客观发展规律、特定发展阶段、科学发展目的决定的。从经济的角度看，治水就是抓有效投资促转型。治水的投资，就是有效的投资；治水的过程，就是转型的过程。在目前民间投资意愿下降、优质外资难引、政府投资受限的情况下，优秀的投资项目对保持有效投资增长至关重要。近年来，浙江省频频通过政策“组合拳”，对低小散和落后过剩污染产业“釜底抽薪”,促进中小微企业转型升级,如表11-11所示。2013年初,浙江省以“重整山河”的雄心和壮士断腕的决心,打响治水攻坚战,标志着正式将“五水共治”纳入浙江经济转型的政策“组合拳”中。

表11-11 浙江省与“治水”相关的政策组合拳

政策	助力中小微企业转型升级的内容与成效
“三改一拆”	改造旧住宅区、旧厂区以及城中村,拆除违法建筑。2013年累计“三改”1.9亿平方米,拆违1.5亿平方米,腾出改造用地5.9万亩,相当于浙江全省年土地供应量的1/2
“四换三名”	“腾笼换鸟”、“机器换人”、空间换地、电商换市,培育名企、名牌和名企业家。2013年新增高新技术企业640家,淘汰高耗能、重污染企业1029家,电子商务交易突破1.6万亿元
浙商回归	2013年引进项目1233个,省外资金累计到位1398亿元。天下浙商“凤还巢”,有效投资放量提质
个转企、小上规、规改股、股上市	支持龙头骨干企业做大做强,2013年“个转企”74181家,“小上规”完成3500家

资料来源:根据相关资料综合整理。

二、浙江省“五水共治”助力中小微企业转型升级的实施进程

2013年末,浙江省委十三届四次全会,做出了“五水共治”重大决策:治污水、防洪水、排涝水、保供水、抓节水;并明确提出,要以治水为突破口推进转型升级。随后,浙江省委省政府成立“五水共治”领导小组,由省政府党组副书记、省政府顾问王建满任组长,下设治水领导小组办公室,统筹协调相关工作。2014年,浙江省全面铺开“五水共治”系统工程,相继举行全省“五水共治”现场会、省“五水共治”工作领导小组会议和全省“五水共治”专题研讨班等工作会议,提出7年(2014—2020年)3步实现质变,以“治污”为突破口,倒逼农业和工业转型,如表11-12所示。

表11-12 “五水共治”治污先行主要内容

“五水共治”	促进中小微企业转型升级措施
五个“一律”	1. 对没有污水处理设施,也没有接入排污管网的企业,一律关停 2. 对没有达到纳管标准、排入污水处理厂的企业,一律限期治理 3. 对没有达标、直接排放的企业,一律停产整治 4. 对违法排放、严重超标排放的企业,一律按最高限额予以处罚 5. 对偷排并造成严重环境污染的,一律移交司法机关,依法从重从严处理
三个“严格”	1. 严格准入监管,不符合水环境功能区要求的建设项目一律不予审批 2. 严格整治倒逼,按五个“一律”要求全面整治重污染行业 3. 严格执行水污染物排放标准,严格落实太湖流域水污染物特别排放限值,年底前实施钱塘江流域11个行业水污染物特别排放限值

资料来源:根据相关资料综合整理。

浙江省农办、省发改委、省财政、省科技厅、省高院、省股权交易中心等部门排出了相关政策、规划、项目和资金，如表 11-13 所示。各地结合实际细化深化，出台“五水共治”实施方案和行动计划，明确各自的治水目标任务，层层挂出路线图、作战图、时间表、任务表。浙江广电集团、新蓝网等媒体开辟专栏，通过“红黑榜”宣传“五水共治”，浙江省政协协助监督“五水共治”成效。

表 11-13　2014 年浙江省“五水共治”重要政策法规及事件一览表

事件	负责单位	与中小企业相关的内容	时间
设立民间“五水共治”基金	各地工商联组织、商会等	山东省浙江商会会长章鹏飞率领全国 11 家浙江商会联合发起成立了“省外浙商五水共治爱心基金”和“省外浙商五水共治协调联络中心”；此后各地商会纷纷建立捐助基金；目前，全省约有 3 万余家民营企业、6 万余户个体工商户、2000 多个商品交易市场积极参与到“五水共治”的活动中来	1 月 10 日
编写《“五水共治”技术参考手册》以及“五水共治”科技专项行动	浙江省科学技术厅	宣传 5 项饮用水治理适用技术、10 项农业面源污染治理适用技术、3 项绿色环保的河道治理适用技术、3 项城镇污水治理适用技术；“五水共治”重大科技专项，每年安排财政科研经费 2000 万元；加快实施科技惠民示范项目，抓好环保产业提升；抓好节能环保产业科技提升行动，抓实诸暨现代环保装备产业技术创新综合试点工作，带动环保装备产业做大做强；培育一批环保节能领域高新技术企业，新建 10 家省级企业研究院	2 月开始
出台《关于加快推进水利工程建设的意见》		2015 年全省水利计划投资 490 亿元，其中“五水共治”水利计划投资 348 亿元	
“五水共治”PPP 模式兴起	各级政府	注册地位于杭州余杭的兴源环境公告称，公司与湖州市吴兴区人民政府签署了《湖州市吴兴区东部新城污水管网提升改造 PPP 合作框架协议》，该项目投资总额约为 2 亿元，该项目建设计划在 2 年内完成	4 月 8 日
“五水共治”系列金融产品发行	浙江股权交易中心、浙江金融资产交易中心	浙江股权交易中心率先推出“姚水利”系列产品，此后陆续发布“五水共治”产品；自 2014 年 5 月后 1 年，浙江金融资产交易中心陆续发行了超过 20 亿元包括建德、兰溪、桐庐、长兴在内的多款“五水共治”定向融资产品	4 月 23 日开始
出台《关于保障“五水共治”依法推进的意见》	浙江省高级人民法院	依法及时适用减、缓、免交诉讼费政策，探索生态环境诉讼案件指定管辖制度，健全完善跨行政区域生态环境案件诉讼管辖制度；严厉打击 14 种认定“严重污染环境”情况	5 月 14 日

续　表

事件	负责单位	与中小企业相关的内容	时间
出台《浙江省省级单位五水共治捐款资金使用管理办法》	浙江省财政厅、浙江省农办	资金全部用于农村生活污水治理，支持环节为农户户厕改造等各类污水接入、雨污分离截污管网、生态化污水治理终端设施等建设；按照规定组织项目设计、招标采购、工程施工等工作；强化项目竣工验收，项目完工后，须委托中介机构对污水治理工程质量进行监测评价	8月4日
出台《关于深化“五水共治”金融服务的指导意见》	中国银监会浙江监管局	积极支持“五水共治”重点项目建设；切实发挥绿色信贷倒逼转型升级作用；银行业金融机构应当将“五水共治”金融服务纳入绿色信贷发展战略；积极开展“五水共治”金融服务创新，完善和推广排污权质押、供水收费权质押等担保方式创新产品	8月6日
出台《浙江省综合治水工作规定》	浙江省人民政府	将与治水相关的产业转型升级工作纳入地方治水规划；县级以上人民政府发挥供地、财政扶持、排污总量控制、能耗控制、水价等调节作用，引导发展低污染、低水耗产业，促进相关产业转型升级；县级以上人民政府及其有关部门通过建立产业园区并鼓励相关企业进园等措施，加强污染集中控制、处理和资源的循环利用；在政府采购、工程招标投标、国有土地出让、授予荣誉称号等方面，对违反治水相关法律、法规、规章及标准、规范的市场主体依法予以限制或者禁入；依法开展相关奖励惩罚	12月31日

资料来源：根据政府网站等新闻综合整理。

三、浙江省“五水共治”助力中小微企业转型升级的成效

2014年，浙江在造纸、印染、化工三大重污染高耗能行业淘汰关停企业1134家，56个县大力开展治水行业整治提升，关闭企业24213家，特别是浦江县水晶加工户锐减到1376家。“五水共治”坚持岸上与岸下齐抓，治标与治本同步，在打造“五水共治”与美丽浙江的共同体之外，促进了市场优胜劣汰和中小微企业转型升级。

（一）新常态下中小企业效率提升

进入“十二五”后，浙江经济增速就从二位数放缓至个位数，2011—2014年GDP增速分别为9.0％、8.0％、8.2％、7.6％，同时呈现出质量效益持续提高、结构调整持续优化、创新驱动持续增强、深化改革持续推进、生态环境持续改善的新常态特征，浙江经济发展率先步入“增长中高速、质量中高端”的健康轨道。

（二）中小企业创新活力增强

优胜劣汰之中，创业创新活力与日俱增。数据显示，2014年浙江新设企业23.6万户，比上年增长10.3％；新设个体工商户52.3万户。如今浙江每万人拥有市场主体765.2户，拥

有企业 231.2 户。摒弃粗放型增长，让更多新型市场主体活力四射。在工业企业中，3.33 万家小微企业工业增加值增长 8.4%，增长快于大中型企业。

(三)中小企业经营信心指数回升

浙江省各地政府通过搬迁整治、关停整治、排放达标整治等手段向中小企业传达了“转型升级”的极大决心，中小企业在政策鞭策与红利下接受环境约束力，通过有效融合经济效益与社会责任提升可持续发展的经营信心。

2014 年，金华市、湖州市、衢州市、台州市获得了 2014 年度“五水共治”工作优秀市“大禹鼎”，东阳市、浦江县、缙云县等 15 个县(市、区)获得了 2014 年度“五水共治”工作优秀县“大禹鼎”。《2014 浙江省中小企业发展报告》显示，2014 年浙江 11 市小微企业经营信心指数排名中，台州市、金华市、湖州市位列 2—4 位，表明“五水共治”为浙江省小微企业转型升级打入“强心剂”。

(四)中小企业“顺水”开拓新领域

根据国务院出台的指导意见，在一些重点领域将进一步放开市场准入，向社会资本尤其是民间资本敞开大门，水污染防治成为重点领域中率先行动的行业；国家有关方面为此积极开展水污染防治行动计划。“五水共治”让中小企业在环保和节能减排领域寻到新的商机。2014 年初开启的全省“五水共治”行动，使得市场对水利管材的需求增加。浙江双林机械股份有限公司借势发力，主攻超大直径聚乙烯缠绕增强管(克拉管)和整体型塑料检查井的生产。“双林”研发的直径范围可达 4m 的超大直径聚乙烯缠绕增强管，属于塑料埋地给排水管，与传统相同直径的水泥管相比，重量要轻数倍，且可大量节约原材料。目前，该产品已经在宁波市、衢州市、台州市等地的“五水共治”项目中成功应用。

四、“五水共治”过程中存在的问题

(一)“五水共治”社会认知深度不够

水环境治理是事关全社会的公共事业，不仅需要发挥政府引导作用，激励企业自觉治污，更需要激发社会团体和社会公众参与水环境治理的积极性、主动性和创新性。然而根据临安市政府相关部门的报告，选取的走访调研样本数据显示多达 39.7%的企业认为倒逼转型无作用不重要；同时部分企业虽有设施，但为了节省成本，偷排现象依然存在，大量的工业污水排入河道，造成水源严重污染。大部分的市民认为工业转型升级与工业治污是企业和政府的事，与其无关，因此，无法很好地发挥倒逼企业转型升级与治水过程中的作用。

(二)“五水共治”政策刚性有待提高

目前出台的 100 多条行业整治提升要求下，缺乏对关停企业的补偿政策，对偷排废水污物的监管处罚力度也不大，导致部分已通过验收的企业为谋取利益。在监管不严的情况下，存在闲置已通过验收的污水处理装置，继续偷排污水等现象，如亚中铝业公司一夜偷排 10

吨废水。这种情形并非个案，若不加大监管查处力度，容易造成“偷排——举报——处罚——再偷排”的恶性循环。

（三）“五水共治”企业转型源动力不足

一是自身实力不足。企业转型离不开资金的快速周转，但近几年融资难、回款压力大等问题严重阻碍工业企业的健康发展。在资金不充裕的情况下，很多企业无法投入更多资金用于更新设备，仅仅对整治方案中有硬件强制要求的排放标准做到达标，对于转型升级表现得有心无力。二是受限于企业规模偏小。以劳动密集型为主的制造型中小企业，原材料和劳动力成本占了主营业务成本的大部分，产品市场竞争力和企业研发能力较弱。三是企业家缺少战略眼光。在转型升级时企业家考虑到风险因素，尽可能沿袭过去做法，守住目前企业就是成功成为主要思想。

五、相关对策建议

中小微企业转型升级不仅事关企业自身健康发展，更是解决民生与就业问题、促进国家经济发展方式改变、对接世界产业链发展轨迹、从“中国制造”到“中国创造”的重要抓手，急需社会各界统一认识，齐抓共管。针对上述浙江省中小微企业转型升级发展过程中存在的突出问题，提出以下对策与建议。

（一）优化市场，促进产业链全面提升

为中小企业营造透明、公平、开放的经营环境，构建有利于大企业和中小企业协同发展的产业组织结构。在政府可用的政策工具中，如公共采购和产业引导基金、中小企业发展基金等，应尽量向中小企业倾斜，使中小企业充分享受政策资源，促进中小企业创新能力提升。通过国企改革给民营资本留下更开放的空间，培育出一批全新的、有实力的中小企业市场主体。

把握发展趋势，摒弃等级优次的思想观念，协同规划区域建设与产业分配，合理调节产业结构，全力升级产业生产链。引导各级政府根据优势条件与现实状况进行导向性分析，按照产业链进行明确分工合作和角色作用。平衡行业利差，增加产业价值利润，带动各行各业的中小企业的积极性。建立合法、合理的市场竞争保障机制，完善自由市场的流通体系，保证市场行业的合法经营，避免利润价值而产生的恶性行业竞争。

支持发展企业做大做强，通过全球资源利用、业务流程再造、产业链整合、资本市场运作等方式，加快提升核心竞争力。支持制造业企业优势产能走出去，在境外开展并购和股权投资、创业投资，建立研发中心、生产、实验基地和全球营销及服务体系，依托互联网开展网络协同设计、精准营销、增值服务创新、媒体品牌推广，建立全球产业链体系，将会提高国际化经营能力和服务水平。加强对外投资立法，强化制造业企业“走出去”的法律保障，规范企业境外的经营行为，维护企业走出去的合法权益。

（二）搭建平台，弥补中小企业资源短板

开展中小微企业业务办理“一站式”综合服务。尤其在创新创业业务、公共资源交易、信

用信息管理、中介服务(律所、咨询公司、投行、会计师事务所、行业调研、评估、社会责任、NGO 等)、退出服务等方面提供信息服务和政务便利。建立对外投资公开服务平台和出口产品技术性贸易服务平台。完善应对贸易摩擦和境外投资重大事项的协调机制和预警机制,为制造业企业营造规范、便利、安全的海外投资环境。

(三)深化改革,多渠道降成本促进中小企业融资

继续深化金融领域改革,开设融资交流信息服务平台,发展信息化、现代化、高速化的融资渠道。延伸市场融资的合法途径,规范市场集资的运行流程,引导民间投资通过银行和金融机构进入市场,从而活跃社会资金的流动与带动市场经济的发展,降低企业的社会融资成本。研究并推行转贷基金,简化中小企业续贷流程,提高信用审核效率。善用财政,落实增效减负政策。一方面在继续增加中小企业专项资金规模的基础上,重点支持中小微企业技术创新和节能减排。探索建立小微企业贷款援助基金,通过再担保、担保补贴、转贷补贴等形式缓解融资难的问题。做好各级政府政策衔接,切实将中小微企业减负工作落到实处。

(四)保护环境,促进资源循环利用

针对企业的行业性质来进行划分,规划中小企业企业竞争的范围与层次,建立资源循环利用体系,禁止浪费市场资源。创建企业资源共享渠道,利用公共信息网络渠道对有效的资源进行回收,建设科技创新园区、生态工业园等产业圈,发展循环、高效、环保的产业集群带。

淘汰污染重、消耗高的传统落后产业,发展污染轻、消耗低的高新技术产业。引进先进循环的生产技术和清洁技术,要有保证、有度量地开发地方资源,做好利用与开发前后的预防治理,实施对产业结构调整和末端治理。出台政策,以奖代补,鼓励中小企业对生产设备的使用、废弃、回收进行投入。引入科技型的节能清理设备,防止资源的过度消耗,走环境优、效率高、效益好的创新型工业发展道路。

此外,广大中小企业也需要把握时代发展趋势和产业发展轨道,以前瞻性眼光为消除"低效"付诸实际行动。通过"互联网+(农业/工业/服务业)"的转型,有效整合核心要素,利用创新思维和人才培养不断进行二次、三次创业,在"专、精、特、新"上实现企业可持续发展。

第三节　浙江省力促科技型中小企业发展

科技型中小企业是指拥有一定科技人员,掌握自主知识产权、专有技术或先进知识,通过科技投入开展创新活动,提供产品或服务的中小企业。科技型中小企业最主要的特征是以创新为使命和生存手段。截至 2013 年底,浙江省科技型中小企业共有 11630 多家,创造的工业增加值、税收等均占工业企业的 20%左右,特别是其开发的新产品对工业的贡献率超过 30%。

一、浙江省培育发展科技型中小企业的做法与成效

浙江省一直十分重视培育发展科技型中小企业，出台政策措施扶持科技型中小企业发展，探索了一条符合浙江省情的科技型中小企业发展之路，有力促进了科技型中小企业又好又快发展。

（一）主要做法

1. 制定一系列扶持政策

近10多年来，浙江省出台了一系列促进科技型中小企业发展的政策措施。2002年，省委出台《关于进一步加快民营科技企业发展的若干意见》（浙委〔2002〕11号），文件规定经认定的省科技型中小企业参照享受高新技术企业的优惠政策。《关于浙江省科技型中小企业认定工作实施意见》（浙科发高〔2002〕201号）文件规定，鼓励经认定的科技型中小企业到中国浙江网上技术市场进行难题招标和网上签约，对其已在网上签约的项目，优先给予省科技型中小企业技术创新专项资金的支持。2013年，省委十三届三次全会通过了《关于全面实施创新驱动发展战略，加快建设创新型省份的决定》，提出实施科技型初创企业培育计划、科技型中小企业成长计划，引导创业投资机构和社会资本投资科技型中小企业，推动科技型中小企业发展成为高新技术企业。对符合条件的初创期科技型中小企业，鼓励申请国家和省科技型中小企业创新基金。有条件的地区和高新园区设立创新基金，支持科技型中小企业发展。加快完善中小企业创新服务体系，抓好省级特色工业设计示范基地和科技创新服务平台建设，更好地为中小企业服务。

2. 推进科技要素市场化改革

一是深化科技成果转化工作。建立科研经费、职称评定与科技成果转化紧密结合的“两挂钩”导向机制，包括科研经费补助与高校和科研院所研发成果转让实绩相挂钩；省属科研院所经费安排以绩效为导向；改革完善教师职称分类评审评定。二是充分激发科研人员创新活力。建立科研人员、大学生创新创业“两保留”激励政策，包括支持高校教师离岗创办科技型企业，派出期间原岗位、职级、工资福利保留不变；鼓励大学生创新创业，在浙高校全日制学生休学创业，可保留学籍2年。三是建立企业融资、人才引进“两突破”激励政策。包括优化科技型企业融资环境，推动科技型企业到浙江股权交易中心挂牌；制订《浙江省领军型创新团队引进培育计划实施办法》，加大创新团队和人才的培育建设力度。四是探索科技资源共享机制。建立科技资源、科研设施“两开放”共享机制。出台《关于推进科技资源开放共享的若干意见》，加快科技资源优化配置。推进大型科学仪器协作共用，已有162家高校、科研院所等单位参加大型科学仪器的开放共享，涉及仪器1800多台。

3. 开展科技专项服务行动

各级各部门开展各类科技专项服务行动，为科技型中小企业服务。2013年7月，省政府启动科技专项服务行动，把培育发展科技型中小企业作为6大专项行动之一，计划到2017年，全省科技型中小企业达到3万家。积极开展科技金融服务专项活动，在全省开展科技型

中小企业贷款保证保险工作，帮助科技型小微企业解决融资难题。积极开展产学研结合活动，省科技厅、经信委、教育厅等部门联合开展产业导师认定，打造产学研联盟，推动企业共性技术难题解决。2013 年，700 多家企业与高等院校、科研院所和央企合办的科研机构达到 562 家，开展产学研合作项目 2000 多项，产学研合作经费达 19 亿元。

4. 推进创业孵化基地建设

创业基地是小企业成长的摇篮，也是孵化科技型中小企业的重要载体。浙江省创办小企业创业基地始于 2004 年，10 年来已建成小企业创业基地 260 家，其中省级小企业创业示范基地 86 家，冠名为智慧小企业创业园的 120 家，科技型小微企业孵化园 25 家。至今已有 3836 家企业得到成功孵化，跨入了科技型中小企业行列。杭州市元谷文化创意园素有科技型小企业集聚中心之称，入驻这里的小企业坚持科研与实业有机融合，已涌现出了一批在动漫领域颇具发展潜力的隐形冠军。嘉兴市华新科技创业园的百余家毛衫小企业，经过孵化已有三成企业成了毛衫行业的领头羊。嘉善县科技孵化园创办 10 年来，已孵化出科技型中小企业 34 家，双软认定企业 17 家，并有 6 家企业被评为国家高新技术企业，累计完成科技项目 600 余项。

5. 组织咨询机构提供智力支持

浙江省咨询行业坚持把管理咨询寓于经济发展的大局之中，在服务项目、服务方式上紧贴现实需求。近 3 年来，全省有 100 多位管理咨询师、创业指导师走基层、进企业、跑园区，热心为企业支招，积极为转型献策，在参与培育创新型中小企业中发挥了重要作用。不少资深管理咨询公司积极开展融资策划业务，把上市融资融入于咨询服务之中，注重抓好有上市意向企业的培育工作。主动与小企业创业基地结对子。从 2010 年开始，经省中小企业局牵线搭桥，全省有 28 家管理咨询公司(创业辅导中心)与 55 个小企业创业基地结成了帮扶对子。4 年多来，咨询师们深入园区，上门问诊，现场号脉，累计开展各种形式的辅导活动达 360 多场次，成功培育创新型示范企业 300 余家。

6. 积极搭建服务平台

一是创建网络服务平台。这一平台自 2012 年 9 月在全国正式开通运行，是我国首家网络服务平台，目前已完成 145 个功能模块、1135 个功能点、3562 个功能项的开发。通过服务大厅、服务热线(96871)、互联网、多媒体终端、移动终端等 5 种服务载体，为全省中小微企业特别是科技型企业提供信息咨询、人力资源、技术支持、知识产权、创业辅导、市场开拓、管理咨询、融资服务、法律维权、质量标准 10 大类服务，仅 2013 年就帮助 2102 家企业获得了信贷、仓储质押等贷款 58.86 亿元。二是创建融资担保平台。目前，全省已建立科技型担保公司 7 家，注册资本 5.47 亿元，截至 2013 年底，这些担保机构累计为 1 万家次科技型、创新型企业提供担保贷款 92.31 亿元。近 2 年累计吸引了 2800 多家创新型、成长型、科技型中小企业和 1200 多个技术创新项目，与 140 多家投资机构和银行进行对接。三是创建校企合作平台。由省经信委、省中小企业局与浙江大学管理学院合作开办的 EMBA 研修班，为科技型中小企业培训了 200 多名高管。杭州、宁波、绍兴、嘉兴等市，已有4000多家科技型中小企业与大专院校、科研院所建立了稳固的协作关系，在产学研结合上迈出了坚实步伐。

7. 优化科技资源配置

各地把培育发展科技型中小企业作为推动经济转型升级的重点来抓，优化科技资源配置。如湖州市从2008年起设立了科技型中小企业集合贷款基金，推出了“成长之星”和“隐形冠军”培育计划，现已育成“成长之星”52家，其中有8家已完成股改，进入了上市公司预备队。杭州市每年用于“登羚计划”即中小企业创新发展的专项资金达5000万元，至今已有近千家科技型、创新型中小企业分享了这块“蛋糕”。乐清市近年来提供工业用地2760亩，总投资106亿元，建设了11个具有产业特色的科创园，助推科技型中小企业发展。

(二)主要成效

通过长期不懈努力，浙江省培育发展科技型中小企业取得显著成效，科技型中小企业已成为经济增长的“潜力股”，对促进我省经济社会平稳健康发展发挥了重要作用。

1. 发明专利，取得新成效

统计显示，科技型中小企业用于研发的资金投入占据销售收入10%以上，每年经国家知识产权部门认定的发明专利和实用专利技术在2000项以上，专利拥有量已连续多年位居全国前列。宁波金氏实业有限公司是一家年销售额刚过亿元的科技型企业，自主开发的ERP模块却有700多个，特别是成功开发的具有“X光机”功能的注塑机，随时随地可以通过计算机对生产现场的压力、速度、温度、时间4项最为关键的制造参数进行设定、追踪和查看，不仅生产效率和产品质量显著提升，还赢得了法国采购商的青睐。浙江中科兴环能设备有限公司成功开发出《船用皮带卸料机》《垃圾破碎机》两项发明专利，价值达1332万元，并凭借2张专利证书，从商业银行获得融资400万元。

2. 转型升级，迈上新台阶

科技型中小企业大力实施“四换三名”工程，取得明显成效。鄞州区福士公司近年来投入1220万元，将300台数控车床进行了自动化升级改造，如今一个员工同时可操控10台车床，日产量增加到1万个，效率比原来提高了10倍，成为“宁波制造”中单体设备实现“机器换人”的典范。近3年来，各科技型中小企业累计有3000多人次参加电商专题培训，已有65%的科技型中小企业建立起电子商务平台，销售电商化率接近26%。湖州市南浔区一批科技型企业走出了一条“无土栽培”的转型升级新路子，总投资8200万元的3000吨风力发电系统专用特种电磁线项目，给“先登电工”带来了2.1亿元的销售收入。全省有2600余家科技型中小企业对厂房进行了改造，自觉拆除了一批违规建筑，进一步美化了厂容厂貌，拓展了企业发展空间。一批企业加快淘汰落后产能，减少环境污染，实现绿色发展。

3. 两化融合，取得新进展

加大信息化与工业化两化融合力度，使科技型中小企业赢得发展先机。调查显示，浙江省科技型中小企业装备数控化率已达到35%，机器设备联网率已达到28%，企业ERP(企业资源计划)普及率已提高到57%，MES(制造执行系统)应用率已扩大到25%以上。例如，以生产数字电视为主导产品的宁波市博一格数码科技有限公司，近 10 年来从制造到智造，平均每半年推出一款新品投放国内外市场，款款达到预期目标，RFHD 技术产品已稳居全国前三名，并取得了 40 多项专利和软件著作权。又如湖州市一大批科技型企业借助两化融合创新这一“魔方”，2015 年前 4 个月，全市高新技术产业实现主营业务收入 407.55 亿元，利税 36.78 亿元，利润 24.81 亿元，同比分别增长 6.4%、12.2%、12%，高新技术产业增加值占全市规模以上工业增加值的比重达到了 35.12%。

4. 创新基金，取得新成果

近年来，浙江省着力抓好创新基金项目实施工作，有力促进了科技型中小企业发展。一是推动了高新技术产业化。据浙江省科技厅对 525 项省级创新资金项目(其中国家创新基金项目 308 项)的绩效调查，创新基金项目平均每项实现销售收入 4153 万元，创汇 94 万美元，利税 782 万元，资产达到 1.14 亿元。二是助推企业上市发展。一批企业逐渐成长为行业领导者，一批企业成长为年销售收入超 10 亿元的大企业，新和成股份和精工科技等 40 多家企业成功上市。三是加快了科技成果转化和产业化。浙江省获国家创新基金资助的项目中，超过 40%是企业与高校、科研院所的产学研合作和科技成果转化项目。企业通过创新基金项目的实施，提高了自身的研发能力，形成了一批具有自主知识产权的产品。四是提升了区域经济发展质量。通过实施一大批国家和省级创新基金资助项目，有效提升了区域块状经济的科技创新能力和的市场竞争力。如东阳市磁性材料产业 20 多个项目、台州市医药产业 40 多个项目、绍兴市纺织行业 50 多个项目获创新基金资助，大大提高了块状经济的发展质量。

5. 出口创汇，取得新进步

浙江省科技型中小企业一直处于出口创汇第一方阵中，即使在 2008 年金融危机时期，科技型中小企业出口仍保持了年 10%左右的增幅。出口市场已遍及全球 100 多个国家和地区。出口品种既有传统的五金、丝绸、汽模配等产品，又有芯片、光学仪器、3D 打印等高科技产品，种类已超过 2300 多种。由嘉兴市景焱智能装备技术有限公司自主研发的“全自动四工位芯片测试机”，不仅列入了浙江省首台(套)项目，而且产品成功打入美国泰科电子、法国施耐德电气等知名企业，同时还吸引了风投机构投资 1500 万元在嘉善县归谷园区建造生产线，实现规模化生产。

二、科技型中小企业面临的困难和问题

调查显示，浙江省科技型中小企业也面临不少困难和问题，具体表现在以下几个方面。

(一)认定标准不统一

目前，什么样的企业可以认定为科技型企业的认定标准，没有统一标准。有的地方认定随意性大，有的市县把生产与电器相关的企业(如电缆生产厂家、空调零部件制造商等)一概列入了科技型企业，有的光伏企业既无研发团队，又无专利技术，也被贴上了科技型企业标签。

(二)企业人才引留难

据对百家企业问卷调查显示:有近42%的企业,一线工人中具有本科学历的员工几乎为零,拥有职高学历的员工也不足10%。企业普遍反映,现在人才引进的成本过高,尤其在引进海外人才方面,竞争非常激烈,一般的中小型企业在省里面很难争取到相关名额。如,金华市某公司2012年从日本引进了4名退休的技术高工担任企业顾问,2013年日本顾问对企业有个指导项目,为此企业从德国引进4000多万元的设备,在产品调适、操作方面碰到很多困难,而日本顾问一个月才过来指导一次,解决困难的力度也有限,在此期间设备无法投入生产,损失较大。再就是一些技术人员心态浮躁,在一家企业里安心干满3年的技术人员不足20%。同时,与吸引人才入驻相配套的住房问题、子女入学问题、生活环境问题等没有很好地解决,引进人才难以留住。

(三)技改资金到位慢

从这几年的实际情况看,企业为创新的付出与政府给予的补助不对称。补助金额偏小,全省20个工业强县,去年用于扶持中小企业的专项资金多的也就1000万元,少的只有几百万元,企业完成一个技改项目或获得科技型示范企业称号,能得到的补贴也就5万—10万元。资金到位滞缓。嘉善县有几家企业一致反映,财政给予专项补助资金一年半载到不了企业账户,去年市级财政戴帽下拨的补助资金至今没有兑现,在一定程度上挫伤了企业搞技改的积极性。中小微企业科技项目评定门槛较高,科技评选项目只要跟钱挂钩、有资金奖励的,地方财政部门都会介入开展联合评定,对中小微的科技项目卡得比较严,不利于科技型中小企业发展。

(四)产学研结合"两张皮"

科研与实业"两张皮"现象依然存在。如,金华市某公司在省政府组织的一次拍卖会上,花了120万元,拍买下浙江大学的一个科研项目,投入产业化以后,发现该项目还不成熟,导致经费超出预算,效果不佳。在企业和高校的合作研发过程中,由于老师对企业缺乏共同的荣誉感,再加上企业和高校的管理体制不同,往往导致研发时限、研发成果达不到企业预期效果。临安市有10多家科技型中小企业名义上都与高等院校建立了合作关系,有的还挂着博士后工作站、大学生实践基地的牌子,但至今一个科研项目都未成形。

(五)知识产权难保护

专利技术被仿冒和盗用的案例呈上升趋势。据统计,2008—2012年,浙江法院受理知识产权民事、刑事和行政一审案件35703件,审结34005件,同比前5年增长5倍多。侵权案件增多主要有两方面原因:一方面企业重专利技术开发、轻知识产权保护,研发成功后没有及时申请专利,有的被同行企业窃取甚至抢注;另一方面,政府有关部门引导不够、查处不力,有些跨省域案件还受到地方保护主义侵扰。调研中,很多企业反映目前因仿冒问题带来的技术创新的市场风险不断增大,特别是在原始创新和发明专利方面,企业为此投入大量人力、财力与时间,一旦被仿冒,要么为侵权纠纷耗尽精力,要么任人仿冒,创新成果可能前功尽弃,严重阻碍了企业技术创新热情与动力的提升。

(六)公共服务不完善

现有的公共服务平台偏少,而且布局不够合理,与科技型中小企业离得太远、贴得不紧。企业为检测一个新产品往往得往返几百里,等待几个月,严重影响生产,乃至失去商机。公共技术服务平台建设存在“重建轻管”问题。目前,浙江已建立 60 个重大科技创新平台,包括基础条件、行业专业、区域创新等平台类型。在调研中,企业反映这些公共技术服务平台没有真正发挥出作用,平台没有真正对企业开放,也没有相关部门明确其服务指南,包括平台服务职能和收费标准等。据省工商联今年一项调查显示,在“推动科技资源开放共享”方面,只有三成多受访企业共享过科研设施和仪器设备等科技资源,说明企业从全社会共享科技资源的覆盖面还不广。有些服务平台开设的服务产品与企业的现实需求不对称,公共服务有效供给不足。

三、培育发展科技型中小企业的对策建议

(一)要从战略高度加快推进科技型中小企业培育工作

从国际工业发展趋势看,一个国家进入工业化中后期,都会打科技创新这张牌,将人才、能源、土地等资源要素向科技型企业集聚。浙江省有 108 万家中小微企业,如果其中能培育出 20%的科技型企业,将释放出巨大的潜能。因此,培育科技型中小企业,就是培植经济增长点,就是调结构、促转型、提升企业核心竞争力。各级各部门要把培育科技型中小企业作为工业转型升级重点来抓,纳入“十三五”规划,突出重点,分层扶持,打造一批具有核心竞争力的科技型企业。

(二)要完善科技型中小企业的财税支持政策

一是要提高财政资金用于技术创新的支出比重。2011、2012 和 2013 年省财政用于科学技术经费占本级财政经常性支出的比例分别为 3.75%、3.99%和 4.06%,虽是逐年增加,但与浙江省委《关于全面实施创新驱动发展战略加快建设创新型省份的决定》的要求,到 2015 年浙江省政府财政用于科学技术经费占本级财政经常性支出的比例达到 8%还有较大差距,要切实加大财政对技术创新的支持力度,大幅提高科技经费支出比重。二是扩大政府采购和补贴支出。扩大政府采购自主创新产品支出,在每年的财政支出中,专门划出一块针对我省科技型中小企业自主创新产品进行政府采购。切实发挥财政补贴“四两拨千斤”的作用,对用自有资金创建科技型中小企业和增加技术创新投资进行补贴;对有成果的科研开发项目支出进行适当补助。三是调整完善科技型中小企业的税收政策。大幅度降低税收负担,实现“放水养鱼、涵养税源”,提高中小企业年缴纳所得额门槛标准,扩大中小企业享受低税率优惠政策的范围。向国家有关部委建议,将中小企业所得税起征点上调至 20 万元。

(三)要切实加大对科技型中小企业扶持力度

一要继续推进科技孵化园和小企业创业基地建设。不断提升孵化基地档次和规模,推进同行业集中入园、产业链上下游企业配套入园,拓展科技型中小企业衍生空间,推动企业

集聚发展。二要拓展科技型中小企业融资渠道。要深入贯彻落实国家对科技型中小企业信贷政策，着力缓解融资难融资贵问题。推进银企合作，探索创新“年审制循环贷款”“企业简易承保模式”等金融产品和服务。在“小升规”企业中开展信用评级试点。利用三板市场开放和浙江股权交易中心平台，推进一批“规改股”科技型中小企业到场外交易市场融资；利用国家鼓励发展私募市场的机遇，促进科技型中小企业发行公司债。三要组织和引导社会服务机构为科技型中小企业提供智力支持。实行企业辅导员和联系人制度，选择一批公益意识强、实践经验丰富的管理咨询师、创业指导师组成智囊团，每年开展百场公益性辅导活动，“一对一”“一对多”地与孵化企业结对，面对面解答企业在创新中遇到的难疑问题。四要畅通企业获取先进技术渠道。引导高等学校、科研院所与小微企业加强合作，建立产业技术创新联盟。推动企业组建新技术研究开发战略联盟，形成技术研究开发、应用、共享机制。

（四）要建立健全覆盖科技企业的公共服务平台

一要强化信息网络平台服务功能。着力推进中小企业公共服务平台网络建设，进一步完善省平台和10个综合“窗口”平台功能，加快实行42个产业集群“窗口”平台互联互通，在此基础上，切实抓好与科技型中小企业相关的工业设计供需对接信息网、融资中介服务网、企业上市信息网，真正形成服务网络化。二要完善创新融资担保平台。借鉴德国、日本等国经验，建立省、市、县分级出资的再担保制度，完善担保与再担保体系，切断企业之间的互保链风险，开设更多面向广大科技型中小企业的担保产品，促使“融资通”“集合债”“零质押”“一站式”等优质担保产品落地生根。三要抓好技术服务平台增量扩容。要按照面向企业、集约利用、统筹规划、分步实施的建设思路，整合大型科学仪器设备资源，在重点科技孵化园区和产业集聚区，新建10—20个设施配套、功能完备的技术研发平台、产品检测平台，切实改变共性技术服务供不应求的状况，力求实现“零距离”服务。

（五）要建立健全与科技企业发展相配套的人才支撑体系

一是加大专业人才培养、培训力度。根据社会就业需求来确定大学的专业设置，推行“企业＋大专院校”的订单培养、“企业＋实验室”的合作培养模式，贴近市场需求大力培养技能型人才。统筹职业教育资源，依托大型企业、重点院校建设技能型人才培养和实训基地，通过财政补助的形式，进一步引导企业加大对员工的专业技能培训。二是营造有利于科技人才集聚的环境。探索完善专业人才的柔性流动机制，促进大专院校、科研院所等专业性人才与科技型中小企业的双向流动。参照“大学生村官”的政策，鼓励和引导工科类人才到科技型中小企业工作。引进区域性专业紧缺人才，在住房、子女入学、户籍等多方面给予特殊政策，切实引导人才向技术创新一线集聚。三是建立健全技术人才流动管理机制。探索建立劳动关系登记制度，建立完善社会各类就业人员的劳动档案并建立数据库，实行网上共享，便于用人单位及时查询了解就业人员的工作履历及诚信情况。

（六）要进一步健全激发科技型中小企业创新活力的体制机制

重点抓好四项机制建设：一是目标导向机制。以开展“五帮一化”活动为契机，着重推进以管理咨询为基础的创业辅导体系建设，以节能减排为重点的环保节能体系建设，以技术创新与技术转移为核心的技术服务体系建设，逐步建立政府扶持中介、中介服务企业的机制。二是培训育成机制。积极试行和推广“创业导师＋对口教学＋专业孵化”的育成模式，依托经信系统的培训场所，借助大专院校的师资力量，继续开办高级工商管理研修班、员工专业技能培训班，着力帮助企业培养一批技术骨干，缓解科技创新与人才紧缺的矛盾。三是考评督导机制。由政府、社会中介机构、高等院校的专家组成三位一体的考评小组，对列入年度科技型示范企业进行定性定量分析，督促科技创新各项标准落到实处。四是表彰激励机制。凡是荣获科技型示范企业荣誉称号的企业，由企业主管部门予以通报表彰，并给予一定的物质奖励，以此激发企业抓科技创新的积极性。

第四节　网络销售引领工业企业销售模式转型

近年来，浙江省积极推进“电商换市”战略，电子商务已经成为工业企业拓展市场、提升品牌的重要渠道。同时，网上销售也给不少企业带来了挑战和困惑。为深入了解浙江省工业企业在网上销售产品的现状，研究总结网上贸易对浙江省工业的影响，针对工业企业网上销售情况开展了专题调研，调研结果汇总分析如下。

一、浙江省工业企业网上销售基本情况

本次专题调查采用问卷调查和实地调研相结合的方式，以问卷调查为主，实地调研为辅。问卷调查随机抽取了全省范围内 1000 家制造业企业，共有 914 家企业填报了问卷，问卷有效回收率为 91.4%。实地调查共访企业 15 家，主要分布于杭州市、宁波市、湖州市和金华市。问卷调查和实地调研对象已考虑规模、行业因素。

结果显示，目前网上销售已经成为浙江省工业企业的一条重要渠道。

（一）1/4 工业企业已开展网上销售

近几年来，我省有越来越多的工业企业在网上销售产品。调查数据显示，914 家工业企业中，有 233 家开展了网上销售活动，占比 25.5%。其中，生活消费品、工业消费品和中间产品企业分别占比 55.8%、27.5%和 16.7%。已经开展网上销售的企业中有 67%是近 3 年才涉足网上销售。部分企业虽然较早在网上开展销售，但直到近 3 年网上销售额才实现较快的增长。如金华市的金字火腿，2012 年之前网上销售额不到 100 万元，但 2012 年实现同比增长 600%，2013 年、2014 年增幅均达到 100%。从地区上看，各市工业企业网上销售的参与度并不平衡。台州市、绍兴市、嘉兴市的工业企业网上销售参与度较高，均超过 30%，其中台州市工业企业参与度最高，达到 43%。湖州市工业企业的参与度相对较低，仅为 8%。各市参与度＝各市开展网上销售的企业数/各市抽样企业数。

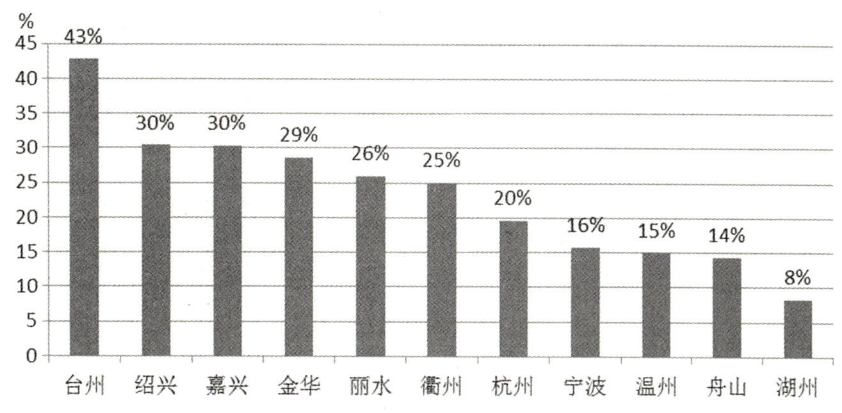

图 11-1　各市开展网上销售参与度情况

(二)第三方平台成为网上销售主渠道

调查数据显示，在网上销售产品的工业企业，73%都入驻了第三方电商平台。阿里(天猫+淘宝)和京东两大电商平台已经成为工业企业开展网上销售的主要渠道。企业入驻率最高的第三方平台为天猫，入驻率达43.8%，其次分别是阿里巴巴、淘宝和京东，入驻率分别为36.5%、25.8%和19.7%。此外，有40%的工业企业自建官网开展网上销售，但是销售比例还比较低，多数企业官网的作用，主要还只是信息宣传和售后服务。

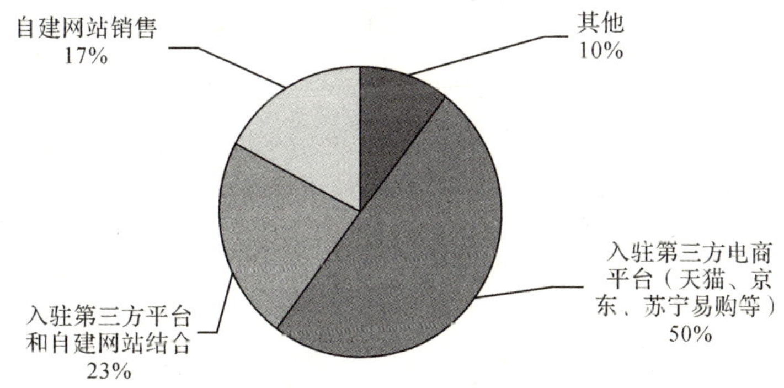

图 11-2　浙江省工业企业网上销售方式

在网上销售的组织形式上，54%的工业企业设立了负责网络销售的工作部门，如大圣玩具、双童吸管、欧伦电器等均成立了电商部门；14%的企业成立了独立核算的电子商务子公司，如欧诗漫集团成立了独立电商平台易妆网，祐康集团建立了优谷大地云商平台；此外，还有46%的企业没有建立专门的网上销售工作机构，只是指定人员负责网上销售业务。

(三)拓展销售渠道是开展网上销售的主因

调查显示，已开展网上销售的企业中，79.8%认为拓展销售渠道是其开展网上销售的主要原因；59.7%认为网上销售是未来的趋势，企业开展网上销售是为了适应时代发展，抢占未来发展机遇；54.1%的企业把品牌宣传作为网上销售的重要原因，认为通过网上销售可以使企业的品牌在线上和线下形成互动效应。如宁波市中哲文墨新创 ONE MORE 品牌，首

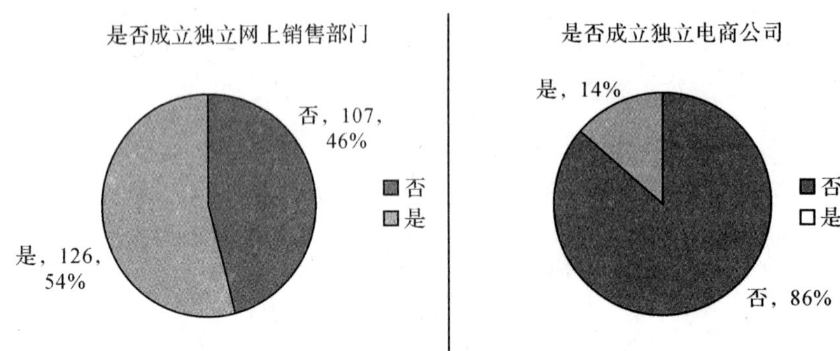

图 11-3　浙江省工业企业开展网上销售的组织形式

先进驻全国各大主流商场，完成线下布局，之后再通过天猫、淘宝等电商平台进行品牌推广，通过线上线下协同加深消费者对品牌的认同。值得关注的是 23.61%的企业已经将网上销售作为企业精准掌握消费者行为数据，推动企业产品创新的重要方式和渠道。

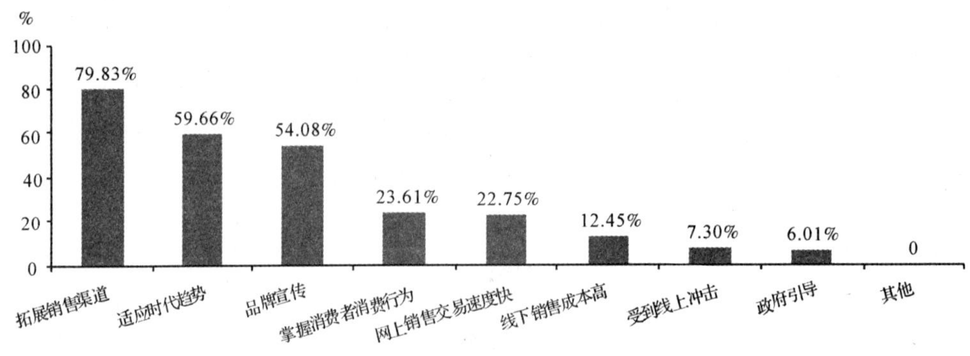

图 11-4　浙江省工业企业开展网上销售的原因

(四)网上销售额增长较快但占比较低

在调研中发现，大部分工业企业近年来网上销售额增长较快，比如浙江欧诗漫集团 2012 年网上销售额 5086 万元，2013 年达到 10056 万元，增长 97.7%，2014 年达到 20228 万元，增长 101.2%；欧琳集团水槽事业部 2013 年网上销售额为 7000 万元，2014 年达到 12000 万元，增长达 71%以上；老板电器 2013 年网上销售额为 3.69 亿元，2014 年网上销售为 8.46 亿元，增长 129%。尽管，这几年工业企业网上销售额实现了快速增长，但占总销售额的比重仍然较低。从问卷数据看，65.7%的企业网上销售额占比低于 10%，21.9%的企业网上销售占比在 10%—20%之间，只有 3%的企业网上销售额占比高于 50%。

(五)工业企业网上销售先发优势明显

数据显示，较早从事网上销售的企业比后进入的企业具有优势。从销售占比看，网上销售额占比高于 30%的企业有 15 家，其开展网上销售的时间均在 3 年以上，其中 6 家已超过 9 年。调查企业中，开展网上销售时间在 4 年以下的企业，网上销售占比均低于 30%。从利润率情况看，开展网上销售时间在 3 年以上的企业，38.5%的企业网上销售利润率高于线

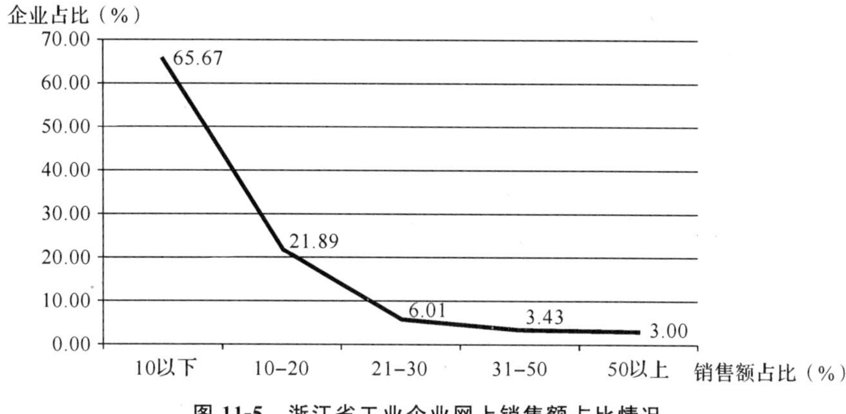

图 11-5　浙江省工业企业网上销售额占比情况

下，只有 15.4%的企业网上销售利润率低于线下；开展网上销售时间在 3 年以内的企业，32.9%的企业网上销售利润率高于线下，而 23.2%的企业网上销售利润率低于线下。从销售成本看，233 个开展网上销售的企业中，40 个企业的线上销售成本高于线下，其中 28 个企业开展网上销售的时间均在 3 年及以下。

二、工业企业开展网上销售面临的主要问题及原因

调查发现，工业企业在开展网上销售过程中面临成本高企、恶性竞争、假货冲击、人才短缺及认识不足等一系列问题。

（一）成本高企

工业企业网上销售的交易成本主要包括第三方交易平台的保证金、扣点（服务费）和平台推广费（流量费），以及设备、人工、物流等费用。以浙江欧伦电器有限公司和浙江欧诗漫集团有限公司为例，其线上销售成本已分别占销售收入的 45%和 43%。一些企业反映，近几年来平台费用、人工成本大幅上涨，目前线上销售的总成本已与线下销售成本基本持平，有的甚至已远远高出线下成本。调查问卷显示，17.2%的企业认为线上销售成本高于线下，43.35%的企业认为线上销售成本与线下基本持平，37.77%的企业认为线上销售成本比线下略低，只有 1.72%的企业认为线上销售成本比线下低很多。

从调查的情况看，第三方交易平台的各种推广引流费不断上涨，是企业线上销售成本高企的重要原因。目前国内第三方电商平台流量主要集中在阿里（淘宝、天猫）、京东两大平台（约占 B2C 市场 83%以上份额），竞争非常激烈，导致销售成本不断上升。以天猫/淘宝直通车为例，有企业反映，以前用户每点击一次，企业需支付 0.1—0.2 元流量费，而目前已上涨到 5—10 元/次，"双十一"的时候最高可能达到 200 元/次。走访中有企业老总反映："得罪一个大客户可能让我损失 5%的线下销售额，但得罪天猫的店小二会让我损失 75%的线上销售额。"

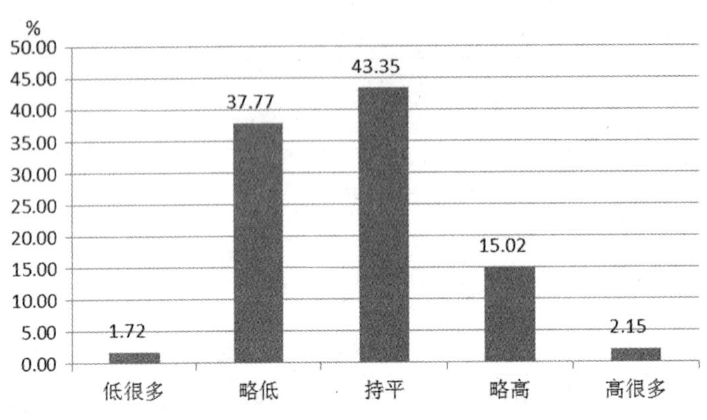

图 11-6 线上线下成本比较调查结果

(二)恶性竞争

开展网上销售的企业中,有64.4%将价格恶性竞争列为其开展网上销售面临的最大问题。线上销售最大的特点是产品价格透明化以及市场的全国化,但消费者和厂商之间存在产品质量信息的不对称。产品价格的透明化导致大量同质化的产品面临严重的价格竞争,市场的全国化又使得一般品牌的优势丧失,产品质量的信息不对称使得大量小作坊、个体户的低成本优势得到突显。品牌企业的价格竞争,在线上也显得更加残酷。如某厨具生产企业初进油烟机行业,为了从老板、方太等老牌油烟机市场获取市场份额,以低于成本价在网上进行促销活动,由于网络的覆盖面广,价格更透明,往往影响波及面更大。

(三)假货冲击

线上对知识产权的保护比线下难度更大。对于拥有自主品牌的企业而言,产品一旦上线,便相当于把产品的外形、功能、参数等公之于世,这给许多假冒商家提供了便利,他们可以在很短的时间、以更低的价格生产出看似一模一样的产品,同时标上品牌商的名字在淘宝上进行贩卖。调查显示,开展网上销售的企业中27.9%存在产品被假冒的问题,其中89.2%都是品牌企业。据老板电器反映,网上每个月有1000万元不是该公司生产的老板电器在销售,这还不包括“牛老板”等与老板电器品牌相近似的电器。造成网上假冒商品盛行的主要原因是多方面的,从企业反应的情况看,第三方交易平台对商家入驻的审核把关不严,网上维权程序过于复杂和漫长,平台对违规企业处理过轻等,也是重要的原因之一。

(四)专业人才短缺

专业人才缺乏,已经成为影响工业企业网上销售决策,以及网上销售成效的重要因素。从调查问卷看,未开展网上销售的企业中,有57.9%的企业把缺乏专业网上销售人才作为不开展网上销售的主要原因。而在开展网上销售的企业中,41.6%表示其面临专业人才不足的问题。产生网上销售人才短缺的原因,一方面与整体环境是直接相关的,当前电商经济的爆发式增长导致总量上电商专业人才供给不足。同时,电商专业人才地区分布不均衡也是重要因素。当前电商人才主要集中在杭州市、宁波市等中心城市,多数工业企业所处区位对于优秀的专业电商人才吸引力不够。如德华兔宝宝为吸引杭州地区的专业人才,每日安排专车到杭州市接送,但最终还是很难留住人才。

(五)认识不足

调研发现,浙江省工业企业对于开展网上销售的战略认识总体不足。75%的工业企业之所以没有在网上销售产品。原因如下:有38.6%的企业认为线下销售业绩很好,没有必要进行网上销售;8.6%的企业认为网上销售会影响公司的价格体系。而已经开展网上销售的企业中,有59.7%的企业只是为了适应时代潮流,被动"触网"。由于战略思考不足,准备不充分,在开展网上销售的企业中有20.6%的企业面临线上线下的渠道冲突问题;64.4%的企业面临价格恶性竞争问题。已经开展网上销售的企业中,46%的企业没有成立专门的网上销售部门,只是从传统部门抽调一些员工,简单认为网上销售就是一个人一台电脑就可以搞定,对网上销售的复杂性和专业性认识不够。网上销售资源配置不足,员工专业性不够,使一些企业无法真正制定科学合理的网上销售策略。

三、促进浙江省工业企业网上销售健康发展的对策建议

当前工业企业网上销售的情况总体是好的,但也存在不少困难和问题。新形势下,政府有关部门要顺势而为,发挥好经济调节职能,既要引导工业企业积极拥抱互联网,同时也要在政策、立法、监管等方面进一步规范网上市场秩序,为工业企业开展网上销售提供公平、公正的外部环境。

(一)加强政策引导和支持

要深入推进工业企业"电商换市"战略,引导工业企业革新观念,用积极的心态拥抱互联网,利用互联网实现企业和产品的转型升级。要加大对工业企业开展网上销售的政策扶持。在财政补贴、税收减免等方面给予支持。

(二)健全和规范电商行业发展

要进一步完善电子商务交易监管法律体系,净化网上商业环境。政府有关部门要加强对第三方电商交易平台的监管,防止第三方平台滥用垄断优势破坏竞争秩序,为工业企业网上销售产品提供公平、公正的市场环境。建立健全网上知识产权保护机制,督促第三方交易平台采取切实有效的措施,强化网上知识产权保护,维护企业和消费者的合法利益。加快制定和完善电子商务税收政策,进一步扩大电子发票试点,加强税收稽征管理,促使线上线下公平竞争。

(三)鼓励和扶持更多的电商交易平台

政府应密切关注当前第三方电子交易平台逐渐形成的垄断性倾向,强化政府监管部门在网上交易规则制定上的话语权。在化工、纺织、医药、服装、家居等浙江优势产业领域,培

育和扶持一批集交易、物流、支付等服务于一体的行业电子商务平台，促进平台竞争，提升平台服务质量，降低工业企业网上销售成本。鼓励和支持有条件的企业自建官网，多渠道开展网上销售，减少对第三方电商平台的过度依赖。

（四）多渠道培养和引进专业电商人才

引导高校科学设置电商课程体系，加大对应用型电商人才的培养力度，鼓励和支持社会力量开展电商人才培训教育。在住房、户口、子女教育等方面采取灵活有效的政策，吸引更多的外来电商人才来浙创业和工作。

（五）宣传和营造诚信的社会风气

要建立健全社会征信体系，褒扬诚信，惩戒失信。进一步加大宣传力度，积极营造诚实、守信、向上的网上商业氛围。加大对网络制假售假、恶性竞争等商家的曝光力度。

第五节　中小企业转型升级——以宁波市为例

改革开放以来，中小企业已成为推动地方经济发展最庞大的市场主体和重要的原动力。同时，在鼓励创业、带动就业、保持社会稳定、推进产业调理优化过程中，也起到了举足轻重的作用。但存在的问题也逐步凸现出来，生存和发展受到严峻的考验。要解决这些问题，顺应“工业化、信息化、城镇化和农业现代化”新“四化”的发展趋势，实现企业可持续发展，转型升级势在必行。

一、宁波市中小企业现状

（一）优势

1. 战略地位重要

宁波市市场监督管理局数据表明，截至 2014 年年底，全市共有工业企业约 15 万家，其中中小企业占 99%以上，中小企业创造了 90%的工业产值、出口交货值和利税总额，就业人员占全部工业企业的 96%以上。可看出，中小企业是宁波市经济与转型的重要力量，在区域经济和社会发展中具有大企业无法替代的战略地位与作用。

2. 块状特征明显

宁波市中小工业企业以市场为导向，充分发挥当地的资源和传统加工优势，形成了特色明显的区域经济。如北仑市为国家注塑机高新技术产业化基地，镇海市为“中国紧固件之都”，奉化市为“中国气动组件之乡”“中国气动组件生产出口基地”，北仑区、鄞州区的塑料加工设备产业群为中国最大的注塑机生产基地，宁海县、北仑区和余姚市等地的模具产业群为中国三大模具生产基地之一。全市工业总产值超亿元的块状经济体就有 100 多个。

（二）劣势

1. 行业分布较散

中小企业虽数目繁多，但行业分布较为分散。如新设内资企业户数位居前 5 位的分别为批发零售业 14152 户，占总数的 36.1%；制造业 8843 户，占总数的 22.6%；租赁和商务服务业 5407 户，占总数的 13.8%；建筑业 1943 户，占总数的 5%。

2. 集群效应未能发挥

上述现象也使宁波市的企业竞争更加激烈，不但不能形成价格优势且无论在产业链的原料供应，还是集群内都缺乏协作，空间的集聚仅能带来同行仿造、占挤市场和相互竞价的结果。如余姚市陆埠区域的市政照明设备产业，近百家生产企业重点放在各自构建生产营销网络上，对新产品或新技术都想着尽快仿制，不愿花精力研制开发，导致大部分企业缺乏新技术，整个产业集群没有一个有知名度高的品牌产品，集群效应无法体现。

3. 产品销售困难

据《浙江新设立小微企业首期跟踪调查情况分析》显示，产品销售困难的原因有：一是市场大环境整体不好，如房地产形势不佳造成房产中介单位注册后营业率不高；二是市场竞争激烈，如主营网店业务的新注册单位，由于网店竞争激烈造成接单困难，长期处于未开业状态。调研中也发现，类似的情况在宁波市也存在。如宁波市鄞州区一家生产自来水净化器的小微企业，从日本引进产品技术，通过科研人员的攻关努力，产品生产出来了。但推销到有关企事业单位时发现，产品经试用后评价结果虽好，但由于产品出自小企业，且不是名牌产品，根据有关惯例做法，企事业单位没法实施政府采购。

4. 企业融资困难，生存期短

调查中发现，中小微企业受各种因素的制约，向银行贷款不多，一些发展基金多来自于自身的原始积累和民间借贷，融资困难。这直接导致企业后续发展的困难，从而导致企业实际生存时间不长，特别是一批“老字号”企业正在快速消失。从《宁波市“小上规”培育企业贷款状况调查报告》数据可以看出，中小企业贷款还是相当困难。调研中还发现，不少中小企业生存期只有 3—5 年的时间。

表 11-14　“小上规”培育企业贷款状况调查

单位：家，%

贷款满足率	“小升规”培育企业		其他中小微企业	
	家数	占比	家数	占比
60%以下	184	20.3	209	16.5
60%—70%	66	7.3	170	13.4
70%—80%	126	13.9	194	15.3
80%—90%	145	16.0	197	15.5
90%—100%	152	16.7	189	14.9
无须贷款	235	25.9	310	24.4

资料来源：宁波市 8718 平台网站，2013 年。

5. 缺乏企业文化，家族式管理模式明显

调研发现，中小微企业中，企业老板兼任厂长（经理）的比例高达 80%，既是创始人也是核心管理者，创业时的短期市场真空期把企业推向成功，一旦企业规模达到一定程度，经验型管理的弊端就显露出来。企业没有企业文化，员工没有信念，老板没有长远战略目标；部分聘用职业经理人的企业，因为所有者与职业经理人的理念不同也一样隐患颇多。据宁波市职业经理人协会的《宁波市职业经理人发展白皮书》介绍，在职职业经理人幸福感偏低，平均在职“寿命”仅为 15 个月。在对部分管理、技术骨干访谈中，能明显感到他们对企业的忠诚度不高。受规模、资源限制，中小企业的原始资本积累多来自亲朋好友，很多企业是“家天下”的家族式管理，也从而导致企业缺乏监控和风险控制。

6. 信息化管理水平低

在新“四化”的背景下，信息化管理已经成为企业管理的主流和趋势。随着云计算、移动互联、物联网和社交网络技术的迅猛发展，大数据技术应用已经在各个领域得到普及。然而，在走访调查中发现，许多中小微企业还存在很多盲点，管理意识薄弱，管理水平低，如：一些中小企业主，对信息化管理的理念还停留在传统意义上，认为企业有一个网站的设立、有专业的网管人员，有从事计算机的工作人员，就实现企业的信息化管理了。这种情况严重影响了整体的管理效果，从而影响更加有效地利用和整合资源、实行科学管理，提高工作效率，对瞬息万变的市场环境，无法做到应时而宜、应势而宜。

二、宁波市中小企业转型升级现状与问题分析

(一)机遇

1.“四换”政策的推动

从“空间换地”到“机器换人”，从“腾笼换鸟”到“电商换市”，一场旨在控员增效的“四换”战役，让宁波市的许多中小企业逆境突围，并加快告别传统发展模式，助推了经济发展跨越，这在一些中小企业快速转型升级中也已经得到了验证。如宁波市华翔特雷姆汽车饰件有限公司，2012 年公司总人数为 1200 人，到 2013 年末减少至 1000 人，销售额却达到 7.3 亿元，利税总额 1.8 亿元，一年时间内员工减少 17%，产值增幅达 40%。

电子商务发展迅猛，正在成为宁波企业转型升级的一个新亮点。据宁波市贸易局电商处《规模渐大平台有效体系改善扶持重点报告》中的有关数据显示，截至 2013 年底，B2B 网站约有 100 余家，在第三方开设网店 13 万家，实现交易总额为 3015 亿元，同比增长 84.37%。一些特色优势产业顺应电商发展趋势，相继开展了电商应用，如在阿里研究院 2013 年发布的电商发展指数百强城市中，宁波位居 12 位；“电商进万村”工程正式启动；实施电商拓市场工程；跨境电商有序推进；建立了信息服务企业孵化平台和行业网站技术孵化平台。

2.“互联网＋”的拉动

在新“四化”背景下，“互联网＋”已经成为人们的共识，新的“互联网＋”思维意识也在逐渐形成。从这个意义上说，中小企业的转型升级与发展，从信息化的高低水平角度看，很大程度上应该取决于对新的“互联网＋”的思维的理解认识。目前，“互联网＋”对中小企业的

影响在不断凸显，主要体现在对企业组织运行的影响、对企业生产管理的影响、对企业客户关系和供应链的影响和对企业核心竞争力的影响上。“互联网＋”为许多中小企业已带来了前所未有的影响和变化，也迫使他们进行颠覆性的变革。

3. 科技创新的驱动

创新驱动、转型升级，已成为地方经济发展的新引擎。据《宁波市创新型城市建设白皮书》发布的数据表明，2012 年，全市高新技术产业产值达到 3431 亿元，同比增长 11.5%，增速高于“规上”工业 10.6 个百分点，占“规上”工业总产值比重 28.2%。专利申请量、授权量分别达到 73647 件、59175 件，双双跃居 15 个副省级城市第一位；高校、院所和企业的协同创新日益活跃，促进技术成果线上、线下并行交易，有力地推进了科技成果转移、转化，同时也驱动中小企业科技创新。

（二）挑战

1. 管理者理解有偏差

实际上许多企业管理者把“转型”理解为单纯的“转产”或“投资转向”。调研发现，不少中小企业的企业家或高层管理者的定位大多还停留在劳动力和资源使用的低成本上，短期利益看得较重，不愿冒险，满足于“小富即安”“个人享受”的低层次目标，满足于为其他企业来料加工、配套或仿制别人产品。这些现象在服装业、小家电生产业、农产品加工业、商贸零售业方面表现得尤为突出。

2. 产业结构不合理

调查走访发现，目前宁波市许多中小企业主要还是以单个企业模仿和消化成熟技术、生产定型和常规产品为主，缺乏对引进技术的消化、吸收和再创新能力，最终导致产品的技术含量和附加值低，产业、产品雷同，市场竞争力弱，“宁波智造”大多仍处在低加工度和低附加值的环节。这在宁波市宁海县西店手电筒行业产业结构分析中得到例证。据《宁波市宁海县西店手电筒行业的一份调研报告》显示：西店镇是目前全国最大的镇级手电筒生产基地。截至 2013 年，共有各类企业 2400 余家，其中“规上”企业只有 89 家，大量的为“规下”企业，产品知名度不高，市场占有率不大，甚至有部分企业尚未注册品牌，产业结构明显不合理。

3. 资源要素制约明显

资源要素制约问题主要集中反映在用工、土地问题和运转资金紧张问题上。

(1)企业人员素质普遍偏低、技术骨干力量薄弱，结构性用工难。据不完全统计，宁波市中小企业中，具有初高中文化的人员占从业人员的 85%，有的甚至只有小学文化，有些小微企业甚至根本没有具有专业技术职称的技术人员和大专以上学历的人员，专业性技术人员雇工较为困难。又据《宁波余姚市梁弄镇小微灯具企业的生存困境》资料显示：梁弄镇从事灯具行业的企业户数只有 565 户，具有大专学历以上的企业负责人比例不到 10%，企业负责人学历普遍低下。

(2)土地成本高，生产经营用地困难。很多初创企业开始没有厂房(店铺)，基本是通过租赁的方式或将地点设在自己家里来解决这个问题，如慈溪市、余姚市的一些小家电作坊，宁海县、象山县、奉化市等地的农产品加工业、针纺业的工厂就开在自己家里。近年来随着浙江“三改一拆”工作的快速推进，大量简易厂房被拆除，这个矛盾更加突出。

(3)融资困难。据对全省 8696 家规模以下小微工业企业调查，上半年有 12.8%的企业认为融资难是目前最突出的问题。这些企业中，有 32.1%的企业向银行申请贷款，但仅有 23.9%的企业全部借到了所需借款，有 21.1%的企业未能得到任何银行借款，还有 17.5%的企业只借到了少部分所需借款。融资困难的另一个重要原因是许多中小企业没有抵押物或只有低值抵押物，银行认为其信用度不高，导致贷款困难。此外，民间融资利息支出压力也很大。

4. 创新受内外不利因素影响

中小企业创新内外不利因素很多，内部如企业创新资金、科研队伍、技术力量等还远远跟不上创新的步伐。

(1)企业受外在因素影响大。由于财政资金更多的是以基金形式投资于项目，一些国家扶持技术改造的专项资金中小企业无法享受到，虽“船小掉头快”，但新增的机器设备购买力还是极其低下，自主开发产品和拓展市场的困难更大；一批老的过剩产能需要花更多时间进行消化等。

据不完全统计，目前宁波中小企业设备的技术水平，处于国际先进水平的不到 1%，处于国内先进水平的为 30%，处于国内中等水平的为 50%，处于国内落后水平的为 19%；最缺乏较高素质的综合型人才和专业人才以及技术创新资金，因而企业也不愿投放大量的研发资金，不愿从事新产品的开发。创新所需要的社会服务体系尚不健全，各类高效平台难以共享或利用，人才流动、技术交流困难，国家创新政策的惠及面小。如宁波市政府不断出台的引进人才优惠政策，包括对列入市级 3315 计划的一次性给予 100 万元资助，列入国家和省“千人计划”给予 100 万元配套资助、企业引进 50 万元以上海外工程师给予 20 万元—60 万元的年薪资助及对三类创新团队给予的不同程度补贴、“科技领航计划”等等。调研走访发现，很多企业家都认为，由于企业自身产值低、利润少，这些政策在“规下”企业无法感受到。

(2)企业在科技创新方面也缺乏内生动力。与大型企业相比，中小企业在其科技进步、科技创新方面缺乏内生动力突出表现在总研发投入比例不高，专利申请量较少。如从宁波市来看，2013 年专利申请 83334 件，比上年增长 13.2%，其中发明 9811 件，增长 32.8%；专利授权 58406 件，其中发明 2246 件。但这些成果，在“规下”企业还是很难看到。许多中小企业虽迫切希望走上创新之路，却又无奈地徘徊在创新的“十字路口”。

5. 节能降耗压力大

调研走访发现，很多企业家都认为，政府节能降耗思路是正确的，也应该这样做，有利于提高环境质量，改善人们的生存条件，但小微企业自身能力有限，短时期内变革压力过大。

三、促使宁波中小企业转型升级的对策建议

从宁波市现有中小企业转型升级的现状、问题及实践看，在新“四化”背景下，宁波中小企业转型升级的重点应放在企业层面的转型升级。同时，强化行业、区域和政策层面的联动，以促进企业更快实现转型升级。

(一)企业层面：转型升级的内在动力

1. 加快创新产品研发步伐

积极改变产品“模仿”的思路，不断加大产品研发的力度，提高产品的技术含量、附加值和加工度，从优势产品入手，培育和拓展创新产品项目。

2. 实现企业与市场的“无缝对接”

坚持以高素质人才引领创新型的要求，加大专业化开拓市场团队的建设力度，准确了解市场动态，主动应对市场的各种变化。

3. 改变“单兵作战”的做法，提升科技创新的能力

通过政府引导、行业协会协调或企业自己的意愿，组建中小企业的动态战略联盟“抱团作战”，以解决单个企业在技术创新中的各种问题。同时，加大创新技术力量的投入力度，利用高校、科研机构的优势，积极开展产学研合作，提升企业技术研发与创新能力。

4. 强化企业的内部管理

树立新“四化”背景下务实求新、开拓奋进的现代管理理念，改变传统的“家族式管理”方法，逐步推行“职业经理人”管理模式；积极培育学习型的企业文化，强化员工的“五项修炼”；不断改善留用人才的软环境，增强企业对人才的吸引力与凝聚力。

(二)行业层面：企业转型升级的重要引领

1. 高端企业引领中小企业产业转型

要充分发挥高端企业的脊梁、引擎作用，以及行业协会的纽带作用，使高端企业引领中小企业由资源密集和劳动密集向资本或技术密集型转变，由低端产业链向高端产业链转变。

2. 高端企业引领中小企业产品转型

要充分利用高端企业的科技人员、科技力量、品牌影响力，搭建一条互相合作的通道，实现中小企业产品核心竞争力的跨越式提升，有效推动产业技术水平的整体提升和转型。

3. 强势推进“互联网＋中小企业”模式

利用行业的整体优势，通过组建动态联盟，借助第三方移动营销生态链实现行业层面的移动互联网布局，促进电子商务、文化创意、互联网金融等产业融合发展。

(三)区域层面：企业转型升级重要集聚

1. 发展和培育一批特色产业链和产业群

综合考量不同区域的实际需求，按不同功能定位，围绕不同区域的产业基础、要素聚焦

能力，着重远景规划和总体布局的安排，以形成重点突出、资源互补、优势集中、定位明显、错位发展的战略性新兴产业的格局。

2. 改造和提升一批传统优势产业

立足区位和资源优势特点，积极改造和提升一批传统优势产业，加快其传承与发展的步伐，把发展现代服务业作为产业结构调整的战略重点，用现代服务业提升制造业，形成工贸互动的良好局面。

3. 加强集群间企业合作，培育中小企业技术创新优势

构建和完善区域优势产业链，以现有区域各类工业园区产业集聚区、块状特色经济为依托，鼓励区域行业龙头企业发挥产业集群中的领头羊作用，引领和带动中小微企业联运发展，以促进产业链整体升级。同时，使中小企业在协作过程中学习新知识、获取新技术，降低创新成本和风险，培育技术创新优势。

（四）政策层面：企业转型升级的重要方向指导

1. 要将强化政府引导职责和健全公共服务体系相结合

加强中小企业的分类指导，尤其对列入重点培育库的要强化细节指导；建立健全规下企业统计监测分析体系，动态把握其发展运行状况。同时，进一步健全公共服务体系，提高企业成果转化服务能力，提升公共服务平台的功能和服务水平。

2. 要将强化财税支持和改善金融服务环境相结合

积极探索创新重点中小企业的财政支持多样化方式，逐步减轻企业税收负担。同时，构建完整的中小企业融资体系和发达的资本市场，改善金融服务环境，拓展企业融资渠道，缓解中小企业融资难的状况。

3. 要将加大打击力度与引导企业节能改造相结合

要强化国家的法律法规，加大企业的违法成本，着重治理一批重污染高能耗的企业。同时，充分运用政策性补贴这一经济杠杆，引导中小微企业节能改造，自觉淘汰落后工艺（设备）产品。

4. 要将“抓大”与“扶小”相结合

在抓好“规上”企业的同时，多层次、多类型、多渠道、多项目培育中小微企业上规模；重点发挥大企业对小企业发展的帮、带作用。

5. 要将推动产业集群集聚发展与培育生产性服务业相结合

根据不同区域特点，集中培育发展各县（区）一批规划科学、主业突出、特色明显、规模大、链条长、竞争力强的特色产业集群；同时，把发展生产性服务业作为推进中小企业结构调整的重要方向和主要内容。

6. 继续借助“四换”，促使中小企业在新“四化”背景下加快转型升级的步伐

政府有关职能部门要进一步强化顶层设计，不断完善相关的法律与政策体系。同时，进一步建立健全企业名单档案，并总结推广典型经验，开展全方位、个性化的精准对接服务。

第十二章
各地促进中小微企业发展的探索和经验

浙江省中小企业数量在全国名列前茅，各地市（区、县）在促进中小微企业发展中取得了不少宝贵经验，本章选取了杭州市、宁波市、嘉善县、上虞区、景宁县和永康市等地作为案例，分别介绍了杭州市推动生物医药发展的探索、宁波市文化创意和设计服务与制造业融合发展路径、嘉善县促进中小企业发展的实践、上虞区推动中小企业“两化融合”的经验、景宁县化解中小企业融资难的对策，最后介绍了永康市星月门业精益管理的做法及对浙江省经验借鉴。

第一节　杭州市推动生物医药产业发展探索

生物医药产业是国家大力扶持的战略性新兴产业，也是杭州市十大重点产业之一。早在2000年，杭州市就做出了实施以“信息港”“新药港”为重点的“一号工程”的战略决策，并开始安排“新药港”资金。2003年，市政府出台《关于进一步加快“一号工程”的若干意见》，成立了市“新药港”建设领导小组，并建立了“新药港”建设专家咨询委员会。2004年起，市财政每年安排2000万元的医药产业发展资金，用于支持生物医药产业的发展。本节对杭州医药产业发展情况、所面临的问题进行了介绍，并提出推动杭州市医药产业发展的对策。

一、杭州市生物医药产业发展概况

经过多年的培育和发展，杭州市生物医药产业规模稳步扩大，企业创新能力不断提高，骨干企业实力逐步增强，形成了一定的优势和特色。

（一）产业规模稳步扩大

近年来，杭州市医药行业积极贯彻“大力发展生物技术药物，重点发展现代中药、海洋药物为主的天然药物，积极发展新型化学药物，加快发展新型医疗器械”的方针，着力推进医药产业结构调整，加快产业转型升级和“新药港”建设。落实《杭州市生物产业国家高技术产业基地发展规划（2008—2015年）》和《杭州市“十二五”生物医药产业发展规划》，跟踪一批新建项目和重点技改项目的建设。杭州市生物医药产业发展资金财政资助项目超100项，年安排资助、奖励总额5000万元左右。2014年1—11月，杭州市医药制造业规模以上工业销售产值275.5亿元，同比增长16.25%。全市医药产业总量居全省第一，主要经济指标居全省第一，在全国中心城市中处于先进地位。

(二)集聚区块逐步形成

杭州市先后启动了杭州经济技术开发区"新药港"产业园区、滨江区高新区医药产业园、余杭区经济开发区医药产业园等生物医药产业集聚区的建设。其中,经济开发区"新药港"产业园区进驻企业超60家(规上20余家),多为研发和制造生物制剂、多肽药品、诊断试剂、基因芯片、动物疫苗等高附加值新产品的企业,对全市生物医药产业升级具有明显带动作用。富阳市经济开发区(现代医药)、桐庐县经济开发区(医疗器械)等也逐步发展成具有一定特色的生物医药产业集聚区块。

(三)创新能力不断提高

近年来,杭州市生物医药企业依靠自主创新和引进国际智力成果,产业整体技术水平不断提高,正朝着由以仿制为主向自主创新迈进。部分领域,项目、产品研发及产业化步伐已走在全国前例。如:杭州九源基因工程有限公司在国内率先研制成功白细胞特效药吉粒芬(RHG—CSF),国内第一个在生物诊断试剂领域获得美国FDA认证;由中国科学工作者和肿瘤临床专家自主原创,具有完全自主知识产权的抗癌新药凯美纳(盐酸埃克替尼)获国药准字H20110061批准文号。生产企业浙江贝达药业有限公司历经8年研制而成,其第1个适应证是晚期非小细胞肺癌;杭州赛诺飞制药有限公司生产的波立维,单品种产品销售额达35亿元(2012年),吉粒芬、液体疫苗、食合片、康莱特注射液等30余种产品年销售额超过1亿元。

(四)骨干企业实力增强

经过多年培育,杭州市已形成以杭州华东制药、民生制药、赛诺菲制药、默沙东制药等为代表的新型化学药物企业群,以中国杭州青春宝集团、康莱特药业等为代表的现代中药企业群,以艾康生物、九源基因等为代表的生物技术制药企业群,以泰尔茂医疗、眼力健等为代表的生物医学工程企业群。近几年杭州市已有多家医药企业入围中国制药百强排行榜。

(五)国际合作令人瞩目

杭州市外资(合资)生物医药企业成为杭州生物医药产业发展的重要力量。美国默沙东、安进、辉瑞、法国赛诺菲、瑞士诺华、日本泰尔茂等国际知名公司在杭发展势头良好,为杭州带来了一流的制药技术和先进的管理经验,有力地提升了杭州生物医药产业发展水平。贝达、中肽、艾康、艾博、艾森等留学人员归国创立的生物技术公司,为杭州市生物医药产业发展增添了新的活力。

(六)产业科技资源丰富

杭州市集中了全省主要的生物医药科技资源和人才资源,拥有20多所与生物医药有关的高等院校(系),22家涉及生物医药技术研发的国家级、部级重点实验室。不少企业建有技术中心或与国内外科研机构建有密切的产学研合作关系,如华东医药建有基因研究所和生物研究所,九源基因建有博士后工作站。

二、杭州生物医药产业发展存在的主要问题

纵向比较，近年来杭州市生物医药产业取得了喜人的成绩，横向比较，杭州市与国内生物医药产业发达城市依然存在着相当的差距。主要存在以下5个方面的问题。

(1)产业整体增长速度有待提高。与全国医药产业产值年均20%左右的增长率相比，杭州市有近10个百分点的差距。

(2)产品结构有待优化。以化学药为主且近期地位有进一步强化趋势，以基因工程、疫苗等为代表的生物制药发展则相对滞后，自主创新且临床疗效显著的品种较少。

(3)骨干企业竞争力有待提升。近期国内生物医药产业收购兼并和联合重组活跃，大型企业集团产业链更趋完善、规模不断壮大，杭州市能够跻身全国医药行业百位的企业数量在下降。

(4)市场开拓能力有待增强。除华东医药、民生药业、正大青春宝等为数不多的企业，多数企业重生产、轻营销，缺乏终端消费渠道掌控能力。

(5)发展空间有待扩展。由于土地资源的短缺，使得不少城区的生物医药企业搬迁用地难以满足需要，新建、改建、扩建项目实施难度大，对企业发展壮大影响较大。

三、推进杭州市生物医药产业发展的建议

杭州市生物医药产业是杭州市十大重点产业之一，同时还是转变经济发展方式，推进工业转型升级的潜力产业。结合多年来促进生物医药产业发展的做法经验，提出进一步推进杭州市生物产业发展的建议。

(一)重视规划实施力度

《杭州市生物医药产业“十二五”发展规划》和《杭州市生物产业国家高技术产业基地发展规划》(以下统称“规划”)，是杭州市生物医药发展的纲领性文件，是实施生物医药“十二五”的发展思路、目标、政策、举措，引导产业健康发展的具有实质性意义的指导文件。多年来，围绕实施两“规划”，杭州市陆续出台了《杭州医药产业发展专项资金管理办法》《杭州市重点产业(工业和信息化专项)发展资金管理办法(试行)》《杭州市工业和科技统筹资金使用管理办法》《杭州市生物医药产业创新发展三年行动计划(2013—2015)》等具有针对性、实用性的文件。正是“规划”的实施和配套文件、政策的出台，使杭州市生物医药在不间断的资金、措施保障和支持下得以持续发展。

(二)加大生物医药产品和技术研发力度

多年来，杭州市医药工业企业在药物研发方面加大了力度，如杭州民生药业有限公司成立了民生(天津)药物研究有限公司，进军创新药物研发领域；康恩贝成立了新型药物制剂省级高新技术企业研究开发中心等。药物新产品研究开发进度也在不断加快，如贝达药业盐酸埃克替尼抗癌新药研制成功并荣获国家一类新药证书、华东医药霉酚酸菌种专利荣获中国专利优秀奖等，但在生物医药研发方面仍相对滞后。因此，需进一步鼓励和支持企业加大研发投入。

(三)继续推进项目建设

经过几年的努力,杭州赛诺菲制药有限公司(滨江)、杭州默沙东制药有限公司(下沙)、杭州民生药业有限公司(余杭)、杭州赛诺菲民生健康药业有限公司(余杭)新工厂已竣工投产。尚需继续做好浙江贝达药业有限公司(余杭)、杭州胡庆余堂药业有限公司(余杭)等企业新建、搬迁工作,协调解决企业新建、搬迁过程中的实际困难,促进新址尽快建成投产达效。继续抓好华东医药股份有限公司、南阳药业有限公司江东前进产业园新建项目、杭州龙达新科生产基地建设、杭州桐庐尖端内窥镜有限公司医用内窥镜技改、杭州中肽生化有限公司多肽和诊断试剂产业化,以及世方药业、永济慈药业等一批项目。

(四)继续加强产业合作交流

抓住国际生物医药产业转移的机遇,加大招商引资力度,下大力气招引国际著名制药公司来杭投资建厂,开展资源共享合作。努力营造一流的投资环境,鼓励和支持在杭的国内外大企业增资扩股,加快后续项目建设。积极创造有利条件,吸引留学归国人员来杭投资创建生物医药企业。积极发挥在杭高校、科研院所和企业研发机构的作用,加强与国内外生物医药研发机构(军科院、中科院、医科院等)、大企业(辉瑞、赛诺菲、默沙东、诺华等)的交流合作,以研引产、以民引外,进一步壮大杭州市生物医药产业。

(五)实施增长方式"八个加快"和"八个转变"

一是加快产业多元化,延伸产业链,从传统产业向大健康产业转变。二是加快产业结构的整合和提升,从低、小、散企业结构向集约化、规模化、现代化转变。三是加快产业并购重组、上靠下联的步伐,从单一产品经营向产品经营、资本经营双轮驱动转变。四是加快企业内部运行机制改革,实现风险最小化、成本最低化、利润最大化的扁平化和网络化管理,从传统的高成本生产经营管理模式向低成本的生产经营管理模式转变。五是加快高性价比的化学药、生物药、中药制剂的开发,从化学药为主的产品结构向生物药、中药和创新制剂转变。六是加快药物创新体系的建设,从产品同质化和低水平重复向特色化、差异化、品牌化转变。七是加快商业模式的创新,从传统的商业模式向多元化、新型业态的模式转变。八是加快人才引进和培育的步伐,从对货币资本投资向对人力资本投资转变。

第二节　宁波市文化创意和设计服务业与制造业融合路径

文化创意和设计服务业是高知识、高技术、高文化性和高增值性的"智慧产业",其与制造业的融合发展,将给制造业新一轮发展带来强劲动力。宁波市抓住国家出台《关于推进文化创意和设计服务与相关产业融合发展的若干意见》的契机,积极谋划文化创意和设计服务与制造业融合,本节对宁波市文化创意和设计服务与制造业实现融合发展面临的问题进行了分析,并提出融合发展的路径选择。

一、文化创意和设计服务业与制造业融合发展面临的问题

产业融合发展是一个动态概念，没有明确的量化标准来衡量融合程度，因此，本节采用了针对文化创意和设计服务需求较强的中小型企业开展了问卷调查。调查内容包括企业基本情况、产业融合动因、产业融合需求、产业融合方式等方面，分不同行业发放了300份调查问卷，回收了175份，回收率58.3%。从问卷调查结果来看，宁波文化创意和设计服务业与制造业融合发展存在的主要问题及成因如下。

（一）制造企业对文化创意和设计的重视度有待提高

根据调研结果，大部分样本企业在新产品开发过程中，企业负责人精力主要集中在加强技术创新（57.7%）和提高产品质量（39.3%）上面，对文化创意和设计服务业的关心和认识不足，重视不够。虽然有66.9%的样本企业拥有自主创新的能力，但定制设计和模仿改良仍然是大部分企业主要采用的创新方式，一部分企业已经形成对国外定制设计的强烈依赖，并产生对本土创意设计的挤出效应，进入了“引进—模仿—生产—再引进—再模仿”的怪圈。在文化创意和设计创新投入方面，调查结果显示，企业科技活动经费和品牌建设费用年均投入在500万以上的有23家，占14.1%；年均投入在100万—500万元之间的32家，占19.6%；投资在50万—100万元之间的17家，占10.5%；投资在50万元以下及未注明企业的达到了91家，占55.8%。科技活动经费投入仅占销售收入的1.96%（浙江省平均为2.03%）。虽然大部分制造企业已意识到创意设计的重要性，但由于受高端人才缺乏、投融资渠道有限、营销手段匮乏等因素的影响，企业对文化创意和设计的投入表现出谨慎态度，导致产品创新能力不强、品牌建设成效较低的现状，产品附加价值与国际同类产品相比有较大差距。

表12-1　产品附加值提高的主要方式

指标	选项	频次	频率（%）
提高产品附加值的方式	加强企业管理，有效控制成本	82	50.3
	加强技术创新，提高产品性能	80	49.1
	建设设计研发团队，加强设计创新	76	46.6
	加强生产管理，提高产品质量	75	46.0
	建设品牌策划与营销团队，塑造和传播品牌形象	52	31.9
	与设计服务企业开展战略合作，加强产品设计研发	27	16.6
	与品牌策划企业开展战略合作，打造品牌和塑造形象	24	14.7
	制造服务化，提升服务质量	16	9.8

（二）文化创意和设计服务机构力量有待加强

2013年宁波从事文化创意和设计服务的规上企业总数为408家，与宁波的工业经济总量相比，文化创意和设计服务企业偏少。根据宁波市战略新兴产业相关数据显示，2013年

上半年，宁波文化创意和设计服务业全部从业人员为 33412 人，工程管理服务、工程勘察设计、广播影视及录音制作业从业人员分别为 10765 人、7082 人、4433 人，占总数的 66.7%，相当于真正从事与制造业关联度较为紧密的文化创意和设计服务人员仅为 11132 人，无论是从业人员数量还是经济产出规模都难以适应宁波市制造业日益增长的创意设计需求。从文化创意与设计服务企业规模看，宁波市制造业领域的创意机构以小微企业为主体，整体规模偏小，缺乏具有国际竞争力的大型创意和设计服务企业。大多数创意和设计服务企业还处于创业初期，员工数量普遍在 20 人以下，业务不稳定，盈利能力较弱，从而导致创意和设计服务产业整体水平不高，创意和设计服务企业持续发展能力不强。

(三)制造企业设计研发能力较弱且对外联系不紧密

目前，宁波市制造企业自身研发能力普遍偏弱。从调研结果看，68.9%的制造企业研发设计部门只能满足本企业的需求，有些甚至连本企业的需求都满足不了，并且设计研发部门的工作内容也以基本的外观设计、结构设计以及功能设计为主，相对层次较低。

制造企业与外部的文化创意和设计服务企业联系也不够紧密。对于企业进行设计创新的主要方式，调研结果显示，65.6%的企业是完全通过自己的设计部门和团队进行的，26.4%的企业是通过自主创新和服务外包相结合的方式进行的；而对于企业进行品牌策划和运作的主要方式，调研结果也大致相当，61.3%的企业是完全通过自己的品牌策划和市场营销部门进行运作的，26.4%的企业是通过自主策划、运作与服务外包相结合的方式进行的。另外，根据调查统计，2013 年样本企业平均销售收入为 2.16 亿元，而企业年平均科技活动经费支出为 387.9 万元，其中服务外包年平均仅为 10.44 万元，占比分别为 9.32%和 0.05%。在品牌建设方面年平均投入为 399.70 万元，其中，服务外包年平均费用为 104.97 万元，占比分别为 1.85%和 0.49%。企业在设计研发和品牌建设方面的投入依然严重偏低，尤其是服务外包费用投入几乎可以忽略不计，这是影响宁波市文化创意和设计服务与制造业融合发展的重要因素之一。

制造企业与创意设计企业联系不够紧密的主要原因：一是二者之间缺少好的合作模式；二是制造企业寻求优质的设计企业进行合作有一定的难度；三是部分制造企业由于国际经济形势的相对低迷以及运行成本的提高，利润空间被压缩，导致在文化创意和设计服务方面的投入不足，合作意愿降低。

表 12-2　设计创新和品牌构建方式

指标	选项	频次	频率(%)
企业进行设计创新的主要方式	完全通过自己的设计部门和团队	107	65.6
	企业自主创新和服务外包相结合	43	26.4
	通过与设计企业的战略联盟(业务提成等方式)，长期合作	19	11.7
	完全通过服务外包	2	1.2
	通过对其他设计企业的控股、股权式联盟(合资、相互参股等)	0	0
	兼并、收购其他设计服务公司	0	0

续　表

指标	选项	频次	频率(%)
企业进行品牌策划和运作的主要方式	完全通过自己的品牌策划和市场营销等部门进行策划和运作	100	61.3
	企业自主策划运作与服务外包相结合	43	26.4
	通过与品牌策划及相关企业的战略联盟值(业务提成等),长期合作	9	5.5
	完全通过服务外包	3	1.8
	通过对品牌策划及相关企业的控股、股权式联盟(如合资、相互参股)	0	0
	兼并、收购其他品牌策划及相关企业进行运作	0	0

(四)设计创新人才相对不足

宁波市以民营企业为主,有很大一部分企业是乡镇、集体、个体创办的,管理者大部分是从实践中成长起来的,缺乏系统的学习和培训,整体素质低,对企业的发展存在短视行为,缺乏战略眼光,习惯于传统生产型的经营管理方式。另一方面,由于企业经营者的短视行为,对人才不够重视,没有采取很好的激励措施留住人才,从而导致进行技术和设计创新所需的人力资源严重缺乏,进一步弱化了企业作为创新主体的作用。在本次调研的163家制造企业中,企业平均员工总人数为363.7人,而研发或设计部门的平均人数为19.7人,占比仅为5.4%,这一比例太低,导致企业自身的研发创新能力不足,严重制约着企业创新能力的提升和发展。

(五)产业融合发展政策不够健全

产业融合发展,需要政府制定相应的配套政策来积极引导。本次调研中,企业对推进文化创意和设计服务与制造业融合发展提出了很多宝贵的意见,综合起来看,主要表现为企业对政府制定相应政策的需求,如建立产业融合发展公共服务平台、设立产业融合发展专项扶持资金、完善知识产权保护制度、加大对产业融合发展的宣传力度、完善相关的税收优惠政策、培育产业融合发展的高端人才等。

二、文化创意和设计服务业与制造业融合发展的路径选择

(一)发展重点

第一,结合宁波市制造业产业集聚区发展现状,发展汽车及零部件、纺织服装、电工电器等工业产品的设计与开发,促进传统优势产业改造提升;重点发展新材料、新能源、新装备、新一代信息技术等产业领域的开发、设计及应用,实现新兴产业融合的高端发展;着重做好宁波市传统优势及新兴产业领域产品的功能、结构和外观设计,提升核心竞争力。

第二,结合产品的商业推广和品牌构建,重点扶持发展市场调研与策划、包装设计与制

作、广告、展示设计与制作、多媒体设计、影视、动漫等行业。积极推进文化创意产业向上、下游两端延伸，即一端积极向市场调研、营销咨询、品牌经营和管理、品牌策划与推广、受众研究和效果评估等领域拓展，另一端要提高商业推广的后期制作水平和技术含量。

第三，依托宁波市高校、科研院所的智力资源，鼓励发展高等级研发实验室、设计研究所，重点开展设计研究、新材料研究、新技术研究、新功能研究、产业融合模式研究等。结合国内外人才培育资源，开展人才培育，为宁波市工业设计与创意产业发展提供强力的智力和人才支撑。

第四，依托园区、公共服务平台、行业协会等主体，建立一批文化创意和设计服务公共服务平台，重点开展产业信息发布、设计对接、文化设计产权交易、展示宣传、产业监测、国际交流等，做大做强优质公共服务平台，为宁波市文化创意和设计服务业发展提供有力的公共服务支撑。

(二)主要任务

1. 科学规划，重点建设一批产业融合示范园区

在现有产业集聚区建设基础上，突出产业融合的建设思路，重点建设与完善和丰创意广场、创 E 慧谷、创意 1956、创新 128、国家级广告产业园等文化创意和设计园区，根据国家文化创意和设计服务业与相关产业融合示范园区（基地）的建设要求，创建国家级产业融合示范（园区）基地；根据各县、市（区）发展需要，充分发挥民营资本优势，策划一批符合当地制造业特色的文化创意和设计服务业与制造业融合发展集聚区，打造区域性创新中心和成果转化中心；鼓励制造业发达的乡镇，明确发展重点，招商引资，建设一批产业融合基地；把宁波市打造成创意型和制造型兼备的特色鲜明的产业融合示范城市。

2. 落实谋划，搭建一批促进产业融合的公共服务平台

针对文化创意和设计服务业与制造业融合需求，依托园区、高校科研院所、行业协会、企业，积极谋划搭建一批促进产业融合的公共服务平台。搭建宁波市文化和设计产权交易平台，开展政策咨询、信息发布、项目推介、投资引导、并购策划、项目融资、产权交易组织等活动，探索创建文化和设计金融体系的新途径；搭建设计振兴研究院，积极开展振兴宁波市设计创新的政策体系制定、交流活动开展、“和丰奖”工业设计大赛举办、设计师和制造企业负责人联盟等；搭建文化创意和设计服务企业孵化平台，促进新办企业的创业发展；联合文化创意和设计服务企业、高校科研院所，搭建以制造企业为主体的协同创新中心，促进文化和设计资源要素向制造业集中，推进文化和设计成果的转化；搭建人才培育和交流平台，针对政府、企业、学校等相关人员开展多元化多层次的培训，加强认识。积极开展各类国内外交流活动，谋求融合发展的新模式。

3. 设计先行，发展一批文化创意和设计主导型企业

依托宁波市优势产业基础，开展设计主导型制造企业评比和表彰，在各个行业领域建立一批示范企业，树立标杆，推进制造企业由“制造主导”向“设计主导”转型；积极组织设计主导型制造企业、优质设计企业申报省级、国家级设计中心，引导企业进行产业融合发展；鼓励

宁波市文化体育用品、玩具及婴童用品、服装服饰等制造企业在动漫、图书、印刷、版权合作等领域进行积极有效的尝试，创新发展模式；支持有条件的制造企业与文化创意和设计服务企业通过战略合作、股权转让等方式联合经营；积极鼓励有行业领域专长的文化创意和设计企业向制造和销售领域延伸，增强设计产业化能力。

4. 畅通信息，对接推进一批融合项目

创办文化创意与设计刊物，向全社会推广创意设计企业和人才。充分发挥各县市区、乡镇(街道)、行业协会的中介桥梁作用，开展各类对接交流和宣传活动，让制造企业负责人充分掌握文化创意和设计的各类信息。依托相关公共服务平台，向制造企业征求有关需求，通过线上线下等多元化对接方式，推动文化创意和设计交易；依托高校、科研院所、设计企业等单位的研究力量，开展基于新技术、新工艺、新装备、新材料、新需求的设计应用研究；积极开展"政府助设计"和"设计对接奖"项目的评选，促进制造企业与文化创意和设计服务业融合；积极开展"产业融合示范企业"的评选，推进制造企业与文化创意和设计企业的战略合作、股权式联盟，促进文化创意和设计企业快速健康成长；通过对产业融合项目的跟踪、监测，择优选择一批文化创意和设计服务业与制造业融合的经典案例，并作为宣传资料向企业宣传、推广，促进产业融合向常态化发展。

第三节　嘉善县促进小微企业发展的实践和思考

小微企业是嘉善县国民经济和社会发展的重要基础，是工业经济的重要力量和活力所在，在扩大就业、增加税收、改善民生等方面发挥着不可替代的作用。近年来，受国际国内复杂多变的经济形势影响，嘉善县小微企业经营难度加大，面临诸多困难。为此，嘉善县积极调研小微企业发展现状，剖析发展障碍，探索发展对策。本节对嘉善县在促进小微企业发展中的实践和思考进行了介绍。

一、嘉善县小微企业基本情况

(一)区域行业分布

为研究嘉善县小微企业的发展现状，对 100 家小微企业进行问卷调查，共发放问卷 100 份，回收 100 份，并在此基础上进行分析。调查对象按乡镇和行业分布情况如表 12-3 所示。

表 12-3　调查对象分布情况表

单位：家

	大云	西塘	干窑	陶庄	姚庄	天凝	魏塘	罗星	开发区	合计
木业家具		1	3		1	1	4		1	11
纺织服装				1		8	3	1	1	14

续 表

	大云	西塘	干窑	陶庄	姚庄	天凝	魏塘	罗星	开发区	合计
电子信息	2				1					3
新能源					1			1		2
新材料		1	1		1		1		1	5
水泥建材			1				1			2
五金机械			3	3	3	1	3	2	3	18
化学制品	1									1
食品制造		1					1			2
其他制造业	6	5	2	5	9	2	2	4	7	42
合计	9	8	10	9	16	12	15	8	13	100

(二)企业性质分类

调查显示，100 家小微企业以私营企业为主，私营企业 82 家，占比 82%；中外合资企业 4 家，占比 4%；外资企业 14 家，占比 14%，国有及国有控股企业为 0，如表 12-4 所示。

表 12-4 调查对象性质分类表

单位：家，%

企业性质	企业数量	占 比
私营	82	82
中外合资	4	4
外资	14	14
国有及国有控股	0	0

(三)主要经济指标

100 家小微企业 2014 年资产总计 23.44 亿元，同比增长 53.6%；固定资产 7.77 亿元，同比增长 58.72%；负债合计 12.68 亿元，同比增长 49.53%；主营业务收入 14.45 亿元，同比增长 60.38%；营业利润亏损 1289 万元，同比下降 8.24%；出口额 7945 万元，同比增长 128.76%；上缴税金 4070 万元，同比增长 22.55%。

(四)注册资本情况

在调查的 100 家小微企业中，注册资本 100 万元以下的企业有 16 家，占 16%；注册资本 100 万元—500 万元的企业有 34 家，占 34%；注册资本 500 万元—1000 万元的企业有 18 家，占 18%；注册资本 1000 万元以上的企业有 32 家，占 32%，如表 12-5 所示。

表 12-5　调查对象注册资本情况表

单位：家，%

注册资本	企业数量	占比
100 万元以下	16	16
100 万元—500 万元	34	34
500 万元—1000 万元	18	18
1000 万元以上	32	32

二、嘉善县小微企业发展的特点趋势

嘉善县民营经济发展以小微企业为主体，经过近几年的发展，由小生产走向大生产，从小产业走向大产业，从小市场走向大市场，逐渐呈现出规模庞大、特色鲜明、集聚力强、品牌优良等特点。

一是总体规模不断扩张。嘉善县经济实力的不断增强、发展环境的日益优化，进一步激发了私营业者的创业热情，小微企业明显增多，资本投入逐步加大。

二是产业集群集聚力增强。目前嘉善县已形成“321”六大产业集群，做大做强装备制造、电子信息、木业家具三大主导产业，加快发展新能源、新材料两大新兴产业，整合提升纺织服饰产业。

三是特色主导产业优势突出，新型工业化格局初现。全县小微工业企业分布广、特色鲜明，围绕这三大主导产业，延伸链条，推进战略重组，做大做强，已成为民营企业发展中的主角。

从以上特点可以看出发展小微企业对促进嘉善县农村经济发展起到了不可替代作用。一是较好地解决了农村剩余劳动力的就业问题。小微企业多是村镇经济，且大部分为劳动密集型企业，可以吸收大量农村闲散劳动力。二是激发了全民创业热情。嘉善县的小微企业已是星罗棋布，种养加销，市场繁荣，呈现出良好的发展态势。三是增加农民的工资性收入。调查了解到，小微企业的职工年均收入 30000 元左右，有些达 40000 元。四是为全县企业的梯次发展奠定了基础。小微企业是乡镇区域经济的重要组成部分，对乡镇财政税收有着重要的贡献。

三、嘉善县促进小微企业发展的主要措施和经验

（一）落实扶持优惠政策，全力发展民营经济

嘉善县始终高度重视民营经济发展，认真贯彻落实国务院《关于鼓励和引导个体私营等非公有制经济发展的若干意见》文件精神，提出“全力推进工业强县战略”的目标。成立嘉善县非公有制经济发展领导小组，由县政府主要领导定期组织召开会议，分析、研究、解决非公经济发展的重大问题。坚持一把手亲自抓、负总责，分管领导具体抓，不断加强和改进对非

公经济工作的领导，切实做到责任、政策、措施和督查“四个落实”，圆满完成了非公经济考核各项指标。2015 年 5 月 19 日，县政府印发《关于推进当前工业经济稳增长促发展的若干意见》（善政发〔2015〕46 号），鼓励企业上规升级，对当年度由小微企业升级为年度主营业务收入超 2000 万元及以上的规模企业，给予每家企业一次性补助 5 万元。

（二）大力实施上规升级，深入推进全民创业

以全民创业为抓手，激发小微企业发展活力。进一步挖掘小微企业潜力，形成“支柱企业带动小微企业，小微企业助推支柱企业”的良好发展格局。一是大力开展回乡创业工程，制定优惠政策，鼓励在外人员回乡创业。二是大力开展素质培训。与国家工信部人才交流中心联合实施新型工业化能力建设“长风”计划，开展“2015 年中国宏观经济形势分析”“小微企业上规升级培育与运行监测平台系统培训会”“小微企业中层干部培训班”等各类培训活动，全方位提升创业者和企业家的整体素质，提高企业生产效率和创业成功率。

（三）加大招商引资力度，促进经济发展活力

重点引进投资强度大、科技含量高、对财政贡献率大、清洁生产的项目。嘉善县依托区位等优势，大力开展招商引资，引进和培育大工业企业，富通集团、喜力啤酒等大型企业顺利入驻。围绕主导产业，延伸产业链条，壮大了小微企业的经济实力。

（四）优化经济发展环境，提供优质创新服务

一是开展“调研服务进千企”专项行动。县领导带头走遍在企业绩效评价过程中被确定为 A 类和 C 类的企业，镇（街道）党政主要领导走遍辖区内龙头骨干企业、重点工业项目，镇（街道）分管领导走遍辖区所有规上企业和“小升规”重点企业，镇（街道）经济建设服务中心党员干部走遍辖区小微企业。二是健全联动服务中心 17871 平台。进一步建立完善联动服务中心，为企业提供多形式、全方位服务，同时指导企业强化管理，着力提高经济运行质量。三是建立企业发展微信服务平台，开通嘉善县支持企业发展微信服务平台，为全县广大中小企业提供最新政策、发布信息等服务。四是建立企情在线系统。开发企情在线系统，系统运用互联网 PC 端与手机客户端 APP 相结合的方式，企业通过 PC 系统或手机系统直接回馈各项问题及审批内容，政府机关人员走访将快速记录企业的走访情况，对各项问题进行跟踪解决或服务。五是开展机关中层干部联企服务活动。县级层面对 214 家工业企业，每家企业选派 1 名机关中层干部作为定向服务的联企干部，不定期到联系企业开展“一对一”服务，帮助企业解决发展中的困难与问题，推动企业持续健康发展。

（五）帮助解决资金问题，支持企业发展壮大

一是发挥中小企业转贷基金作用。进一步帮助企业还贷和续贷期间出现的短期资金周转困难，截至 2015 年 9 月底，共办理转贷基金贷款 1018 笔，累计金额 35.19 亿元，其中 2015 年 1—9 月，发放 312 笔共 10.46 亿元，取得明显成效。二是开展小微企业贷款风险补偿工作。6 月底，县经信局会同财政局、人行、银监办等部门对村镇银行、邮储银行、绍兴银行和嘉善农商行的小微企业贷款情况进行审核。2014 年嘉善县 4 家金融机构共为 4497 户微型企业和小微企业主发放了贷款，年度月平均贷款余额为 17.44 亿元，本年度对小微企业贷款增加额为 4.51 亿元，核定 4 家银行补偿金额为 225.43 万元。三是加强政府融资支持力度。组建同舟贷款担保公司，首期注册资金 5000 万元，为符合条件的中小企业提供银行贷款担保。积极培育和引进融资租赁公司，对符合条件的技术改造项目，开展融资租赁服务。根据企业实际需要，允许现有企业（在建项目）在办理房产证、土地证时，在符合相关规定的前提下，进行权证分割或合并。

四、嘉善县小微企业发展面临的问题

（一）人才资源缺乏

当前嘉善县小微企业的人才资源缺乏，主要表现在两个方面，一是中高层次的领军人才引进难，留住更难；二是懂技术、懂管理、懂财务等方面的专业人才缺乏。据调查，38%的企业认为中高端人才匮乏制约企业发展，45%的企业希望政府提供专业人才服务。另外，大部分小微企业缺乏激励制度，致使一些优秀管理人才和技术骨干流失，部分企业自身陷入既无法孕育人才，又不能有效招募和积蓄人才的两难境地。

（二）抗风险能力较弱

小微企业在人、财、物、信息等方面的拥有量与大企业相比处于劣势，在资源配置上不能与大企业享受同等待遇，企业发展所需的政策、土地、资金、电力、运输等条件不能及时有效地得到满足，导致其抗风险能力较弱。一方面，小微企业发展历史短，原始积累不够。与此同时，小微企业科技人员少，产品档次不高。另一方面，产品市场增长率不高，多数企业近几年市场增长率在 20%以下。

（三）创牌意识薄弱

对地区而言，品牌是发展的标杆和旗帜。近年来，嘉善县政府加大力度积极实施品牌战略，让更多的品牌生根、开花、结果，从而提升嘉善县工业经济质量。但是，嘉善县多数小微企业对于品牌的认识不深，人力、物力、财力投入不足，品牌保护意识薄弱，导致具有市场影响力的知名品牌屈指可数。截至目前，嘉善县获得国家驰名商标行政认定的企业仅有 2 家（嘉善黄酒和华悦木业）。

（四）科技创新不够

创新是企业推动科技尽快转化为生产力的重要力量。同时，科技创新可有效改善企业形象，促进企业发展。企业缺乏科技创新能力将造成市场竞争力不强，部分企业只注重当前利益，技术创新上投入相对较少。据调查，75%的企业研发投入占销售收入 3%以下，更有 54%的企业研发经费不足年销售收入的 1%。

（五）资金短缺融资难

小微企业贷款“小、急、频”的特点使金融部门审查监督成本和潜在收益不对称，银行信贷资金主要集中投向发展规模较大的重点企业，对小微企业“惜贷”“慎贷”的现象普遍存在,在融资调查一栏中,有63家小微企业反映从银行融资比较困难,制约了企业的发展。主要原因是抵押担保不足(有29家),企业规模小(有21家),企业经营状况不佳(有7家)等。

(六)企业成本大幅上扬

长期以来,处于产业下游的小微企业以低价战略赢得市场,随着原材料、能源价格、物流成本、劳动者工资等生产成本的大幅上涨,很多中小企业处于微利或无利状况。据统计,从2010—2014年,5年内嘉善县最低月工资标准从850元增加到1470元,增长72.94%;年度平均工资从29286元增加到49356元,增长68.53%。企业支付给劳动者的工资及承担的职工社会保险费逐年提高,造成用工成本增加。

表12-6 嘉善县2010—2014年企业职工工资情况表

单位:年/月,元

序号	年度	当年度全县企业职工平均工资金额	最低工资标准执行期限	最低工资标准金额
1	2010	29286	2008/9—2010/3	850
2	2011	34986	2010/4—2011/3	980
3	2012	40272	2011/4—2012/12	1160
4	2013	43791	2013/1—2014/7	1310
5	2014	49356	2014/8至今	1470

(七)经营者年龄趋于老龄化

在竞争激烈的市场中,越来越多的企业因经营者素质不高、管理方式陈旧引发诸多弊端,使企业难以为继。根据调查显示,小微企业经营者年龄趋于老龄化,日益表现出求稳、怕冒风险的倾向。经营者没有形成科学的管理理念,事前不做长期规划,事中经常朝令夕改,不稳定性极大,抗风险能力低下。

(八)家族化倾向突出

在小微企业中有相当一部分企业是"夫妻厂""父子店"这类家族式企业,以一个家庭或一个家族组成经营管理单位,主要职务和重要岗位由家族成员或亲朋好友担任,以伦理道德来替代经济行为规范和科学管理制度,缺乏激励机制和约束机制,随意性很大,造成管理混乱,在很大程度上限制了企业科学经营运转,阻碍了企业规模化发展。在调查中,企业主要管理人员来自本家族的占企业管理层20%的有47家,占40%的有12家,占60%的有13家,占80%的有16家,全部来自本家族的有9家。

(九)管理有待改善

很多小微企业往往是依托地方特色资源或短期市场机会而创办起来的,这种创办的偶然性使很多企业经营者缺乏对未来发展的战略定位和规划。有一定技术基础的企业容易以技术代替管理,形成管理上的短视,企业战略转向非常有限。

五、进一步推进嘉善县小微企业发展的建议

发展小微企业是实现工业强县目标的渠道之一，对于增强嘉善县工业经济发展后劲和活力具有重要作用。针对当前嘉善县小微企业发展中面临的主要困难和问题，提出以下4点建议。

（一）强化政策保障，大力提振发展信心

一是注重宣传引导。要通过多种形式，广泛宣传各项优惠扶持政策，提高政策知晓率。引导企业正确应对困难，善于在挑战中寻找发展机遇，增强发展信心。二是完善政策体系。要进一步细化各项政策措施，提高针对性和可操作性。指导、帮助企业积极向上争取政策，通过项目包装、抱团申请等形式，让更多的小微企业享受到优惠政策。三是突出重点扶持。研究制定小微企业评价评估办法，重点扶持一批有发展潜力的创新型企业和有发展优势的成长型企业，淘汰那些高能耗、高污染、低产出的小微企业，确保有限的资源向优质小微企业倾斜。

（二）推进转型升级，努力增强发展后劲

一是提升传统产业。鼓励小微企业实施差异化竞争策略，在细分类别产品市场做精做专，赢得市场竞争力。通过“机器换人”等方式，大力淘汰落后产能，腾出发展空间。二是培育特色产业。重点培育战略性新兴产业领域尤其是成长性强、拥有自主知识产权和关键核心技术的小微企业，引导小微企业向技术含量高、能源消耗低、经济效益好的行业转型。发挥好大企业、大项目的龙头带动作用，围绕龙头企业的配套带动，延伸产业链，促进龙头企业与小微企业配套发展，互利共赢。三是引导自主创新。建议设立创新扶持基金，加大对科技创新的扶持力度，鼓励小微企业与高等院校、科研院所、研发机构建立合作关系。支持小微企业自建或联合建立产品研发中心、检测中心等机构。引导小微企业加快技术设备更新，大力推进科技创新和品牌创建，努力拓展中高端市场，不断提高产品的核心竞争力和附加值。

（三）缓解要素制约，合力破解发展难题

一是合力破解资金要素制约。积极构建政府、银行、企业之间的沟通平台，完善金融工作例会制度。鼓励和支持金融机构在贷款方式上拓宽可抵、质押资产范围。不断完善信用贷款机制，引导企业健全财务制度，重视诚信建设，扩大信用贷款覆盖面。积极争取并运作好政府应急周转资金，落实小微企业贷款风险补偿配套政策。强化日常监管，规范运作模式，引导小额贷款公司和担保公司健康发展。加大对地下钱庄的打击力度，积极防范民间借贷风险。二是合力破解土地要素制约。重视小微企业发展需求，帮助企业积极争取土地指标。推动小微企业集聚发展，促进块状经济向产业集群提升。鼓励创建小微企业创业孵化基地，建设一批适应产业导向、符合小微企业发展实际的标准厂房。三是合力破解人才要素制约。组织开展对小微企业业主和业务骨干的培训，提升企业经营管理水平。通过定向培

养、定期培训等形式,加强小微企业与本地大专院校的合作。努力改善人才创业和生活环境,切实让人才"引得进、留得住"。

(四)优化服务手段,着力改善发展环境

一是增强服务意识。各级各部门要高度重视小微企业发展,加强联系指导,提供优质服务。把服务小微企业列入"调研服务进千企"专项行动和机关中层干部联企服务活动以及企情在线系统的重要内容。二是构建服务平台。建立覆盖全县小微企业的公共服务平台,为企业成长提供资源和信息应用服务支撑。扶持发展各类社会服务组织,完善有利于促进小微企业发展的中介服务体系,建立有效的行业自律机制和监督机制。三是提升服务效能。重视各乡镇经济建设服务中心建设,优化工作人员年龄和知识结构,强化业务培训和工作考核。加强部门沟通,简化审批手续,减轻企业负担,努力为全县小微企业发展壮大创造良好环境。

第四节　绍兴市上虞区推动中小企业"两化融合"的启示

近几年来,上虞区中小企业发展步伐放缓、传统发展模式遭遇困境等已经成为新常态,在新经济、新常态下,上虞区积极推进中小企业工业化和信息化的两化深度融合,推动中小企业转型升级,取得重要成果。本节对上虞区推动中小企业"两化融合"的做法和经验进行了介绍。

一、上虞区中小企业"两化"融合基本现状和问题

近年来,上虞区始终把"两化融合"作为稳增长、促转型的一项重要工作来抓,2013 年专门出台了《上虞市信息化财政专项资金使用管理暂行办法(试行)》(虞政办发〔2013〕146 号),2014 年又在《上虞区推进工业强区建设 2014 工作要点》(虞政办发〔2014〕109 号)中专门做了部署。在上虞区政府的高度重视和经信等有关职能部门的大力推动下,上虞区"两化融合"取得了阶段性的成效。上虞区被列为省第一批两化深度融合国家示范试点区域中的 5 个"浙江省绿色安全制造信息化示范区"之一,卧龙电气、龙盛控股成为绍兴市两化深度融合示范试点单位。尽管成绩斐然,但仍存在不少问题。

(一)"两化"融合整体水平不高

根据省经信委 2014 年 4 月发布的《2013 年浙江省区域两化融合发展水平评估报告》,上虞区两化融合发展总指数为 55.34,属两化融合水平三类地区(共分四类),在全省 81 个县、市(区)中排第 32 位,其中:基础环境指数为 16.18,排第 26 位;工业应用指数为 24.97,排第 38 位;应用效益指数为 14.19,排第 31 位。在全省 20 个工业强县(市、区)中,上虞排在第 17 位。总体来说,上虞区两化融合发展水平还不高,与其他工业强县(市、区)的差距十分明显。

(二)"两化"融合本地支撑力量不足

根据电子信息行业统计直报系统显示,2013 年度,上虞区电子信息行业主营业务收入

达 54.09 亿元，比 2012 年增长了 8.0%。利润总额达 5.10 亿元，同比下降 16.7%。总的来看，产业还比较薄弱。主要表现为：一是电子信息制造业相关企业不多，层次不高。2013 年，上虞区电子信息制造业主营业务收入达 52.67 亿元，同比增长 8.1%。利润 4.96 亿元，同比下降 16.5%。目前，上虞区电子信息产业类企业除卧龙电气、凯信光电外，大多数企业处于产业链的低端，附加值较低，缺乏核心竞争力；二是软件与信息服务业较为薄弱。据统计直报系统显示，2013 年上虞区软件业务收入 1.43 亿元，同比增长 3.7%；利润 1419 万元，同比下降 25.6%。其中，仅有 5 家企业通过双软认证，2 家企业具有系统集成资质。这些企业可提供的软件与信息化服务领域相对较窄，技术水平和服务能力较低，远未能满足上虞本地企业的信息化需求。

(三)中小企业与大型企业“两化”融合差距明显

通过对全区近 200 家中型企业和 17 家大型企业的对比调查，发现中小企业与大企业在两化融合方面的差距明显。调查显示：上虞区中型企业 ERP(企业资源计划系统)的应用率为 55.4%，而 17 家大型企业为 100%；实施 MES(制造执行系统)或 DCS(集散控制系统)项目的中型企业达 44.6%，而大型企业仅 MES 1 项就已达到 64.7%；实施 SCM(供应链管理系统)的中型企业占 34.7%，而大型企业 76.5%应用；实施 PLM(产品生命周期管理系统)的中型企业占 23.3%，而大型企业 52.9%应用；中型企业中有数控装备的占 33.7%，而大型企业全部应用数控装备，且生产设备数控化率达到了 60.3%，数控装备联网率达到了 74.4%；中型企业开展电子商务的占 36.8%，其中开展 B2C(企业对个人)业务的仅占 8.3%，而应用电子商务的大型企业占 94.1%，其中电子商务销售额占比 9.6%，电子商务采购率为 21.6%；中型企业采用数字化设计工具的占 46.1%，而大型企业占到 94.1%，其中二维 CAD 和三维 CAD(计算机辅助设计)的应用率分别为 88.2%和 41.1%，CAPP(计算机辅助工艺)和 CAE(计算机辅助工程)的应用率分别为 11.8%和 5.9%；中型企业有信息化专项规划的占 17.6%，大型企业则达到了 58.8%。中型企业除 ERP 和 MES 的应用以外，对于其他环节的信息化建设尚缺乏认识，相应系统普及率较低。在绍兴市工业企业两化融合评估中仅有上光照明一家中型企业获得“绍兴市两化融合示范企业”称号，而大型企业中有 5 家企业获得两化融合示范企业称号。另外，对于小微企业的两化融合调查看，几乎没有信息化系统应用。企业规模与信息化应用几乎成正比。

二、上虞区“卧龙模式”给中小企业“两化”融合的启示

卧龙电气是走在上虞区乃至绍兴市前列的制造业“两化融合”龙头企业，“两化融合”评估得分达到 81.8，其开展信息化建设的有关做法给上虞区的中小企业两化融合建设带来很多启示。

(一)企业信息化建设必须从小抓起

企业发展刚开始就要重视“两化融合”，才能为将来的发展打好坚实的基础。卧龙电气

自成立伊始，就十分重视企业信息化建设，早在1992年就跟浙大合作，投资100多万元开发MS（销售、库存）系统，1999年就制定了信息化专项规划，先后实施了MIS管理系统、MRPⅡ（制造资源计划）系统、OA办公系统及财务用友软件、会计电算化系统。之后卧龙电气把企业目标定位为全球电机第一，根据这个定位，卧龙电气在信息化项目选型上就按照国际化标准，自2004年开始引入SAP R3系统，经过10多年的发展已经成为全球电机领导者的大型企业。当初信息系统国际化的选型推动了集团公司与国内外子公司之间信息系统的无缝对接，为卧龙的全球化战略奠定了坚实的基础。

（二）企业信息化建设要人人参与

卧龙集团领导层十分重视信息化建设，以破釜沉舟的勇气，辞退打字员，从学习打字入手，迫使企业员工面对电脑进行工作，从此走上企业信息化建设的道路。以需要推动信息化应用则是卧龙的一大特色。卧龙集团的信息化应用往往是由业务部门根据企业生产经营管理的需要提出来的，然后由信息化部门去寻求解决方案。作为企业信息化建设的保障，卧龙集团把信息化人才等同于研发人才，组建了相对稳定的信息化队伍，至今稳定的信息化专业人才队伍有20人左右。

（三）企业信息化建设要注重集成

信息系统经过10余年的信息化建设，卧龙已基本形成以ERP为核心，CAD、PLM、SRM、CRM、OA、MES等为支撑的管理信息化格局，以网络DNC/MDC系统为基础的数字化制造解决方案。通过信息系统之间互相集成，避免了信息孤岛，使业务环节之间实现互联互通。例如两化融合的实施，在客户关系方面，使企业的准时交货率平均提高55%，误期率平均降低35%；在供应链管理方面，使采购提前期缩短50%，缩短了采购时间和节省了采购费用；在产品数据关联方面，产品开发时间相比以前同类产品开发速度提高了50%—200%，开发成本明显下降，总成本削减25%以上；在资源计划管理方面，使得延期交货减少80%，工厂库存下降30%—50%，库存周转率提高50%。用户服务的水平显著提高，制造成本降低12%。

三、进一步推动上虞区中小企业“两化融合”的对策建议

在推动中小企业“两化融合”进程中，必须把发挥企业的主体作用放在首位。同时，政府要抓住当前的有利时机，积极予以推动。

（一）强化政府引导，不断激发中小企业“两化”融合动力

纵观美、英、日等发达国家和国内先进地区中小企业“两化融合”发展历程，政府的引导和推动起着积极而重要的作用，必须从上虞区发展战略的高度，进一步提高对推进中小企业“两化融合”的认识，增强中小企业“两化融合”的紧迫感和使命感，引导中小企业转变发展理念，创新发展思路，切实把上虞区中小企业“两化融合”提高到一个新的水平。

1. 加强牵头协调

加强上虞区创建浙江省两化融合国家示范区工作领导小组的作用，建立健全上虞区中

小企业“两化融合”推进工作机制，及时研究和解决中小企业“两化融合”中存在的困难和问题，负责上虞区中小企业“两化融合”工作的规划实施、组织协调、指导服务、绩效评价等工作。

2. 完善激励政策

一是充分利用好专项资金。发挥上虞区设立的每年500万元的信息化专项资金的导向作用，适当放宽标准，扩大享受范围重点向中小企业信息化建设予以倾斜；二是完善鼓励企业创新发展政策。财政、金融、税收等部门要调整完善相关政策，将中小企业实施信息化纳入企业创新发展的一项重要内容予以支持。

3. 突出扶持重点

一是推进信息技术和网络技术在产品研发、生产、管理、营销等环节的应用，提高生产过程的自动化、控制智能化和管理信息化水平；二是推进企业内部单项信息化向企业内部系统集成信息化、企业内外全程供应链信息化跨越；三是推进中小企业信息化产品的研发，鼓励IT服务企业针对中小企业信息化需求的多层次、个性化、多样性要求，开发经济适用、使用便捷、维护方便的产品和技术，为中小企业信息化提供更多的解决方案。

(二)坚持因地制宜，着力提高中小企业“两化融合”水平

企业的“两化融合”一般会经历4个阶段，从低级到高级，其绩效逐步彰显：第一阶段是基础建设阶段，表现为企业尝试引入IT技术，开展基础资源和环境建设；第二阶段是单项应用阶段，表现为信息技术与企业单项业务融合；第三阶段是综合集成阶段，表现为企业开展跨部门、跨业务环节的集成；第四阶段是协同与创新阶段，表现为企业跨业务协同与模式创新。

上虞区的中小企业正处于第一或第二阶段，在此过程中，“两化融合”的关键是要找到适合企业的单项信息系统应用项目，把设计数字化、生产自动化、管理现代化、装备智能化、营销网络化这“五化”作为途径，利用信息技术在企业各个领域的渗透，逐步有效提升企业竞争力。

1. 在设计数字化方面

重点是推广二维和三维CAD及CAE和CAPP的应用，从设计“甩图纸”开始，赋予产品信息化的属性并在部分领域尝试推广3D打印技术的应用。例如上虞区的皇城工坊公司引进国际高端3D扫描和打印机，对粗胚雏形3D扫描后，再利用CAD/CAM系统实现再设计，用3D打印机打印出模具及塑型。正是通过掌握应用这一套“计算机辅助设计逆向工程”，其生产的贵金属产品的工艺和质量要大大高于同类产品，迅速抢占了市场高地。

2. 在生产自动化和装备智能化方面

重点是推广“机器联网”和“柔性制造”，通过信息化手段推动机器换人工程。例如，晶盛机电对全自动晶体生长炉制造设备进行改造，自主研发设备联网和监测系统，对生产现场的设备状态、运行参数、报警信息和生产实时数据等进行集中式监控管理，数据能实时传递给ERP、MES等系统，便于企业的宏观管理和远程现场生产监控，可以降低60%的车间操作人员数量和减少50%的统计人员与检验人员。

3. 在管理现代化方面

重点是推广适合中小企业的信息化项目，比如在信息化建设基础比较好的企业推广SAP(全球最大的企业管理解决方案供应商)等定制模块的ERP系统；在中小企业推广用友(国内最大企业管理解决方案供应商)等成熟模块的ERP资源管理系统；在成品生产企业推广智能仓储系统，在化工企业推广DCS分散控制系统；在机械行业推广PLM系统和SCM系统和MES制造执行系统等。

4. 在营销网络化方面

重点是推广工业企业的电子商务销售，鼓励工业企业通过开拓电子商务模式，以B2B(企业对企业)和B2C(企业对个人)的方式，减少中间销售消耗，扩大市场。根据上虞区销售前40强的工业企业统计显示，销售总额中电子商务的占比已经达到了11.2%，比上年增长2.1个百分点，电商发展迅猛之势已经不容小觑。

(三)健全服务体系，努力优化中小企业“两化融合”环境

构建完善的社会化服务体系，是中小企业信息化建设的必要条件。而从目前看，上虞区中小企业信息化建设服务体系尚不健全，难以为中小企业信息化建设提供有力保障。为此，要针对上虞区实际，积极整合区内外各类资源，加快建立健全中小企业信息化建设服务体系。

1. 建立中小企业信息化公共服务平台

要通过政府牵头，协调电信运营商、信息化服务商，组建中小企业信息化推进联盟，建立面向上虞区中小企业、提供信息化应用服务的公共服务平台，落实《国务院关于扶持小型微型企业健康发展的意见》(国发〔2014〕52号)精神，加大政府购买服务力度，为小型微型企业免费提供管理指导、技能培训、市场开拓、标准咨询、检验检测认证等服务，切实缓解中小企业信息化建设中资金不足和人才缺乏问题，加快推进上虞区中小企业信息化建设。

2. 积极构建中小企业信息化建设保障体系

一是要充分利用正在建设的单品网，发挥行业龙头企业的带动作用，支持中小企业加入相关单品网，进一步提升中小企业行业细分市场的影响力；二是要充分利用当前互联网金融大力发展的有利时机，集聚民间闲散资金，解决中小企业融资难题；三是要充分利用现有职业教育资源，组织培养本土信息化专门人才，为上虞区中小企业信息化建设提供更多的本土人才。

3. 着力营造中小企业信息化建设深厚氛围

一是定期举办中小企业信息化高层论坛，吸引中小企业主参加，引导更多的中小企业参与信息化建设；二是加强对中小企业信息化技术人员的指导，不断提升中小企业信息化应用水平；三是组织年度中小企业信息化优秀示范案例和优秀解决方案的“双优”评选活动，积极营造中小企业信息化的氛围。

(四)实行多管齐下，全力助推中小企业信息化建设

当前，上虞区正在大力实施创新驱动和“电商换市”战略，扎实推进“两化融合”示范区建设，要因势利导、把握良机，借力助推中小企业信息化建设，进一步加快中小企业信息化步伐。

1. 借力创新驱动

按照“一个优势产业对接一所具有强势学科的大学”的模式，深化与浙江工业大学全面战略合作，推进浙工大上虞研究院和虚拟大学园建设，推动与复旦大学共建绿色照明和智慧技术研究院，深化产学研对接，借创新成果的转化来助推中小企业“两化融合”。

2. 借力“电商换市”

发挥好电子商务产业发展规划和电商专项扶持政策的作用，加快中国智能骨干网、新华社沪浙港两大电商物流项目建设，鼓励化工、机电、照明等行业龙头企业搭建行业电子商务平台，抓好汤浦童装城、中国伞城电商园区建设，借平台、园区之力促进中小企业入平台入园发展电商。

3. 借力示范区建设

把握打造“两化融合”示范区的良好契机，要按照《绍兴市上虞区创建浙江省两化深度融合国家示范区域实施方案(2014—2017 年)》，重点抓好机器换人、智能化新产品与装备开发等 55 个示范项目。力争到 2017 年，主导产业基本实现自动化、网络化、智能化生产，工业发展质量和效益持续改善，信息化综合指数达到 0.95 以上，“两化融合”指数达至 80 以上。

第五节　景宁县化解中小企业融资难的对策

景宁县地处浙西南山区，经济发展相对于发达地区较落后，中小企业的融资问题突出，已成为制约中小企业发展的瓶颈。景宁县中小企业融资难的问题在浙江省具有一定的代表性，本节对景宁县中小企业融资难问题及其原因进行了分析，并提出了缓解“融资难”问题的对策。

一、景宁县中小企业发展现状及融资概况

(一)景宁县中小企业发展概述

经过 30 年的发展，景宁县已初步形成了以水电、泵阀铸造、医药、竹木加工、食品加工等 5 大行业为主导的工业经济格局。截至 2013 年年底，景宁县中小企业达 627 家，其中规模以上企业 38 家，规模以下企业 219 家，个体 370 家；全年实现工业增加值 99801 万元，增长 12.7%。其中，规模以上的工业增加值 42975 万元，增长 16.5%；规模以下工业完成增加值 56826 万元，增长 10.0%。据对 38 家规模以上工业企业的统计，全年实现工业销售产值 174636 万元，现价产品销售率为 94.0%；实现利税总额 20660 万元，其中实现利润总额 13051 万元；从业人员年平均人数 3014 人。

(二)景宁县中小企业融资概况

据调查，景宁县中小企业资金缺口在 2 亿元左右，91%的企业无法满足资金需求或只能

满足部分需求。从中小企业贷款需求结构来看，企业普遍不满意金融机构 3 个月、6 个月的贷款期限，要求获得更长期限的贷款。此外，从银行贷款角度看，大多商业银行对中小企业的贷款利率基准利率基础上会上浮达 20% 以上，此外，企业还要承担贷款总额 2%—3.6%的担保费用和评估、登记、保险、公证等中介费用，大大增加了企业融资成本。总体而言，中小企业平均信贷融资成本高达 13%左右。目前，景宁县共有银行 10 家，截至 2015 年 10 月底，人民币各项存款余额 74.279 亿元；各项贷款余额 55.23 亿元；余额存贷比 74.36%。

二、景宁县中小企业融资困难原因分析

中小企业融资难是企业发展过程中遇到的一个普遍性问题，它的形成既来自于企业内部的因素，也有外部环境的客观因素。

(一)中小企业融资难的内因

1. 企业治理结构尚不完善，经营风险高

景宁县绝大多数中小企业设立时存在先天不足，以家庭式作坊起家，家族化管理模式普遍，没有建立现代的企业制度，企业决策往往由一个人说了算，而非由制度决定。同时企业财务管理不规范，企业会计、出纳集于一人，流动性大，且往往负责多家企业，使企业难以提供可信和规范的财务信息，导致信息不对称，银行等金融机构对中小企业缺乏信任，为企业融资无形中设置了障碍。此外，县内竹木制品、钢管等产品与周边县市同质化严重，企业抗风险能力弱，缺乏可持续发展能力。

2. 企业自身规模小，抵押担保资产不足

景宁县工业起步晚，工业化进程滞后，目前景宁县正处于工业化初期，企业规模小，产权单一，可提供的抵押物少，特别是个体、私营企业普遍存在经营负债大，自身并无多少固定资产，靠租赁取得的厂房、设备等又无法满足银行关于抵押贷款抵押物的要求，而且中小企业特别是私营企业采用合作经营方式，企业固定资产、不动产的所有权和使用权并不明晰，也造成了抵押的障碍，同时抵押物的折扣率高，并且手续烦琐，收费昂贵，中小企业普遍难以承受。

3. 融资结构单一，信用观念薄弱

被调查企业主要通过自有资金、民间借贷和金融机构贷款完成融资需求。由于国内资本市场准入门槛高，景宁县内企业发展规模又小，到目前为止，景宁县尚未有一家中小企业上市融资或发行债券融资，绝大部分中小企业以固定资产抵押贷款、向近亲朋友贷款等间接融资方式为主，且部分中小企业信用观念淡薄，诚信意识差，使银行对中小企业产生“惧贷”心理，在一定程度上也影响到一些信用好的中小企业向银行融资。

(二)中小企业融资难的外因

1. 融资门槛高，信贷产品单一

银行等金融机构从风险与效益角度考量将经营重点放在了“重点行业、重点产品、重点客户”上，存在信贷“歧视”，信贷资金更多地流向了效益好的规模以上企业，致使一大批市场

前景好、未来盈利能力强的中小企业的贷款需求难以得到满足，制约了信贷对中小企业的投入。在信贷产品创新方面，除极少数金融机构尝试或使用信贷新产品外，大多数金融机构都一直沿用房地产抵押这一单一的信贷产品。此外，通过资本市场直接融资的大门对中小企业基本是关闭的，结合当前景宁县的企业发展现状而言，无论是国内主板市场融资或国外上市融资都是不可能的。

2. 贷款手续复杂、成本高、流程长

景宁县中小企业贷款呈现出时效急、数额小、次数多且担保弱的特点，国有商业银行等金融机构为转嫁经营成本与管理成本往往提高对中小企业的贷款利率，且信贷操作流程长环节多、手续繁杂，无法满足中小企业需求。若中小企业采用抵押或担保的方式时，为寻求担保或抵押等，还要付出担保费、抵押资产评估费等，极大提高了中小企业融资成本。

3. 金融体系不健全，担保机构发展滞后

目前景宁县的金融体系中，国有银行仍处于垄断地位，现有农村信用社、稠州商业银行、泰隆商业银行、村镇银座等几家股份制银行，由于金融机构数量少，信贷歧视，信贷规模受限，银行间竞争不充分，客观上影响了中小企业的贷款满足率。同时，景宁县担保机构发展滞后，资金规模小，来源单一，缺乏有效的风险管理机制和高素质担保人才，也是制约中小企业融资的重要因素。

4. 政府的政策支持力度不够

政府对中小企业融资支持力度不够。迄今为止景宁县还未出台中小企业应急转贷资金管理办法，尚未对中小企业设立专项基金，据了解，丽水市其他各县均设立了应急转贷资金库用于缓解中小企业转贷压力大的困境。

三、化解中小企业融资难的对策与建议

为解决中小企业融资难的问题，应从企业、银行和政府三方面入手，三管齐下，以中小企业自身建设为核心，以金融机构提供信贷为补充，以政府制度安排为保障。

（一）中小企业应加大内部改革力度，苦练内功，优化融资的内部环境

1. 强化内部管理，健全各项管理制度，提高管理水平

中小企业应着力提高企业管理和员工素质，调整自身的知识结构，积极参与各项企业管理培训，满足现代化管理的需求。

2. 规范企业财务制度，树立良好信用观念意识

逐步建立健全内部财务会计制度，积极向财政部门提供全面、准确的财务和经营信息；提高企业财务状况的透明度和财务报表的可信度，积极配合金融机构对企业经营的监督，便于金融机构对企业的经营状况及风险状况进行考证。同时注重企业诚信建设，树立诚信意识，提高企业的信用等级，争取尽快进入银行的授信范围，以诚信获取银行信贷支持，促进银行贷款与企业有效资金需求的有机结合。特别是企业负责人要增强诚信意识，不断积累信誉，切实做到有借有还，按期还贷，杜绝不良信用记录，树立良好的企业法人形象。

3. 加快结构调整和产业升级，顺应时代潮流

积极响应政府调控政策，抓住机遇，加快转变发展方式，加大产品、技术提升投入，加快转型升级步伐，推进技术创新和产品结构调整，使产品符合国家产业政策和环保政策，尽快进入银行信贷支持的范围，实现又好又快发展。

（二）银行等金融机构重视中小企业业务，用创新的思维推动业务发展

1. 加快银行产品创新，改善对中小企业的服务

银行要以市场为导向，加快对金融机构的研究和探索，银行可以根据中小企业的特点进行信贷制度和产品的创新，建立适应中小企业贷款业务特点的信用评级、业务流程、风险控制和内部控制，推出适合中小企业需求的信贷产品，以满足中小企业个性化、多样化的融资需求。另一方面，应加快利率市场化改革，按风险收益对称原则赋予商业银行对不同风险等级的贷款收取不同水平利率的决策权力，提高商业银行对中小企业的定价能力。

2. 建立中小企业客户筛选和风险管控体系，完善人员储备

针对中小企业客户形成一套筛选和风险管控体系，培养一批接受过专业培训的专职中小企业客户经理和管理人员。要建立向中小企业发放贷款的激励机制、约束机制和银企合作的直接信息渠道，健全中小企业融资及信用档案，强化金融内部监管，确保资金合理投放。

3. 培育以中小企业为主要客户的中小金融机构

积极培育发展壮大当前的村镇银行、泰隆银行等新型金融机构，鼓励发展适应中小企业特点的小额贷款公司、中小企业投融资公司等新型金融机构。商业银行则应积极推动票据融资、授信贷款、个人创业贷款、循环额度贷款、小企业联保贷款等为中小企业量身定做的金融产品，为中小企业融资开设通道。

4. 消除歧视，对大企业和中小企业贷款融资要一视同仁

通过提高效率降低中小企业融资的成本，尽可能控制中小企业贷款利率上浮幅度，减轻中小企业还贷的压力。

（三）充分发挥政府的作用、创造良好的社会融资环境

1. 加大政策支持，增强发展合力

2014年10月31日，国务院以国发〔2014〕52号印发《关于扶持小型微型企业健康发展的意见》。该意见共10条，从资金支持、财税优惠、创业基地建设、促进企业信息互联互通等方面提出一系列政策措施，扶持小微企业（含个体工商户）健康发展。

2. 积极发挥“助保贷”业务杠杆效应，加快建立应急转贷资金

“助保贷”业务是建设银行专门为中小企业设计的一款新的信贷产品，企业只需提供贷款额度40%的符合建设银行要求的抵（质）押或担保，同时由企业缴纳一定比例的助保金和政府提供风险担保铺底资金共同作为增信手段的信贷业务。通过杠杆率做大资金盘，对“小微企业池”进行放贷，降低小微企业融资成本，提高融资效率，帮助企业化解融资困难。同时将应急转贷资金的建立列入日程，缓解中小企业的还贷压力问题，稳定企业生产经营秩序。

3. 发挥政府职能，加强政策扶持和引导

积极为中小企业搭建平台，提供企业现代化管理、技术培训、参观优秀企业等机会，充分加强各中小企业间经验交流，引导其增强市场竞争力，积极推动中小企业建立现代企业制度，实现治理结构化，规范财务制度。

4. 促进其他金融机构的发展，建立健全担保机构

引入专门为中小企业服务的金融机构并促进其发展，加强监督，对现有的金融机构加强引导，聚集景宁县中小企业，适度开发专门针对中小企业的信贷产品，同时取消互保、联保等风险防控模式，实施企业错位担保，对企业实行分期放贷方式，提高资金利用率，降低企业还息压力及银行放贷风险。同时加强银企对接，加强信息沟通，对本地区的中小企业开展信用担保业务，促进景宁县中小企业信用体系建设，推进银保合作，各金融机构与担保机构加强合作，相互推荐贷款担保项目，签订协作协议，并报当地中小企业主管部门和人民银行备案。

第六节　永康市星月门业精益管理的做法及对我省经验借鉴

管理创新是企业转变发展方式，增强竞争软实力的重要举措。精益管理是管理创新的一种重要模式，“精”就是减少投入、节省资源、节约时间，尤其是要减少不可再生资源的投入和消耗；“益”就是增加经济效益，实现企业管理升级，其本质就是用最少的资源投入创造最大的价值，实现效益最大化。本节对浙江永康市星月门业有限公司(以下简称星月门业)运营精益管理思想改造企业的做法和经验进行了介绍。

一、星月门业实施精益管理的主要做法

与大多数浙江传统制造企业类似，星月门业原有的生产经营管理模式与现代企业制造管理模式相比存在相当大的差距，主要体现在3个方面：一是产品生产周期较长，生产流程不合理；二是产品质量不稳定，客户投诉率高，严重影响了公司形象，增加了返修成本；三是在制品库存居高不下，导致企业资金周转不畅，利润率无法提升。针对这些问题，星月门业与浙大西子研究院合作对企业生产经营进行精益化改造，主要开展了以下6个方面的工作。

(一)建立工作机制

公司专门成立了由一把手担任主任的精益管理推进中心，组成单位包括运营系统各个部门，并在各子公司设立精益管理办公室。精益管理推进中心共有成员36人，其中专职人员5人，负责精益管理项目的实施。公司一把手除每月对项目进展情况进行监督、听取汇报外，还定时定点开展现场督查。同时，公司将精益管理纳入部门绩效考核体系，对改善情况进行考核。

(二)加强现场管理

公司把“工厂营销”作为现场管理的目标，将现场管理作为精益管理的切入点，全员参与推进5S工作。对生产现场各生产要素和生产环境进行整理、整顿、清扫、清洁，引入物料管

理方案，对各种生产工具、生产资料、原材料等分门别类，有序摆放。通过改造，不仅营造了全新的生产环境，而且还缩短了以往员工寻找物料和工具的时间，提高了生产效率。

（三）优化生产流程

通过生产工序的时间分析和人员分析，对制约生产效率的工序进行识别，并加以改善，成功打造了行业领先的钣金流水线，解决了钣金工段的生产瓶颈；通过增加新的表面处理流水线，解决了涂装工段的生产瓶颈；通过对样板车间生产线的合理排布，几乎实现了各道生产工序之间的无缝连接。

（四）改善生产工艺

引入部分自动化生产设备，通过“机器换人”，把以往块状的生产工艺流程，整合成单件流生产，实现了生产工艺的改善。改造后生产一个批次产品只需要两个小时就能完成，场地面积和人员也大幅减少，生产效率和工序内的交货速度得到大幅提升。

（五）加强品质管控

一是抓好品质管理的基础工作。完成了所有126道工序的QC管理工程图、工序内检查表、作业指导书，制定了品质基准，定义了作业标准，完善了品质数据记录机制。二是加强品质检验。建立了统一的品质检验标准，对检验过程中发现的问题立刻成立QCC小组进行攻关。三是对设备、工装夹具进行改良，保障生产品质。同时，通过一系列的品质管理培训，提高员工的品质意识，积极参与企业的品质改善活动。

（六）导入TUK教导咨询体系

全面引进西子研究院的TUK教导咨询体系，建立和完善员工的培训、考核、激励机制，通过实施可量化的改善效果，为企业员工开辟新的管理技术上升通道（可以评级为黄带、绿带、黑带和黑带大师）和生产线、车间的金银铜等级评比，提升了员工参与的积极性。同时，对管理改善的成功案例进行宣传和鼓励。

二、星月门业实施精益管理的主要成效

星月门业实施精益化改造以来，企业面貌发生了质的变化，生产效率、产品质量、盈利能力、员工素质均得到了大幅度提升。生产周期缩短了50%，在制品库存减少95%以上，产能在既有条件下提升了50%，还节省了2/3的厂房面积，企业的综合竞争力不断增强，产生了较好的综合效益，具体成效如下。

（一）生产现场成了企业营销的窗口

通过实施生产现场300多处改善后，现场干净整洁，设备、物料及工作台摆放合理有序，生产效率和产品品质得到了提升。生产现场已经成为星月门业对外宣传的亮点，客户慕名而来，不仅给企业增加了订单，也提升了企业的形象和品牌的美誉度，成就了“工厂营销”。

（二）生产环节的整体效益显著提升

企业通过流程改善，生产线更为流畅，生产周期从原来的15天缩短到8天，产能提升了

41.7%，而制程合格率提升了44.2%，品质成本降低了49.4%，产品质量日趋稳定。生产场地和人员得到了节约，生产已有可能实行两班制，产能可进一步提高到3400樘/天，增幅可达183.3%，产能的增量等同于企业投资1.5亿元新建生产线。

（三）生产效率大幅提升

如“门面前板线”的冲孔工段由孤岛作业改为流水作业后，中间库存大幅度降低；折弯工艺由滚扎线改为手动折弯后，品质更加稳定，生产速率提升50%；场地面积从226 m^2减少到95 m^2、中间库存从1000镗门的量降低到200镗。“门面后板线”的电焊工段由环形流水线改为小组流水作业后，节拍速度提升100%、场地面积由337 m^2减少到105 m^2、中间库存从2800镗门的量降低到250镗、人员减少了2人。“门框上框线”的折弯工段由孤岛式生产改为流水生产后，彻底消除了中间库存；折弯刀模改善后，员工劳动强度降低，速度提升40%；场地面积从200 m^2减少到140 m^2，中间库存从800镗门的量直降到0。

（四）“机器换人”取得可观效益

公司通过引入自动化生产设备，开展“机器换人”，不仅节约了生产成本，减少了操作人员，提高了生产效率和产品品质，同时，还大大降低了劳动强度和工伤事故的发生率。如防盗门零部件高速进模半自动冲压生产线改造后人员减少了27人，产能提高了5倍。

防盗门表面处理喷漆和喷塑设备的自动化改造，设备总投入为95万元，改造后每年仅材料成本就可节省302万元。同时，还改善了过去人工作业劳动强度大，质量不稳定的问题，换型也更快捷，换塑、粉颜色的周期大大缩短，现场环境更美观洁净。

三、当前浙江省企业实施管理创新面临的主要问题

管理创新使星月门业这家传统制造企业成功实现了升级，赢得了市场发展新机遇。但是，浙江省大量的传统制造企业在生产经营过程中仍面临着以下一些突出问题。

（一）大部分企业对实施管理创新认识不足

浙江以民营企业为主，企业管理上带有浓重的“家长制”色彩，“作坊式”的经验型、粗放型管理一直是民营企业管理的主流模式。大多数企业负责人对管理创新工作的重要性认识不足，企业发展过多地依赖于通过引进技术和装备，扩大生产规模，重生产轻管理的现象比较普遍，常常导致一流的装备，生产出的却是二、三流的产品。传统制造企业管理素质低下，已经成为制约企业转型发展的主要障碍。

（二）政府部门对管理创新缺乏相应的政策激励

在现有的经济体制和政策环境下，政府的引导和政策的支持，对企业的决策仍起到关键性的作用。当前，各级政府对企业转型发展的政策支持主要集中体现在技术创新、招商引资、投资扩产、开拓市场等方面，而对企业开展精益化改造等管理创新实践活动的引导和扶持相对较少。这也导致了企业对管理创新工作的重视不够、认识不足。

（三）管理方面的技术支撑和人才队伍缺乏

管理创新是一项系统工程，不仅包括企业生产经营理念的更新，同时还涉及企业生产经

营的各个环节，包括生产现场的5S管理、生产流程的优化改造、生产环节的“机器换人”、产品品质的管控、员工培训和激励等，每个环节缺一不可。单纯依靠企业自身的管理水平和技术力量不足以支撑开展管理创新工程，需要社会中介机构提供技术支撑服务。然而，现在社会上能提供有针对性的企业管理专业化服务的第三方服务机构不多，企业的需求和服务机构的技术能力匹配度也不一致。另一方面，企业管理创新所需的高端专业人才严重不足，好的管理方案往往难以有效实施，有时甚至半途而废。

（四）信息化管理手段在企业管理中应用不够

随着信息化水平的提升，信息技术和信息化手段已经开始渗透到生产工作的各个方面，办公网络化和某些生产环节的智能化也已逐步实现。然而，与企业管理需求相适应的信息化管理技术的研发和应用则相对滞后，绝大多数传统制造企业信息化管理手段仍比较落后。同时，管理软件系统的开发和集成目前仍不能满足企业实施智能化管理的需求，能应用于企业管理各个环节的一体化系统管理软件及能满足不同生产经营特性的系统管理软件比较缺乏。这也阻碍了我国企业管理技术水平的提升。

四、大力推进企业管理创新的几点建议

当前，我省工业经济发展正处于转型升级的关键时期。实施企业管理创新战略，是加快企业转型发展，实现企业提质增效的有效途径，也是实现全省经济“稳增长、调结构、促改革、惠民生”的重要举措。因此，有必要把鼓励和支持企业实施管理创新作为今后一个时期推进我省工业经济转型发展的重要抓手。

（一）进一步提高企业管理创新的意识

实施企业管理创新战略，大力推行精益管理理念，是企业优化资源配置，实现效率最大化和效益最优化的有效途径。在当前资源要素供应日趋紧张、生产成本不断增长、节能减排和安全生产要求逐步提高的大环境下，企业应不断强化精益管理的理念，大力推行精益生产，才能赢得新的竞争优势。政府和媒体应重视和加强对企业管理创新典型案例的总结和宣传，营造积极的舆论氛围和社会环境，进一步引导和鼓励企业开展管理创新活动的积极性。

（二）加大对企业实施管理创新的政策支持

企业的管理创新是一项系统工程，不仅对提升企业自身素质和综合竞争力有重要意义，同时，生产工艺的自动化改造、产品品质和企业整体形象的提升，对推进“四换三名”工程、提高经济发展的质量和效益、推动工业经济转型升级均能起到事半功倍的效果。建议各级政府部门加大对企业开展管理创新活动的政策支持，扶持的力度应等同于企业的技术创新。同时，鼓励有条件的地区设立企业管理创新专项经费，或在企业转型升级专项经费中安排一部分资金，专门用于支持企业开展管理创新活动。

（三）大力提升企业信息化管理水平

管理创新必须依靠信息技术和信息化手段，企业的信息化水平高低已经成为衡量现代

企业管理水平的重要标志。因此，应鼓励和支持企业建立和完善信息化管理系统，充分发挥信息技术对提升企业技术能力和管理效率的重要作用，促进信息技术与经营管理、产品研发、供应链优化等深度整合，实现企业职能部门内部、各部门之间以及与上下游供应商之间的流程再造、信息共享和业务管理。

（四）加快培育企业管理创新的专业服务机构

结合企业实施管理创新活动过程中的大量个性化需求，抓紧引进或培育发展一批能够为企业开展管理创新活动提供整体方案设计、工艺流程优化、设备自动化改造、企业品质管控、员工培训管理等全方位专业化服务第三方服务机构。同时，加大对企业管理创新急需的专业人才的培育、培训和引进力度，采取多种途径、多种方式开展人才培训，加快培育一批具有现代企业管理理念的高级管理人才。